教育财政学（第二版）

2nd edition

Education Finance

廖楚晖 著

北京大学出版社
PEKING UNIVERSITY PRESS

图书在版编目(CIP)数据

教育财政学/廖楚晖著. —2 版. —北京：北京大学出版社，2016.10
（21 世纪经济与管理规划教材·财政学系列）
ISBN 978-7-301-27664-8

Ⅰ. 教⋯　Ⅱ. ①廖⋯　Ⅲ. 教育财政　Ⅳ. ①G467

中国版本图书馆 CIP 数据核字（2016）第 246938 号

书　　名	教育财政学（第二版）
书　　名	JIAOYU CAIZHENGXUE
著作责任者	廖楚晖　著
策划编辑	张　燕
责任编辑	李笑男　张　燕
标准书号	ISBN 978-7-301-27664-8
出版发行	北京大学出版社
地　　址	北京市海淀区成府路 205 号　100871
网　　址	http://www.pup.cn　新浪微博：@北京大学出版社
电子信箱	em@pup.cn
电　　话	邮购部 62752015　发行部 62750672　编辑部 62750667
印刷者	三河市博文印刷有限公司
经销者	新华书店
	787 毫米×1092 毫米　16 开本　17.75 印张　441 千字
	2008 年 7 月第 1 版
	2016 年 10 月第 1 版　2016 年 10 月第 1 次印刷
定　　价	38.00 元

未经许可，不得以任何方式复制或抄袭本书之部分或全部内容。
版权所有，侵权必究
举报电话：010-62752024　电子信箱：fd@pup.pku.edu.cn
图书如有印装质量问题，请与出版部联系，电话：010-62756370

丛书出版前言

作为一家综合性的大学出版社，北京大学出版社始终坚持为教学科研服务，为人才培养服务。呈现在您面前的这套"21世纪经济与管理规划教材"是由我国经济与管理领域颇具影响力和潜力的专家学者编写而成，力求结合中国实际，反映当前学科发展的前沿水平。

"21世纪经济与管理规划教材"面向各高等院校经济与管理专业的本科生，不仅涵盖了经济与管理类传统课程的教材，还包括根据学科发展不断开发的新兴课程教材；在注重系统性和综合性的同时，注重与研究生教育接轨、与国际接轨，培养学生的综合素质，帮助学生打下扎实的专业基础和掌握最新的学科前沿知识，以满足高等院校培养精英人才的需要。

针对目前国内本科层次教材质量参差不齐、国外教材适用性不强的问题，本系列教材在保持相对一致的风格和体例的基础上，力求吸收国内外同类教材的优点，增加支持先进教学手段和多元化教学方法的内容，如增加课堂讨论素材以适应启发式教学，增加本土化案例及相关知识链接，在增强教材可读性的同时给学生进一步学习提供指引。

为帮助教师取得更好的教学效果，本系列教材以精品课程建设标准严格要求各教材的编写，努力配备丰富、多元的教辅材料，如电子课件、习题答案、案例分析要点等。

为了使本系列教材具有持续的生命力，我们将积极与作者沟通，争取三年左右对教材不断进行修订。无论您是教师还是学生，在使用本系列教材的过程中，如果发现任何问题或者有任何意见或建议，欢迎及时与我们联系（发送邮件至em@pup.cn）。我们会将您的宝贵意见或建议及时反馈给作者，以便修订再版时进一步完善教材内容，更好地满足教师教学和学生学习的需要。

最后，感谢所有参与编写和为我们出谋划策提供帮助的专家学者，以及广大使用本系列教材的师生，希望本系列教材能够为我国高等院校经管专业教育贡献绵薄之力。

北京大学出版社
经济与管理图书事业部

前　　言

　　全球教育需求的增长，对各国政府的教育投入提出了新的要求。然而，无论是发达国家还是发展中国家，政府教育经费不足的问题都显得十分普遍，这需要政府从整体观角度，合理制定教育政策目标，正确引导各种教育资源的合理配置，提高资源配置效率。当今，在市场经济领域中，政府参与教育资源的配置已经不是单纯的政府提供教育财政资金的问题，它还涉及国家宏观教育政策和政府行为本身。因此有必要从教育成本角度出发，对政府教育财政的效率、体制，以及由此产生的效益进行全方位的研究和分析。

理论基础与意义

　　20世纪中叶以来，人力资本理论和公共财政理论在整个经济学研究领域之中逐渐发展和壮大起来。以西奥多·W.舒尔茨（Theodore W. Schultz）为代表的人力资本理论倡导者所得出的"人力资源是经济和社会发展的主要动力"的结论，开始揭开第二次世界大战后日本、德国，以及西方工业化国家经济迅速发展之谜，同时也对整个经济学的发展产生了重大而又深刻的影响。人力资本理论认为，由教育、保健、人口的迁移等投资所形成的人的能力的增长和平均寿命的延长，都是资本的一种形式。这种资本投资，用在教育上要比用在其他方面的收益率更高，尤其是高等教育所形成的人力资源对经济发展和物质生产都将产生重要作用。公共财政理论则以主流经济学"理性经济人"为假设前提进行研究拓展，其核心问题是要阐明把个人偏好转化为社会偏好的机制或程序的选择，并通过直接的投票方式或者指定代表的间接方式，即所谓政治投票来显示公民对广义公共物品数量和质量的偏好，并且认为教育是一种混合性质的公共品，政府应该对不同性质的教育产品给予不同程度的资助。

　　由于教育和培训是人力资源形成的核心，教育财政行为本身能够为整个社会的人力资本的积累创造条件，并且对全社会经济增长和经济发展的贡献越来越大。因此，政府如何将有限的财力投入到教育领域中，如何在国家教育目标下选择行之有效的公共教育支出政策，提高政府教育资源配置效率，逐渐成为学术界、各国政府乃至全社会普遍关注的一个焦点。

从近些年研究的实际情况来看，以人力资本理论为基础所形成的教育经济学研究比比皆是，以公共财政理论为基础进行的教育财政研究的理论也不少。但是教育经济学理论研究应注重整体框架和条件，从整个教育成本负担角度来考察教育对经济增长和经济发展的作用，否则就不能很科学、很系统、很具体地将政府所负担教育的全部成本，及由此产生的对经济增长的作用进行独立的研究。而传统的教育财政研究领域却容易将政府财政行为与教育财务管理混为一谈，也不能将教育财政所产生的经济效益单独进行分析，由此造成了对教育财政效率和制度的研究也只能停留在经验和数据比较的层面。所以从教育的全部成本考虑，将教育财政作为一种政府行为，通过分析教育财政结构及其所产生的效益，以判断教育财政体制的合理性及其效率不失为一种创新。

目前，从世界各国的教育的全部成本负担来看，政府扮演了整个教育资源的主要提供者的角色已无可否认，这是与各国政府公共教育支出政策分不开的。但各国之间历史、文化、自然条件、政治和经济等方面的差异，使各国在教育财政政策的制定和实践中又存在着很大的差异。对于发达国家而言，近半个世纪的公共教育支出的持续增长，对这些国家的经济增长和社会发展所起到的作用似乎是正向的，但随着时间的推移，教育财政负担日益增加以及政府教育资源配置的效率问题和公平问题等一直都得不到有效的解决，教育财政政策所引导的政府教育投入增长是否形成了过量教育、"低发展陷阱"，以及由此产生的教育收益率的下降等问题逐渐显露。而对于发展中国家来讲，受人口数量规模相对较大、人均受教育程度相对较低等因素的影响，多数发展中国家在经济发展过程中，教育投入增长问题给它们带来了较大的财政负担。因此，发展中国家将教育财政作为单独的一个领域，无论从这些国家人口数量的增长、人口质量的提高，还是从人力资源的开发对经济产生的直接或间接的作用等方面来加以研究都将具有重要意义。

当然，对中国的教育财政进行研究和评价同样也要结合中国的实际情况，通过对各国政府对教育产品的资源配置的范围、结构及效率等进行评价和分析，建立起符合中国国情的教育财政效率及结构平衡的预警模式。理论研究来自实践，反过来也能指导实践，为实践服务。无论如何，本书希望通过对教育财政的认识和研究，能够有助于增进社会对政府公共教育投入的了解；有助于通过政府宏观公共政策目标及公共教育目标的制定，使各级政府及教育主管部门的教育投入决策更加科学化、合理化；同时，能够有利于从整体观角度并立足于客观现实，对政府和教育机构的教育支出质量进行监督和评估。

基本框架及主要观点

本书共分为三个部分：第一部分包括第一章和第二章。作为本科生及研究生教材，有必要在第一个部分先从教育财政的概念指标体系两个方面进行界定，然后对政府教育财政投入的基本原则、各国教育财政的规模进行介绍、比较和分析，使读者对各国政府教育支出的规模有一个大致的了解。第二章我们对经济学发展过程中的教育经济思想进行简要介绍后，着重分析了作为一种政府行为的教育财政在市场经济环境中的重要性，并提出本文在理论研究中可以运用的方法。

第二部分包括第三章、第四章、第五章和第六章，是全文的核心部分。第三章在分析经济发展与经济增长之间的区别与联系的基础上，对政府教育支出对经济发展与经济增长之间的联系进行了简要介绍，随后对中国的教育对经济增长的贡献也进行了估算。第四章，对教育财政、人力资源与经济发展进行了分析。首先，从教育财政的视角对人力资源与经济发展的关系进行阐述，接着分析了教育财政对人才发展的影响，然后对教育财政与农村劳动力转移进行了研究。在第五章中，我们对政府教育支出成本进行分类，并根据统计数据和已有的计算成果，对中国教育财政的成本进行了核算。第六章是政府教育支出的效率研究。在第六章的第一节确定了政府教育支出效率的分析方法后；接着对政府教育支出效率的配置总量标准、公平标准和结构标准等方面进行了阐述和分析；之后对中国政府教育支出的效率进行研究。

第三部分包括第七章和第八章。主要针对教育财政管理体制和国家教育经费投入及政策进行分析。第七章在对西方发达国家政府教育支出体制进行比较后，对中国政府教育支出体制存在的问题也进行了探讨。在本书的最后一章也就是第八章中，我们对教育财政和非政府主体对教育经费的投入及政策进行了分析。

本书的主要观点是：教育财政始终要受到政府财力和国家宏观教育政策目标的限制，从而不能达到政府教育支出效率的最优状态。然而，随着教育财政规模的调整和教育财政配置效率的不断提高，政府教育资源用于社会时取得的边际效益将会逐渐减小，政府公共支出政策和宏观教育目标应该进行及时调整。因此，提高教育财政的效率的关键是政府应该根据不同社会发展时期的公共教育需求，及时调整对教育的公共支出政策。

研究动态及致谢

近五十年来，教育经济学作为一门独立的学科，在西方已经有了很大的发展。20世纪60年代以西奥多·舒尔茨、马克·布劳格（Mark Blaug）及爱德华·富尔顿·丹尼森（Edward Fulton Denison，1915—1992）等为代表的教育经济学家，通过对经济增长进行因素分析及教育经济意义的数量化研究，推动了教育经济学研究工作的蓬勃发展。

20世纪80年代，随着新制度学派的进一步发展，其为财政学研究领域开辟了新的道路，公共财政理论也接踵成形。在这一领域，借助于教育经济学理论观点和研究方法，教育被看作是一种具有正外部效益的混合产品，因此这种产品应该由政府和市场共同来提供。其中，义务教育产品应该由政府来提供，无论在理论上还是在实践中，已经广泛地被世界各国所认同。在这一段时期，政府教育支出的一些内容就以"教育财政"及"公共教育支出"等形式出现了。

国外在教育资源的政府提供这一领域的理论研究起初都是从教育成本角度出发，来研究教育经费及其负担的公平。近十年来，他们转而研究国家的宏观教育目标、教育质量和效果等，进而与人口质量、就业及分配等问题联系起来。这些研究成果大都是由国际组织、各国教育研究机构的专家和学者，通过对世界各国的调研、评估和分析所获得，同时为本书关于教育财政的行为和效率方面的研究提供了可借鉴的方法和资料。

20世纪80年代中期，中国也成立了教育经济的研究机构，一些院校也相继开设了教育经济学专业，开始了教育领域的经济研究。对这一领域的研究，一些学者曾经直接运用西方学者和前苏联学者的一些模型，对中国教育收益进行了一些可行的分析，当然也少不了政府对教育成本的负担、政府对教育经费的政策、教育财政配置公平与效率以及政府经济调控等与政府教育支出密切相关的一些问题。进入21世纪尤其是近年来，一些专家、学者将西方国家的一些教育财政学的理论、实践经验和分析方法"引进"到中国，为教育财政的理论研究也提供了一些有益借鉴。

本书是在"第二届黄达—蒙代尔经济学奖"获奖作品——《政府教育支出的经济分析》（中国财政经济出版社，2004年9月出版）的基础上完成的。这主要归功于那些对经济学产生过卓越影响的经济学家的经济学思想和研究方法的启迪。国内一些著名教育经济学学者（王善迈、赖德胜、王蓉、林荣日等）的著作及文献使本书受益颇多；黄达、陈共、吴俊培、杨灿明、贾康、高培勇等财政经济学专家在本书的形成过程中给予许多修改意见和有益的评价，在此一并表示感谢。

学习准备与教学进度

本书主要涉及经济学、财政学和教育经济学等领域的基础知识。此外，在本科阶段进行学习时还应初步了解经济学方法论、制度经济学、财政理论等知识。这些对于学习教育财政学基础理论和进行进一步的理论和实证研究是必不可少的。

根据我们的教研经验，本书教学进度可安排18周36课时。每一阶段课程覆盖本书的每一大部分，即对第一部分、第二部分和第三部分的介绍，教学进度也可根据不同学习阶段和层次的学生的具体情况而定。在本书的第三至八章的后部分，都有对中国具体情况的实证研究和政策分析，这样可以引导学生对问题进行进一步的思考。

目　录

第一章　教育财政学导论 / 1
　第一节　教育财政及相关概念 / 2
　　一、教育财政基本概念 / 2
　　二、教育财政学的主要相关概念 / 3
　第二节　教育财政的规模、分类和支出原则 / 6
　　一、教育财政的规模 / 6
　　二、教育财政的分类 / 11
　　三、教育财政支出的原则 / 13
　第三节　教育财政学研究方法 / 15
　　一、教育财政学方法论 / 15
　　二、教育财政学研究方法 / 16
　　三、教育财政学常用分析工具 / 20
　本章提要 / 21
　练习与思考 / 22
　小组讨论 / 22
　辅助阅读资料 / 22

第二章　教育财政学相关理论 / 23
　第一节　西方经济学发展过程中的教育经济学思想简述 / 24
　　一、早期的经济学关于教育经济学思想简要回顾 / 24
　　二、现代西方经济学发展与教育经济学的形成 / 27
　　三、经济学数学理论在经济学中的运用与教育经济学研究的发展 / 30
　　四、简要评述 / 31
　第二节　公共财政基本理论与教育财政支出 / 32
　　一、公共产品理论 / 32
　　二、公共产品的有效供给与政府对教育产品的提供 / 35
　　三、公共选择理论 / 37
　　四、公共教育支出决策 / 39

第三节　教育财政学理论研究的有关问题 / 42
　　　　一、教育财政支出相关概念和统计口径的界定 / 42
　　　　二、教育财政研究中将遇到的问题 / 44
　　　　三、教育财政学理论研究体系的构想 / 46
　　本章提要 / 48
　　练习与思考 / 49
　　小组讨论 / 49
　　辅助阅读资料 / 49

第三章　教育财政与经济增长 / 50
　　第一节　教育财政与经济增长的关系 / 51
　　　　一、教育财政投资的作用 / 51
　　　　二、教育的需求与政府供给 / 52
　　　　三、教育财政与资源配置和调节 / 54
　　　　四、经济增长中教育财政的其他贡献 / 55
　　第二节　教育对经济增长的贡献分析 / 56
　　　　一、影响经济增长的主要因素 / 56
　　　　二、教育对经济增长贡献的分析方法 / 57
　　　　三、国外教育对经济增长贡献的估算 / 62
　　　　四、中国教育对经济增长贡献的估算 / 64
　　第三节　教育财政与经济增长的理论及分析方法 / 66
　　　　一、经济增长模型 / 66
　　　　二、教育财政与经济增长的宏观分析 / 69
　　　　三、教育财政与经济增长的微观分析基础 / 71
　　　　四、小结 / 73
　　第四节　中国教育财政与经济增长的实证研究 / 74
　　　　一、理论依据 / 74
　　　　二、数据与模型 / 76
　　　　三、模型求解与实证结果 / 78
　　　　四、小结 / 80
　　本章提要 / 80
　　练习与思考 / 81
　　小组讨论 / 81
　　辅助阅读资料 / 81

第四章　教育财政、人力资源与经济发展 / 83
　　第一节　人力资源与经济发展：教育财政的视角 / 84
　　　　一、政府行为与经济社会发展 / 84
　　　　二、经济发展的度量 / 85
　　　　三、中国人力资源财政投入与经济发展现状 / 86

第二节 教育财政投入对人才发展的影响 / 88
　　一、教育投入历史变迁概要 / 89
　　二、教育财政投入对人才发展的影响机制 / 91
　　三、教育财政投入与人才发展的现状 / 94
　　四、通过教育财政投入推进人才发展的思路 / 101
第三节 教育财政与农村劳动力转移 / 102
　　一、农村劳动力转移模型 / 102
　　二、农村劳动力转移与人力资本制约 / 105
　　三、剩余劳动力转移与农民工收入增长的实证分析 / 111
　　四、促进农村劳动力转移的教育财政对策研究 / 115
本章提要 / 120
练习与思考 / 120
小组讨论 / 120
辅助阅读资料 / 120

第五章 教育财政的成本分析 / 122

第一节 问题提出与基本状况 / 123
　　一、政府提供教育成本的问题 / 123
　　二、政府教育成本负担的基本状况 / 125
第二节 教育财政成本的分类与核算 / 128
　　一、教育财政的成本分类 / 129
　　二、教育财政成本的估算 / 133
第三节 教育财政的成本—效益分析 / 136
　　一、教育财政成本—效益分析的特殊性及方法的确定 / 136
　　二、教育财政效益评价指标体系 / 139
　　三、对中国三级教育财政支出成本的实证分析 / 144
第四节 教育财政成本的负担、补偿与分担 / 148
　　一、教育财政经费主要来源分析 / 148
　　二、教育成本补偿：教育经费的其他政府筹集方式 / 152
　　三、教育成本的分担：非政府方式对教育资源的提供 / 154
　　四、简要结论 / 155
本章提要 / 156
练习与思考 / 156
小组讨论 / 156
辅助阅读资料 / 157

第六章 教育财政的效率研究 / 158

第一节 理论依据、内涵与研究方法 / 159
　　一、政府公共支出效率 / 159

二、政府支出的资源配置效率与X-效率 / 161
　　三、政府资源配置的效率损失及主要原因 / 163
　　四、"教育市场"的失灵与教育财政支出的效率损失 / 164
　　五、对教育财政支出效率内涵的理解 / 166
　　六、教育财政支出效率的研究方法 / 168
第二节　教育财政效率配置标准与分析 / 169
　　一、政府教育支出总量配置 / 170
　　二、政府教育资源配置结构与效率 / 173
　　三、教育财政支出的配置效率与公平 / 176
第三节　中国政府教育支出效率分析 / 180
　　一、对中国教育财政规模及其增长的简要评价 / 180
　　二、总供求矛盾与效率制约 / 181
　　三、经费使用结构的效率分析 / 184
　　四、"层次结构"支出的效率分析 / 185
　　五、区域间教育财政支出的效率分析 / 190
本章提要 / 197
练习与思考 / 198
小组讨论 / 198
辅助阅读资料 / 198

第七章　教育财政的管理体制 / 199

第一节　西方发达国家教育财政支出体制比较与分析 / 200
　　一、教育财政管理体制的不同类型 / 200
　　二、各种类型教育财政体制的优势和不足 / 203
　　三、共同特点与发展趋势 / 203
　　四、教育财政体制面临的挑战与改革措施 / 205
第二节　多级教育财政体制中的政府教育支出 / 208
　　一、集权与分权：多级教育财政体制存在的原因 / 208
　　二、多级教育财政体制中的博弈行为分析 / 210
　　三、政府间博弈中教育财政支出的效率损失 / 215
　　四、教育资源的地区间竞争 / 216
第三节　中国教育财政管理体制的问题与探讨 / 218
　　一、中国教育财政体制的历史与现状分析 / 219
　　二、教育财政体制存在的问题 / 226
　　三、教育财政体制改革应考虑的政策性因素 / 228
　　四、简要结论和政策建议 / 231
本章提要 / 232
练习与思考 / 232
小组讨论 / 232

辅助阅读资料 / 233

第八章 教育财政与非政府教育投入及其政策分析 / 234
 第一节 问题分析与本章重点 / 235
  一、问题分析：教育经费筹措面临的困难 / 235
  二、教育经费来源主体的划分与本章讨论重点 / 240
 第二节 高等教育收费的决定、机制与经济学分析 / 241
  一、教育收费政策的决定 / 242
  二、高等教育收费的行为和机制分析 / 243
  三、高等教育收费决定的经济学分析 / 244
  四、结论和需要进一步研究的问题 / 247
 第三节 不同主体投资办学的问题与政策研究 / 248
  一、历史背景及演变趋势 / 248
  二、"教育市场机制"与各国对私立学校的策略选择 / 250
  三、非政府主体参与教育投入面临的问题 / 253
  四、结论及政策含义 / 255
 第四节 教育投入在中国：现状、问题与政策建议 / 257
  一、教育投入的发展与现状 / 257
  二、多主体教育投入面临困境 / 260
  三、简要结论和政策建议 / 262
 本章提要 / 265
 练习与思考 / 265
 小组讨论 / 265
 辅助阅读资料 / 266

主要参考文献 / 267

第一章　教育财政学导论

知识要求

通过本章的学习,掌握教育财政学及其相关概念、研究方法、教育财政的分类,初步了解有关国家和中国教育财政支出的规模及其趋势。

技能要求

通过本章的学习,能够掌握:
- 教育财政、人力资本、经济增长等概念。
- 教育财政的分类以及教育财政支出的基本原则。
- 发达国家和发展中国家教育财政规模的变化趋势,以及新中国成立以来我国教育财政规模的变化情况。
- 教育财政学研究方法。

从世界各国的情况来看，政府投资能力下降与教育经费需求迅速膨胀两种趋势所形成的巨大反差，使得各国教育经费短缺成为教育发展的主要制约因素，这就需要对政府教育财政投入及其相关的问题进行研究和探讨。本章将首先从教育财政的基本概念出发，对教育财政做一个较为简要的介绍。

第一节　教育财政及相关概念

一、教育财政基本概念

现代教育是一个公共产品（Public Goods），兼有公共产品与私人产品（Private Goods）的特性，即公共性体现在效用的不可分割性（Non-divisibility）上，而私人性则体现在消费的竞争性（Rivalness）和受益的排他性（Excludability）上。因此，当代主流经济学认为，教育本身是一种混合产品（Mixed Goods），或称为准公共产品（Impure Public Goods）[①]。在现实的经济社会实践中，教育领域的成本和费用也确实是由公共部门和私人部门共同来提供的，也由此形成了教育领域的财政投入和非政府投入这两类教育投资形式。简言之，目前，由政府通过财政手段提供教育的这种形式被称为教育财政。

本书的研究属于对教育财政广义上的研究，将涉及马克思主义经济学理论和教育思想、西方主流经济学相关理论和方法、教育经济学、人力资本理论等核心内容的相关研究。我们认为，教育财政一词有广义和狭义之分。广义的教育财政可英译为"Educational Finance""Government Educational Expenditure""Government Input in Education"或"Public Educational Expenditure"等，即"政府教育投入"或"公共教育投入"。此时，教育财政学的广义研究属于应用经济学研究范畴，是对宏观的政府教育经济或者某个领域的研究。

狭义教育财政的研究是指政府教育财政行为中有关教育的经费来源和使用的相关分析。虽然其中也可以借助相关的经济理论和方法进行研究，但主要对政府教育理财的价值观问题、教育经费的筹措、预算分配及管理问题、国家教育经费使用的效益及评估问题以及教育的财务体制问题等进行研究。也就是有关的政府教育财务学或教育财务学的研究。狭义的教育财政可英译为"School Finance"或者"Educational Account"。随着经济理论的发展和进一步的细分，以及经济领域对"狭义"的教育财政领域研究的深入，"狭义"的教育财政学已经逐渐成为教育经济学领域的一门系统的"边缘"学科。

广义教育财政的研究与政府教育财务研究有着密切的关系。首先，对广义的教育财政或政府教育支出的研究要以狭义的教育财政或政府教育财务的研究为一项重要研究内容，并以狭义教育财政研究的问题为基础。脱离了狭义教育财政或教育财务的研究，广义教育财政和有关政府教育支出的研究也不具有现实意义。其次，狭义教育财政的研究

[①] 按照公共产品的定义，从严格意义上看，世界上不存在纯公共产品。目前，经济学理论所涉及的"纯公共品"或"混合产品"，是为了研究分析的需要，是按照政府所应当负担责任的大小进行定义的。

要以广义的教育财政或政府教育支出政策为背景,因为狭义教育财政或政府教育财务是以政府教育支出各项政策的制定为前提的,同时,对狭义的教育财政或教育财务的研究也要依据政府宏观财政政策及教育政策的制定为背景。如果脱离了政府教育支出政策,对狭义的教育财政和教育财务的研究是没有根据的。

目前,国外和国内对教育财政方面的研究文献较多,研究重点大多放在了对教育经费的筹措、预算分配及管理问题、国家教育经费使用的效益及评估等问题上,这些多属于对狭义的教育财政的研究。对于政府教育投入及行为本身与经济发展、政府教育支出宏观成本、政府其他宏观经济政策等领域的研究仅限于借鉴和介绍,或者从未提及。因此研究教育财政时,应当把广义的和狭义的教育财政学研究统一起来,并为国家教育政策和财政政策的有效实施提供理论依据,真正指导人们的教育与经济活动,同时,能够"运用财政学与教育学的相关理论,研究在社会整体和谐发展的情况下,有效配合教育与财政政策,以实现教育与财政目标"。[①]

二、教育财政学的主要相关概念

(一)"经济增长"和"经济发展"

经济增长(Economic Growth)和经济发展(Economic Development)是两个不同的概念,它们既有联系,也有区别。

经济增长是指一定时期内社会财富的增长、生产的增长或产出的增长。[②]用统计学术语说,经济增长是指工农业生产总值的增长,或社会总产值的增长、国内生产总值(Gross Domestic Product,GDP)的增长、国民生产总值(Gross National Product,GNP)的增长、国民收入的增长。

经济发展是指随着经济增长而发生的社会经济多方面的变化。这些变化包括,第一,投入结构的变化及生产中投入要素比例的变化,是否从手工劳动转向机械化操作,是否从粗放型劳动转向集约型劳动,是否从传统生产方法转向采用先进技术生产,或者反方向变化。第二,产出的变化,主要表现为产业结构的变化及产业比重和比例是否合理。第三,人民生活水平状况的变化。第四,卫生及健康状况的变化,表现为预期寿命的长短、死亡率的高低、医疗设备和服务状况等。第五,文化教育状况的变化,表现为适龄儿童的入学率、各级学生的升学率及人口素质状况等。第六,自然环境和生态变化,包括环境污染程度、生态失衡的状况是否符合整个社会的发展。

从发展经济学角度来讲,经济增长和经济发展既相互联系又有所区别。没有经济增长,不可能有经济发展。如果出现有经济发展而无经济增长的现象,那一定是个别的、短暂的、反常的现象,而非一般的、长期的、正常的现象。值得注意的是,尽管经济增长是经济发展的必要的、先决的条件,但经济增长并不一定带来经济发展。[③]

从消费和投资的角度来看,研究教育财政与经济的关系时,将经济增长与经济发展

---

① 〔美〕陈丽珠:《美国教育财政改革》,台湾五南印书馆 2000 年版。
② 谭崇台:《发展经济学概论》,武汉大学出版社 2008 年版。
③ 同上。

范畴加以区分是必要的。首先，当教育财政支出作为一种消费时，消费者是社会各部门、教育服务机构以及个人，这种消费又能带动整个市场其他商品的消费，将引起一定时期内经济增长相关指标的变化。其次，当教育财政支出作为一种长期投资时，将会在长时期内使得广大民众的福利、收入分配状况、文化教育卫生健康条件、自然环境和生态平衡等发生变化，也是给整个社会带来的一种长期投资回报。最后，经济增长与经济发展指标的区分有利于对教育财政支出效益、效率、效果及政府教育资源公平配置等问题进行较合理的分析和评价。

（二）人力资本和人力资源

1．人力资本概念解析

早在1676年，英国古典政治经济学家威廉·配第（W. Petty，1623—1687）就将不同人的"人力资本"水平进行了比较，并充分肯定了人力资本的经济价值，被认为是实际上最早运用人力资本这一概念的学者。[1] 随后，一些经济学家对人力资本进行了大量的理论和实证研究，根据研究目的和个人理解，对人力资本概念给出了各种各样的定义或解释。

20世纪60年代，美国经济学家西奥多·舒尔茨提出了"以人为本"理论和基于"人的时间价值增加"的经济增长理论，他在1960年12月美国经济年会上发表的"人力资本投资"的主题演说，明确提出人力资本概念，主张把教育当作一种对人的投资，把教育所带来的成果当作人力资本。[2] 舒尔茨认为人所接受的教育一旦"能够提供一种有经济价值的生产性服务，它就成了一种资本"，从而将人力资本界定为"人们作为生产者和消费者的能力，是体现于人身体上的知识、能力和健康"[3]，使现代人力资本理论得以形成。加里·S. 贝克尔（G. S. Becker，1930—2014）则对人力资本投资于经济增长关系进行了研究，并提出了人力资本投资—收益的均衡模型，将人力资本与时间因素联系起来。[4][5] 他认为"人力资本不仅意味着才干、知识和技能，而且还意味着时间、健康和寿命"，突出了人力资本的时间价值。

此外，还有许多学者给出了人力资本的定义，如莱斯特·瑟罗（L. C. Thurow）将人力资本定义为："个人的生产技术、才能和知识"。[6] 梅塔（M. M. Mehta）则认为人力资本是"居住在一个国家内人民的知识、技术及能力之总和，包括首创精神、应变能力、持续工作能力等可以提高产出和促进经济增长的人的质量因素"[7]，等等。

20世纪80年代末，美国经济学家罗伯特·卢卡斯（R. E. Lucas）发表的"论经济发

---

[1]〔英〕威廉·配第：《政治算术》，马妍译，中国社会科学出版社1981年版。
[2]〔美〕西奥多·舒尔茨：《论人力资本投资》，吴珠华等译，北京经济学院出版社1990年版。
[3] T. W. Shchultz, *Investing in People: The Economic of Population Quality*, University of California Press, 1981.
[4] G. S. Becker, Human Capital: A Theoretical and Empirical Analysis, *Journal of Political Economy*, 1964.
[5] G. S. Becker, *The Economics of Discrimination*, Chicago: University of Chicago Press, 1971.
[6] L. C. Thurow, *Investment in Human Capital*, Belmont, California: Wadsworth Publishing Company, INC., 1970.
[7] M. M. Mehta, *Human Resource Developing Planning: With Special Reference to Asia and the Far East*, The Macmillan Company of India Limited, Delhi and Bombay, 1976.

展机制"一文①，将人力资本、技术进步等变量进行数量分析，融入了主流经济的增长模型并予以内生化，将人力资本的经济理论研究推向了新的高度，被誉为"内生增长理论"的主流经济研究由此展开。从此，政府支出、税收及其他公共政策变量内生化的进程开始展开，成为当今主流经济学研究的一个重要宏观分析基础。

需要指出的是，在经济学研究领域，"人力资本"是一个明确的、可用于计量的资本概念，是一个严格的经济学概念，容易与下文所提及的"人力资源"概念相混淆。

2. 人力资源概念解析

20世纪中叶，美国著名学者彼得·德鲁克（Peter F. Drucker, 1909—2005）在《管理的实践》一书中提出了"人力资源"这一概念。②他指出，与其他资源相比，唯一的区别是，人力资源是人，人力资源拥有其他资源所没有的素质，即协调能力、融合能力、判断力和想象力。人力资源只能自我利用，人拥有完全的自主权来决定自己是否工作，它是经理们必须考虑的具有"特殊资产"的资源。

继德鲁克之后，一些学者便对人力资源进行了研究，但由于研究角度不同，他们对于人力资源的概念并未形成一致意见。如苏珊·杰克逊（S. E. Jackson）和兰德尔·舒勒（R. S. Schuler）在《管理人力资源：合作伙伴的责任、定位与分工》一书中指出，人力资源是组织可以将其看作能够为创建和实现组织的使命、愿景、战略与目标做出潜在贡献的人所具备的可被利用的能力与才干。③

在国内研究中，郑绍濂④和魏新、刘苑辉⑤从整个社会经济发展的宏观角度对人力资源进行界定，认为人力资源是指能够推动整个经济和社会发展的具有智力劳动和体力劳动能力的人们的综合，它应包括数量和质量两个方面，这是对人力资源的理解具有代表性的概念。也有的学者认为人力资源概念有广义和狭义之分。从广义上讲，人力资源就是指智力正常的人。从狭义上讲，人力资源是指人在劳动中为创造某种价值和组织绩效而运用的体力和智力的总和。⑥也就是说，人力资源是指能推动经济和社会发展的、具有劳动能力和一定智力的从事劳动和未从事劳动的人口的总和。人力资源作为一种资源，是创造价值、形成财富不可或缺的因素，也是发展经济的关键力量。

需要指出的是，虽然人力资源这一概念没有被看作内生变量并被纳入主流经济的分析中，但在教育学、管理学等领域却受到了广泛重视，为人力资源与经济发展相结合进行研究奠定了基础。

（三）公共经济、公共经济学与财政学

公共经济（Public Economy）一词可看作与公共政策相关的一切经济活动和经济制

---

① Robert E. Lucas, On the Mechanics of Economic Development, *Journal of Monetary Economics*, 1989(1):1988.
② Peter F. Drucker. *The Practice of Management*, NewYork: Harper&Brothers, 1954:264.
③ 〔美〕苏珊·E. 杰克逊、〔美〕兰德尔·S. 舒勒：《管理人力资源：合作伙伴的责任、定位与分工》（第7版），欧阳袖等译，中信出版社2006年版。
④ 郑绍濂：《人力资源开发与管理》，复旦大学出版社1995年版。
⑤ 魏新、刘苑辉、黄爱华：《人力资源管理概论》，华南理工大学出版社2007年版。
⑥ 李成彦：《人力资源管理》，北京大学出版社2011年版。

度安排。公共经济起源于西方经济学的经济理论。后来,主流经济理论逐渐将政府、公共支出和税收等一齐纳入经济分析框架之后,公共经济就以政府经济、财政收支、公共财政、公共部门经济等形式逐渐出现了。

而关于公共经济学(Public Economics)概念,早在20世纪约翰·伊特韦尔(J. Estwell)在其所编著的《新帕尔格雷夫经济学大辞典》中就给出过一个定义,认为"公共经济学"是研究政府为市场经济提供公共服务的经济学。[①]目前,关于公共经济学的解释很多,如吴俊培[②]、希瑞克斯(J. Hindriks,1938—2016)和迈尔斯(G. D. Myles)等对"公共经济学"的概念和范畴阐述了自己的观点。[③]为了直接、简单、明了,在此我们采用张馨的理解以便对公共经济学下一个定义:**公共经济学是指针对政府部门和非政府部门所进行的活动的经济学研究**。由公共经济学这一定义可知,"公共经济学"这一概念大大拓展了财政学的研究范围。

需要指出的是,在中国的学科分类中,财政学属于应用经济学门类。由于国家财政是实现公共资源配置、维护经济社会公平和稳定的重要手段,其核心概念与主流经济学的"国家""政府""公共支出"以及"税收"等研究内容联系非常紧密,因此,中国的科教系统仍然习惯于用财政学这一学科概念。目前财政学的研究和学科发展已显得非常成熟,并且形成了较为完善的学科体系。但许多公共经济学著作仅以教科书的形式存在,公共经济学仍未纳入科教系统的学科门类之中。

第二节 教育财政的规模、分类和支出原则

一、教育财政的规模

目前世界各国均没有一种固定的税费收入专门提供给政府来负担教育,因此教育财政的规模一般用教育财政支出的规模加以衡量。

(一)指标和比较方法

1. 教育财政支出规模的指标

一个国家的教育财政支出的规模大体上反映了该国教育发展的规模与程度。因此,确定教育财政支出的规模,一方面可以保证国家财政对教育的投入;另一方面也可以反映教育在经济社会中的地位。

确定教育财政支出规模的指标有两种:一种是教育财政支出规模的绝对指标(绝对规模),另一种是教育财政支出规模的相对指标(相对规模)。

---

① 〔英〕约翰·伊特韦尔:《新帕尔格雷夫经济学大辞典》(第三卷),陈岱孙译,经济科学出版社1992年版。
② 吴俊培:《公共经济学》,武汉大学出版社2009年版。
③ 〔比〕吉恩·希瑞克斯、〔英〕加雷斯·D. 迈尔斯:《中级公共经济学》,张晏等译,格致出版社·上海三联书店·上海人民出版社2011年版。

教育财政支出的绝对规模是指教育财政支出与其他经济指标之间的一种比例关系，可以用来反映教育财政支出的绝对量，这对于研究教育财政支出规模的变化规律、增长速度，分析变化原因等都是非常必要的。另外，它还有益于测定政府教育投入的总规模。因此，只要根据教育财政支出的定义把各级政府用于教育的财政支出总数相加，就可以初步得出所需数额。

目前在各种研究中大致存在三种用于比较的比例关系：一种是教育财政支出与GDP的比例关系；一种是教育财政支出与GNP的比例关系；还有一种是教育财政支出与财政支出的比例关系。其中，由于世界各国的GDP占GNP的比重特别大，且接近GNP的指标，因此这两者的比例关系有一定的相似之处。

2. 教育财政支出规模的比较方法

确定教育财政支出规模的方法有很多，但既简单又实用的方法主要有两种：

（1）横向比较法

横向比较法是通过对各国有关数据的横向比较来确定和衡量一国的教育财政支出规模水平的一种方法。

横向比较法，也称为国际比较法。这一方法的理论依据是，尽管各国的社会制度不同，经济发展水平、经济结构、教育结构不同，但教育与经济关系的一般规律在任何国家的任何时期都在发生作用，教育财政支出的绝对量和相对量，即政府教育投入在不同国家的国民生产总值或财政支出中的比例，会随着经济水平的发展而呈现出一定的规律和趋势。

（2）纵向比较法

纵向比较法就是将一国或地区历年来的教育财政支出规模作为确定现行教育投入规模的基础，通过分析各年教育财政投入的运行情况、教育财政投入与经济发展的协调情况以及未来发展趋势，确定现行教育财政支出规模的一种方法。

这种方法的可取之处就在于它能紧密联系实际国情，即从本国的实际出发，实事求是地确立本国教育财政支出方法和教育财政投入规模的各项指标。纵向比较法的关键，就是要尽可能地分析往年教育财政投入的运行情况，以及教育财政投入与经济发展的协调情况，尽可能找出政府教育财政投入与经济发展之间协调比较好的若干时段，从而把这几个时段的指标，作为制定未来若干年内教育投入规模的参考因素，再结合其他国内外的政治、经济、科技等方面的走势，最终较为实际地确定教育财政支出的规模。

（二）政府教育支出绝对规模的比较分析

图1.2.1是1978—2014年中国政府教育支出情况，可用来分析和比较在过去36年中，中国政府教育支出从改革开放伊始至今的绝对规模的基本情况。

从图中可以看出，中国教育财政支出的绝对规模基本上呈增长趋势。从1978年到2014年中国教育财政支出规模增长了307倍，年平均递增率为8.77%。其中，自2004

年以后，这种增长态势十分显著。教育财政支出的绝对规模的增长趋势是经济社会发展过程中各种因素综合作用的结果。一方面，随着社会经济的发展，人们对教育的需求不断增长，这些需求形成了教育财政支出绝对规模扩大的必要条件；另一方面，国家经济资源的不断增长，为满足这些教育需求提供了可能。

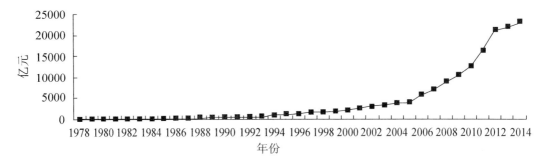

图 1.2.1　1978—2014 年中国教育财政支出情况图

资料来源：历年《中国财政年鉴》（国家统计局网站（http://www.stats.gov.cn.）。

首先，财政收支规模增长是政府对教育供给增长的主要原因。

经济增长使社会财富不断增加，导致政府收入增长，为财政支出的增长提供了可能。教育财政支出作为公共财政支出的一项主要内容，自然也会水涨船高。我们可以从图 1.2.2 中进一步看到这一关系：图中的数据反映的是中国自 1990 年到 2014 年的 25 年间，中国国民经济、财政收支和政府教育支出均呈稳步增长的态势。其中，国内生产总值 2014 年比 1990 年增长了 34.28 倍，财政收入增长了 44.57 倍，教育财政支出增长了 49.83 倍。这种趋势表明，教育财政支出的增长速度远远大于各年财政收入，进而远快于国内生产总值的增长速度。这种趋势不仅体现了政府对于教育投入的重视，也体现了教育财政收入与经济增长之间的互动发展关系，既是经济良性发展的体现，也是经济发展决定财政收支增长，进而决定有更大的政府财力来负担教育的明证。

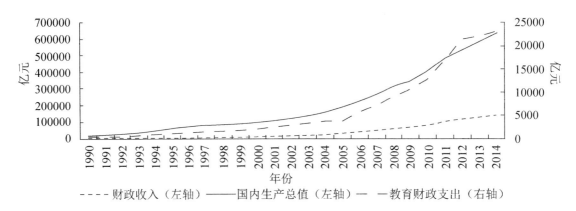

图 1.2.2　1990—2014 年中国国内生产总值、财政收入、教育财政支出情况图

资料来源：历年《中国财政年鉴》（国家统计局网站（http://www.stats.gov.cn.）。

需要指出的是，虽然财政支出规模扩大导致教育财政支出规模扩大作为一种经济现象是一种趋势，但是它也揭示了政府在推动教育以及由此产生的对经济增长的促进作用。近百年的实践表明，没有政府对教育的支持，一个社会的稳定和可持续发展是不可能实现的。但并不是说，教育财政支出规模越大越好，这就需要对教育财政支出规模、支出范围的一些相关问题进行深层次的思考。

其次，教育需求的增长需要政府扩大教育财政支出规模以与之相适应。

从经济增长的需要来看，经济增长的前提是科技的进步与发展，而科技发展又依赖于人才的培养。教育是一种人力资源投资和开发的过程，也就是人才的培养与造就的过程。从人口增长所引致的教育需求方面来看，人口增长也是政府教育支出绝对规模扩大的直接原因。从人口增长与财政支出规模的"拥挤函数"（Crowding Function）的分析中可知：人口增长是财政支出规模扩大的原因之一。人口增长与财政支出规模的"拥挤函数"的关系可表述为

$$A_I = \frac{X_I}{N^a}$$

其中，A_I 是政府为每个社会成员提供的第 I 种产品的服务费用；X_I 为用于生产第 I 种产品的最终产出的活动费用；N 为人口规模；a 为拥挤参数。当政府提供的是教育这种产品时，由于教育产品具有正外部性，因而在给消费者带来较大利益的同时，会有相当一部分的利益外溢给社会，因此 $0 < a < 1$，于是每个社会成员得到的效用会随人口增加而减少，从而所有社会成员会要求政府增加对教育产品的供给，以保证原来的效用水平，从而也会引起政府教育支出绝对规模的增长。

（三）教育财政支出相对规模与比较分析

教育财政支出相对规模可以用政府教育支出占GDP的比例以及政府教育支出占一国财政规模的比例来加以衡量。其中，教育财政支出占GDP的比例是反映和评价一国政府对教育投入水平的通用指标，是衡量教育财政相对支出规模的重要标识。

1. 教育财政支出占 GDP 的比重

从目前所收集到的数据来看，国外在研究教育财政支出占GDP比例，以便更好地分析和确定教育财政支出所应达到的相对规模。

表 1.2.1 是美国、加拿大、日本、韩国等发达国家及若干经济合作与发展组织（Organization for Economic Cooperation and Development，OECD）国家 1990、1995、2000、2005、2009、2012 年教育财政支出占 GDP 比例的情况。数据表明，OECD 各国合计的教育财政支出占 GDP 的平均比例在这 6 个年份较为稳定，教育财政支出占 GDP 的比重保持在 5%以上。日本和韩国该比重上升较快，其中，分别由 1990 年的 3.6%和 3.5%上升到 2012 年的 5%和 6.7%。

表 1.2.1　OECD 及有关国家的教育财政支出占国内生产总值（GDP）比例表　（单位：%）

国家	教育财政支出占 GDP 比例					
	1990 年	1995 年	2000 年	2005 年	2009 年	2012 年
OECD 国家合计	5	5.3	5.2	5.3	5.8	5.3
其中：加拿大	6.2	6.2	5.1	5.1	5.1	6
美国	5.2	4.7	4.9	5.0	5.5	6.4
日本	3.6	3.6	3.6	3.5	3.8	5
韩国	3.5	—	3.7	4.0	5.0	6.7
法国	5.1	6.3	6.0	5.7	5.9	5.3
德国	4.1	4.7	4.6	4.6	5.1	4.4
英国	4.9	5.0	4.3	5.2	5.6	6.3

资料来源：根据《教育要览——OECD 指标》（1990—2012）相关数据整理获得。

2. 教育财政支出占财政支出的比重

教育财政支出占财政支出的比重是衡量一国政府教育投入力度的重要指标，它可以度量政府在教育投入方面的水平和付出的努力，也是衡量教育财政支出相对规模的另一个重要指标。

图 1.2.3 是少数发达国家和发展中国家的教育财政支出占财政支出比重的平均值，其中，所选取样本的发达国家有：美国、加拿大、法国、英国和日本；所选取样本的发展中国家有：埃及、墨西哥、阿根廷、巴基斯坦、泰国和巴西。

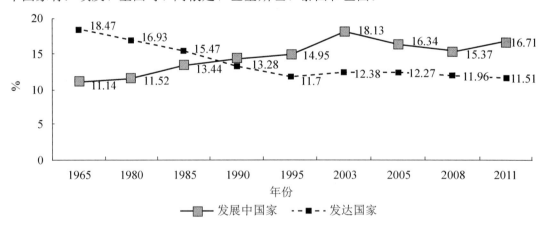

图 1.2.3　1965—2011 年发达国家和发展中国家教育财政支出占财政支出的平均水平比较图

数据来源：根据 UNESCO, *Public Expenditure On Education as % of Total Government Expenditure*, 有关各年相关数据计算整理而得。

从图 1.2.3 中可以看出，发达国家教育财政支出占财政支出的比例基本上呈下降之势，1995 年后稍有回升。以英国、日本为例，1965 年两国的这一比例均在 22.5% 以上，到 2008 年已分别降至 11.05% 和 9.41%，这样的降幅是相当大的。到 1995 年之后主要发达国家教育财政支出占财政支出的比例基本上在 11% 左右。从表面上看，发达国家教育财政支出占财政支出比例下降的原因在于：其一，当发达国家的教育财政支出达到一定程度后，再增长的空间就十分有限了。其二，来自政府的改革和这些国家管理教育、兴办教育的观念的变化，导致教育运行方式的变动，使得教育投资呈现多元化格局，社会投入的增加，让政府有条件不必投入更多的资金来办教育。

从发达国家平均水平来看，教育财政占国家财政支出的比重有逐年下降的趋势，尤其是在 1965 年至 20 世纪 90 年代初，这种下降趋势尤为明显。从发展中国家来看，教育财政占国家财政支出的比重情况正好与发达国家相反。从 1965 年到 2011 年近 47 年间，教育财政支出占财政支出的比例呈上升之势，但是到了 2003 年以后这一比例稍有下降的趋势；2008 年以后，该比重又有企稳回升的趋势。中国目前的情况与国外相比，大体是相当的。1980 年以后，中国教育财政支出占财政支出的比例基本上都在 10% 以上，2014 年更达到了 15.2%。近 35 年来中国教育财政支出的比例已超过发达国家的水平，与发展中国家差不多，这说明，从数据层面来看，目前中国教育财政支出占财政支出的比例走势是基本合理的。

二、教育财政的分类

教育财政作为政府公共财政支出的重要内容之一，它的分类与财政收支的分类有着密切联系。但教育财政支出又有其本身的特性，它与政府教育体制和政府财政管理体制以及各国的具体情况、历史背景密不可分。因此，它的分类角度与分类方法是不同的。

（一）按教育体制（或受教育程度）分类

目前，世界各国一般均实行的是学前（幼儿）、初等、中等、高等以及其他形式的教育体制，按这种体制分类，则教育财政可分为：学前（幼儿）教育财政、初等教育财政、中等教育财政、高等教育财政以及其他形式的教育财政。

学前（幼儿）教育财政是指学龄前儿童的政府教育经费投入情况，它包括幼儿教育的场所设施建设支出、幼儿教育的管理与行政支出等。

初等教育财政是指小学阶段的政府教育经费投入状况，它包括学校的设施建设支出、教师的工资待遇支出以及教学管理与行政支出等。由于这一阶段的教育属于义务教育，其经费来源基本上由政府财政承担。

中等教育财政是指中学阶段（包括中专、职校、技校）的政府教育经费投入。在中国，普通的初中教育仍属于义务教育，其经费来源主要由教育财政承担。中专、技校及部分职校的经费来源除由政府财政承担一部分外，其余还可以由办学单位或者通过非政府方式来筹集。

高等教育财政是指大学阶段的政府教育经费投入。大学教育包括专科生、本科生、硕士研究生、博士研究生教育（博士后培养属于一种人才工作经历，在中国，这类经费未列入教育财政的口径之中）。就高等教育而言，目前世界上绝大多数国家认为其不属于义务教育范围。它的经费来源不应该全部由政府负责，政府仅承担部分教育财政经费，其余由学校通过收费及社会捐助等手段来解决。

其他形式的政府教育经费投入还包括成人教育支出，教师、职员的进修与培训支出，特殊教育支出，如聋哑学校、残疾人教育培训中心的经费支出等。

按照教育体制分类的形式可以使我们清楚地看到教育财政经费在各个教育层面上的使用情况，从而有利于教育产品的公共性质，有利于调整公共教育财政支出结构，并使之趋于合理，以保障公共教育经费的有效运用，促进教育事业的更快发展。

（二）按政府管理体制分类

各国的政府管理体制最少可分为中央或联邦、省或州、地方三级管理体制。教育财政按这种管理体制分类可分为：中央或联邦教育财政和地方（包括省、地两级）教育财政，这与中央财政与地方财政的关系如出一辙。

在中国，中央政府教育财政主要指国家财政预算中所安排的对中央所属部委的教育拨款、对地方政府包括省及省以下地方政府的教育转移支付拨款，以及由中央专设的各项教育基金收付及使用等。

地方政府教育财政是指由省及省以下包括地（市）、县（市）、乡镇基层地方政府的教育财政经费的筹集和使用情况。

按这种管理体制分类的好处在于可以由各级财政与教育部门来分别管理各自的教育财政资金，这既便于调动各方的积极性，又能保证各地可根据自身情况因地制宜地配置好教育财政资金。

（三）按收入来源分类

若按照中国现行财政的收入来源分类，教育财政可分为：（1）财政预算内教育经费；（2）各级政府征收用于教育的税费；（3）企业办学教育经费；（4）校办产业、勤工俭学和社会服务收入中用于教育的经费；（5）其他属于国家财政性的教育经费。

按收入来源分类有利于了解教育财政经费的来源渠道，可以使一些专项经费做到专款专用，也利于将政府公共教育支出与私人筹资（非教育财政性经费）进行比较，并了解整个教育经费筹集的状况，对于规范教育财政资金的收支、促进教育事业的稳固发展是极有好处的。

（四）按支出用途分类

按财政资金的支出用途可以将教育财政划分为教育事业费支出和教育基建投资支出，其中教育事业费是目前世界各国教育经费的最主要的部分，一般占到政府教育支出的60%以上。

教育事业费支出，是指我们日常所说的财政教育经常性费用支出。它又可以分为人员经费支出和公用经费支出。人员经费支出是指用于教职工工资、奖金及其他福利性开支，以及学生的奖学金和助学金等。公用经费支出是指教学机构的教学、科研和办公费用，以及教学仪器、设备和图书资料等的购置经费。

教育基建投资支出，是指财政用于学校房屋建设及危房改造等方面的费用支出。具体包括教学楼的建设，与教学相关的科研楼、实验楼、图书馆的建设，为教学服务的办公楼、礼堂、教职工宿舍的建设以及学生公寓、食堂的建设等。

按支出用途分类的好处在于可以掌握教育财政资金的具体使用方向，在教育经费有限的情况下，可以合理调度资金，做到先维持（先满足教育事业费开支），后发展（再将剩余资金用于基建投资）。

（五）按支出有无补偿分类

按这一方式，可将教育财政分为教育财政的购买性支出和转移性支出两类。

教育财政的购买性支出是指政府遵循有偿原则，为满足各种教育事业的发展而用于购买与教育相关的商品和劳务的支出。政府只有购买这些商品和劳务，才能生产出公众所需要的公共商品和劳务（包括混合商品）。这种支出意味着政府对经济资源的索取和消耗，故购买性支出又称为消耗性支出。

教育财政的转移性支出是指政府单方面地、无偿地支付给其他事业主体或机构所需的教育经费，它包括各种教育补贴、补助等。政府在付出这笔经费时，并没有相应地获得任何回报。这时，政府所扮演的是一个"中间人"的角色，将一部分纳税人的钱无偿地转移给另外一部分人使用。

由于这两类支出所遵循的交换原则不同，这一方法也称按支出的经济性质分类，它有助于我们分析教育财政支出所产生的不同经济影响。

由于在不同经济发展时期，政府的教育政策和教育投入的重点有所不同，相应地，教育财政的这一结构也会有所不同。一般而言，在经济发展水平较低时，教育财政支出中购买性支出比重较高，转移性支出的比重较低；在经济发展水平较高时，购买性支出的比重会有所降低，而转移性支出的比重会明显上升。

三、教育财政支出的原则

教育财政支出属于公共财政支出的重要组成部分，因此，它的支出原则与公共财政支出的原则有一定共性，当然教育支出本身的特性也决定了其支出原则的固有特征。

（一）合理安排原则

合理安排原则体现在两个方面，一方面要求政府在安排公共财政支出时，应考虑当年经济与教育发展的实际情况，合理安排教育财政支出的数量；另一方面要求在安排教育财政支出的使用上有其合理性，做到既能保证各项教育事业发展的需要，又能有侧重点。

具体地讲，首先，政府在安排教育财政支出总量时，应考虑这样几种因素：一是经济发展水平与经济实力；二是上年的实际支出数；三是当年教育发展所应追加的增量；四是人口增长、社会进步、生活水平提高等因素。只有在综合考虑了上述各因素后，才能较准确、合理地安排好教育财政支出的规模。

其次，在安排教育财政支出的使用方面也应有一个全盘的考虑：一是要有一个教育财政支出预算，尽可能涵盖各项用途的支出；二是对地方政府的教育财政支出安排应该更细化，不仅要保障有支出，更要保障支出的落实到位；三是支出应有侧重。比如，在安排教育财政支出时，应首先考虑安排基础教育方面以及教育事业经费等方面的财政支出等。

（二）优化支出结构原则

优化支出结构主要是指正确安排教育财政支出中的各种教育经费比例，使之实现结构的最优组合，以促进教育事业的发展。优化支出结构要考虑以下几个方面：

首先，优化包括中央政府和地方政府在内的政府间的支出结构。其次，优化教育产品支出结构，其中又包括两个方面：一个方面是优化教育财政支出的层次结构，即按照受教育程度区分层次结构，如学前教育、初等教育、中等教育等；另一方面是优化教育产品的经费使用结构，如同级教育的师生配置比例、学生数量与固定资产的配置比例等。再次，由于各地区经济和教育发展的水平不同，政府对这些地区的教育支出政策也有差异，因此优化教育财政支出的区域结构也显得至关重要；最后，优化教育财政支出的资本结构，如教育基建费、教师工资经费及教育科研经费之间的比例关系等。

（三）效益原则

效益原则是教育财政的又一项重要原则，它对于最大限度地发挥政府教育投入经费的作用具有重要意义。在西方经济学理论中，福利学派的"帕累托最优"原理是经济学意义上高效益的准则，它的含义用通俗的话说就是以最小的投入换取最大的产出。这一原理在教育财政支出中的运用，就是要求以有限的财力投入带来最大的成果，不仅要获得经济效益，而且还要获得社会效益。

（四）公平原则

公平原则的基本含义是同等情况同等对待，不同情况不同对待。前者是横向公平，即同等级别之间的公平，后者则是纵向公平，即不同等级之间的公平。

教育财政在横向公平上应该可以做得较好，只要有一套正确的判断标准，做到不搞亲疏关系，不厚此薄彼，则横向公平原则的贯彻应会有一定的保障。在纵向公平方面，则需要慎重对待，把公平与效益原则结合起来。如对农村教育则应多投入一些资金。其原因在于：其一，农村经济相对落后，农民收入较少，贫困面大，私人所能聚集的教育资源有限，因此需要大量政府公共教育支出的投入，其济贫行为的本身就体现了公平性。其二，对农村贫困地区的投入，不仅可以体现公平性，也能体现效益性。因为对贫困地区基础教育的投入越多，越能使更多的失学儿童受到教育，这对于缩小贫富差距、理顺分配关系及提高全体国民的素质意义重大。因此，它的社会效益很大，最能体现公平与效益的统一。

（五）稳定原则

稳定原则要求教育财政的规模与政府财政规模相匹配，应尽量保持一个稳定的比例，做到稳中有增，切不可大起大落。若支出骤减，则会影响教育的稳定发展；若支出增幅过大，则后果也不利。因为教育财政支出与财政支出一样具有刚性，即增加容易，减少则难。因此，坚持稳定的原则也是教育财政所必须的，也是保证教育财政资金得到良好运用的前提。

第三节　教育财政学研究方法

根据本书对教育财政学的概念界定，教育财政学是经济学的一部分，围绕经济学资源配置这一主要目标进行，涉及经济思想、行为决策，以及制度和运行。因此，教育财政学研究方法是在教育思想和国家政策引导下的经济学研究方法，主要涉及经济学方法论问题，且离不开哲学思维指导下的方法论、方法和工具的应用。

一、教育财政学方法论

（一）哲学、世界观与方法论的概念与关系

关于哲学（Philosophy），目前还存在各种各样的概念和对这一术语的不同理解。例如，黑格尔（G. F. Hegel，1770—1831）认为，"哲学一般是思维的认识活动"，"哲学的事实已经是一种现存的知识，哲学的认识方式只是一种反思——意指跟随在事实后面的反复思考"。[①]罗素（B. Russell，1872—1970）将哲学区别于科学和神学，认为："哲学是介于神学与科学之间的东西"。[②]冯友兰（1895—1990）也区别了哲学与宗教，并借《老子》（第四十八章）："为学日益，为道日损"的说法[③]，认为哲学属于"为道"的范畴，是一种能提高精神境界的、超道德的，是对于人生的有系统的反思思想。马克思（K. H. Marx，1818—1883）在对"哲学"一词进行解释时，直接说道："任何真正的哲学都是自己时代精神的精华"，它集中了"人民最精致、最珍贵和看不见的精髓"。[④]通过上述对于哲学一词的理解，我们可以粗略地了解到，哲学不是物质，也区别于神学和宗教，哲学是能提高人的思想境界的一种思想和思维方式。马克思和恩格斯（F. V. Engels，1820—1895）甚至直接将哲学看作"一种思维方法和思维活动"。[⑤]

通常认为，世界观是人们关于世界的根本观点和根本看法，它决定了一个人的人生追求和价值取向。这里所指的世界，是一种人与人之间关系的现实世界；这里所指的看法，不仅仅是对世界具有的看法，而更应该包含如何看待世界的根本问题。

而方法论（Methodology）则指的是关于方法的学说。维基百科将方法论定义为："是一种以解决问题为目标的体系或系统，通常涉及对问题阶段、任务、工具、方法技巧的论述"。[⑥]

[①]〔德〕格奥尔格·威廉·弗里德里希·黑格尔：《小逻辑》，贺麟译，商务印书馆1996年版。
[②]〔英〕伯特兰·罗素：《西方哲学简史》，赵敦华译，北京大学出版社2001年版。
[③] 冯友兰：《中国哲学史》，商务印书馆2011年版。
[④]〔德〕卡尔·马克思，《马克思恩格斯全集》（第一卷），中央编译局译，人民出版社1998年版。
[⑤] 同上。
[⑥] 参见 https://en.wikipedia.org/w/index.php? title=Methodology&oldid=700521483>。

根据一般哲学常识,哲学是一种思维模式,哲学就是世界观,是世界观的理论体系;世界观是哲学的基本内容,世界观决定方法论,哲学是世界观和方法论的统一。

(二)对教育财政学方法论的概念解释

对经济学方法论概念的解释很多,如唐·埃思里奇(D. Ethridg)认为经济学方法论是对经济学研究的一般方法的研究,是关于处理问题和从事活动的方式,它构成我们完成一项任务的一般途径或路线,而不是告诉我们如何完成任务的具体细节,是对给定领域中进行探索的一般方法研究。① 张俊山则认为,经济学方法论是对经济理论的形成、结构、发展方式和建立经济理论的基本观点与逻辑安排进行系统研究的学科。② 廖楚晖认为,经济学方法论是一个体系,是在一定的世界观下,针对经济现象、问题以及规律等,运用经济学方法、方式和工具,对经济学进行研究和分析的一整套体系③。

教育财政学是以经济学理论和研究对象为主,综合教育学相关理论和思想而形成的学科。因此,根据上述对经济学方法论的理解,教育财政学方法论(Methodology of Education Finance)是指,在科学世界观和国家教育政策的指导下,充分结合经济学理论(包括人力资本理论、公共经济理论)和教育学理论(包括教育社会学、教育心理学等),运用经济学方法、方式和工具,对教育财政学进行研究和分析的一整套体系。

二、教育财政学研究方法

(一)在哲学思维影响下的经济学研究方法

一般认为,哲学起源于古代希腊。亚里士多德的方法论强调对概念的把握,他将不同的概念综合为可进一步分析的理论工具,创建了逻辑演绎的方法。与柏拉图的理想主义思维方法不同,亚里士多德注重现实分析,同时他也是提倡运用归纳方法的思想先驱,做出了"对后代的一个不可估量的贡献"。④ 后来原子论和目的论等哲学方法诞生,对色诺芬(Xenophon,前444—前354年⑤)的《经济论》以及后来新古典经济学的基本理论等都产生了重要影响。在哲学思维影响下的研究方法均适用于教育财政学方法。

1. 经验和抽象的分析法

经验主义哲学(Empiricist Philosophy)认为,对科学的认识来源于对现实生活的观察,以及在实验中得到的事实和数据,科学注重归纳,科学的任务在于解释事实。经验主义哲学推崇经验分析,主张运用归纳法。这种哲学思维影响了经济学研究,如古典经济时期的经济学家配第就运用归纳法,以事实、感觉和经验为根据,大量使用数据来描述经济。斯密(A. Smith,1723—1790)吸收和效仿自然哲学的实证方法,将实

---

① 〔美〕唐·埃思里奇:《应用经济学研究方法论》,朱钢译,经济科学出版社2007年版。
② 张俊山:《经济学方法论》,南开大学出版社2003年版。
③ 廖楚晖:《经济学方法论:公共经济学的应用》,中国财政经济出版社2016年版。
④ 〔美〕约瑟夫·A. 熊彼得:《经济分析史》,杨敬年译,朱泱校,商务印书馆1991年版。
⑤ 色诺芬是古希腊哲学家,著有《经济论》(*Oeconomicus or Economics*),亦译《家政论》,是现今流传下来的古希腊最早的经济专著,集中反映了色诺芬的经济思想和对经济活动的主张。

证科学的抽象法变为经济理性的抽象法，提倡融合归纳法和演绎法的双重法。马尔萨斯（T. R. Malthus，1766—1834）等继承和发展了他的思想和方法。

2. 唯理主义的逻辑演绎方法

唯理主义哲学认为，经验本身并不可靠，真理的存在必定依赖于某些不证自明的抽象的概念、预设、原理，由此出发进行推理演绎所得出的结论就应该是正确可信的。唯理主义推崇理性抽象分析，主张逻辑演绎法，这种方法长期占据西方经济学的主导地位，如李嘉图（D. Ricardo，1772—1823）摒弃斯密的归纳法，大力提倡理性逻辑演绎法，主张从纯粹抽象原则出发来演绎具体的客观存在。在李嘉图的基础上，西尼尔（N. W. Senior，1790—1864）第一次对经济学方法中的理性逻辑演绎法做出了详细论述。穆勒（J. Mill，1773—1836）在《逻辑体系》这一著作中指出，理性逻辑演绎法是政治经济学主要采用的方法，常用来构建负有哲理和逻辑严密的经济模型。他认为，演绎法的精髓是推理，归纳法是演绎法的辅助方法。因此，在1836年的"论政治经济学的定义"一文中，他明确提出"理性经济人"概念，从而设定了一个方法论层面的流行至今的重要假设和研究。

3. 逻辑实证主义分析方法

逻辑实证主义是形式逻辑的框架和实验科学的基础，这是现代科学最显著的两个特征，同时也是经济学方法论的重要哲学基础。逻辑实证主义对经济学方法论的影响表现为强调经济学中的经验分析和估计，这种分析在很大程度上归结于其在尽可能的情况下强调数量和计量表示的思想观点。具体表现在以下两个方面：一是科学理论的构成对经济学形式化的影响。这集中表现在公理化方面，体现为数理经济学的发展。这种公理化要求指导着经济理论的形式化过程。二是逻辑实证主义的实证原则对经济学提出可检验性的要求，主要体现为计量经济学的发展。由于经济学大多数情况下只能采用历史资料和统计数据对理论涉及的有关变量进行回归分析，而很少能够通过控制实验的方法来进行检验，这使得计量经济学成为经济理论分析的关键。在某种意义上，计量经济学使经济学成为一种可检验的理论，从而大大增加了其科学性。

4. 证伪主义分析方法

哈奇森（T. W. Hutchison, 1912—2007）在其《经济理论的意义和基本原理》一书中，公开主张将波普尔的可证伪性的方法标准引入到经济学研究之中[1]，这是证伪主义哲学明确进入经济学研究的开端。此后，许多经济学家开始考虑方法论问题。他们认为，经济学研究应当侧重于推理和证伪过程，经济学的科学性取决于研究基础即理论假设是可证实的或可证伪的，或者是不可证实的或不可证伪的。此外，他们还关注经济理论选择和理论结构、经济理论的假定和预测的关系等问题。同时，经济学界开始对经济学方法论进行研究，主要侧重于对一般研究途径的探讨，并达成了一种共识，即任何研究方法都是以问题为导向的，在此基础上才能形成研究目标和研究设计。

---

[1] Terence W. Hutchison, *The Significance and Basic Postulates of Economic Theory*, London: Macmillan, 1938.

可以说，整个20世纪至今的经济学发展史都深深地打上了证伪主义方法论的印迹。在这一时期的许多经济学家都受到了证伪主义方法论的极大影响，并付诸努力运用其指导经济学理论的构建和检验。虽然证伪主义方法在经济学界得到了广泛运用，但如果过分强调其重要性则可能使经济学的生存空间大大缩水。因此，波普尔证伪主义在经济学研究中还没有占据现代经济学方法论的主流地位。

5. 科学研究纲领

科学哲学意义上的科学研究纲领方法论备受现代经济学家青睐。①其方法论的总体概念结构架构的特点包括：一是研究纲领是由某种根本信念所支撑的整个理论系列组成，它是开放的、可调节的。二是纲领具有精致的结构，分为"硬核"与"保护带"两层。"硬核"是纲领中不可触动的深层核心假说与根本信念；"硬核"周围有一层由众多辅助假设所组成的"保护带"。当面对反常情况和检验压力时，保护带可以通过调整辅助假设来消解反常，维护"硬核"并促进纲领通过内部的理论交替而取得进步。科学研究纲领具有的这种调整辅助与保护作用使其迅速受到经济学家们的欢迎。当然，研究纲领本身有进步与退化之分，前者不断产生新预言，后者丧失启发力，而启发规则也有正面与反面之分。因此，科学纲领方法论对经济学的研究要充分考虑其时代性，如将纲领方法论运用到经济学研究中，"理性经济人的最优化"，就是新古典纲领的一个"硬核"，其反面启发法就是"不要建构非理性地行事的理论"。又如凯恩斯（J. M. Keynes，1883—1946）纲领在20世纪40年代是有预言力的进步纲领（它预言了新财政政策的成功），到60年代却变为退化纲领。相比较而言，在分析经济学革命时，拉卡托斯（I. Lakatos，1922—1974）的纲领方法论比库恩的范式分析更为精细，因而需要将两者结合起来使用才能推进经济学的研究与发展。

（二）经济学原理常用分析法

1. 归纳分析方法和演绎分析方法

归纳法（Induction）与演绎法（Deduction）是科学研究中运用得较为广泛的逻辑思维方法。所谓归纳法，就是根据一类事物的部分对象具有某种性质，推理出这类事物的所有对象都具有这种性质的思维方法。所谓演绎法，就是从一般性的前提出发，通过推导即"演绎"，得出具体陈述或个别结论的思维方法。演绎法是从一般到特殊的过程，而归纳法则是从特殊到一般的过程。从经济学研究的发展历史来看，演绎分析法占据着主流地位。但是在现代经济学中，这两种方法一直是相辅相成和互相补充的。归纳法借助于演绎分析，可以更广泛深入地收集资料，演绎法若想将经济原理彼此联系起来，也需要运用归纳法搜集资料以检验这种联系的科学性。

2. 实证分析方法和规范分析方法

在经济学中，规范分析（Normative Analysis）是指根据一定的价值判断，提出分析

---

① 〔英〕伊姆雷·拉卡托斯：《科学研究纲领方法论》，兰征译，上海译文出版社2005版。

处理经济问题的一些标准，并以经济理论作为制定经济政策依据的前提，以便研究如何才能符合这些标准的一种方法。实证分析（Positive Analysis）则是指超越一切价值判断，从客观角度出发，根据某个可以证实的前提来分析人的经济活动的一种方法。

但在经济学发展史上，经济学家更多地采用正统方法论中的"实证—规范二分法"进行研究。"实证—规范二分法"指的是一种根据问题类型采取相应分析方法的原则，自其提出之日起，就在经济学研究中引起了诸多争论。当然，在现代西方经济学中，这种分析趋势已经逐渐被弱化。现代西方经济学认为实证分析和规范分析是相对的而非绝对的，严格将实证分析方法和规范分析方法分离不可能实现，因此现代经济学的研究不再拘泥于规范—实证二分法的原则[1]，而是以价值判断为前提追求事物的真实形态。

3. 结构分析方法和制度分析方法

（1）结构分析方法

结构分析法是指对经济系统中各组成部分及其对比关系变动规律的分析，是在统计分组的基础上，计算各组成部分所占比重，进而分析某一总体现象的内部结构特征、总体的性质，以及总体内部结构依时间推移而表现出的变化规律性的统计方法。结构分析法的基本表现形式，就是计算结构指标。在结构分析法的基础上，经济学中衍生出了结构主义学派。时至今日，虽然严格意义上的结构主义经济学研究已经衰落，但结构分析法仍然是广泛应用于现代经济学研究的重要分析方法。

（2）制度分析方法

制度分析法是指一种以公共选择与制度分析为逻辑起点，着眼于治道变革，并探索具体的公共管理、公共服务以及公共政策问题的分析方法。制度经济学家通常把制度作为变量，将集体主义和整体主义引入到经济理论的研究中，建立起更为接近现实经济活动的方法论。

制度分析法的起源甚早，如在早期经济学研究中，休谟（D. Hume，1711—1776）就从制度产生与演化角度分析了资本主义市场经济得以立足的制度基础[2]，并提出了私有财产应当被承认的观点。诺斯（D. C. North，1920—2015）将制度变迁的主体归结为理性个人[3]，他认为个人理性选择推动制度边际调整，其中经济的、政治的企业家财富最大化目标起决定性作用，所以"长期经济变迁是无数经济和政治企业家的短期决定的累积结果。"此外，诺斯还提出，制度分析有三种方法[4]：一是科斯（R. H. Coase，1910—2013）、诺斯等人的交易成本方法；二是詹姆斯·布坎南（James M. Buchanan，1919—2013）、罗伯特·托利森（R. D. Tollison）和戈登·塔洛克（G. Tullock，1926—2014）等人提出的寻租方法；三是曼瑟尔·奥尔森（M. L. Olson，1932—1998）的分利集团方法。[5]他通过

---

[1] 王晓林：《经济学：实证的抑或规范的？》，《经济学家》，2003(4)：91—98。
[2] 〔美〕亨利·威廉·斯皮格尔：《经济思想的成长》，晏智杰等译，中国社会科学出版社 1999 年版。
[3] 〔美〕道格拉斯·诺斯：《制度、制度变迁与经济绩效》，杭行译，上海三联书店 2008 年版。
[4] 〔美〕道格拉斯·诺斯：《制度研究的三种方法》，见〔美〕大卫·柯兰德编：《新古典政治经济学：寻租和 DUP 行动分析》，马春文、宋春艳译，长春出版社 2005 年版。
[5] 〔美〕曼瑟尔·奥尔森：《集体行动的逻辑》，陈郁等译，上海人民出版社 1995 年版。

提出这三种方法来分析非经济因素如何影响经济发展，并试图以此来解释滞胀问题。

需要指出的是，制度分析方法经常与结构分析法、历史分析法等方法结合来研究经济问题。从技术角度而言，结构分析可以为制度分析提供量化的分析工具，而制度分析则可以成为进行结构分析的目标之一。

4. 修辞方法与社会方法

与中国先秦时期老子的"无为而无不为"的思想类似，保罗·费耶阿本德（P. Feyerabend，1924—1994）在"反对方法：无政府主义知识论纲要"一文中论证了科学研究从来不是按照理性方法进行的[①]，不应要求科学家遵循某一特定的方法论行事，而应倡导知识的无政府主义，即"怎么都行"的方法论原则，以充分发挥科学家的独创性。但在该理论的论证过程中，费耶阿本德却阐明了修辞方法与社会方法的重要性。

修辞方法强调语言修饰及语言从侧面角度的说服力，主张经济理论的提倡者能借助他们的语言修辞，成功地使他人相信其理论的价值和可靠程度。在资本市场、人才市场以及新闻传媒领域，修辞方法有可能创造出比理论准确解释更具有影响力的效果。而社会方法则考察社会与制度约束，以及这些约束对一种理论认同的影响，而较少关注它们自身所提出的经济理论是否正确。修辞方法和社会方法最大的共同点是怀疑人们发现真理的能力，甚至怀疑真理是否存在。

三、教育财政学常用分析工具

为探索经济问题，研究者通常需要借助一些分析工具来实现研究目标。从目前的经济学研究和应用来看，较为常用的方法有数理分析工具（Mathematical Aanalysis Tools）、统计分析工具（Statistic Aanalysis Tools）和调查实验分析工具（Experiment Aanalysis Tools）。这些分析工具普遍适用于当今的教育经济学分析，并同样适用于针对教育财政学的分析。

（一）经济数理分析

数理分析指在经济分析过程中，运用数学符号和数字算式的推导来研究和表示经济运行的过程和现象。由于数理方法具有假设明确、定理充分、逻辑表达简练等优点，因此其论证形式与文字逻辑表达并没有什么不同。随着数理分析法在经济学中的大量运用，出现了主要运用数学语言、概念及方法表述经济学理论的"数理经济学"。

数理分析方法在公共经济学领域的应用具体表现在：首先，公共经济政策或理论可以逐渐用数学公式、符号和图形来表述；其次，政府经济政策目标可以更多地运用数理分析，按照目标函数、效用函数并通过优化和决策来进行分析；最后，对市场经济进行研究离不开公共经济政策纯粹市场的分析是不存在的，因此，通过数理分析联立政府许多公共政策变量，在当代经济学研究和应用中已十分广泛。

---

① Feyerabend P. K., *Against Method:Outline of an Anarchistic Theory of Knowledge*, London: Verso Books, 1978.

（二）经济统计分析和数量经济分析

在经济学中，统计分析是运用数理分析、概率论与统计检验等方法，从定量与定性相结合的角度，对经济研究活动进行统计学分析的一种方法。其中，运用数学、统计学、心理学以及经济试验方法，针对社会调查数据或者行为实验分析数据整理而得的数据所进行的统计分析，可称为调查（或经济实验）统计分析。①

数量经济学是基于经济理论和数理方法和计算技术，研究经济中具有数量关系及其变化的经济学方法。在经济学领域，数量分析方法主要有计量经济分析方法，该方法一般通过数学经济模型来验证经济学假说或对经济规律进行预测，是目前经济学实证分析的主要工具之一。

（三）经济调查分析与实验分析

在经济学中，调查分析主要被应用于教育等社会公共服务的微观经济领域。调查分析是指研究者通过实地面谈、访谈等方式搜集详细资料数据，并进行数据分析和统计分析。按调查范围不同，可以将调查分为个案调查、典型调查、抽样调查、重点调查、普遍调查 5 种。从调查分析的含义可以看出，调查分析实际上是一个资料收集分析的过程，因此调查分析工具可以从资料收集与资料分析两个角度进行考察。调查分析的信息资料大多以数据的形式呈现，因此需要对其进行数理分析与统计分析。对此，前文已有所介绍，此处不再赘述，仅对资料收集工具进行说明。目前使用较为普遍的资料收集工具主要包括访谈和问卷两种。其中，访谈工具更利于研究者精细地了解特定研究对象的信息，但因为操作比较耗时且难以量化而在经济学中的应用范围有限。而问卷工具则更有利于研究者收集量化的信息，因此在现代经济学中使用较为普遍。

 本章提要

本章首先从教育财政的基本概念出发，对教育财政进行了较为简要的介绍。

我们认为，教育财政一词有广义和狭义之分。本书的研究属于对教育财政广义上的研究，属于应用经济学研究范畴，是对宏观的政府教育经济研究。广义教育财政研究与政府教育财务及其管理研究有着密切的关系。首先，对广义的教育财政研究要以狭义的教育财政或政府教育财务研究为一项重要内容；其次，狭义教育财政研究要以广义的教育财政或政府教育支出政策为背景。此外，由于教育财政学属于公共经济学范畴，因此，了解与教育财政密切相关的概念，如人力资本、经济增长、公共经济等以及经济学研究方法论、研究方法和分析工具也是十分必要的。

教育财政可以按教育体制（或受教育程度）、政府财政管理体制、财政收入来源和支出用途以及有无补偿来进行分类。教育财政支出属于公共财政支出的重要组成部分，因

---

① 廖楚晖：《经济学方法论：公共经济学的应用》，中国财政经济出版社 2016 年版。

此，它的支出原则与公共财政支出的原则有一定的共性，要充分体现合理安排、优化支出结构、效益、公平及稳定的原则。

目前，世界各国均没有一种固定的税费收入专门提供给政府来负担教育，因此教育财政的规模一般用教育财政支出的规模来加以衡量。确定教育财政支出规模的指标有两种：一种是教育财政支出规模的绝对指标（绝对规模），另一种是教育财政支出规模的相对指标（相对规模）。

教育财政学研究方法是结合教育思想和国家教育政策目标的经济学方法，涉及方法论、研究方法和常用分析工具。

练习与思考

1. 理解教育财政、人力资本与人力资源、经济增长与经济发展，以及公共经济的概念。
2. 教育财政支出可以进行哪几种分类？
3. 从教育财政分类角度简单地思考如何优化教育财政支出的结构。

小组讨论

1. 教育财政的广义概念与狭义概念有何不同？讨论它们产生差异的原因。
2. 经济学方法论和经济学研究方法的区别是什么？常用的经济学研究方法和分析工具有哪些？

辅助阅读资料

[1] 廖楚晖：《经济学方法论：公共经济学的应用》，中国财政经济出版社2016年版。
[2] 廖楚晖：《中国教育财政评论》，中国财政经济出版社2009年版。

第二章 教育财政学相关理论

知识要求

通过本章的学习,掌握教育财政学有关理论的基本思想及发展脉络,与教育财政学有关的各种理论的分析基础和方法。

技能要求

通过本章的学习,能够掌握:
- 教育经济研究历史进程中的各种思想。
- 从局部和整体角度,按照纯公共品、混合产品和私人产品对教育产品产品属性的分类。
- 对教育产品供给与需求的分析。

对教育财政进行研究，有教育经济学、公共财政学等方面的理论基础，如教育经济学中的教育成本、教育收益和教育对经济增长等方面的理论；公共财政学中的公共产品理论等。当然教育财政研究的理论基础远远超出了这些范围，但限于篇幅，本书选择了与教育财政研究密切相关的理论加以简要介绍和评述。

第一节　西方经济学发展过程中的教育经济学思想简述

教育经济学属于经济学理论边缘学科，兴起于 20 世纪中叶。在此之前，在西方经济学说史中已发现有相当丰富的教育经济思想，可以说教育经济学思想或观点和西方经济学是同步出现的。教育经济学思想和理论是研究教育财政的理论基础之一。

一、早期的经济学关于教育经济学思想简要回顾

（一）古典经济学中的教育经济学思想

早在 17 世纪中叶，英国古典政治经济学创始人威廉·配第用"收入事项算术"来估算各产业中劳动生产能力的差别，用以衡量对社会经济发展过程中产业比重变动的看法。1676 年，配第把作战中的军队、武器和其他军械的损失与人类生命的损失进行了比较，被认为是首次严肃地运用人力资本的概念。人力资本成为以后人力资本理论和教育经济学进行教育经济研究的关注目标。

亚当·斯密在其《国富论》（1776）中，把工人技能的增长视为经济进步和经济福利增长的基本源泉。该书首次论证了劳动者技能增长如何影响个人收入组成和工资结构。斯密从以提高劳动生产率为根源的劳动分工角度出发，阐述了教育和技能培训是生产力发展的重要因素。"这种才能的获得需要维持获取人去接受教育，进行研究或充当学徒……虽然要花费一定的开销，却能偿还支出并带来利润"。[1]《国富论》还介绍了政府教育投入的重要性，认为政府对教育的投入也是必要的。"只要花很少的钱，国家就能方便、能鼓励，甚至能强迫全体人民必须获得这些最主要部分的教育"。斯密的《国富论》虽然没有专门论述经济增长，但它的核心在于强调劳动分工，作为社会提高劳动生产率的根源，劳动和技术培训对经济增长的作用却是十分清楚的。

（二）微观经济学大综合时期的教育经济思想

在《国富论》发表以后的大半个世纪中，西方经济学不断发生新的分化。在这个历史时期当中，历史学派、数量学派、边际效用学派相继兴起并产生了许多新的分支。[2]

建立"国家经济学体系"的德国历史学派先驱弗里德里希·李斯特（F. List，1789—1846）在他的著作《政治经济学的国民体系》中强调了后代的教育和人力资本在生产力中的独立地位和重要性。李斯特在抨击古典学派以价值理论为基础的自由贸易"世界主

---

[1]〔英〕亚当·斯密：《国富论》（上卷），杨敬年译，陕西人民出版社 2011 年版。
[2] 洪远朋：《经济理论比较研究》，复旦大学出版社 2010 年版。

义经济学"时指出"要解释经济现象，除了'价值理论'以外，还必须考虑到一个独立的'生产力理论'"。李斯特认为，可以通过关税保护政策、提高国民的教育水平、增强国防力量等措施，借助国家政权的力量提高国家的竞争力。[1]他还特别重视教育在经济发展中的作用，认为社会财富包括"物质资本"和"精神资本"，前者是现实的财富，后者是一切发现、发明、改进和努力的积累。"国家生产力的来源是个人的身心力量……或者是国家所拥有的作为个人的以身心努力的物质产品的工具"。李斯特还指出精神生产能够促使物质生产，而精神生产的关键在于教育、文化、知识和宗教等。主张"一个国家的最大部分的消耗，应该用于后一代的教育"。因为"财富的生产力比之财富本身，不晓得重要多少倍；它不但可以使已有的和已经增加的财富获得保障，而且可以使已经消失的财富获得补偿，个人如此，拿整个国家来说，更是如此"。

西方经济学创新理论的先驱、经济学家约瑟夫·阿洛伊斯·熊彼特（J. A. Schumpeter, 1883—1950）[2]强调教育培训对新技术推广和经济发展的重要性。他在解释经济创新时，建立一种新的生产函数，实现了一种生产要素和生产条件的新组合并将其引入生产体系。这些要素除了引进新产品、开辟新市场、控制原料和实现新组织外，着重强调新技术和新的生产方法。采用旧方式的企业为了发展，则势必会对新技术等进行培训、推广和更大规模的模仿。

新古典经济学的奠基者里昂·瓦尔拉斯（L. Walras, 1834—1910）、阿尔弗雷德·马歇尔（A. Marshall, 1842—1924）都在其经济学理论中研究了相关的教育经济学思想。最先提出经济均衡的一般条件而后创立洛桑学派的瓦尔拉斯在其代表作《纯政治经济学纲要》中，用静态和动态的生产函数关系表述了教育和科学带来的技术进步对一国经济的影响。英国剑桥学派创始人马歇尔在其《经济学原理》（1930）[3]中，否定了马尔萨斯在《人口论》（1798/2008）[4]中高估人口增加对生产资料的压力的论述，认为教育对于提高劳动者素质有重大作用。教育应作为国家的投资，这既可使大多数人的潜在才能得以发挥，又能培养出若干天才，从而取得巨大的经济价值。新古典学派学者的教育经济思想成为以后发展经济学理论和人力资源理论中，衡量教育、科学和技术进步对社会发展所产生贡献的重要理论基石。

（三）马克思主义的教育经济学思想

早期西方经济学发展的同时，马克思主义经济学派创始人马克思和恩格斯也阐述了教育在生产力发展中的重要地位。

1. 生产劳动理论中的教育思想

马克思首先将劳动分为生产的和非生产的两大类，并从不同前提出发，将教育分别列入其中一类，指出了教育活动是非生产劳动。"有的人多用手工作，有的人多用脑工作，

---

[1]〔德〕弗里德里希·李斯特：《政治经济学的国民体系》，邱伟立译，华夏出版社2013年版。
[2]〔美〕约瑟夫·熊彼特：《经济发展理论》，郭武军、吕阳译，华夏出版社2015年版。
[3] A. Marshall, *Principles of Economics*(8th ed.), London: Macmillan, 1930.
[4]〔英〕托马斯·罗伯特·马尔萨斯：《人口论》，郭大力译，北京大学出版社2008年版。

有的人当经理、工程师、工艺师，等等……这种劳动能力的承担者也被列入在生产工人的概念下"。①其次，指出了科学力是一种潜在的生产力，是知识形态的生产力。"大工业把科学作为一种独立的生产能力"。②再次，从严格的资本主义意义上来考察，为资本家创造剩余价值的教育活动是劳动生产。"在学校中，教师对于学校老板，可以是纯粹的雇佣劳动者……老板用他的资本交换教师的劳动力，通过这个过程使自己发财"。③此外，马克思还强调教育和劳动结合的重要性。认为教育与劳动结合是复杂的过程。"它不仅是提高社会生产的一种方法，而且是造就全面发展的人的唯一方法"④；恩格斯在《反杜林论》中进一步阐释了这一思想，他指出："在社会主义社会中，劳动将和教育相结合，从而保证多方面的技术训练和科学教育的实践基础"。⑤

2. 社会再生产理论中的教育思想

社会再生产是在一定的生产力发展水平和相应的生产关系的基础上进行的，其中教育与社会生产力再生产之间的关系是最基本的，它直接体现教育的经济价值，并在人类社会劳动力的生产、再生产中起到十分重要的作用。首先，教育可以使新生一代身上潜在的劳动力得以发展。马克思指出："蜂蜜建筑蜂房的本领使人间许多建筑师感到惭愧。但是，最蹩脚的建筑师从一开始就比最灵巧的蜂蜜高明的地方，是他在建筑房屋以前，已经在自己的头脑中把它建成了"。⑥其次，一般劳动力成为熟练的专门的劳动力需要接受教育。"成为发达的和专门的劳动，就要有一定的教育或训练，而这就得花费或多或少的商品等价物"。⑦再次，教育实现了生产力的扩大再生产。马克思指出"一般社会知识，已经在大的程度上变成了直接生产力……社会生产力已经在多大的程度上，不仅以知识的形式，而且作为社会实践的直接器官，作为实际生活过程的直接器官被生产出来"。⑧

3. 劳动价值理论与教育的经济价值

马克思指出了教育与一般劳动的形成相比，要花费更多的商品等价物，"这种劳动比普通劳动力需要较高的教育费用，它的生产要花费较多的劳动时间，因此它具有较高的价值"。⑨恩格斯也阐述了教育在简单劳动和复杂劳动中所创造的经济效益是不一样的："一小时复杂劳动的产品同一小时简单劳动的产品相比，是一种价值高出两倍或三倍的商品"。⑩

---

① 中共中央马克思恩格斯列宁斯大林著作编译局：《马克思恩格斯全集》（第49卷），人民出版社2016年版。
② 中共中央马克思恩格斯列宁斯大林著作编译局：《马克思恩格斯全集》（第23卷），人民出版社1972年版。
③ 中共中央马克思恩格斯列宁斯大林著作编译局：《马克思恩格斯全集》（第26卷），人民出版社2014年版。
④〔德〕马克思：《资本论》（第一卷），李春编译，人民出版社2004年版。
⑤ 上海师范大学教育系：《马克思恩格斯论教育》，人民教育出版社1985年版。
⑥ 同注②。
⑦ 同注②。
⑧ 中共中央马克思恩格斯列宁斯大林著作编译局：《马克思恩格斯全集》（第46卷），人民出版社1979年版。
⑨ 同注②。
⑩ 中共中央马克思恩格斯列宁斯大林著作编译局：《马克思恩格斯全集》（第3卷），人民出版社2002年版。

二、现代西方经济学发展与教育经济学的形成

现代主流经济学是从 19 世纪末开始形成和发展起来的,它包括微观经济学和宏观经济学两个部分,其中,微观经济学的理论和分析方法是 20 世纪 60 年代以来教育经济学理论形成和研究的基础,此后的宏观经济学的进一步发展和完善过程中所出现的教育经济政策分析也是以此为基础的。

(一)宏观经济学发展与教育经济政策

综观经济史,约翰·梅纳德·凯恩斯(J. M. Keynes,1883—1946)的《就业、利息与货币通论》(1936)的出版无疑是 20 世纪最重大的经济学事件,它不仅标志着现代西方宏观经济学的诞生,而且导致西方国家经济从自由主义向国家干预主义的转变。凯恩斯的宏观经济学理论在战后迅速传遍西方各主要发达国家,各国经济学家开始推广凯恩斯体系不同的微观组成部分,从而使它成为"新正统"经济学。特别是保罗·萨缪尔森(P. A. Samuelson)的《经济学》(1948)的出版将现代宏观经济学纳入其内,极大地推动了现代宏观经济学分析的建立和进一步发展。

这一时期,伴随着微观经济学中的微观基础理论的发展,宏观经济学中的人力资源成为经济发展政策的一个不可或缺的因素之一。其中,教育和培训政策又是提高人力资源质量的重要手段。萨缪尔森在其《经济学》中指出,要提高教育水平、减少文盲并加强劳动培训。受过教育的人会成为具有更高生产能力的劳动力,他们能更有效地利用资本、更适应新技术的发展。[①]

可以说,现代宏观经济学的发展和完善离不开它的微观基础,这些微观的部分中就包括了人力资本理论和以后教育经济学理论的形成和发展,这将在下文中具体地加以分析。

(二)微观经济学与教育经济学的形成和发展

1. 微观经济学基本理论与教育经济学分析基础

微观经济学主要包括供求理论、成本理论和收益理论,以及决定企业生产和价格的因素理论等。其中,消费者行为理论和成本理论成为了以后教育经济学研究的基础之一。

(1)消费者行为理论(Consumer's Action Theory)

在需求理论中,消费者行为理论是以效用(Utility)为假设前提来进行解释的。人对产品的需求,完全是人的欲望的反应,没有欲望就不可能有需求,也没有组织和生产这种产品的必要。"效用表示满足……通常,可将效用理解为一个人从消费中得到的一种主观上的享受或有用性"。[②] 人们对教育的需求也是如此,它使得人们在当前和未来获得某种满足。一般地,低层次的教育得到满足后,必然会对更高层次的教育产生需求。消费者行为理论成为教育经济学用以分析教育需求行为的理论依据。

[①] 〔美〕保罗·萨缪尔森、〔美〕威廉·诺德豪斯:《经济学》(第十九版),萧琛译,商务印书馆 2014 年版。
[②] 同上。

（2）成本理论（Theory of Cost）

经济学中的成本（Cost）有总成本、固定成本（Fixed Costs）和可变成本（Variable Costs），此外还包括机会成本（Opportunity Cost）等。

成本函数形式为

$$TC = f(x) \tag{2.1.1}$$

这里 TC 表示总成本，$f(x)$ 表示各种成本因素的函数式。各种成本因素可用 $f(x_1)$、$f(x_2)$、$f(x_2)$,...,$f(x_n)$ 表示；固定成本和可变成本分别用 FC、VC 表示。产品的总成本 TC，就可用下式表示

$$TC = FC + VC = f(x_1) + f(x_2) + f(x_3) + \cdots + f(x_n) = f_a = \sum_{i=1}^{n} f(x_i) \tag{2.1.2}$$

平均成本 λ 就可表述为：

$$平均成本 = 总成本 / 总产量 = TC/q = AC$$

这里 q 为总产量。

例如，美国得克萨斯州和威斯康星州对教育成本充足水平的估算是利用对成本函数的回归分析得到教育成本函数的表达式[①]：

$$E_{it} = f(X_{it}, P_{it}, \varepsilon_{it}) \tag{2.1.3}$$

其中 E_{it} 表示生均教育支出；X_{it} 代表一组表示学校特征和学生特征的向量，如以考试分数表示的学生学业成绩、高级课程的数目、教师工资、特殊教育学生所占的比重、注册学生数等；P_{it} 代表一组学区社会经济水平向量，如学区居民平均收入水平、税基、税率、家有小孩的居民比例、房屋所有者的比例、老年人比例、拥有大学教育程度者的比例等。ε_{it} 代表没有观察到的学区特征等随机变量。

经济学中的机会成本是指：因为在一个稀缺的世界中选择一个东西所获得的利益意味着放弃其他的一些东西可能获得的利益。"机会成本是被错过的商品和服务的价格"。[②] 例如，可以简单地用前一级毕业生的工资收入来作为正在上学的高年级学生所损失的机会成本。

教育经济学中，成本理论中的成本函数和机会成本被大量应用，分析较为复杂，本文在后面章节亦有运用。

2."经济学帝国主义"——侵略时期教育经济理论的形成和发展

早在 20 世纪 50 年代后期，经济学自由主义的复兴在经济学家把新古典经济学方法一般化的过程中出现了。其理论核心是经济人和理性假设。随着 20 世纪 70 年代以美国为代表的西方资本主义国家出现的滞胀和 80 年代出现大量失业，在美国经济学界出现了一场复兴自由主义的强劲运动。这些学派的理论内容可以视为是重新肯定市场和竞争的优越性，反对国家干预主义和各种形式的社会规制。并用新古典经济学用以分析"纯经济问题"的分析范畴——稀缺、成本、偏好、收益、均衡、经济人等方法，向社会学、

---

① 李文利、曾满超："美国基础教育'新'财政——关注财政充足"，《教育研究》，2002(5):84—89。
② 〔美〕保罗·萨缪尔森、〔美〕威廉·诺德豪斯：《经济学》（第十九版），萧琛译，商务印书馆 2014 年版。

政治学、法学等科学领域进行了帝国主义式的扩张。最能体现他们成果的是三个领域：人力资本理论、公共选择理论和新制度经济学。这个时期，特别是20世纪60年代初，教育经济学正式形成和发展。

（1）人力资本理论（Human Capital Theory）

前期的经济学把物质资本对经济发展的作用放在十分突出的地位，20世纪50年代中期许多经济学家解释经济增长时，发现在考虑了物质资本和劳动力增长之后，仍有很大一部分经济成长不能解释清楚，这些未能解释清楚的部分被称为"成长剩余"，因此转而强调人力资源对经济增长的重要作用。教育经济学在此阶段也开始形成并逐渐发展起来。可以说，教育经济学的最主要理论基础就是人力资本理论，它是美国芝加哥大学经济学家加里·贝克尔（G. Baker）和西奥多·W·舒尔茨（T. W. Schultz），在20世纪50年代末60年代初在前人的研究成果的基础上，发展起来的一个新理论，到70年代，这一理论得到进一步完善[1]。

1960年以前，马歇尔强调了人力资本投资和家庭从事这种投资的作用；杰出的统计学家和科学家洛特卡（A. J. Lotka）和布达林合作运用人力资本估算了个人收益的现值。这些早期的贡献标志着人力资本理论发展的初期阶段。50年代以来，舒尔茨、丹尼森等运用数量经济学方法把大量计量的经济剩余归因于要素投入的改善，采用了总揽一切的人力资本概念，其实质是强调以教育、培训和扫盲为基础的工人技能的长期改善。"人力资源……是国民财富的最终基础……一个国家如果不能发展人民的技能和知识，就不能发展任何别的东西。"[2]

人力资本理论研究的问题非常广泛，首先是设法计算不同人和人群投资于不同层次教育水平的个人收益和社会收益，将收入不平等和人的才能、家庭背景、遗产等联系起来。其次，教育又是一种投资。作为直接生产要素的教育既能够对生产做出贡献，又具有一种资源配置的作用，即教育能提高它的所有者选用技术和投放的能力。最后，人力资本的积累能够推动经济增长。因为人力资本是人格化的知识和技术，经济发展依赖于以教育为手段的技术和科学的进步，经济发展中的资本积累有从物质资本积累向人力资本积累转移的趋势。

（2）公共选择理论（Public Choice Theory）

公共选择理论是把经济学分析工具运用于政府决策和过程的一种理论，是现代微观经济学的一个分支，也是政府经济学分析的一个重要手段。

早在1942年，约瑟夫·熊彼特（J. Schumpeter，1883—1950）在他出版的《资本主义、社会主义和民主》一书中就提出了公共选择理论。后来，肯尼斯·阿罗（K. J. Arrow）和安东尼·唐斯（A. Downs）先后提出"不可能定理"和"重新当选理论"，对社会选择影响程度和政治家动机等方面进行了相关阐述。但公共选择理论正式形成于1957年詹姆斯·布坎南（J. M. Buchanan）等在弗吉尼亚大学创办的"托马斯·杰斐逊研究中心"，其目标是促进"一个以人的自由为基础的社会秩序"。

---

[1] 林荣日：《教育经济学》（第2版），复旦大学出版社2008年版。

[2] F. H. Harbison, *Human Resources as the Wealth of Nations*, New York:Oxford University Press, 1973.

公共选择理论的研究基础是以"经济人"为假设，其核心问题是要阐明把个人偏好转化为社会偏好的机制或程序的选择，并通过直接的投票方式或者指定代表的间接方式，即所谓政治投票来显示公民对广义公共物品数量和质量的偏好。并以严格的"自利"措施来塑造所有公共选择者（选民、政治家、官僚等），将政治舞台模拟为一个经济学意义上的市场，据以分析个人在政治市场上对不同的决策规则和集体制度的反应——公共选择问题，力图揭示并构造一种真正能把个人的自利行为引导到公共利益上的政治秩序。这一理论对公共财政理论的形成也产生了深远的影响。

（3）新制度经济学（New Institutional Economics）

新制度经济学把微观经济理论用于分析法律和其他制度的影响。它起源于20世纪30年代美国芝加哥大学法学院《法与经济学》杂志社主编罗纳德·哈里·科斯（R. H. Coase）及其同事们的相关研究。他指出，在某些条件下，只要初始的产权界定清楚，只要产权能够自由交换，经济的外部性或者非效率就可以通过当事人的谈判得以纠正，产生出一个有效率的结果。这就是著名的科斯定理（Coase Theorem）。从20世纪60年代起，科斯等的思想在美国引起了一阵研究产权、注重制度分析的思潮。这类研究在20世纪80年代形成了一个崭新的学派——新制度学派。

在新制度学派的研究成果中，不乏用成本、制度变迁、制度安排等观点对教育的成本和教育财政支出进行经济学阐述的。在新制度经济学的开山之作，科斯的论文集《财产权利与制度变迁》中，提出了"社会成本问题"，认为政府的优势在于它有权以较低的费用办到一些私人机构极难办到的事，其中包括政府教育制度和对教育的投入问题。相关论述主要集中在论文集中的"制度创新的理论：描述、推理说明""诱致性制度变迁理论"和"关于制度变迁的经济学理论：诱致变迁与强制性变迁"[1]中。新制度学派重要代表加尔布雷斯（J. K. Galbraith，1908—2006）在其《经济学和公共目标》（1973）一书中，强调了政府必须关注包括公共教育在内的各项公共目标。丹尼尔·布罗姆利（D. W. Bromley）则在其《经济利益与经济制度》（1996）关于制度变迁成本的有关论述中，阐述了教育，包括有助于人们理解它们共同利益的一般教育和技术教育，也能降低制度创新的成本。著名的财政学家布坎南也在其公共选择理论中论述了政府和市场教育制度的安排，"在这种制度安排中，某种服务的公共筹资和私人供应是共存的"。[2]

三、经济学数学理论在经济学中的运用与教育经济学研究的发展

经济史中，数学在经济学中的运用已有漫长的历史。但现代数学分析方法在经济学中的普及，却始于萨缪尔森的《经济分析基础》（1947）。他把经济学在20世纪30年代以前的自然语言和图式的分析改写成为定型的数学模型和推理方法，以有约束的最大化作为一般原则，对生产者行为、消费者行为、国际贸易、公共财政、收入和分配等各

---

[1]〔美〕罗纳德·H. 科斯等：《财产权利与制度变迁——产权学派与新制度经济学派译文集》，刘守英译，上海人民出版社2004年版。

[2]〔美〕J. M. 布坎南等：《公共财政》，赵锡军译，中国财政经济出版社2001年版。

个经济领域,用数学上求极大值、极小值的方式加以推导,并认定极大值、极小值的实现就是均衡状态的确立,为以后美国乃至西方经济学定下了分析风格。在此期间,肯尼斯·约瑟夫·阿罗(K. J. Arrow)、罗拉尔·德布鲁(G. Debreu,1927—2004)等经济学家在运用数学的分析方法和逻辑的严密化方面,开辟了新的道路。将数理经济学的基础由微分转变为集合论等新的数学工具。正是在这些学者的成果的影响下,以数学的分析方法来论证经济学的各种命题,成为西方经济学界一种广为流传的特征。教育经济学中教育成本的核算、教育收益等都在很大程度上得益于数理经济学的规范和发展。

1947年,卓越的计量经济学家科莱因(L. R. Klein,1920—2013)在其《凯恩斯革命》中第一次将凯恩斯理论表述为数学形式,标志着计量经济学的开端。他试图将国民收入统计具体化,与经济计量相互结合起来,进行宏观经济计量模型的研究。计量经济学的宏观经济模型大多数以IS-LM模型的某种结构为理论依据,所估算的方程来源于其他研究,尤其较多地出现在消费函数和投资函数等宏观经济研究方面,成为定义和评价经济政策的主要工具。计量经济学的发展,对人力资本理论和以后教育经济学理论研究就业、教育投入及其他变量起到了积极作用。

在前人的贡献基础之上,约翰·纳什(J. Nash,1928—2015)在"非合作博弈极其均衡解"(1951)一文中,引入合作博弈和非合作博弈的区分,即纳什均衡(Nash Equilibrium)一般性概念,从而为博弈论奠定了基础。20世纪80年代以来,博弈论在经济学被广泛运用于不完全竞争、市场均衡、公共物品、委托—代理等微观领域。借助于博弈论这一强有力的分析工具,经济学家已经进入和扩展到宏观经济学、产业经济学、新信息经济学、契约理论等领域。正所谓"博弈无处不在"。

四、简要评述

教育经济学理论的形成和发展是与整个西方经济学理论和研究方法的发展密不可分的,可以说,早期经济学中有关教育经济学的思想为教育经济学的形成提供了一些相关的理论;现代西方经济学尤其是微观经济学的建立和发展,为教育经济学的建立提供了理论分析基础;数学方法在经济学中的运用,不仅成为经济学的表述和推理方法,标志着经济学新时代的开始,而且这些经济数学方法将使教育经济学的进一步研究更加贴近现实。

然而,早期的经济学思想仅仅为教育经济学分析提供了一些理论上的"感性认识";伴随着当今经济学流派中的实验经济学和行为经济学的发展,现代西方经济学分析的假设前提也受到种种质疑[1];而经济数学原理、方法及诸多假设前提的精确性和确定性,使得经济数学方法在教育经济学的研究中也遇到了种种困难,教育经济学的研究不可避免地遭到经济学领域的争论与理解上的歧义。但应该看到,西方经济学理论及其分析方法仍然是当今经济学的主流,作为其边缘学科的教育经济学的理论及分析方法是不应该受到过多指责的。这是因为,从教育经济学所涉及的经济学领域的各个方面来看,教育经

---

[1] 廖楚晖:《经济学方法论:公共经济学的应用》,中国财政经济出版社2016年版。

济学所研究的核心内容之一——"教育与经济增长分析"的确为经济学的经济增长因素分析提供了可行的表述和推理方法,这不仅使得西方经济学的分析变得更加全面,而且为其自身的边缘学科领域——教育财政学研究领域的研究提供了理论和分析基础。

第二节 公共财政基本理论与教育财政支出

公共财政理论(Public Sector Economics Theory)产生于西欧,是西方社会财政实践与财政思想、财政理论长期发展的结果。[①]公共财政理论的来源是非常广泛的,可以说几乎所有的西方古代的财政思想、财政观点和财政理论,都是其来源。[②]

西方经济学理论的发展,直接为以后的公共财政理论发展做出了贡献。从亚当·斯密的国家理论和公共财政理论、马歇尔的税收转嫁和归宿理论、亚瑟·塞西尔·庇古(A. C. Pigou,1877—1959)的规范税收理论,到纳特·维克塞尔(K. Wicksell,1851—1926)等经济学家用交换的框架分析公共经济问题,都极大地丰富了公共财政学理论思想。[③]但现在的西方公共财政学是以公共产品理论和相关理论分析为其核心的。它为政府对教育支出和政府教育目标的选择提供了理论基础。

一、公共产品理论

公共产品理论形成于 19 世纪 80 年代,是建立于边际效用价值理论基础之上的一种对财政学的分析。后来萨缪尔森、阿罗、布坎南及戈登·塔洛克(G. Tullock)等学者在此基础上对公共产品论加以发展,形成了现代财政学的新公共产品理论。

(一)公共产品(Public Goods)和私人产品(Private Goods)

在马歇尔 1890 年的论著中,首先对公共产品的定义做出了较为明确的阐述。他指出,公共产品是不同于私人产品的。对于私人产品来说,任何人不付费就不能消费;而公共产品只要有人提供了,则任何人不付费也能享受。[④]后来,萨缪尔森在均衡理论的基础上提出了更加一般的公共产品的概念,即每个人对这种产品的消费,都不会导致其他人对该产品消费的减少[⑤],如国防、司法、消防、不拥挤的道路、天气预报和大众电视传媒等。布朗(C. V. Brown)和杰克逊(P. M. Jackson)在其《公共部门经济学》中引进了非竞争性和非排他性的概念,针对与私人产品的性质的对比对公共产品做了进一步的阐述。[⑥]

[①] 吴俊培:《重构财政理论的探索》,中国财政经济出版社 1999 年版。
[②] 张馨:《公共财政论纲》,经济科学出版社 1999 年版。
[③] 〔英〕C. V. 布朗等:《公共部门经济学》(第四版),张馨主译,中国人民大学出版社 2000 年版。
[④] 同注②。
[⑤] 〔美〕保罗·萨缪尔森、〔美〕威廉·诺德豪斯:《经济学》(第十九版),萧琛译,商务印书馆 2014 年版。
[⑥] 同注③。

1. 公共产品

相对于纯公共产品来说，私人产品在人与人之间是完全可分的，可用如下公式表示：

$$X_j = \sum_{i=1}^{n} X_j^i \qquad (2.2.1)$$

而对于纯公共品来说，则有：

$$X_{n+j} = X_{n+j}^i \qquad (2.2.2)$$

这就是说，i 个消费者中的每个人都可按她或他的意志，消费总量为 X_{n+j} 的公共产品，即公共产品在人们之间是不可分的。

2. 纯公共品的性质

（1）非排他性

公共产品的非排他性可以从与私人物品性质相对应的角度来考虑。私人产品的所有者完全拥有享受该产品的好处，并排斥其他人对该产品的占有。而对公共产品而言就缺乏这种排斥性。首先，技术上的局限使得公共产品完全排斥其他众多的受益者是不可能的。以国防为例，一国政府提供的国防服务，保证了该国辖区的安全，为该国的公民带来利益，要排除某一成员不让其从中获得利益，从技术上来说是不可行的。其次，从公共产品的成本方面来讲，倘若一种公共产品的排他在技术上可行，但是，若排他的成本远大于所带来的利益，也是不合算的。如一条车辆稀少的公路，要排除某些消费者对它的消费，从技术上来说是可能的，如收费等，但这种排斥所带来的成本将大大超过排斥所带来的好处。收费将进一步减少行车数量，尽管此时多通过一辆车不会增加公路的任何成本。

对于公共产品的理解，我们还应该注意几点：一是随着科技的发展，诸如电视节目等公共产品的收费变成可能，如有线电视收费和加密等。二是公共产品有地域和空间的区分，如城市的路灯、国际性公共产品等。三是公共产品所提供的效用是整体性的，具有共同受益和整体消费的特点，但受到个人偏好等因素的影响，不同的个人消费等量的公共产品并不一定得到相同的享受。如不同层次的社会阶层对社会治安的评价等。

（2）消费的非竞争性

公共产品消费的非竞争性是指当增加一个人消费某产品的边际成本为零时，这种产品就可以说在消费上是非竞争的（也可称为供应的联合性）。非竞争性的例子包括一座不拥挤的桥梁、一节不满的火车车厢。非竞争性产生于产品的不可分割性，即增加一个或者更多的消费者（直到容量的约束线），并不增加生产非竞争性产品的可变成本，因此不增加其边际成本。[①]

（二）混合产品（Mixed Goods）

1. 混合产品的性质

现实生活中，纯公共产品并不多见，更多的是混合产品。混合产品是介乎于纯公共

---

① 〔英〕C. V. 布朗：《公共部门经济学》（第四版），张馨主译，中国人民大学出版社 2000 年版。

产品和私人物品之间的一种产品。从排他角度和非竞争角度来讲，混合产品的性质表现在具有一定的排他性和非竞争性上。

一是具有一定范围的非竞争性和可排他性。一定范围的非竞争性是指，这类产品的使用有出现拥挤的可能，当使用该产品未出现拥挤的时候，增加一个消费者不会减少其他消费者的效用，也不会因此而增加产品的成本；当使用该产品出现饱和的时候，增加一个消费者会减少其他消费者的效用。因而这类产品的非竞争性是局限在一定范围之内的。可排他性要通过较低的收费形式对这类产品进行收费，且在技术上存在排他可能。通过收取较低的费用，可以避免该产品使用出现拥挤。这样的例子包括公园、高速公路、桥梁等，如果不对这些产品进行收费，那么就会变得十分拥挤。

二是非竞争性和非排他性不完全的产品。这类产品存在着较大的正外部性（下文将进行详细介绍），如教育、卫生、科技等。因而这种产品具有私人产品的一些特征，但其正外部性对整个社会是有益的，因而非竞争性和非排斥性是不完全的。

2. 外溢性（Externalities）

所谓"外溢性"，亦称"外部性""外在性"，指的是人们的行为对他人产生的利益或成本的影响。"当一方的生产或消费活动直接成为另一方效用函数的一个变量时，就产生了外溢效应"[1]。

根据是利益还是成本外溢，外溢性可分为正外部性和负外部性两种。

（1）正外部性指的是将利益外溢给了社会的那类行为与活动。如森林，它除了能够提供木材等产品外，还具有调节气候、保持水土、涵养水分等功能，对社会全体成员都提供了巨大的利益。然而，只有森林所有者的木材产品才具有个人消费的性质，使得个人能够拥有或索取市场利润而获得个人收益。而调节气候等作用对于森林所有者来说，则是派生的，是外溢给社会的副产品，森林所有者不可能通过索取市场价格来获得个人利益。

正外部性的主要例子还有水库等。水库的发电、通航、灌溉等作用，都是能够通过市场价格获得个人报酬的，但其防洪和美化环境等作用是难以收取市场价格的。

（2）负外部性是指将成本外加给社会的那类行为和活动。布朗等在其《公共部门经济学》中列举描述了负外部性："冒烟的烟囱，可以作为生产者对于消费者产生外溢效应的一个例子。对某种技术的应用可能就伴随着对烟这种副产品的生产（外溢或溢出效应）。住在工厂附近的居民即第三方消费该产品。

如果第三者的效用由于外在性的作用而提高了，那么就可以说存在外部利益或正外部性；如果第三方的效用因此降低了，则存在外部成本或负外部性。"[2] 工厂在生产正产品时，获得了市场价格收益，同时也排放了废气等派生物，其产生的污染则是由社会承担成本，并没有在市场价格中反映出来，因而正产品的所有者并没有为副产品支付应有的成本。生活当中还有很多诸如环境污染之类的负外部性的例子，本文不再赘举。

---

[1]〔英〕C. V. 布朗：《公共部门经济学》（第四版），张馨主译，中国人民大学出版社2000年版。

[2] 同上。

二、公共产品的有效供给与政府对教育产品的提供

（一）公共产品的有效供给的假设分析

1. 局部均衡分析[①]

公共产品理论对公共产品的局部均衡分析是建立在消费者偏好、收入和其他产品价格既定前提下进行的，这种分析把公共产品和私人产品进行比较，能够有效地分析建立起使单个产品产生均衡价格和产出的需求和供给条件。私人产品和公共产品的局部均衡如图2.2.1、图2.2.2所示：

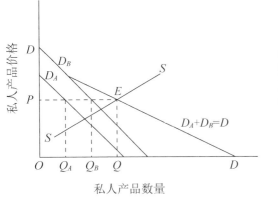
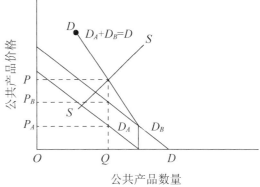

图 2.2.1　私人产品的供需均衡图　　　图 2.2.2　公共产品的供需均衡图

图2.2.1中横轴表示私人产品数量，纵轴为私人产品的价格。D_A 和 D_B 分别代表个人A和B对私人产品的需求曲线，将个人需求曲线加总，得到私人产品的市场需求曲线：$D=D_A+D_B$。给定市场供给曲线 SS，那么由 SS 和 D 交叉的点，得出均衡价格 OP 假设人人都是价格接受者，以及均衡市场价格是既定的，A 和 B 的需求分别为 Q_A 和 Q_B，使得 $OQ=OQ_A+OQ_B$。这样，E 点就是私人产品的最佳供给点，E 点的社会边际效益 MSB 就是社会边际成本 MSC，即

$$MSB = MB_i = MSC \quad (i=1,2,\cdots,n) \quad (2.2.3)$$

图 2.2.2 为与私人产品相对应，对相类似的公共产品的分析。D_A 和 D_B 分别代表个人A和B对公共产品的需求曲线。假设不存在"免费搭车"现象及人人都准确表达自己的支付意愿，将个人需求曲线加总，得到公共产品的市场需求曲线：$D=D_A+D_B$。给定市场供给曲线 SS，那么由 SS 和 D 交叉的点，得出均衡价格 OP。假设均衡市场价格既定，A 和 B 的需求分别为 Q_A 和 Q_B，使得 $OP=OP_A+OP_B$。在这个均衡点上，总收入等于供应产品所需的总成本。当人们愿意为公共产品支付的总量等于生产者在某一产出水平上提供该产品的价格时，公共产品就达到了均衡。或者说纯公共品的最佳提供产量应该是这样一点，即所有消费者因此获得的边际效益总和，恰等于该公共品的社会边际成本，即

[①]〔英〕C. V. 布朗：《公共部门经济学》（第四版），张馨主译，中国人民大学出版社2000年版。

$$MSB = \sum_{i=1}^{n} MB_i = MSC \quad (i=1,2,\cdots,n) \quad (2.2.4)$$

上述对私人产品和公共产品的分析方法的区别，是因为两种产品的性质不同。私人产品是价格的接受者和数量的调节者，其均衡市场价格的确立，使需求总量的价格等于生产者愿意支付的价格；而公共产品是数量的接受者和价格的调节者，其均衡价格的确立，使每个人愿意为该产品支付的价格之和等于生产者愿意提供的那个产量的成本。

2. 一般均衡分析

公共产品的一般均衡分析的问题是，私人产品和公共产品如何在最佳状态下进行配置，以及配置的产量和价格水平如何。这种分析是建立在三种假设条件之下的：一是最佳消费品只有公共产品和私人产品；二是生产可能性曲线是已知的；三是两个消费者 A 和 B 的偏好是已知的。

在上述条件下，当收入水平既定时，公共产品提供的帕累托最优条件是：公共商品和私人商品之间的生产转换率等于消费者 A 对这两种商品的边际替代率与消费者 B 对这两种商品的边际替代率之和。

根据上述分析，取消收入已定的假设对公共产品和私人产品进行一般均衡分析，其帕累托最优条件和局部均衡分析的结果是一样的。换言之，公共产品的最适供应的分析在理论上是成立的。

（二）具有正外部效益的混合产品的提供

图 2.2.3 是对具有正外部效益的混合产品的提供效率的比较。P 为具有正外部效益的混合产品的价格；Q 为具有正外部效益的混合产品的提供数量。如果一种产品具有外部性，那么购买者个人的边际效用（表示购买者从该产品中取得的利益）曲线 JI 就会与社会边际效用（购买者外溢给社会的利益）曲线 HG 分离。图中，垂直线段 AB 和 CD 的距离代表每单位产品的外部效益；FE 为产品的边际成本曲线，并假定其等于平均成本和产品价格，并保持不变。

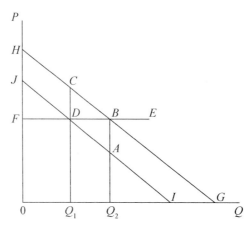

图 2.2.3　具有正外部效益的混合产品的提供效率比较

从个人利益角度出发，购买者选择 OQ_1 的消费量，此时边际效益等于产品价格。这样个人净收益为 JFD，社会净收益为 $HFDC$，两者的差额 $HJDC$ 为产品的外部效益。但是，从社会的角度来看，按照社会边际效益等于社会边际成本的原则，最佳消费量应是 OQ_2，这时社会从产品消费中所获得的净效益为 HFB，其中购买者的净收益不变，而社会净效益增加了 CDB，CDB 实际上是市场提供产品效益的外溢。因为市场价格仅仅反映产品的内部效益，而没有反映产品的全部效益，所以由这一价格引起的资源配置就会显得不足。

通过上述分析，当产品的价格为 OF 时，所引起的消费量为 OQ_1。这时，产品消费处于边际效用大于产品价格和边际成本的状态，这意味着社会在这种产品的消费中还没有获得最大的满足。因此，外部效益产品的市场提供会导致资源不足的效率损失。如果采用政府公共提供方式，结果会走向它的反面，资源将由于消费者的过度消费而引起极大的浪费。

（三）政府对教育产品的有效提供

教育产品是具有正外部性的典型例子，本文将在下面章节对教育的正外部性进行详细论述。这种混合产品在存在正外部性的情况下，如何进行有效提供，使之既符合个人利益，又符合公共利益？一种可行的办法是，根据最佳产量上产品的外部效益，对购买者进行补贴，以鼓励购买者扩大购买量，从而扩大社会净收益。以图 2.2.3 为例，由于政府对每单位产品向消费者补贴 AB，购买者边际效用线上移到 HG，与边际成本曲线交叉于 B，以同样的价格购买 OQ_2 的产量，于是社会净收益由 $HFCD$ 增加到 HFB，净增加 BCD。这样购买者的利益和社会利益均实现了最大化。

此外，在对具有正外部性的产品进行补贴时，还要考虑为筹集补贴资金而发生的税收成本和税收效率损失是多少，这需要将其与产品的正外部性进行比较。一般地，如果税收成本和税收效率损失小于产品的正外部性，而后者由市场提供带来的效率损失大，则应该采用公共提供。

政府对教育的公共提供的份额应该建立在成本—效益分析的基础之上，这样有利于消费者进行利弊权衡，从而既能较好地避免市场提供可能造成的效率损失，又能有效地防止公共提供可能造成的消费过度的效率损失。

三、公共选择理论

公共选择（Public Choice）是运用经济学分析方法来研究政府决策的方式和过程的一种理论。主要注重研究那些与政府行为有关的集体选择问题。公共选择理论应用于财政领域，主要包括三方面的内容[①]：一是确定公共项目的种类，包括公共支出项目和公共投资项目；二是确定公共项目成本的分摊方式，即确定税种、税率、纳税人等事项；三是确定国家预算规模，实现国家预算效益最大化目标。

---

① 吴俊培：《公共经济学》，武汉大学出版社 2009 年版。

（一）公共选择理论

1. 集体选择规则

集体选择规则包括一致同意规则、多数规则、加权规则和否决规则。一致同意规则使集体行动方案只有在所有参加者都认可的情况下才能够实施。这里的"认可"意味着至少不反对。换句话说，在一致同意的规则下，每一个参加者都对将要达成的集体决策拥有否决权，如果有一个参加者反对，则相关议案将被否决。

一致同意规则的情况是很少的，现实生活中多采用以下三种规则：

（1）多数规则

多数规则是指一项集体行动方案必须得到所有参加者中的多数人认可才能够实施。多数规则可以是简单多数、复杂多数和周期多数。

（2）加权规则

加权规则是一个集体行动方案对不同的参加者会有不同的重要性，于是按照重要性的不同，给参加者的意愿"加权"，亦即分配选票的票数，这种规则实际上是按照得到的赞成票数（而非人数）的多少来决定集体行动方案。

（3）否决规则

否决规则的做法是，首先让每个参加集体行动方案投票的成员提出自己认可的行动方案，汇总后，再让每个成员从中否决掉自己所反对的那些议案。如果有不止一个方案留下来，就借助其他投票规则来进行选择。显然，经过否决规则筛选后留下来的集体选择方案将是帕累托最优的。[①]

2. 公共选择的最优集体选择规则

（1）成本规则

集体选择有两种成本，一是在集体选择中，通过某项集体行动方案或决策方案所花费的时间、精力、财力等决策成本；二是外在成本，即在该规则下通过的某项行动方案与某些参加者的意愿不一致而给他们带来的损失。决策成本和外在成本相互依赖叫作依赖成本。最优集体选择规则的成本模型的结论是，理性的经济人将按照最低的相互依赖成本来决定集体选择的规则。

（2）概率规则

概率规则是寻找最优集体选择规则的概率模型，并不是追求社会相互依赖成本的最小化，而是力图使集体决策的结果偏离个人意愿的可能性达到最小。"西方一些公共选择理论家证明，按照这一标准，集体选择的多数规则是一种比较理想的规则"。[②]

3. 政府官僚制度（Bureaucracy System）与效率（Efficiency）

公共选择理论中的政府官僚制度是通过选举产生的、被任命的，以及经过考试而录

---

① 〔美〕J. M. 布坎南等：《公共财政》，赵锡军译，中国财政经济出版社 2001 年版。
② 高鸿业：《西方经济学》（第四版），中国人民大学出版社 2007 年版。

用的政府官员来管理政治事务的制度。总的来说，这种官僚制度的效率比较低下：一是缺乏竞争。政府各部门都是某些特殊服务的垄断供给者，缺乏竞争对手。二是机构庞大。他们不把利润最大化或者成本最小化作为自己的追求目标，因为利润不是他们自己的，而是追求规模的最大化，这样官员们的权力就越大，晋升的机会也越多。三是成本昂贵。政府官员会千方百计地增加自己的工薪，改善工作环境，减轻工作负担，从而不断地提高他们的服务成本，导致浪费的极大化。

解决政府官僚制度低效率的主要途径是引入市场性质的竞争机制，"把政府部门置身于一个更加激烈的竞争环境中，可以使他们的行为有所改善"[①]。一是使公共部门的权力分散化，可以减少垄断的成分。二是私人部门参与公共部门的公共服务供给，"事实上，现在供应的许多公共服务以前曾经是由私人企业家提供给政府的……我们应该看到对私人公司提供公共服务的一些扩展"[②]。三是公共部门和私人部门、地方政府与地方政府之间的竞争，也可以促使官僚制度效率的提高。

（二）政府失灵（Government Failure）与市场缺陷（Market Limitation）

市场和政府都是一种资源配置系统，市场的资源配置功能不是万能的，市场本身也有这样和那样的缺陷，经济学称之为"市场失灵"和"市场缺陷"。市场失灵是和市场效率对应的，是指市场在资源配置的某些方面是无效的或低效率的，主要表现在垄断、信息不充分和外部效应。市场缺陷是市场机制本身存在的固有缺陷，主要表现在收入分配不公引起的市场效率低下和经济波动造成的市场配置的无效。市场失灵和市场缺陷需要政府介入或干预，通过政府与市场的有效配合，促使整个社会经济稳定和发展。

无论采取何种方式选举出来的政府都有其自身的缺陷，使其不能有效地进行政府资源的配置。主要表现在：一是信息的不完全，使政府的决策得不到有效、及时、准确的信息，政府决策只能依靠预测。二是政府决策的困难。由于选民、政治阶层和政治家的偏好，即使政府拥有完全信息，其决策也会产生偏差。三是政府权限受到法律和具体执行部门及条件的限制不能有效发挥。四是对私人部门信息的控制具有局限性。政府即使能够控制自己的行为，也无法控制行为后果，公众对市场上以价格形式出售的私人产品评价的敏感度往往高于对公共部门的评价。

四、公共教育支出决策

（一）效率（Efficiency）与公平（Equity）

政府公共支出是一种预算安排，首先要通过一定的政治程序。根据上述公共选择理论的原理，这种政治选择首先要符合选民的要求，以便获得多数人的拥护。选民则通过个人利益和其他利益集团影响政治决策，以便实现他们的需求。在此过程中，官僚的影响作用也是很大的。其次，预算的形成还要受到法律的制约，因此还会面临效率和公平

---

① 〔美〕J. M. 布坎南等：《公共财政》，赵锡军译，中国财政经济出版社2001年版。
② 同上。

的问题，而效率和公平之间既协调又矛盾。因此，效率和公平问题就成为公共选择研究和关注的目标。

1. 效率

公共选择要达到效率的目的，是一个复杂的权衡各种组织结构的成本和收益的过程。在这个过程之中，要受到配置效率、稳定效率、X-效率、信息效率等多种类型效率的影响。这些效率之间也相互作用、相互影响。在任何给定的政府结构内，如果存在X-无效率，就必然影响到配置效率及其他效率的取得。因此，公共选择的效率问题应该考虑如下几个方面[①]：一是确保社会资源在政府和社会之间的最佳配置。即公共边际产品提供的效用与社会为此而付出的额外费用的绝对值相等。二是对政府管理的资源进行有效管理，努力使政府各项预算安排的边际效用相等。三是使社会（或市场）的效率损失最小化。理论上，应该根据成本—效益的原则，选用一套合理的机制，既使政府实现成本最小化，同时又能满足社会的公共需求，并使之达到帕累托最优。

教育财政支出属于公共选择范畴，其效率的衡量也应该用成本—效益法则加以评价。即政府如何进行选择，使得教育资源配置的成本最低，既能够减少教育资源的滥用和闲置，又能使政府教育资源更加符合社会的需要（这一内容将在后文加以分析）。

2. 公平

实现社会公平是政府的一项重要目标。不同的社会、阶级、个人和群体对公平的理解和判断标准各有不同。总的来说，保证社会成员生存和发展的权利、实现全社会共同富裕及实现最有效社会资源配置的公平准则应该是不会有异议的。

经济学测量公平的方法主要有洛伦茨曲线（Lorenz Curve）和基尼系数（Gini Coefficient）、阿金森系数（Atkinson Coefficient）和乌夫测量（Ulph Measurement）等。[②]洛伦茨曲线和基尼系数只能反映社会收入分配不平等的状况，并不能反映社会中每一部分人的不平等状况。阿金森系数实际上提出了效率和公平的关系问题。效率涉及"蛋糕"大小问题，公平涉及收入再分配的差异问题。由于涉及社会总福利，因此并不是"蛋糕"越大越好，也不是社会越公平越好。上述测量方法是以没有效率损失为前提的。乌夫测量提出了要考虑效率损失问题，这种测量方法对于公平政策的制定具有重要意义。

教育资源分配的平均程度可以用洛伦茨曲线和基尼系数来衡量，虽然没有一个绝对标准来衡量教育资源分配的公平与否，但可以给政府的公共政策制定提供参考。如图 2.2.4，纵轴 OI 表示相应人口占用的教育资源的累计百分比，横轴 OP 表示受教育人口的累计百分比。OPY 的面积表示教育资源占用的绝对不平等，45°线 OY 表示教育资源分配的绝对平等。根据洛伦茨曲线计算，基尼系数 $= A / (A + B)$。基尼系数总是介于 0 和

[①] 张馨：《公共财政论纲》，经济科学出版社 1999 年版。
[②] 吴俊培：《公共经济学》，武汉大学出版社 2009 年版。

1之间的。如果基尼系数越小，教育资源分配越平均；基尼系数越大，教育资源分配越不平均。

教育财政支出在"公平"的问题上常常遇到选择。如在义务教育支出方面，许多国家的义务教育主要是由地方政府提供，中央政府也有部分提供，所占比例却很小。但是各地区的经济发展水平是不一致的，政府对经济不发达地区的转移支付受到财力的限制，于是各地区政府的教育支出水平也不一样，从而造成由于教育资源的地区间不平衡而引起教育资源使用的不公平。

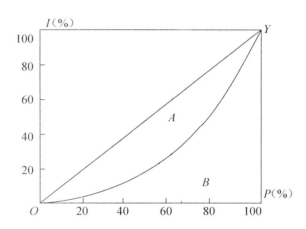

图 2.2.4　洛伦茨曲线测量教育资源分配的平均程度图

（二）教育财政支出的决策

政府对教育这种混合品的支出决策是一种公共选择，但并非所有的教育经费都由政府负责，教育产品的资金提供应该由政府和市场共同来承担。政府应该对教育产品资源进行合理配置，而其余的教育资源则应该由市场来解决，以避免政府公共选择的"越位"或"短缺"。

从世界各国政府对教育资源配置的情况来看，政府是教育资源配置的"主力军"。教育财政支出决策可以从几个方面考虑：一是可以从政府财力和支出结构方面进行选择。二是可以从教育财政支出的分类方面进行选择。三是可以从教育财政支出所产生的效果进行分析并做出选择，等等。

本文上一章已经对教育财政支出进行了分类，教育财政支出的决策可以根据政府教育的结构、层次、性质和各级教育所具有的外部效应大小和成本情况等方面做出选择并做出决策。在此以教育资源配置的层次（如市场对基础教育、高等教育及留学教育的资源配置为例）来加以判断，并做出教育财政支出的决策（见表 2.2.1）。首先，划分教育资源的层次。其次，要明确市场对教育资源配置的可能。再次，由于教育产品的资金提供者无论是政府、市场，还是由政府和市场一起提供，都会产生教育资源配置的不同效果，据此来分析教育财政支出可能会产生的效果。最后，政府做出合理的教育支出决策。

表 2.2.1　根据教育的市场配置效果做出教育财政支出决策

教育层次	市场配置可能	市场配置的效果	教育资源配置主体的选择
基础教育	短缺	文盲增多、劳动力素质下降、国民素质下降、扩大贫困	政府
高等教育	不足	高级人才不足、国民素质不高、技术进步放慢	政府和市场
留学教育	充足	高级人才外流、个人收入增加	市场

根据表 2.2.1 的分析，政府在基础教育、高等教育及留学教育之间的资源配置选择为：政府应该承担基础教育的全部支出和高等教育的部分支出。由于市场能够对留学教育进行充分配置，政府对留学教育进行支出容易引起人才外流和教育资源的不公，所以，除了专用人才外，政府不应承担这一部分支出。

第三节　教育财政学理论研究的有关问题

教育财政的经济研究是从 20 世纪末开始，建立在综合各种经济学思想、理论和分析基础之上的，属于经济学边缘学科研究的又一新的研究领域。对教育财政学的研究，目前还很不成熟，特别是在其理论方法、分析框架、假设条件和推理过程等方面，都有待进一步探索和改进。

一、教育财政支出相关概念和统计口径的界定

（一）公共教育支出、财政性教育支出与国家财政用于教育的概念理解

经济学家们在 20 世纪 40 年代提出的"公共商品"概念是公共财政理论发展的重要里程碑，在此基础上，布坎南等经济学家运用公共选择理论来研究财政，正式形成了一套完整的公共财政学理论，得到了经济学领域的广泛认可，并指导着世界许多国家的财政理论和实践。公共教育支出是国家公共支出的一部分，是政府财政预算中用于教育的专项支出。布坎南在其《公共财政》中开篇就提到："公共财政研究作为一个单位的政府，特别是研究作为一个单位的政府的经济活动，在这方面以及其他方面，我们把政府看成类似于人的、一个独立的实体或单位"。[①] 由此可见，西方经济学的政府财政就是公共财政，财政支出就是公共支出，而财政性教育支出也就是公共教育支出。

1998 年冬，中国政府在总结 20 年来经济改革成就和经验的基础上，提出了建设社会主义市场经济公共财政框架的构想，从而明确了财政改革的目标模式，使得传统的计划经济的统包模式向市场经济的公共财政模式转变，基本确立了中国政府的财政支出就是公共支出的基本方向。待公共财政体制完全建立和健全后，财政支出就可称为公共支出，而国家财政的教育财政投入也可以称为公共教育支出或财政性教育的支出。当前，

---

① 〔美〕J. M. 布坎南等：《公共财政》，赵锡军译，中国财政经济出版社 2001 年版。

中国正在进行财政体制改革，真正意义上的公共财政体制模式还没有完全建立起来，财政还过多地干预了市场经济的一般性生产领域，因此，目前中国的财政性教育的支出还不能完全称之为公共教育支出。

在中国的许多研究和统计资料中，常常还出现国家财政用于教育的支出之类的术语或统计指标，常常容易引起混淆。应该说国家财政用于教育的支出这一指标是不依赖于政府的财政支出模式而存在的，它是指政府宏观财政预算中用于教育支出的部分，包括中央和地方两级教育财政预算，同时也包括预算内和预算外教育财政投入。也就是说无论是公共财政体制还是不完全的公共财政体制，国家财政用于教育的支出这一指标都是独立存在的。

（二）关于教育财政投入的核算口径

由于目前社会科学研究领域对教育财政一词尚缺乏清晰或达成普遍共识的定义，因此更需要对政府教育经济这一研究所涉及的领域进行一番审慎的考虑。在与教育财政相关的研究领域经常出现"政府教育投入""财政性教育支出""公共教育支出""教育财政支出"及"国家教育支出"等一些统计口径或较为混杂的概念，容易使我们对它们造成一些误解。但无论如何，它们都与政府教育经费的投入有着密切的关系。由于这些概念常常同时出现在同一研究领域，所以在本书的研究中，我们必须给出一个准确的界定而不能使之变得模糊不清。

根据政府财政所承担教育支出的范围，教育财政的核算口径可分为窄口径教育财政和宽口径教育财政两种。

窄口径教育财政可看作财政性教育支出。在一些西方国家又通常称为公共教育支出，是指国家宪法构成的各级政府部门的教育经费支出，包括中央或联邦政府、州政府、省或地区、地方权力机构用于教育事业的支出，不含私人和企业的教育投资以及国外提供的教育贷款和援助。[1]在中国和其他一些发展中国家，由于政府教育经费紧缺，政府允许学校以某些方式筹集教育经费，并将这些经费用于学校发展教育。因此窄口径教育财政支出包含了政府用于维持与发展各类教育事业的经费支出，包括：财政预算内教育支出，各级政府征收用于教育的税费，国有企业办学、培训等用于教育的支出，校办产业、勤工助学、社会服务收入中用于教育的经费支出以及其他属于国家财政性的教育经费。

宽口径教育财政是指除了上述窄口径教育财政所包含的范围之外，还包括政府教育投入的机会成本[2]、国有企业对教育领域的经费支持、政府对企业及学校产业部门的收入（或利润）用于教育部分的税收减免等政府教育收支行为。

此外，在许多教育经济学的研究中，学生所缴交的学费和杂费虽然被看作个人（或学生家庭）的一种投资，但是在中国，学校收取的杂费被列入财政的预算外收入，用于补偿学校所需的办学经费成本，因此，鉴于中国数据统计口径的原因，本书将由个人负担的杂费包括在窄口径教育财政之中；但在教育财政成本分析的章节中，为了研究教育

---

[1] 参见 Yearbook of Educational Statistics,UNESCO,1993 中对 "Public Educational Expenditure" 的注释。
[2] 关于政府教育财政的机会成本，将在本书后面相关章节做具体的介绍和分析。

的全成本以及教育财政的成本负担则使用了宽口径教育财政支出；其余部分的研究中，如果没有特别提示，则均采用窄口径教育财政的支出。

（三）教育财政的效率、收益、效益和效果

效率、收益、效益和效果是经济学中常常涉及的几个名词，它们在教育经济学的相关理论和研究之中表述和分析模糊，容易引起混乱。如果对这些概念界定不清晰，将会有碍于对政府教育支出及相关理论的研究，也不利于我们对于教育财政学这一专题的进一步思考。

根据《现代汉语词典》，效率是单位时间内完成的工作量；收益是生产上或商业上的收入；效益是指效果和利益；效果是由某种力量、做法或因素产生的结果。[①]

萨缪尔森在其《经济学》十几个版次的修订中，用精炼的经济学术语对效率一词进行了解释："给定投入和技术的条件下，经济资源没有浪费，或对经济资源作了能带来最大可能的满足程度的利用"[②]。效率不仅是宏观经济学研究的范围，也是公共财政学研究的核心问题。在研究教育财政理论时亦不能忽视对政府教育支出效率的研究，这一点是不会引起争议的。在对教育的经济研究中，关于效益的概念却有些模糊。有些学者将教育的收益称为教育的经济效益或经济效率。无论从何种角度来解释，将教育收益称为教育的经济效率肯定是不正确的。

所谓教育的收益有个人收益和社会收益之分，就是通过教育活动，给社会和个人带来的收入和好处。教育收益有货币形态的收益，也有非货币形态的收益，且收益的估算标准不一，非常复杂（本书其他章节将会详细介绍）。在讨论教育收益问题时，不可避免地要涉及两个方面，即教育投入和教育产出。用简单的公式表述为

$$R = P/I$$

其中，R 为教育收益，P 为教育产出，I 为教育投入。如果 R 值大于1，说明教育活动是合算的，是有利可图的；相反，如果 R 值小于1，说明教育活动没有收益，不值得投入。

有人将教育产出的最直接指标看成学生数量，这显然不对。还有些研究将学生数量、质量、教师教学、教育消耗和科研成果、社会实践结果用来衡量教育收益[③]，这种划分从理论上来讲是不会出错的，但是本书的研究认为，还有一个更为关键的词——教育效果。根据上述定义和理解，既然效果是某种力量、做法或因素产生的结果，那么无论何种教育活动，它都会产生多方面的教育效果。这种提法在本书中还会见到，并用来确定教育财政的效率指标。

既然效益指的是效果和利益，那么教育财政的效益就包含着教育财政的效果。

二、教育财政研究中将遇到的问题

在教育的相关经济学研究中，现实与理论、分析及政策建议的预期远不一致。初生的教育财政的经济学研究对教育的展望前景是美好的，但客观的发展却不令人满意。有

[①] 中国社会科学院语言研究所词典编辑室：《现代汉语词典》，商务印书馆 2013 年版。
[②] 〔美〕保罗·萨缪尔森、〔美〕威廉·诺德豪斯：《经济学》（第十九版），萧琛译，商务印书馆 2014 年版。
[③] 林荣日：《教育经济学》（第 2 版），复旦大学出版社 2008 年版。

的学者（或编者）还在分析日本近十年来政府的教育资源配置没有带来经济增长的基础上提出了教育对经济增长贡献的悖论。[①]但理论分析表明，很难找到一些共有制度的、非经济的因素，并把它们纳入统一的分析模式之中，这需要进一步的探索。

（一）分析方法

教育财政的研究是建立在经济学中多种学科的基础之上的，教育领域的经济问题与它所涉及的财政、税收、会计等问题是否相通？比如，是否可以套用经济学中的研究方法、手段和实证模型等来研究教育学中的经济问题；是否应该研究经济学和教育学在表述方式、计量标准与计量公式方面的差异；能否应该考虑教育领域的固有特点与经济学的特殊的融合，等等。

（二）核算问题

1. 教育收益的核算

在对教育的经济学研究中，都有一个突出的主题，就是教育收益的核算。这些核算主要运用人力资本的相关研究方法，但人力资本的核算是建立在前人研究成果之上的研究，并没有新的突破。目前对教育收益率的核算是否缺乏根据或者过于简单？有些学者把"教育回收贴现率"当成"教育收益率"；有些研究将获得的关于教育对经济增长的贡献、教育收益率等方面的数据进行人为的估算，并加以调整，这是否合理？如果国外的研究成果和估算等可以用来调整和借鉴，那么，不同经济发展水平的国家之间，不同性质的国家之间的调整率，有多大差距？怎样才比较合适？这些问题还有待商榷。

2. 教育成本的核算

与会计成本核算不同，教育的经济成本核算非常复杂，它既涉及直接成本和间接成本的核算，还涉及机会成本的核算，这又类似于会计学里的财务成本管理或者财务成本分析的内容。如果说教育成本的确定是合理的，那么衡量或核算成本的方法却成问题。例如，为了计算个人的机会成本，将毕业学生的工资收入作为同期在校学生所损失的机会成本是可行的，但是除了工资收入以外还存在大量无法估计的机会成本，这些机会成本无法衡量。又如，受政府教育资助的劳动力成本与未受政府资助的劳动力成本之间是否可以区别核算？它们之间的相关系数是多大？再如，在教育财政的成本核算中，中国的财政基本建设支出中包含了教育基本建设支出的很大一部分预算，但在统计资料上，教育基本建设支出是否反映了财政基本建设支出预算中的教育基本建设预算及教育领域的自筹基本建设资金的总和？等等。上述成本问题的种种，都是需要进一步研究和解决的。

3. 教育对经济增长指标的核算

在进行教育对经济增长指标核算的经济研究中，必须对一些前提进行假设。如舒尔

[①] 孙国英、许正中、王铮：《教育财政：制度创新与发展趋势》，社会科学文献出版社 2002 年版。

茨在其"余量法"中提出的假设是：一段时期内，一国的劳动力的平均收入不变；每一个劳动者的平均教育存量维持在一定的水平；教育与国民收入增加值密切相关；土地对国民收入的增长忽略不计；把劳动力和资本对经济增长的贡献，分别看成一定的百分比；等等。一种经济的指标核算，如果限定在太多的假设条件之下，并且有一些合理及不合理的估计，这种核算是不是很准确，还有没有意义？这值得探讨。

三、教育财政学理论研究体系的构想

随着社会经济的发展，经济理论日益深化，经济科学越来越多。纵观当今经济科学领域，各类分支学科林立，边缘经济学崛起，经济学的大家庭呈现一派兴旺繁荣的景象。概括起来，大体可以分为：基础经济理论、应用经济理论、经济理论工具、经济理论边缘学科和经济史。同时，新的经济学科还在不断涌现，经济科学已经成为门类最多、范围最广、影响最大、问题最多的一门综合性社会科学。

教育经济学属于经济类学科的边缘学科，财政学又是属于应用经济理论，如果说对教育财政领域的研究能够成为一门单独的学科，那么将会属于哪一类经济学分支？我们认为，这种学科只要有进一步研究的必要，能够在社会科学领域占有一席之地，就必然会成为一门新兴的学科。具体地讲包括以下几点：

（一）要明确研究目的

教育财政学研究的目的可从以下几个方面考虑：一是对政府教育投入及其成本负担的研究能否促使政府教育资源得到合理配置、节约费用并能促进教育改革。由于受财政规模的影响，政府教育支出不可能无限度地增大，这势必会影响到政府教育资源的提供。目前世界各国政府普遍存在教育经费严重不足、受教育人口增长压力日益增大的情形。如果不对教育资源和教育资源的环境进行改善，将会影响到整个国家财政的分配职能和整个教育改革。另外，还需要考虑教育财政学研究能否有利于对教育资源和政府教育支出效率的评估。二是该研究能否提高政府教育支出的效率，并促进政府公共支出效率的提高。通过对政府教育支出效率的评估、研究和分析，可以发现政府在教育资源配置和利用方面的各种问题，进而为政府决策部门提供决策依据，使它们能更有针对性地进行相关改革，最终促进政府教育资源的合理、高效配置，同时也有利于政府公共支出效率的提高。

（二）要确定理论体系的核心

理论核心是一种理论展开推理的起点，如果理论核心模糊不清，由此形成的理论体系必然缺乏逻辑性和严密性。因此，确定好教育财政的理论核心是展开教育财政研究的关键。政府教育支出理论研究的核心有几个问题需要明确：一是教育财政学是一个经济学概念，应该将这一研究置于何种经济学分支之下，例如这一研究应该是财政学范畴还是教育经济学范畴，还是二者兼而有之？二是，它应该是内涵丰富能表达出理论核心的概念。如它是表达出"政府教育经济学"的概念，还是"政府教育财务"的概念？三是，它应该与教育经济密切相关。无论是教育经济学还是教育财政学，都离不开"教育"一

词，如果与教育的相关现象没有任何关系，这一理论核心将变成纯粹的财政学和财务学了。

（三）要明确贯穿这一研究的基本线索

上述问题明确后，以何种线索为导向来进行研究，显得至关重要。如对教育财政进行研究，既然隐含了"政府"这一关键内容，那么教育财政研究就要在以政府为背景的情况下进行研究，然后才能展开对政府教育投入、教育财政的成本及产出效益等领域的分析，最后，回到政府教育财政研究的理论核心上来。当然，在研究的基本线索确定的情况下，可以对其中某个领域进行单独的分析。但这种分析必须紧紧围绕这一线索来展开。

（四）要有科学合理的研究方法

不同的学科，由于研究目的、理论核心及研究线索不同，其研究方法也会不同。在众多的研究方法之中，就教育财政学研究而言，有以下几种方法值得重点加以考虑：

1. 融会贯通的研究方法

从表面上看，西方经济学的发展过程中的理论框架和研究方法在各个历史时期都有新的进展，但实质上却没有突破古典经济学、新古典经济学理论框架的一些前提，而仅在研究方法方面显得层出不穷。虽然近些年经济研究在实验经济和行为经济等研究领域有些突破，但由于研究条件、行为人假设等不具有普遍性和预见性而难以成为经济学的主流。因此在这种情况下对教育财政这类边缘学科进行研究也难以有新的突破，而只能借助于马克思主义经济学和西方主流经济学研究方法并加以融会贯通，紧紧围绕中国国情，认真研究经济社会可持续发展的一些重大问题，不断扩展理论视野和应用研究的新境界并以此指导教育财政学的理论和现实研究。

2. 比较研究方法

比较研究方法可分为横向比较研究和纵向比较研究。教育财政研究的横向比较是指以不同的国家政府或地区政府为单位，总结在某一相同的时段或时间的教育财政及其行为本身所产生的效益、效率等与经济的相互关系和产生的一些规律，并找出它们之间的优劣点和异同点，进行比较和分析，并加以必要的量化，找出它们之间的相关性。教育财政的纵向研究方法是指以同一个国家或地区为单位，在不同的时间段内，对政府教育财政及其行为本身所产生的不同的问题，进行比较研究，找出它们之间的变化规律和特点。

3. 实证研究方法

实证研究方法是在既定的分析框架下，根据分析的对象和需要表达的分析目的，科学地选择各种分析方法组合使用，以追求深刻认识客观规律及其数量特征的研究方法。[①]

[①] 赵彦云：《宏观经济统计分析》，中国人民大学出版社 2014 年版。

在对教育财政进行实证研究的过程中，可运用的实证方法有：宏观经济分析方法、经济统计分析方法、数量经济分析方法等。这些方法中又可以分类，如宏观经济分析方法中又可分为静态分析、动态分析、比较静态分析和比较动态分析几种方法，在此不一一列举。实证研究方法在教育财政研究中的运用十分重要，这是因为在对教育的经济研究中，与教育相关的因素十分繁杂，无法用一些简单的方法加以估算、剔除来分析。实证方法在教育财政研究中运用的优势在于，它至少能根据一些实实在在的数据、抽样调查结果及分类来进行研究，实证性较强。如运用动态研究方法对某地区学生素质进行分析[①]，按照思想品德、行为习惯、心理倾向、审美创新、知识水平及健康素质等分为六类，对各个学校学生素质教育现状进行关联分析，所得结论是：对这些学校素质教育的平衡发展会有所参考；所用方法对素质教育的测量、评估等量化研究也可使用。

4. 归类法

亦称为经济简约法。是指将所得到的大量资料，分门别类地加以归类概括，在必要时，还要把抽象和复杂的经济现象进行简约化，这样有利于进行定性和定量分析。这种方法是社会科学研究中的重要方法，可以这么说，没有归纳法，许多社会科学就不可能有进展。教育财政学的研究中，这种方法将得到广泛使用，如将抽象和复杂的教育机会成本等进行简约分析。

 本章提要

教育经济学兴起于 20 世纪中叶，其思想贯穿于自亚当·斯密以来两百多年的经济史。马克思也在其生产劳动理论中提出了教育活动是非生产劳动和潜在的生产力的重要思想。微观经济学理论和分析方法是 20 世纪 60 年代以来教育经济学理论形成和研究的基础，此后的宏观经济学的进一步发展和完善过程中所出现的教育经济政策分析也是以此为基础的。

经济学中的消费者行为理论、成本理论、人力资本理论、公共选择理论、制度经济学、计量经济学、博弈论等理论和方法都能用于分析教育经济问题。教育产品是具有正外部性的典型例子，它离不开政府的干预。政府对教育这种混合品的支出决策是一种公共选择，但并非所有的教育经费都由政府负责，教育产品的资金提供应该由政府和市场共同来承担。政府应该对教育产品资源进行合理配置，而其余的教育资源则应该由市场来解决，以避免政府公共选择的"越位"或"短缺"。

教育财政支出决策可以从几个方面考虑：一是可以从政府财力和支出结构方面进行选择，二是可以从教育财政支出的分类方面进行选择，三是可以从教育财政支出所产生的效果进行分析并做出选择，等等。

应该看到，教育财政的经济研究建立在综合各种经济学思想、理论和分析基础之上，属于经济学边缘学科研究的又一新的研究领域。对教育财政学的研究，目前还很不成熟，

[①] 殷伯明：《教育系统动态测评方法与实践》，华东师范大学出版社 2001 年版。

特别是在其理论方法、分析框架、假设条件和推理过程等方面，都有待于进一步探索和改进。

 练习与思考

1. 什么是公共产品？什么是混合产品？有哪些性质？
2. 如果按照公共产品属性来划分，各类教育如何进行公共属性的分类？
3. 教育财政支出决策可以从哪几个方面来考虑？

 小组讨论

1. 教育经济学的思想有哪些流派？其主要观点是什么？讨论这些思想的共同点与分歧，并对其做出简要评价。
2. 谈谈对当前我国教育财政支出口径的认识。

辅助阅读资料

[1]〔英〕C. V. 布朗等：《公共部门经济学》（第四版），张馨主译，中国人民大学出版社 2000 年版。

[2]〔美〕约瑟夫·熊彼特：《经济分析史》（第 3 卷），朱泱等译，商务印书馆 1995 年版。

[3] 贾云鹏、范先佐："教育经济学研究：回顾、反思及建议——文献分析的视角"，《教育研究》，2014（2）：66—75。

21世纪经济与管理规划教材

财政学系列

第三章 教育财政与经济增长

知识要求

通过本章的学习,掌握教育财政支出与经济增长的关系,以及教育对经济增长的贡献的一些分析方法。

技能要求

通过本章的学习,能够掌握:
- 教育与经济发展、经济增长之间的关系。
- 教育财政对经济增长的积极影响有哪些。
- 教育对经济增长影响的分析方法大致有哪几种。

世界各国社会经济增长速度各不相同,因而政府教育投入水平也各有差异,这就决定了各国政府教育投入的多样性。经济学家通常认为,在现实世界中,不存在适用于一切国家和地区的简单的、统一的教育财政模式,教育财政与每一个社会或国家特有的经济、政治、社会和文化背景密切相关。也就是说,必须从各个国家的整个社会经济、政治文化角度上来考察教育财政的特点、分配方式及它们之间的相互联系。只有这样,才能正确地理解教育财政,并对其做出相应的判断。这种历史的考察表明,政府教育支出的性质似乎与社会制度关系不大,而主要取决于社会经济发展。但教育财政与经济增长是什么样的关系?对经济增长的贡献有多大?如何衡量?这些问题将在本章加以研究。

第一节 教育财政与经济增长的关系

经济和教育是现代社会发展的两大基础。因此,历史上没有哪个时代像现代社会这样关注教育与经济的关系,而事实上,也没有哪个时代像现代社会中的教育与经济发展一样有如此密切的联系。通常认为,投资、消费和进出口是传统经济增长的"三驾马车",而教育财政支出既是一种投资,也是一种消费。因此,阐述教育财政支出与经济增长的关系,既要分析教育财政形成的微观基础,也要从教育财政与经济之间的相互关系、相互作用入手加以分析。

一、教育财政投资的作用

(一) 教育财政投资的直接作用

教育财政投入可以提高国民的素质,促使个人收入、企业利润及国家税收增加的同时,提高个人、企业和国家储蓄,进而增强政府的资本形成能力,并进一步带动投资的增加及经济增长。而经济增长又能够使政府财力增加,在政府教育支出结构不变的情况下,这将推动政府教育投入的增加和教育事业的发展。可以想象,没有政府对教育的支持,国家教育事业的固定资本形成能力就无法形成,与教育相关的投资也难以被带动,这将大大降低国家资本形成的能力,教育投资的持续性和教育事业的发展也就无法得到保证。

(二) 教育财政投资的间接作用

1. 教育财政投资促进劳动力结构的优化

教育与劳动力结构的几个方面,如数量、质量,以及发展趋势等都有十分密切的关系。而劳动力结构又直接或间接地与经济增长发生联系。政府通过教育提高劳动力的质量,改变劳动力结构,从而对生产和经济增长产生直接或间接的影响。

教育在优化劳动力结构方面的作用主要表现在:教育可以通过提高适龄人口的科学文化水平和教育程度,提高人们优生优育的意识。比如,教育不仅可以培养妇女参加社会和经济活动的能力，还可以增加她们的就业机会和劳动报酬，同时有利于家庭集中资源为子女提供更好的教育。

基于这些经验，许多发展中国家对教育事业进行了大量投入，到 20 世纪 70 年代，一些发展中国家教育支出占政府经常性支出的比例甚至达到了 20%—35%。20 世纪 80 年代，一些发展中国家还在增加教育支出，如菲律宾的政府教育支出从 1986 年的 90 亿比索增加到 1988 年的 184 亿比索，仅仅 2 年时间就增加了一倍。到 2010 年后，一些发展中国家公共教育支出占政府支出的比例甚至达到了 20.3%—30.8%，如南非 2011—2013 年分别为 18.9%、20.6%、19.2%，较之 2010 年的 18%分别增加了 0.05 倍、0.14 倍和 0.07 倍；加纳 2011 年公共教育支出占政府支出比例为 30.8%，较之 2010 年的 21.2%增长了 0.45 倍。① 通过政府和社会提供的各种教育，使一代一代的人健康成长和发育，成为质量较高的劳动力，进而对经济增长产生积极的影响。

2. 教育财政投资推动科学技术进步

始于第二次世界大战后的当代科技革命，使得科学技术的生产力作用空前提高，并迅速成为第一生产力，生产了大量的物质财富，极大地推动了社会经济的发展。教育作为科技与生产的中介作用也得到空前的发挥。一方面，教育培养出大批的科技人才，进而创造大量的科技成果；另一方面，通过教育和培训，可以迅速将科技成果推广和运用到生产中去，创造出各种社会和经济效益。需要注意的是，科学技术转化为生产力是有条件的，如资金投入、政策支持等，政府对教育的财政投入已成为非常重要的条件之一。教育通过对人的培养使科学技术顺利转化为现实生产力，在促进和推动经济发展的过程中占有突出的位置，起着十分巨大的作用。

二、教育的需求与政府供给

教育是一种培养人的社会活动，教育事业的发展也需要大量物质和资本的支持。一般来讲，政府提供教育不以创造利润和盈利为目的，因而需要政府财政付出巨大成本。而当今社会的人们具备较好的教育条件，并有一定的支付能力，因此人们的教育需求在不断扩充，但一国的财力在一定时间内总是有限的。因此，政府对教育的提供，应该根据政府财力和一国的实际教育需求情况，量力而行，才能保证教育和经济持续、稳定和协调发展。

（一）教育需求

按照需求主体的划分，教育需求可分为两大类，即教育的社会需求和教育的个人需求。

1. 教育的社会需求

教育的社会需求是指在一定社会历史发展阶段上，基于国家未来经济与社会发展对劳动力和专门人才的要求而产生的对教育有支付能力的需要。社会越发达，其教育需求

---

① The World Bank, *Expenditure on education as % of total government expenditure*, 2016, http:// data.worldbank.org.

也越大。但一定时期内，教育社会需求可能不足。因此，在一定范围内，政府需要对教育的社会需求采取经济或行政的手段，制定某些政策去调节劳动市场，对教育需求做出调整。例如，政府可以通过制定某些职业的就业资格，使求职者在获得职位前，必须进行相应的教育和培训，刺激人们对该类教育的需求；政府也可以通过增加某类教育的财政拨款和利用媒体宣传，引导人们对该类教育的需求。

影响教育的社会需求的因素是多种多样的：一是社会人口状况。由于教育的对象是人，因此，一个国家人口构成情况，包括人口基数、人口增长速度和年龄构成，决定着教育社会需求的基本规模和走势。二是经济和科技发展水平。社会经济和科技发展水平越高，专业分工越细，对人们教育层次和类别的需求便越高和越复杂。相反，在经济不发达的国家和地区，生产的技术含量较低，技术更新速度缓慢，社会教育需求较少。三是国家的政策导向。一般来说，教育是一项国家事业，教育的社会需求可以通过政府的教育规划和政策来体现和调节，因此，政府对教育的重视程度与教育政策就成为影响教育的社会需求的重要因素。

2. 教育的个人需求

教育的个人需求是指个人出于对未来知识技能、收入、社会地位的预期在各种需求中进行选择，对教育有支付能力的需要。在现代社会中，由于教育在某种程度上决定个人所从事的职业、收入、生活状况和个性的发展，教育需求在人的各种需求中已经占据重要地位。

教育的个人需求，出发点在于受教育后能给个人带来的预期收益，因此，对未来的考虑构成了教育需求的诸多动因。一是精神生活需求。随着社会进步、人们收入水平的提高及闲暇时间的增加，满足个人求知的欲望、充实精神生活、提高生活质量的需求越来越迫切。通过接受教育提高个人的审美水平，成为人们提高精神生活水平的一条重要途径。二是物质生活需求。一般来讲，受教育程度越高，在不断变化的经济和劳动市场中越具有较高的社会适应能力，个人收益越丰厚，越可以享受更为优裕的物质生活。三是社会地位的需求。提高社会地位是人们接受教育的重要动因之一。在当今绝大多数国家中，社会地位不是世袭的，而每个阶层的人都希望提升自己的社会地位，受过良好的教育则是提升社会地位的重要条件之一。

影响个人的教育需求的因素也是多方面的。一是家庭的经济状况与教育需求的差异。无论如何，个人受教育是需要支付费用的，"虽然一些国家实行免费教育，有些国家甚至在宪法中作了这样的规定，但客观经济情况仍然不得不要求家庭分担部分费用"[①]。因此家庭的经济状况成为影响教育的个人需求的决定性因素。二是家庭的文化层次的差异对个人教育需求的影响。"高文化阶层家庭子女在争取教育机会方面似乎比低文化阶层家庭子女表现出更大的积极性"[②]，从而使得不同家庭文化层次背景的个人对教育需求也各有差异。三是个人天赋的差异。教育是一个连续不断的过程，绝大多数天赋高的人都

---

① 〔美〕马克·贝磊：《教育全成本核算》，胡文斌译，北京师范大学出版社2000年版。
② 吴康宁：《教育社会学》，人民教育出版社2007年版。

会在这个阶梯上不断攀登,而对于天赋较低的人来说,其个人能力接受一定层次的教育已属不易,对进一步接受教育的需求也较低。此外,个人对教育带来的预期未来收益也是影响个人教育需求的重要因素。

(二)教育供给

教育供给指在某一时期内,一国或一地区各级政府、部门、团体及个人提供给受教育者的机会。由于各种教育资源的有限性,教育供给势必受到各种因素的影响:一是政府和市场对教育成本的负担,即培养一名学生所付出全部成本的分担情况。在对教育成本进行负担时,市场规则越来越多地被人们认可,因为这涉及非常高的教育成本由谁供给的问题。[①] 一般地,在教育总量一定时,教育的单位成本较高而预期收益较小时,市场所提供的教育机会将减少,因而教育成本更多地由政府财政负担。二是全社会对教育的认识程度。社会对教育是否有正确的认识[②],决定了对教育资源提供的偏好,进而对教育供给产生较大影响。如果一个国家和社会对这个问题有正确的认识,就会千方百计地提供社会所需的教育机会。相反,如果政府和社会把教育支出看作一项消费而非投资,则它们必然在资源总量的约束下,把教育投资放在无足轻重的地位,从而减少教育的供给。三是人力资源需求结构,即社会生产对各个层次的知识和技能的需求结构。在不同时期,社会经济对劳动力的需求不同,对各类人才需求量占总需求的比例在不同的发展时期也有差别,而这种人力资源需求结构的变化会对教育需求产生影响,进而影响到教育供给的变化。

三、教育财政与资源配置和调节

(一)教育财政与教育资源的配置

在现代经济社会里,几乎所有国家的政府在教育供给中都起着主导作用,这种作用主要通过教育财政来实现。其主要原因是教育消费和分配市场存在缺陷和失灵问题。首先,教育是具有较大的正外部性的公共品,完全依靠市场来提供将导致供给不足。其次,贫富差距导致教育机会的不均等,使得人力资本市场出现不公平。政府对教育产品的提供有利于公平与效率目标的实现,也有助于推动社会经济的可持续发展。最后,人力资源市场本身是一个不完善的市场,这在高等教育中表现尤为明显,主要表现在这个市场中的投资对象是有风险的,对教育投资的回报也具有不确定性。所以市场一般不愿意提供此类贷款和进行教育投资。

政府教育财政的资源配置有两个目标:提高效率和增进公平。针对教育市场的缺陷,政府对教育资源的配置有三种基本选择:一是向贫困家庭提供教育资助。目的是对社会生活条件差的学生给予教育补偿,以保障贫困阶层享有接受教育的机会与权利。二是面向所有家庭提供教育资助。使得在同一个教育层次上,能力较强的学生分配到较多的教

---

① B. Lingard, J. Knight, P. H. Porter, *Schooling Reform in Hard Times*, Falmer Press, 1993.
② 曲恒昌、曾晓东:《西方教育经济学研究》,北京师范大学出版社 2000 年版。

育经费，以增加社会的产出水平。三是政府兼顾公平和效率目标对教育进行补贴。如非义务教育、高等教育、职业培训等，政府可通过补贴的方式来引导和分配教育资源，以保障在充分利用人力资源和教育资源的同时，也符合社会经济发展的需要。

（二）教育财政与教育资源的调节

个人教育需求与社会教育需求的出发点和追求的目标不同，因而两者在教育的质量、层次类别和结构上必然会出现差异，从而产生冲突。这种冲突的实质是教育资源的稀缺性和教育需求的无限性之间的矛盾。这种矛盾是普遍的、永恒的，它不仅存在于发展中国家和落后地区，也存在于发达国家和富裕地区，并且在不同的历史时期以不同的形式体现出来。这种矛盾和冲突如果超过一定的限度，就会影响经济与教育自身的发展，因此还需要对教育的供求矛盾进行调节，调节的主体包括政府和市场，或者由政府和市场共同调节。其中，政府对教育资源的调节主要通过教育财政与政策来实现。

从公共经济的角度来说，教育是一种混合产品，政府对教育产品进行调节也要注意教育产品的公共性质。一般来讲，教育产品按性质可分为三种，即纯公共性质的教育产品、准公共性质的教育产品和基本具有私人产品性质三类。[1]政府对教育需求的调节可从几个方面考虑：

（1）通过教育财政对具有纯公共性质的教育产品提供进行管理，包括制定教育财政收支计划、提供人才市场供求信息等，还可以采取必要的行政手段等，保障教育资源的提供。

（2）对基本具有私人产品性质的教育产品，如企业培训等进行价格指导，规范市场行为。

（3）与市场调节相结合，对准公共性质的教育产品进行调节和管理，如政府对教育产品的价格（主要为学费和杂费）进行限制和规定，根据经济和社会发展的需要和可能的条件，适当确定义务教育的年限和实现时间等。

四、经济增长中教育财政的其他贡献

（一）教育财政与资源节约

经济增长所需的物质资本如土地、机器、设备和厂房等，都是依赖于自然资源所形成的原材料进行生产的。因此，自然资源对经济增长起着十分重要的作用。而教育能够提高人的知识水平，知识的要素化大大降低了经济对自然资源的依赖性。在知识密集型的产业中，知识投入越来越多地代替了物质投入，有效地缓解了自然资源不足对经济增长的制约作用。据统计，美国每亿美元产值的钢材消耗量 1990 年为 0.208 万吨，2000 年下降到 0.128 万吨；2015 年进一步下降到 0.0698 万吨[2]。尽管美国经济规模比 1990 年增长了 2.7 倍，但钢材的消耗量却减少了 8.99%，铜、铝、镍、锌等金属的消耗也出现类似的现象。同时，资源也只有通过人的合理配置和有效利用，才能发挥更大的效用，

---

[1] 厉以宁：《教育经济学研究》，上海人民出版社 1988 年版。
[2] 根据中华商务网站 http://www.chinaccm.com 和世界银行网站 http://www.data.worldbank.org 有关数据整理而得。

才能推动经济增长。从各国经济增长和发展的趋势来看，资源和资本竞争的时代逐步被由教育引起的劳动者的素质及所决定的科学技术竞争的时代所代替。

（二）教育财政与环境保护

环境保护是典型的具有外部性的行为，是制约当今各国经济增长的重要环节，也是公共经济需要解决的重大问题。在经济增长的压力下，许多国家和地区都对自然资源进行了过度开发和利用，出现了"竭泽而渔"的境况，滥砍、滥伐、滥采等现象非常普遍，导致自然资源遭到极大的浪费，同时也造成环境的破坏和恶化。政府对教育事业的大力支持，通过公共教育来提高全体公民的环境保护意识，促使人们自觉参与保护活动。一方面对已经开发利用或待开发利用的自然资源，要采取保护性措施；另一方面要把自然资源和改善自然环境紧密结合起来，做到既保护资源，又防止污染和生态破坏。只有这样才能使经济持续健康发展。

第二节　教育对经济增长的贡献分析

一、影响经济增长的主要因素

西方经济学理论认为，影响经济增长的主要因素是资本、劳动力和土地。萨缪尔森在其《经济学》中将影响经济增长的因素归纳并比作"经济增长的四个轮子"[①]，即人力资源（劳动力的供给、教育、纪律、激励）、自然资源（土地、矿产、燃料、环境质量）、资本形成（机器、工厂、道路）和技术变革（科学、工程、管理、企业家才能）。事实上，影响经济增长的因素还有很多，如地理位置、交通条件、气候条件、宗教信仰、传统文化等，而且许多因素都是掺杂在一起，很难将它们剥离出来。因此，很难具体分析个别因素对经济增长的影响到底有多大。

因此，影响经济增长的因素极多，以至于大大超出了我们所能考虑到的范围。正如有学者认为的那样，"中国拥有丰富的自然资源、勤劳的人民、杰出的文化、创造的智慧，然而，经历了许多世纪之后，这个国家依然很贫穷，这无疑是由许多原因造成的"。[②]下文采用经济学家经常使用的总生产函数（Aggregate Production Function，APF）来说明影响经济增长的其他因素——剩余因素（Residual）[③]：

令：X＝产出；L＝劳动力；K＝资本；N＝土地；NI＝国民生产净值；t＝时间；$\triangle$＝一段时间的变化，有：

$$X = f(L_t, K_t, N_t, T) \tag{3.2.1}$$

[①]〔美〕保罗·萨缪尔森、〔美〕威廉·诺德豪斯：《经济学》（第十九版），萧琛译，商务印书馆2014年版。
[②]〔英〕G.B.J.阿特金森：《教育经济学引论》，林荣日等译，同济大学出版社2001年版。
[③]〔美〕埃尔查南·科恩、〔美〕特雷·G.盖斯克：《教育经济学》，范元伟译，格致出版社2009年版。

根据科布-道格拉斯生产函数（Cobb-Douglas）[①]，有：

$$\frac{\Delta X}{X} = \phi + \alpha \frac{\Delta N}{N} + \beta \frac{\Delta L}{L} + \gamma \frac{\Delta K}{K} \qquad (3.2.2)$$

设：$\alpha = 0.05$，表示国民生产净值 NI 的 5%是土地资源的贡献；
$\beta = 0.73$，表示国民生产净值 NI 的 73%是劳动力的贡献；
$\gamma = 0.22$，表示国民生产净值 NI 的 22%是资本的贡献。

假如当年国家经济实际增长为 3%；L 的实际增长为 2%；K 的实际增长为 1.5%；N 没有增长，则：

劳动力对经济增长的贡献为 0.02×0.73＝1.46%
资本对经济增长的贡献为 0.015×0.22＝0.33%

由于土地可以看作基本不变的，因此，它对经济增长的贡献份额就为零。这也就是说，劳动和资本决定着经济的增长，经济增长基本上可从劳动和资本的增长中得到解释。但是与实际经济增长相差 1.21%则应该归功于劳动力、资本、土地之外的某些因素，而这些因素及其贡献无法用生产函数来解释。因此，下文将详细论述关于经济增长的其他现象的分析和实证。

二、教育对经济增长贡献的分析方法

（一）相关文献回顾

马克思把影响经济增长的诸因素划分为内涵与外延两大类，尽管这种划分具有相对性，并在一定程度上具有假定性，但对我们依靠技术进步促进经济增长具有重要意义。苏联经济学界和经济工作者对技术进步在经济增长中的作用研究，主要是为计划经济服务的，比较重视用马克思主义的经济理论来建立生产函数的基本理论体系，并且体现了计划经济体制下国家运用生产函数的特点。

分析教育对经济增长的贡献的最通用的工具之一是总生产函数。但自 20 世纪 50 年代以后兴起的许多关于经济增长的研究却表明，经济增长中有一部分是无法用传统的要素投入，包括土地、劳动和资本来解释的。如西蒙·库兹涅茨（Simon S. Kuznets，1901—1985）在分析了美国、英国、德国等国较长时期的经济增长情况后发现，增加的劳动和资本投入在人均产值增长中只起着次要的作用。[②③] 丹尼森（Denison）估算了美国 1929—1957 年的经济增长源泉，其结论与库兹涅茨基本上一样。他发现这期间土地、劳动、资本的份额分别为 4.5%、73%、22.5%，它们的增长率分别为 0.00%、2.16%、1.88%。如果上述公式（3.2.2）成立，则由这三个要素所推动的经济增长率应当为 2%。但实际

---

① 20 世纪 30 年代，美国经济学家柯布和保尔·H. 道格拉斯在研究 1899—1922 年美国制造业中资本和劳动等因素对生产的影响时，得出了著名的科布-道格拉斯函数式，这一函数式后来被假定中和美国经济的发展模式一致，因而被广泛用于研究各生产要素与产出的关系。科布-道格拉斯的基本形式为：$Y_t = e^{\varphi} L_t^{\alpha} C_t^{\beta} E_t^{\gamma}$，其中，$\varphi$、$\alpha$、$\beta$、$\gamma$ 为常数，并令 $\alpha + \beta + \gamma = 1$，$e$ 为自然对数值。

② Kuznets S., National Income Estimates for the United States Prior to 1870, *Journal of Economic History*, 1952, 12(2): 115—130.

③ Kuznets S., Modern Economic Growth: Rate, Structure, and Spread, *Economica*, 1966, 37(37).

上这期间美国人均国民收入每年的增长率却高达 2.93%，也就是说，美国 1929—1957 年经济增长中有 0.93 个百分点是无法用传统三要素来解释的。与库兹涅茨、丹尼森的经济增长因素分析法有所不同，罗伯特·M. 索洛（R. M. Solow）和戴尔·W. 乔根森（D. W. Jorgenson）的研究直接建立在总生产函数之上。他们对美国 1909—1949 年经济增长（用私人非农经济的 GDP 的增长表示）和人均资本进行回归分析后发现，这些年间人均毛产出量增长只有 12.5%是由于资本和劳动的增加所带来的，其他 87.5%则来自他们所称之为"技术变革"的东西。因此，"简单地把这些变化归因于技术进步和知识进步，便留下了在总产出中未被解释的增长问题"①，这些发现使传统的三要素理论受到抨击和质疑，但由于当时人们并不十分清楚其背后的原因，这些传统三要素不能解释的部分被称为技术变革（Technical Change）、未知指数（Index of Ignorance）或残差（Residuals）等。

20 世纪 80 年代中期以来，有许多学者采用了其他方法对教育和经济增长进行了研究，如中国的朱国宏②、沈利生和朱运法③，美国学者索洛④等在运用世界著名经济学家的理论与方法的基础上，分别用总课时简化法、劳动生产率简化法及因素测算法对教育对国民经济的贡献进行了富有创造性的定量测算。而关于教育对经济增长的强作用在中国是否存在的问题，赖德胜在《教育与收入分配》中以深圳为例进行了研究。⑤他根据政府投资和非政府投资之间的比例关系估算了 1979—1994 年深圳以人口迁移和直接教育投资两种形式形成和积聚的人力资本总量为 328.04 亿元，占同期深圳全社会固定资产投资总额的 35.14%。这一估算没有包括教育的机会成本。根据舒尔茨对美国教育资本总量的估算，机会成本是教育资本总量的重要组成部分，所占比例达 3/5 以上，因此这里对人力资本进行了重新估算。同时，考虑到数据分割的困难以及中国特别是中国农村儿童未来就业的可能性较小，这里把初等教育和中等、高等教育等量齐观，即以 3/5 的比例估算进了初等教育的机会成本。重新估算的结果显示，1979—1994 年深圳所积聚和形成的人力资本的机会成本为 492.85 亿元，包括直接成本和机会成本在内的总人力资本为 821.43 亿元，占同期全社会固定资产投资总额的 88.66%，占全部新形成资本（即全社会固定资产投资总额和人力资本之和）的 46.99%。

上述分析方法的精确程度在此不予评价，但可以看出，在中国沿海发达地区，于短短的十几年时间里形成和聚集了大量的人力资本。这些地区的经济快速增长，这种增长不乏人力资本的作用，这也为人力资本理论和前述现代经济增长理论提供了一些具有说服力的例证。

（二）教育对经济增长贡献因素分析法

最早就教育对经济增长的贡献进行定量测量的是舒尔茨，在其 1961 年发表的《教育与经济增长》一文中，舒尔茨用增长因素分析法（Growth Accounting）或称（余量法）

---

① D. W. Jorgenson, The Embodiment Hypothesis, *Journal of Political Economy*, 1966, 74(1):1—1.
② 林荣日：《教育经济学》（第 2 版），复旦大学 2008 年版。
③ 沈利生、朱运法：《人力资本与经济增长分析》，社会科学文献出版社 1999 年版。
④ [美] 罗伯特·M. 索洛：《经济增长因素分析》，史清琪等选译，商务印书馆 1999 年版。
⑤ 赖德胜：《教育与收入分配》，北京师范大学出版社 2000 年版。

测算了美国 1929—1957 年教育对经济增长的贡献值,从而开创了这一领域研究的先河。一年后,丹尼森在《美国经济增长的源泉及我们的选择》一书中用系数法测算了美国 1929—1957 年教育对经济增长的贡献[①],结论是,在此期间美国教育对经济增长的贡献率为 23%,若考虑知识增进的作用,则同期教育对经济增长的贡献率为 35%。下文将对这两种方法进行简要介绍。

1. 余量法

余量法首先把影响经济增长的要素罗列出来,然后具体估算出每一种要素增长对于经济增长的贡献,公式(3.2.2)是这种分析的理论基础。在用余量法进行分析时,舒尔茨提出了如下假设:(1)自 1929 年以来,美国劳动力的平均收入不变;(2)每个劳动者的平均教育存量维持在 1929 年的水平之上;(3)国民收入增加值与社会教育资本存量的增加有相关关系;(4)社会受教育总年限以 1940 年为基准,并以 1956 年的交割进行调整;(5)土地对国民收入增长的贡献忽略不计,并把劳动力和资本对经济增长的贡献分别假设为 75%和 25%;(6)将初等、中等及高等教育的收益率(9%、11%、17.3%)分别乘以教育存量,从而得到三个层次教育对经济增长的贡献。

余量法将影响经济增长的因素归结为 8 个方面,即劳动者数量及其构成、劳动者的工作小时、劳动者的受教育程度、资本存量规模、知识状态、无效劳动的比重、市场规模、短期需求压力的格局和强度,尔后具体估算了教育因素对经济增长的贡献。估算步骤如下:

第一步,运用跨部门的调查数据计算出各种余量,即以 1929 年为起点,计算出 1929—1957 年教育与经济相关的各种指标的余量。

第二步,根据 1900—1957 年间完成的受教育存量的情况,首先分析了三级教育的各种生均成本,然后进行换算,最后,用各年受教育总年限乘以相应的价值,计算出相应计算年的教育资本存量。

第三步,分别使用各级教育的各种收益率并进行调整,计算教育收益率。

第四步,计算教育对经济贡献率及教育占残差中的比重。

2. 丹尼森系数法

(1)将要素进行分类

将影响经济增长的要素分为两类,即要素投入量和要素生产率。其中,要素投入量可分解为劳动者人数、年龄和性别构成、受教育程度、就业时间、土地等因素;要素生产率指单位投入的产出比率,可分为知识进步、管理体制的改善、资源配置的改善、规模节约、法律和人类环境、气候等因素。

(2)提出假定和计算

丹尼森系数法的假定包括教育质量保持不变、劳动力的类型可以相互替代等。在这些假定条件下,首先确定各级教育的收入系数,即用不同受教育年限(分 9 个档次)劳

---

① E. F. Denison, The Sources of Economic Growth in the US and the Alternatives before US, *The Economic Journal,* 1962, 72(288):545—552.

动者的收入，与受 8 年教育的劳动者的收入进行百分比计算，得出受教育年限的百分比，然后用 3/5 对这些系数进行调整，就得到了不同受教育年限的收入系数；其次，计算基年和末年的各级教育的人数，得到一个差额，再用复利公式计算出这一差额在计算期内的年平均增长率；再次，用这一年平均增长率乘以劳动产出弹性指数，得到教育对经济增长的贡献率；最后，用此贡献率除以计算期内平均经济增长率，得到教育对经济增长的贡献。

（3）分步骤进行估算

第一步，运用跨部门的调查数据计算出加权因子（W_e），以表示不同受教育水平与某一基本受教育水平的相对收入。丹尼森以 8 年作为基本的教育水平（W_8=100），以此计算出了不同教育水平的收入权数（W_0）为 87，而受过 5 年或 5 年以上大学教育者的收入权数则为 207。相关受教育水平的收入权数详见表 3.2.1 中第 1 列。

表 3.2.1 加权因子（W_e）、按性别划分的 FTE 就业百分比（P_e）和初始指数（$W_e \cdot P_e$）表

受教育水平及年限	加权因子（W_e）(1969)(1)	FIE 就业百分比（P_e）		初始指数（$W_e \cdot P_e$）	
		男 (2)	女 (3)	男 (4) (1)×(2)	女 (5) (1)×(3)
文盲	87	0.32	0.26	0.278	0.226
初等，1—4	93	1.65	0.27	1.535	0.251
初等，5—7	97	4.65	2.75	4.511	2.668
初等，8	100	6.36	4.92	6.360	4.920
高中，1—3	111	15.68	15.97	17.405	17.727
高中，4	122	38.80	49.88	47.336	60.854
大学，1—3	142	15.69	16.28	22.280	23.118
大学，4	184	10.00	6.42	18.400	11.813
大学，5	207	6.85	2.80	14.180	5.796
总和	—	100.00	99.55	132.850	127.372

资料来源：E. F. Denison, *Accounting for Slower Economic Growth: The United States in the* 1970's, Washington: Brookings Institution Press，1979.

第二步，计算各受教育水平劳动者的就业量占总就业量的百分比。如果 P_e 表示受教育水平为 e 的工人的比例，则 P_e 的总和一定为 1（即 ΣP_e=1）。1976 年男女的有关数据分别见表 3.2.1 中的第 2、3 列。

第三步，当受教育水平权数乘以就业百分比（即 $W_e \cdot P_e$）时，通过把各受教育水平组的相关数据加在一起（即 $\sum W_e \cdot P_e$）就得到初始指数（Initial Index）。男的为 132.285，女的为 127.372。运用同一方法可算得所有相关年份的年指数。

第四步，用失业水平对初始年指数进行调整。

第五步，用每年的天数和出勤率对年指数进一步加以调整。在 1979 年的报告中，丹尼森没有对未接受过教育的文盲，以及正常接受了中学教育、大学教育的数据样本的每年的系数进行调整，但对其他人则作了相应的调整。比如，如果一个人在农村的中学里

按受完成了 12 年教育，而这种教育又被认为只有 80%（180 天）是"正常的"，则这个人就被认为是获得了 9.6（0.8×12）年的正常教育。

第六步，1—5 步分别提供了男女的年教育指数。为得到每一年的总指数，对男女的指数必须进行加权。在 1979 年和 1985 年的报告中，丹尼森采用 1972 年的指数对其他年份的最终指数进行了标准化。

第七步，利用教育的标准化最终指数和其他劳动投入指标，计算出劳动投入的跨时变动，以此来反映由教育所导致的劳动质量的提高情况，并用它乘以国民收入中劳动报酬的份额（大约为 2/3），就可以估算出教育对于国民经济增长的相对份额。

（三）上述研究方法中忽略的因素

尽管上述两种领域的分析方法加深了人们对教育与经济发展之间关系的认识，而且被人们认为比较严密，考虑的因素较多。但其测算结果仍有可能产生偏差[①]，因为这些方法仍然忽略了一些因素，这些因素是：

1. 行业调查因素

教育与经济之间的基本联系是按教育层次分类的劳动力工资收入差异，这些收入差异的调查是通过对现代主要经济行业的调查而获得的。然而，在许多发展中国家，从业人口大多数并不是拿工资的，而是依靠农业自主谋生，或在非正式经济部门自我经营的。正如乔治·萨卡罗普洛斯（G. Psacharopoulos）所说，"有关受教育水平与农业产值之间关系的研究是人们最早研究的课题之一，但是这些研究结果，迄今为止尚未被有效地纳入测算模型中"[②]。

2. 部门间的工资取样的因素

按教育水平分类的工资差异数据，主要是通过调查国有部门而获得的，对私营部门较少涉及，这导致取样不完整，从而使得测量结果和研究结论出现一定的偏差。

3. 教育的维持因素

薄门（B. W. Bowman）[③]、瑟鲁斯凯（M. Selowsky）[④]认为在丹尼森的估算中，只考虑了劳动者受教育水平的提高，而没有考虑劳动者教育质量的保持问题。因为在一些发展中国家，人口快速增长，既要依靠教育来维持劳动力的现有水平，又要依靠教育大力提高劳动力的整体水平。

---

① G. Psacharopoulos, The Contribution of Education to Economic Growth: International Comparisons, *The Economic Value of Education*, 1984: 470—489.

② 林荣日：《教育经济学》（第 2 版），复旦大学出版社 2008 年版。

③ G. W. Bowman, What Helps or Harms promotability, *Harvard Business Review*, 1964(1): 6—8.

④ M. Selowsky, On the Measurement of Education's Contribution to Growth, *The Quarterly Journal of Economics*, 1969: 449—463.

4. 性别的收入差异因素

一些研究表明，妇女接受教育的投资回报率要高于男性，但由于各种各样的原因，她们的收入往往比男性低。首先，妇女受教育的作用并不限于提高工作报酬，还在于就业机会和教育的机会成本。其次，妇女在一些国家受到严重的歧视，不受教育的妇女工资收入极低，而受教育后，收入大为提高，因此，相对而言，也提高了其受教育的投资回报率。

此外，上述模型忽略的因素还有很多，如能力的差异、职业培训、期望寿命、人员迁移及人口的文化层次等因素。

三、国外教育对经济增长贡献的估算

兴起于 20 世纪五六十年代的经济增长因素分析法，首先把影响经济增长的要素列出来，然后具体估算出每一种要素增长对于经济增长的贡献。上文也提到，舒尔茨和丹尼森是这种方法的奠基人，他们都认为教育对经济增长具有重要作用，并都进行过翔实的实证分析，但舒尔茨更看重教育对于农村发展的作用，故这里将主要介绍丹尼森系数法的研究成果（见表 3.2.2）。

表 3.2.2　实际国民收入增长中教育贡献估算表　（单位：%）

	1929—1948 年	1948—1973 年	1973—1982 年
实际国民收入增长率	2.44	3.58	1.26
归功于教育的增长率	0.48	0.52	0.62
归功于教育的增长率占国民收入增长率的百分比	19.7	14.5	49.2
从业者人均实际国民收入增长率	1.33	2.45	-0.26
归功于教育的增长率	0.48	0.52	0.62
归功于教育的增长率占从业者人均实际国民收入增长率的百分比	36.1	21.2	na

资料来源：1. E. F. Denison, *Trends in American Economic Growth*, 1929—1982, Washington: Brooking Institute Press, 1985.4, p.35, tables: 7-1&7-3.
2. E. F. Denison, *Measuring the Contribution of Education(and the Residual)to Economic Growth*, Paris: OECD, 1964, p.35, table:8.

美国的经济增长率一直较为稳定，1929—1948 年、1948—1973 年及 1973—1982 年初期实际国民收入增长率分别为 2.44%、3.58%和 1.26%，其中，1995—1999 年、2000—2004 年、2005—2009 年、2010—2014 年 GDP 增长率分别为 2.38%、2.56%、2.56%和 1.92%[①]。但据当时丹尼森的估算，美国 20 世纪 20—80 年代，教育一直是美国经济增长的重要推动力量，其中，1948—1973 年教育的重要性与 1929—1948 年相比有所下降，但从 1973 年以后，教育对实际国民收入增长的贡献率达到 49.2%[②]。因此，丹尼森将教

---

① The World Bank. GDP at Market Prices(current US$), 2016, http://data.worldbank.org.
② E. F. Denison, *Trends in American Economic Growth*, 1929—1982, Washington. DC: Brooking Institute Press, 1985.

育和知识进展看作单位投入产出量持续增长的最大的和最根本的原因。

克鲁格（A. O. Kruger）也进行了教育对经济增长的研究，他对造成美国和其他国家人均收入差异的原因进行了研究，并把劳动力分解为年龄、教育和城乡比例三部分[①]。他认为，如果每一部分的生产力都与美国相同，那么各国经济增长路径和速度的差别在很大程度上是教育等人力资本差异的结果。桑德伯格（L. G. Sandberg）的研究采用动态的比较研究方法，对欧洲20多个国家自19世纪中叶以来的经济发展进行了比较研究，结论认为各国1850年的识字水平很好地预示了1970年的人均收入情况[②]。巴罗（Barro）的研究进一步支持着桑德伯格的结论[③]，他对98个国家（或地区）1960—1985年入学率与人均GDP的增长率之间的关系做了多项回归分析，发现在初始人均GDP既定的条件下，一个国家的经济增长率与起始的初等、中等教育的平均入学率高度正相关，相关系数达0.73。

也有中国的学者就教育对经济增长的贡献进行了比较研究，如周澜波实证分析了中国、美国和日本的贡献率。[④]1980—2007年间，中国、日本、美国的实际GDP的年均增长率分别为9.98%、2.33%、3.02%，在这28年间，中国、日本和美国实际经济增长中教育的贡献分别是22.90%、62.09%和35.57%。日本在这28年间的教育对经济增长的贡献率达到惊人的62.09%，大大高于中国和美国，而美国以35.57%居于次席。通过比较实际经济运行数据，周澜波发现其原因是由于日本在这28年间的年均实际GDP增长率约为美国的3/4，而其平均受教育年限年均增长约为美国的2倍，其教育对经济增长的长期弹性约为美国的3/4。

萨卡罗普洛斯（G. Psacharopoulos）的《教育对经济增长的贡献：国际比较》中则对四大洲的情况进行了比较，他选择了1950—1960年的相关数据对四大洲部分国家教育对经济增长的贡献率进行了比较（如表3.2.3）。[⑤]

表3.2.3 非洲、亚洲、欧洲、北美洲部分国家教育对经济增长贡献率的估算结果表

洲和国家		教育对经济增长贡献率（%）
非洲	加纳	23.2
	肯尼亚	12.4
	尼日利亚	16.0

---

① A. O. Kruger, Factor Endowments and Per Capita Income Differences Among Countries, *The Economic Journal*, 1968 (311): 641—659.

② L. G. Sandberg, Ignorance, Poverty and Economic Backwardness in the Early Stage of European Industrialization: Variations on Alexander Gerschenkron's Grand Theme, *Journal of European Economic History*, 1982(3): 675.

③ R. J. Barro, J. W. Lee, International Comparisons of Educational Attainment, *Journal of Monetary Economics*, 1993(3): 363—394.

④ 周澜波：《教育对经济增长的贡献分析》，中山大学硕士学位论文，2010年。

⑤ G. Psacharopoulos, T. W. Schultz, The Contribution of Education to Economic Growth: International Comparisons, *The Economic Value of Education*, 1984: 470—489.

（续表）

洲和国家		教育对经济增长贡献率（%）
亚洲	以色列	4.7
	日本	3.3
	马来西亚	14.7
	菲律宾	10.5
	韩国	15.9
欧洲	希腊	3.0
	苏联	6.7
北美洲	加拿大	25.0

资料来源：G. Psacharopoulos, T. W. Schultz, The Contribution of Education to Economic Growth:International Comparisons, *The Economic Value of Education*,1984: 470—489.

需要解释的是，上表是萨卡罗普洛斯根据舒尔茨余量法计算出来的。由于舒尔茨余量法计算所选取的测算年劳动力教育资本存量偏低，20世纪50年代和60年代期间，受教育的社会劳动力中，大多是在20世纪30和40年代上学的，因而受到第二次世界大战影响，这一期间的劳动力教育资本存量和教育程度都较低。

但应注意的是，不同国家的国情不同，其教育对经济增长的贡献是不能随便加以比较的。例如，在非洲国家和1950—1960年的部分亚洲国家，由于物质投资的资本量较低，国家的大规模经济建设似乎不太可能，但是这些国家的人力资本存量也很低，其教育投资的收益率可能较高，对教育的贡献率计算结果也会偏大。

四、中国教育对经济增长贡献的估算

中国是一个发展中国家，也是一个经济转型中国家，经过三十多年的发展，中国经济得到快速发展，民生大幅改善[①]，从计划到市场，我们逐渐吸收并创造了先进的技术和良好的制度，构成了经济增长的基础和转型升级的动力。因此对教育财政投入与经济增长研究的相关数据的选取至少要在20世纪80年代以后才具有合理性。

教育财政投入与经济增长的估算有三个基本假设：一是经济增长的因素仅限于固定资本存量及其增长、人力资本存量及其增长、其他因素的影响等。其中，其他因素以劳动、知识增进、管理制度的改善等为主。并运用丹尼森的估计方法，假定其他因素对经济增长的贡献中，有3／5与教育有关。二是假设教育财政投入的唯一目的是促进经济增长，与公共产品的提供无关。三是虽然中国教育领域有非政府投入主体，但为统一估算，假定中国的人力资本的形成都是在政府进行大量的教育投入的情况下产生的。

根据学者林荣日对教育财政投入与经济增长的测算方法的思路，可以逐步计算出中国1982—1995年的教育财政投入对经济增长的贡献。

1. 根据1982—1995年中国各年的GDP值和GDP增长速度（限于篇幅，本文不再

---

① 1992年，中国共产党第十四次全国代表大会确立了我国经济体制改革的目标是建立社会主义市场经济体制。

列出数据，参见《中国统计年鉴》（2005）中的相关数据）及表 3.2.4，计算归因于教育的产出弹性系数。

表 3.2.4 各经济部门 1982—1995 年各因素产出弹性系数及其平均值表

产出弹性系数类别	农业	轻工业	重工业	建筑业	邮电交通运输通信业	商业	非物质生产部门	各部门产出弹性系数平均值
固定资本存量	50.7	75.7	92.2	80.6	63.8	45.5	46.9	65.06
人力资本存量	14.9	21.4	12.5	32.7	40.1	41.2	42.9	29.39
其他因素	34.4	2.9	−4.7	−13.3	−3.9	13.3	10.2	5.55
合计	100	100	100	100	100	100	100	100

资料来源：林荣日：《教育经济学》（第 2 版），复旦大学出版社 2008 年版。

由人力资本存量产出弹性系数以及 3/5 调整的其他因素产出弹性系数之和，可得到表 3.2.4 的各经济部门固定资本存量、人力资本存量及其他因素的产出弹性系数及其平均值。因此，1982—1995 年的中国归因于教育的产出弹性系数为：29.39%＋5.55%×（3/5）＝29.39%＋3.33%＝32.72%。由此可见，与教育有关的其他因素占总教育因素的比重为 3.33/32.72＝10.18%。这个调整值将用于最后教育财政投入对经济的贡献值的调整。

2．估算 1982—1995 年教育财政投入情况下，中国劳动力中按教育水平划分的人力资本总存量。按照人力资本花费在受教育者身上的所有教育经费投入的概念，一个劳动者的人力资本存量，就等于他从受正规教育开始，到他受最终教育层次毕业时，花费在他身上经费的总和。中国自 1995 年开始，部分学校（尤其是大学）才正式实行收费制，因此 1995 年以前，教育经费基本上是由国家承担，个人承担部分不超过 10%。如果考虑个人教育投入，对教育财政投入与经济增长进行估算，会更精确些。

3．估算 1982—1995 年中国平均教育收益率。根据舒尔茨的方法，按各层次教育的人力资本存量的比重分别乘以相应教育层次的收益率，然后归总，见表 3.2.5。

表 3.2.5 1982—1995 年中国平均教育收益率的计算表

教育水平	在人力资本总存量中的比重（%） （1）	单项教育收益率（%） （2）	调整后的教育收益率（%） （3）＝（1）×（2）
大学	31.33	11.0	3.446
中学	62.12	13.0	8.076
小学	6.55	30.5	1.998
合计	100.00	—	13.520

资料来源：林荣日：《教育经济学》（第 2 版），复旦大学出版社 2008 年版。

4．根据表 3.2.5，测算出 1982—1995 年中国教育财政投入对经济增长的贡献值，见表 3.2.6。

表 3.2.6　1982—1995 年中国教育财政投入对经济增长的贡献率表　　（单位：亿元）

类　　别	1982 年	1995 年	1995 与 1982 年相比的余量
（1）国内生产总值（GDP）	5639	21042	15403
（2）归因于教育的 GDP 值，（1）×32.7%	1844	6881	5036
（3）教育财政投入情况下，国家人力资本总存量	3231	13067	9836
（4）假设 1982—1995 年中国教育收益率不变，均为 13.520%	13.520%	13.520%	—
（5）人力资本总存量对经济的实际贡献值，（3）×（4）	436.83	1766.66	1329.83
（6）对归因于教育的实际 GDP 值进行调整，（5）+（5）×10.18%	481.30	1946.50	1465.20
（7）中国 1982—1995 年教育对经济增长的贡献率，（6）中余量除以（1）中的余量，再乘以 100%	—	—	9.513%

由表 3.2.6 的计算可知，在教育收益率不变的情况下，1982—1995 年由政府提供的教育对经济增长的实际贡献率为：（1465.20 / 15403）×100%＝9.513%。

第三节　教育财政与经济增长的理论及分析方法

教育与经济发展的关系表现在各个方面，既可从经济增长的因素进行分析核算，也可以从经济学的宏观和微观层次上进行理论分析和研究，本节将从教育财政投入的角度出发，对教育财政投入与经济增长进行经济学理论和方法的探讨。

一、经济增长模型

（一）经济增长模型的基本形式

从时间上来看，第一个新古典增长模型是拉姆齐模型（弗兰克·拉姆齐，Frank P. Ramsey，1903—1930）。[①]拉姆齐模型用动态边际分析（变分法）来解决当前消费与未来消费之间的有效折中，决定最优的储蓄、生产和消费的时间路径。沿着这条思路，卡斯（D. Cass，1937—2008）[②]和库普曼斯（T. C. Koopmans，1910—1985）[③]的研究取得了重要成果，把拉姆齐的消费者最优化分析引入到新古典增长理论中，建立了一种储蓄率内

[①] F. P. Ramsey, A Mathematical Theory of Saving, *The Economic Journal*, 1928: 543—559.

[②] David Cass, Optimum Growth in an Aggregative Model of Capital Accumulation, *Review of Economic Studies*, 1965(4): 233—240.

[③] T. C. Koopmans, *On the Concept of Optimal Economic Growth in The Econometric Approach to Development Planning*, Amsterdam: North-Holland, 1965.

生决定的经济增长模型:储蓄率取决于居民的消费选择或者说对现期消费和远期消费(储蓄)的偏好。拉姆齐—卡斯—库普曼斯模型使新古典增长模型达到了最完美的程度。[①]

在拉姆齐模型之后,哈罗德—多马模型尝试将经济增长分析长期化和动态化,从资本投入的角度来解释经济增长,并得到相应结论。但由于生产要素的不可替代性,以及最后的结论呈现不稳定均衡的特征,使得其模型存在一定的缺陷。

针对该模型存在的缺陷,索洛(R. Solow)和特雷弗·斯旺(T. W. Swan,1918—1989)建立起了索洛模型[②],他们认为实物资本的积累不能解释经济增长,因为经济增长的主要驱动力来自技术进步。索罗模型打破了哈罗德—多马模型中生产要素投入比例是不可变动的限制,解决了投入要素不能相互替代的问题。一方面,从实物资本的角度无法解释近几个世纪以来人均产量随时间推移大幅度增长的事实;另一方面,从实物资本角度无法解释不同地区间人均产量的巨大差异,以及相应导致的经济发展的巨大差异。

从总量生产函数来看,索洛模型[③]较为清晰地定义了在哈罗德、希克斯以及索洛理论中提出的,使利润和工资占国民收入的比例(收入分配比率)在一定条件下不变的技术进步,即"中性技术进步"[④]。索洛模型产生之后,在围绕着该模型所进行的经济增长理论模型研究中,很快就清楚地定义了这三种不同的中性技术进步以及相应的总量生产函数。

(二)经济增长模型基本形式的数理表达

索洛和斯旺建立经济增长模型的目的是为了保持长期人均产出增长率为正,即必须有一新产品、新市场或新的技术方面的持续进步。他们最后证明了这一点,即证明了如果不存在这些进步,则边际回报递减的效应将会终止,经济增长将陷入停滞。

新古典增长模型是一个劳动和资本规模报酬不变的加总型生产函数,用 $Y = F(K)$ 表示,这里的 $F(K)$ 既可代表可能生产的产出,也可代表将会被生产的产出。而加总函数的一个重要特点是它对资本积累的回报具有递减性质。如果不断地给同一群人增加同样的资本品,但却没有发明新的资本使用方法,那么就一定会达到某一点,这时资本品将对产出几乎没有作用,可以忽略不计。假设资本的边际产出随资本存量的增加而严格递减,以此来对这种情形进行模拟,那么对于所有的 K 而言,$F'(K) > 0$,$F''(K) < 0$,同时施加稻田条件(Inada Condition)[⑤],有:

---

① 卡斯(1965)和库普曼斯(1965)把拉姆齐(1928)的消费者最优分析引入到新古典增长模式中,形成了一个储蓄率内生决定的增长模式,合称为拉姆齐—卡斯—库普曼斯模型。

② 索洛模型是索洛(Solow R.)和斯旺(Swan T.)分别独立在1956年的《对经济增长理论的一个贡献》和《经济增长和资本积累》两篇论文中提出的,修正了哈罗德—多马模型,克服了"刀刃均衡"的不稳定性问题。

③ 索洛(1956)提出的模型中不包含个人的效用函数,因而无法对稳态增长路径进行真正的福利和效用分析。

④ 当代的经济增长理论将在一定条件下使利润和工资占国民收入的比例(收入分配比率)不变的技术进步称为中性技术进步,并且定义了三种不同类型的"中性技术进步":哈罗德中性技术进步在利率不变的条件下不改变资本系数的值;希克斯中性技术进步在资本—劳动比保持不变时,使相应的资本与劳动之间的边际替代率也保持不变;索洛中性技术进步则在劳动生产率不变的条件下使利润和工资占国民收入的比例保持不变。

⑤ 稻田条件,指某种新古典生产函数,满足:$f(0) = 0$,一阶导数大于0,二阶导数小于0,另外,当生产要素投入趋于0时,一阶导数的极限为无穷大;当生产要素的投入趋于无穷大时,一阶导数的极限等于0。经济含义:当资本存量足够小时,资本的边际产品很大;资本存量很大时,资本的边际产品则很小(资本的边际产量递减规律)。

$$\lim_{K\to\infty} F''(K) = 0 \text{ 和 } \lim_{K\to 0} F''(K) = \infty \tag{3.3.1}$$

微分方程（3.3.1）式是新古典经济增长的基本方程式，表明在任何时期资本存量的变化率是由当时已有的资本存量决定的，因此，它和此前给定的资本存量共同决定了资本全部的时间路径。将资本的路径带入总生产函数，就得到了产出的时间路径。

由于上述函数忽略了技术变化，意味着只有资本存量增加时才会增加产出。根据索洛—斯旺的假设，人们总是储蓄其总收入的一个固定部分 s，且由于折旧的原因，每年资本存量中的一个固定比例 δ 会消失（δ 为折旧率）。由于资本积累的速度是 sY，而资本折旧的速度为 δK，因此资本存量的净投资为：

$$\dot{K} = sF(K) - \delta K \tag{3.3.2}$$

从上述动态分析可以看出，即便人口不断增长，如果不存在技术变化，经济长期增长也将面临困难。索洛模型与后来的卡斯—库普曼斯—拉姆齐模型中的情形一样，完全有可能加入技术进步的因素，而使得长期经济保持持续的增长。

（三）现代经济增长理论模型的基准

索洛模型虽然可以解决哈罗德—多马模型的"中性技术进步"等问题，通过资本与劳动之间可以替代的假设使经济增长具有稳定性，但它不能在没有外生给定的技术进步时产生人均产出的长期增长，且存在模型中储蓄率由外生给定，并非由个人的动态最优化行为内生决定的问题。虽然索洛发现了上述问题，也开辟了增长源泉定量化分析的道路[1]，如根据对美国 1909—1949 年数据的测算，发现美国 GDP 年均增长率为 2.90%，其中，归功于资本积累和劳动投入的增加分别为 0.32% 和 1.09%，剩下的 1.49% 则归功于"技术进步"；人均产出增长率为 1.81%，其中，1.49% 来源于技术进步。但索洛模型不能解释为什么增长的"剩余"都归功于技术进步，因为增长最重要的源泉即"广义的技术进步"在索洛模型中却是外生给定的因素，因而模型尚存在一定的缺陷。

虽然，后来许多增长模型都以拉姆齐模型（Ramsey Model；弗兰克·P. 拉姆齐，F. P. Ramsey, 1903—1930）为基础[2]，但索洛模型的上述缺陷却激发了以动态分析方式构造经济增长模型的创新。在许多方面，索洛模型都为此后的经济增长理论模型的发展建立了基本的准则：一是自索洛模型以来，新古典生产函数成为经济增长理论模型中的标准的总量生产函数。二是在索洛模型的倡导下，将整个经济视为处于动态一般均衡状态成了经济增长理论模型中的通则。三是索洛模型将技术进步导致的劳动生产率内生化，使哈罗德—多马模型所确立的技术进步表现形式发生改变。四是索洛模型还在当代的经济增长理论中确立了一个思想传统，即它使经济学主流增长模型演变成完全从供给方面研究长期经济增长的根源。

---

[1] R. M. Solow, Technical Change and the Aggregate Production Function, *The Review of Economics and Statistics*, 1957: 312—320.

[2] Frank Plumpton Ramsey, A Mathematical Theory of Saving, *The Economic Journal*, 1928(152): 543—559.

二、教育财政与经济增长的宏观分析

（一）经济学家将技术内生化的努力

在卢卡斯（Lucas）[①]之前，经济学家基于一种内生增长的 Ak 形式的动态分析法[②]，对于技术在现代经济增长内生化的解决途径做了大量尝试性的工作，但并没有取得实质性成效，如阿罗中的"干中学"假设和分析[③]、诺德豪斯（Nordhaus）[④]和谢尔（Shell）[⑤]的"严格的报酬递减"假设和分析、宇泽宏文（Hirofumi Uzawa）[⑥]的"人均人力资本教育投入"假设和分析等。但 Ak 分析方法对于公共政策（包括公共教育政策）的福利效应有非常重要的意义，因为在新古典模型中，可能出现资本"过度积累"，当资本存量非常大而边际产出很小时，经济增长就会出现"动态低效率"，但当加入福利政策和其他公共政策条件时，这种动态低效率问题就能得到解决[⑦⑧]。

（二）公共经济变量内生化的动态分析方法的发展

诸多将技术变量内生化的努力存在一个共同的不足，即这些模型把技术进步率这一唯一能决定每个国家增长率的因素视为外生变量，导致模型本身并不能说明不同国家之间增长率的差异。如果对资本采用一个广泛的定义，使其既包括人力资本也包括物质资本，那么简单的古典模型就足以说明各国之间增长路径的差异。1988 年，在加里·斯坦利·贝克尔（Gary Stanley Becker）人力资本概念的启发下[⑨]，卢卡斯的研究解决了增长模型中技术外生性问题。卢卡斯模型的两个方程式为：

$$y = k^\alpha (uh)^{1-\alpha} \tag{3.3.3}$$

$$\dot{h} = \delta h(1-\mu), \quad \delta > 0 \tag{3.3.4}$$

（3.3.3）式中，k 为物质资本存量，支配其运动的微分方程与索洛或拉姆齐模型的情况一致，即 $\dot{K} = y - c$ 表示当前消费，而式（3.3.4）式则描述当前教育时间 $(1-\mu)$ 如何影响人力资本的积累，且人力资本获取不必然在同代个体之间产生溢出效应，其已有人力资本存量是规模报酬不变的，此时带来一个正的稳定状态的增长率：

---

① Robert E. Lucas, Jr. On the Mechanics of Economic Development, *Journal of Monetary Economics*, 1988(88):3—42.

② 在索洛模型中，假定生产函数具有如下的 Ak 形式：$Y=Ak$，其中 A 是大于零的常数，这意味着资本的报酬并不随着自身的积累而递减，而是保持为一个恒定的水平 A。沿用索洛模型中关于各种参数的假定，于是，人均资本存量的增长率为：$Y_k=sA-(n+\delta)$ 由于 $y=Ak$ 以及 $C=(1-s)y$，从而此模型中的所有人均变量——y、k、C 都以速度 r_k 增长。若 $sA>(n+\delta)$，则 $r_k>0$，从而经济的长期人均正增长得以实现。更重要的是，这一正增长率是依赖于模型中的各种行为参数的，为各种经济政策的使用提供了一个理论基础。

③ Kenneth J. Arrow, The Economic Implications of Learning by Doing, *Review of Economic Studies*, 1962(80):155—173.

④ William D. Nordhaus, An Economic Theory of Technological Change, *American Economic Review*, 1969(2):18—28.

⑤ Karl Shell, Inventive Activity, Industrial Organization and Economic Growth, in *Models of Economic Growth*(J. A. Mirrlees and N. Stern, eds.), London: Macmillan , and New York: Halsted, 1973

⑥ H. Uzawa, On a Two-Sector Model of Economic Growth, *Review of Economic Studies*, 1963(1):40—47.

⑦ G. Saint-Paul, Technological Choice, Financial Markets and Economic Development, *European Economic Review*, 1992(92): 763—781.

⑧ R. J. Barro, Sala-i-Martin X. *Economic Growth*, McGraw-Hill, 1995.

⑨ G. S. Becker, Human Capital and the Personal Distribution of Income: An Analitical Approach, *Economic Studies*, 1967(1).

$$g = \delta(1-\mu^*) \quad (3.3.5)$$

式中，g 为增长率，μ^* 为当事人在生产和教育之间的最优配置时间。

卢卡斯的研究解决了自索洛以来经济增长模型中技术外生的问题，为此后的新古典增长模型的发展提供了理论基础。在此基础上，新古典的内生增长理论迅速发展起来。

表 3.3.1　内生增长模型中的教育财政等公共经济相关变量的研究进展

被内生化变量	代表性著述	动态分析的假设条件
人力资本投资	Lucas（1988）	人力资本和物质资本的比例、人力资本和物质资本均衡增长路径
政府支出	Barro（1990）、Devarajan，Swaroop，Zou（1996）[1]	政府支出对私人资本支出比例、增长率为税率的凹函数、存在外部性等
财政政策	Blanchard（1985）[2]、Saint-Paul（1992）、Barro，Sala-i-Martin（1995）	生命周期及消费者预算约束、动态消费方程、动态低效率、政府发行债券、生产性支出和非生产性支出、扭曲性税收和非扭曲性税收等
分权财政体制	Davoodi, Zou（1998）[3]、Zhang, Zou（1998）[4]等	地方政府公共品竞争、多级政府博弈行为等
政府教育支出	于凌云（2008）	最优消费决策、教育支出分为政府和非政府教育支出、稳态增长率等
税收效应	K. Angelopoulos，G. Economides，P. Kammas（2007）[5]、邹恒甫，龚六堂（2005）[6]、严成樑，龚六堂（2012）等	最优消费决策、生产与消费服务之间的总税收收入的分配

经过罗默[7]、格鲁姆和拉维库马尔（Glomm and Ravikumar）[8]、巴罗以及 Sala-i-Martin 等的改进，卢卡斯模型在外生变量内生化方面已经取得了很大进展，为此后公共政策变量内生化的分析提供了借鉴。在公共经济学领域，许多与公共经济密切相关的变量，如人力资本、政府支出、税收以及教育投资等传统现代经济增长模型的外生变量相继被内

---

[1] S. Devarajan, V. Swaroop , H. F. Zou., The Composition of Public Expenditure and Economic Growth, *Journal of Monetary Economics*, 1996(2):313—344.

[2] O. J. Blanchard, Debt, Deficits and Finite Horizons, *Journal of Political Economy*,1985:223—247.

[3] H. Davoodi, H. F. Zou, Fiscal Decentralization and Economic Growth:A Cross-Country Study, *Journal of Urban Economics*,1998(43):244—257.

[4] T. Zhang, H. F. Zou., Fiscal Decentralization, Public Spending, and Economic Growth in China, *Journal of Public Economics*, 1998(2):221—240.

[5] K. Angelopoulos,G. Economides,P. Kammas, Tax-spending Policies and Economic Growth: Theoretical Predictions and Evidence from the OECD, *European Journal of Political Economy*, 2007(4):885—902.

[6] 邹恒甫、龚六堂，"多级政府下的最优税收和政府转移支付"，《经济学动态》，2005（11）：37—43。

[7] P. M. Romer, Endogenous Technical Change, *Journal of Political Economy*, 1990(5):71—102.

[8] G. Glomm, B. Ravikumar, Public versus Private Investment in Human Capital Endogenous Growth and Income Inequality, *Journal of Political Economy*, 1992(4):818—834.

生化（见表 3.3.1）。例如，Saint-Paul、Sala-i-Martin，以及巴罗等认为一个社会保障体系或者公共福利政策在 Ak 模型中可以抵消新古典模型的动态低效率。之后的模型，常常将政府和家庭的最优消费决策（包括教育投资决策）、税收效应等作为条件进行模型的演绎，这类文献包括：Angelopoulos 等（2007）[1]、于凌云（2012）[2]，以及严成樑、龚六堂（2010；2012）[3][4]等。

三、教育财政与经济增长的微观分析基础

20 世纪 50 年代中期，新增长理论逐渐将消费者决策与效用最大化问题纳入均衡增长模型中加以考虑。而最优决策以家庭和厂商的最优化行为为基础，这使得经济增长理论能够借助对微观经济主体行为（主要包括家庭和政府教育投资或消费）的分析来探讨经济增长的内在机制。从此，引入了动态最优化方法的增长模型成为现代主流经济增长理论的主要分析工具。

（一）无限期界条件

所谓无限期界，是经济学分析中研究者对时间范围的一个界定。在效用最大化的消费决策分析中，做决策的当事人把自己的消费或投资效用考虑在一个未来无穷长的时间中的个人效用最大化；而如果他们把自己的消费或投资效用考虑在一个有限的时间中的个人效用最大化，则是有限期界。

哈罗德、多马、索洛和斯旺等模型中，对于资本进行了简单的线性假定，而拉姆齐—卡斯—库普曼斯模型[5]则以无限期界（Infinite Horizon Model）[6]的假设为条件，用一个家庭的最优消费决策问题的方式（如家庭对下一代的教育投资），来说明增长中消费与资本积累的动态，形成了无限期界最优控制问题的一个典型案例。在这一系列动态分析的基础上，拉姆齐—卡斯—库普曼斯模型还针对均衡增长的稳定性和收敛性进行了论证，这种最优化问题的动态分析及方法应用成了以后经济增长优化分析的样板之一。

（二）分散均衡：以世代交叠为条件

与拉姆齐—卡斯—库普曼斯无限期界模型的区别在于，在世代交叠模型（下文简称 OLG 模型）中，消费决策者个人寿命有限，经济体内的人口是一个新老交替的过程，在这一过程中，新人出现而老人死亡，据此来考虑个人效用的最大化问题。这也是这一模

---

[1] K. Angelopoulos, G. Economides, P. Kammas, Tax-spending Policies and Economic Growth: Theoretical Predictions and Evidence from the OECD, *European Journal of Political Economy*, 2007（4）：885—902.

[2] 于凌云：《养老保险、教育投资与增长：OLG 模型理论优化及实证研究》，中国财政经济出版社 2012 年版。

[3] 严成樑、龚六堂："我国税收的经济增长效应与社会福利损失分析"，《经济科学》，2010（02）：69—79.

[4] 严成樑、龚六堂："税收政策对经济增长影响的定量评价"，《世界经济》，2012（04）：41—61.

[5] F. P. Ramsey, A Contribution to the Theory of Taxation, *The Economic Journal*, 1928(12): 543—559; David Cass, Optimum Growth in an Aggregative Model of Capital Accumulation, *Review of Economic Studies*, 1965(4): 233—240; T. C. Koopmans, On the Concept of Optimal Economic Growth, *The Econometric Approach to Development Planning*, 1963(28).

[6] 无限期界模型在进行个人效用最大化分析中，将未来无穷长时间的个人效用最大化。这一模型将储蓄率内生化，试图论证实现最优储蓄在每个时间点上所必须满足的条件。

型有别于无限长时间个人效用最大化的无限期界模型的最大特点[1]。由此，无限期界模型与OLG模型的产生和演进，使当今主流经济学模型研究呈现出一个新特点，即将经济增长模型的某一个变量内生化，来研究该变量在个人效用最大化过程中的动态轨迹。

世代交叠模型初见于法国经济学家莫里斯·阿莱（Maurice Félix Charles Allais, 1911-2010）的著述中[2]，经萨缪尔森和戴尔蒙德（P. Diamond）的完善后逐渐拓展开来[3][4]。OLG模型描述的是这样一个情形：首先，每个人在年轻时提供一个单位的劳动，并将劳动所得用于其生存的第1期的消费和储蓄；而在生存的第2期，个人仅消费上期的储蓄和储蓄利息。其次，在单一产品的经济中，假设该产品生产由劳动要素和资本要素组成，该产品既可以用于投资，也可以用于消费。

于是OLG假设个人的生命周期分为两期，即年轻期和年老期；在整个社会的人口规模具有一定的增长率的条件下，年轻期个体具有生产能力，到年老期则不再有生产能力。这种假设意味着，在任何一个时期，整个社会都只包括具有生产能力的年轻期个体和没有生产能力的年老期个体。OLG模型成为了新古典经济增长模型的延续，这类模型按照新古典经济学的研究范式将储蓄率内生化，需要在经济增长模型理论中引进新的前提假设，包括新古典式的教育消费效用函数、最优化问题的时间范围，等等。

当今世界各国形成了不同的养老保险制度。按其筹资的财务模式的不同，养老保险制度可分为现收现付制（Pay-as-You-go System 或 Unfunded System）和基金制（Funded System）两种类型。[5]近些年，在萨缪尔森和戴尔蒙德的基础上，借助于最优决策理论和方法，OLG模型得到了迅速发展。这些研究分析了如果存在一个中央决策者，当加入了不同的养老保险制度条件后，OLG模型将改变一个人一生中年轻期和年老期的消费和储蓄行为安排，改变个人的最优决策的情况。同理，如果在一个两代人共存的经济体中，政府的公共消费也会带来非政府效用函数的变化，进而对整个经济体的人口增长、物质资本和人力资本积累乃至经济增长产生不同的影响，这类OLG模型的发展见于Zhang[6]、Kemnitz和Wigger[7]及于凌云[8]等关于养老保险、教育投资与经济增长的文献研究之中。

---

① 无限期界模型在进行个人效用最大化分析中，将未来无穷长时间的个人效用最大化。这一模型将储蓄率内生化，试图论证实现最优储蓄在每个时间点上所必须满足的条件。

② M. Allais, *Economie et Intérêt*, Paris: Imprimerie Nationale,1947.

③ P. A. Samuelson , An Exact Consumption-Loan Model of Interest with or without the Social Contrivance of Money, *Journal of Political Economic*, 1958(6): 467—482.

④ P. Diamond , National Debt in Neoclassical Growth Model, *American Economics Review*, 1965(55): 1126—1150.

⑤ 在实行现收现付制的养老保险制度的国家中，政府向当前的在职人员（通常指就业人口）征收养老保险税或养老保险费，用于支付当期已经退休人员的养老金，是一种非积累模式的财务安排，其经济含义是上一代人和下一代人之间的收入再分配与收入转移。而基金制养老保险制度是一种可以依据个人养老的消费需要，提前进行消费资金的提取并用于积累的养老保险方式，因此年轻人自参加工作开始，就会由企业（或雇主）和职工（雇员）按照他们每月工资的一定比例缴纳养老保险费，并如实计入相应职工（雇员）的养老保险个人账户，形成专项的养老保险基金，委托具备资格的养老保险基金资产管理机构进行投资和运营。等到职工（雇员）退休之后，他们所领取的养老保险金总和等于其工作期间个人所缴纳的养老保险费的积累和投资运营收益。显然，这种养老保险模式不存在代际收入转移或其他类型的经济交换。

⑥ J. Zhang, Social Security and Endogenous Growth, *Journal of Public Economics*, 1995(2):185—213.

⑦ A. Kemnitz, B. U. Wigger, Growth and Social Security: The Role of Human Capital, *European Journal of Political Economy*, 2000(4):673—683.

⑧ 于凌云：《养老保险、教育投资与增长：OLG模型理论优化及实证研究》，中国财政经济出版社2012年版。

总体而言，从 OLG 模型研究的内容演进来看，OLG 模型讨论了三个问题。首先，当存在一个中央决策者的条件下，政府应如何安排整个社会的物质资本和人力资本的积累路径，以及年轻期和老年期个体的消费路径，实现对下一代（或年轻一代）的教育投资，以实现社会福利最大化。2006 年诺贝尔奖获得者菲尔普斯（E. Phelps）针对经济增长的动态最优化路径提出了"经济增长黄金律"，认为最优路径应该是社会的利率水平，即资本的边际生产力等于人口增长率[①]。这为后来的 OLG 模型建立了更严格的微观基础。其次，戴尔蒙德分析了自由市场经济下社会的均衡状况，认为自由市场经济的均衡并不是社会最优状态，原因是资本存量可能高于或者低于"黄金律"的资本存量。特别是当自由市场处于均衡状态时的利率水平低于"黄金律"下的利率水平时，由于资本过度积累，从而使整个社会不能达到帕累托最优，即宏观经济学中著名的"资本积累动态无效率"。最后，戴尔蒙德发现，如果自由市场经济均衡状态是动态无效率的，那么引入资本如发行国债等可改善社会福利，并能使经济达到资本积累的黄金律状态；但如果自由市场经济均衡已经处于帕累托最优状态，那么，政府引入国债反而会损害社会福利。

此外，OLG 模型的分析过程都以个人和政府最优行为下的均衡为前提，与无限期界模型所不同的是，理论推导结论的差异源自不同的制度条件在完全竞争市场是否能达到社会最优的帕累托效应。但 OLG 模型有别于无限期界模型的一个特点，即上述最优化效用下的消费—储蓄行为不一定能满足最优的社会帕累托效应，经济稳态条件也不见得具有唯一性。这样，经奥利维尔·布兰查德（Olivier Blanchard）和斯坦利·费希尔（Stanley Fischer）等的研究发现，OLG 模型在稳态经济条件下必须满足在资本投资 k_t 所有时点取值上的导数小于 1 这一条件，而在具有对数性质和科布—道格拉斯生产函数的 OLG 模型中，OLG 模型正好满足保证增长稳态唯一存在。

四、小结

本节从主流经济学理论发展角度，就教育财政投入与经济增长的理论及其方法演进做出简要概述。简言之，自卢卡斯[②]和罗默[③]的研究发表以来，公共政策变量（包括教育财政投入）等变量开始被纳入主流经济模型进行分析并予以内生化，由此建立了教育财政投入与经济增长之间的直接联系。而在微观分析方面，许多研究在萨缪尔森[④]和戴尔蒙德[⑤]的基础上将教育投入与消费决策相联系，建立起教育财政与经济增长之间的微观分析基础，这样教育财政对于经济增长的影响便可以通过养老保险、医疗消费等决策来解释。此外，我们仍然不会忘记，在研究教育财政投入对经济的影响时，始终应该考虑两个方面：一是从当期或近期来考虑，教育投入直接构成社会投资与消费的一部分，反映其对经济的增长贡献度的大小；同时教育投入通过产业的关联性和乘数效应间接影响

---

① E. Phelps, The Golden Rule of Accumulation: A Fable for Growthmen, *The American Economic Review*, 1961(4): 638—643.
② Robert E. Lucas, On the Mechanics of Economic Development, *Journal of Economic Development*, 1988 (1): 3—42.
③ P. M. Romer, Endogenous Technical Change, *Journal of Political Economy*, 1990(5): 71—102.
④ P. A. Samuelson, An Exact Consumption-Loan Model of Interest with or without the Social Contrivance of Money, *Journal of Political Economic*, 1958(6): 467—482.
⑤ P. Diamond, J. National, Debt in Neoclassical Growth Model, *American Economics Review*, 1965(55): 1126—1150.

经济的增长幅度。二是从长期来看，教育投入作为一种人力资本投资，能大大提高劳动力素质，促进科学技术的进步，这必然在很大程度上对经济的增长产生巨大影响。

第四节　中国教育财政与经济增长的实证研究

目前，针对中国教育投入与经济增长的实证分析很多，实证模型的理论依据各不相同，方法和变量选取依据也不尽相同。结合本章第三节主流经济学的理论演进和方法，本节就近年中国的数据，对教育财政与经济增长分别进行分析。

一、理论依据

教育财政投入与经济增长的研究不仅涉及教育对经济增长的测算，而且还涵盖了公共部门经济学的内容。这种研究也许存在着对立与分歧，但只要尊重现实，遵循客观、科学、相关、简便的原则，这些分歧就不难消除。

就方法论而言，对教育财政投入与经济增长进行研究，首先要突破运用劳动时间来分析教育对经济增长影响的方法。因为社会必要劳动时间是不容易测度的，更不能分解到每个劳动力中去衡量。采用劳动计量法对教育财政投入的经济贡献进行测量，不仅计算成本大，而且一旦出现偏差，所引起的机会成本更为巨大。其次，余量法和丹尼森系数法运用于教育财政投入与经济增长的分析亦不容易精确。通过本章第三节的分析可知，这两种方法除了有时间限定和统计范围的限定之外，还有许多假定条件，而事实证明，这些条件假设往往在社会经济发展过程中是不现实的。最后，有的观点认为，先将教育对经济增长的贡献算出来，然后再根据教育财政投入占整个社会对教育投入的比重，计算教育财政投入对经济增长的贡献。此种方法看来可行，原因是教育财政投入和其他非政府主体对教育的投入的统计条件是容许的，对即期经济增长的评价既相关又可靠。然而，从长期来分析，由于教育对经济影响的滞后性，难以区分何种教育是由政府提供的，何种教育是由私人部门提供的。此外，政府一般只提供义务教育的全部和高等教育的一部分，而基础教育又是高等教育和特殊教育的基础，因此很难判断基础教育对经济增长的贡献大，还是高等教育或特殊教育对经济增长的贡献大，也就是说教育财政投入和其他非政府主体的教育投入对经济增长的贡献很难有一个合理的价值判断。

教育财政投入是一种公共支出，从某种意义上来讲，公共支出对经济增长的贡献都是难以准确测算的。阿伦·D.塞尔（D. S. Allan）等[1]在对公共部门中的国民经济核算进行分析时表明，包括国防、教育、消防等政府支出对国民经济的影响都不可能达到某种程度的精确。塞尔等指出，使用丹尼森所概述的雇佣投入的特征定价（Specification

---

[1]〔美〕罗伯特·M.索洛：《经济增长因素分析》，史清琪等选译，商务印书馆1999年版。

Pricing）①具有不合理性，以及用分级结构的形式把数据加以转换，并将此看作在年龄／职业／受教育程度分组转换，形成的劳动函数分布资料是不适用的。塞尔指出了分析公共部门支出对国民经济核算的两种方法：第一种方法是从直接产出量的变化来估算产出的变化；第二种方法使用估计后果的变化来计算产出的变化，在规划—计划预算系统中就应用这种方法。

布雷德福（D. F. Bradford）等学者非常清楚地阐述了塞尔的这两种方法的区别②，即将第一种方法中的产出划分为劳务的直接产出，如学生在课堂的教学小时数；以及第二种方法的产出，即劳务后果或对消费者有益的事情，如学生的阅读能力。"这种划分容易变成公共部门支出生产率的问题，而且会使估计的问题更为复杂化，特别是使质量变化的调整复杂化"。③

索洛等提出了一些经验性的证据，说明了过去半个世纪美国及其他许多国家的资金提供是总产量增长的主要原因，索洛的科布—道格拉斯生产函数模型中明确地假定了增加的技术进步是由于新的物质设备方面的改进而生产的。索洛的科布—道格拉斯生产函数模型中明确地假定了增加的技术进步是由于新的物质设备方面的改进而产生的，也可能是其他原因（如技术改进）所形成的。索洛进一步指明，关于技术进步必须体现在新物质设备中的明确假定，可以概括在一个"不变替代性"（Constant Elasticity of Substitute，CES）的生产函数模型中。这里的"不变替代性"是指一种产品投入对总产量增长变化产生的影响仅仅与对该产品的投入有关，而与该投入对其他产品的影响没有任何关联。这个模型比体现型的科布—道格拉斯模型更具一般性，因为后者暗含着替代弹性不仅是一个常数，而且还恒等于 1。索洛没有考虑技术进步也是非体现型的情况，但这种情况也很容易概括到 CES 模型中去。

迈克尔·D. 麦卡锡（Michael D. McCarthy）在对索洛等的生产函数模型的研究中指出④，科布—道格拉斯生产函数在技术进步既可以是体现型又可以是非体现型的情况下，与不变替代性 CES 模型有着显著区别。在 CES 模型中，与劳动的产出弹性有关的资本的产出弹性会受到体现性技术进步的影响。CES 模型的另一个特征是，它可以把每单位的劳动产出表达成劳动的边际产品和仅由非体现型技术进步解释的时间变化因子的函数。给定这些事实，给定关于产出、劳动和净资本存量的数据，并假设劳动和资本都是以边际产品为报酬，则可求出体现型和非体现型技术进步对产出影响的上下估计值。CES 体现型和非体现型模型的含义是，假设体现在新物质设备中的改进是纯资本添加型的，那么这些改进可以被解释成资本量的增长。

由上述分析可知，如果对教育财政投入与经济增长进行实证分析，不仅存在一些假

---

① 特征定价所要寻求的作为特征的特点是：（1）可以立即被确定并在一段时间内是不变的，以至于可以得到连续的序列；（2）完全最大的价格差额相联系；（3）所考察的商品在不同程度上具有这些特点。

② D. F. Bradford, W. E. Oates, The Rising Cost of Local Public Services: Some Evidence and Reflections, *National Tax Journal*, 1969(2): 185—202.

③ 同注②。

④ 同注②。

设条件的制约，而且其难度广泛存在于国家制度、政府支出效率、教育财政的制度安排、教育收益的时滞性及计量方法的合理性等变量方面的估算。

因此本文认为，教育财政投入对经济增长的估算有两点必须加以考虑：

其一，教育财政投入作为一种人力资本投资，用余量法和丹尼森系数法等方法可以对政府所提供的教育与经济增长的贡献进行大致的估算，但估算的效果则难以评价。首先，对教育财政投入的研究还要区分各国的经济运行体制，如中国在20世纪80年代以前及其他一些社会主义国家是计划经济体制，而西方国家则是市场经济体制。其次，有一些不可确定的因素，如战争、政治运动、自然灾害等造成了政府教育投入政策的不连贯性，由此产生了对经济增长贡献估算的不准确。其三，教育财政投入作为一种投资或消费，在短时期内能够带动相关产业的投资，产生乘数效应，刺激当期的经济增长；但是作为纯教育投资而言，教育投资所产生的收益包含个人收益和社会收益，其中社会收益主要表现在教育对经济增长的贡献上，教育投资从成本支付到收益取得，其间有一个相当长的时滞，就整个社会而言，教育投入的收益的长周期时滞性和潜在长效性特征同样明显，因此，在计算教育财政投入对经济增长贡献时，还要计算教育投资的预期收益。

其二，在存在不变替代的情况下，当不考虑由教育所引致的技术进步对经济增长的贡献，而是将教育财政投入作为一种纯粹的教育投资或消费对经济增长产生的影响时，CES模型能够概括资本投入所产生的技术进步体现在新物质设备中。因而这种方法可以用来解释教育财政投入作为一种教育投资或消费，对经济增长即期的贡献，但这种方法仍然有缺陷，后文将具体论述。

二、数据与模型

在存在不变替代的情况下，教育财政投入作为一种纯粹的投资与消费，与教育引致的技术进步对经济的增长不产生任何关联时，可以用CES模型来对中国教育财政投入对经济增长的贡献进行分析。

CES模型是在柯布—道格拉斯生产函数模型基础上发展的多因素投入产出关系模型，符合政府即期的教育支出对经济增长的贡献的分析要求。其特点是：能将各要素投入对经济的增长模型的原理和统计原理相结合，所建立的模型能够反映各要素投入和经济增长的内在关系。更为重要的是，这种关系是能通过对相关统计数据回归得到的，所以更具有说服力和可比性。CES模型对教育财政投入所引起的经济增长分析的优势在于：一是研究政府部门教育投入和非政府部门教育投入共同形成的经济增长时，后者对影响因素能够集中反映；二是能分析不同主体对教育投入所形成经济增长的不同函数形式关系；三是模型要能够反映相关权重影响和函数形式的概括性；四是为了分析各要素投入对于GDP增长的贡献，认为各要素之间满足不变替代弹性，也就是说，各要素投入形成的GDP增长相对独立，要素之间不发生相互作用。但CES模型尚不能反映长期内教育产生的人力资源对经济增长的贡献这一情形，这也是该模型的一个缺陷。

在影响GDP增长的各种因素之中，教育投入和消费的贡献率所占的比重不大，在分析教育投入的资本量对经济增长的贡献程度时，还要考虑到其他综合性因素，如其他经济部门的投入、劳动生产力水平和自然环境等。除教育财政投入之外，还有其他主体的教育投入，它们共同对经济增长产生影响，而且它们之间对经济增长的贡献也是不一样的，但同时相互间也存在相关的关系。需要将不同主体与宏观经济增长之间的关系综合进行比较（见表3.4.1）。

表 3.4.1　1991—2013 经济增长和各教育投资主体之间的关系表　　（单位：亿元）

年份	全国教育总支出					GDP	GDP 增长率（%）
	合计	增长率（%）	教育财政投入	社会教育投入	居民教育支出		
1991	712.98	—	617.84	62.82	32.34	21895.5	—
1992	867.05	21.61	728.75	69.62	43.93	27068.3	23.62
1993	1059.94	22.25	867.76	73.51	87.14	35450.4	30.97
1994	1429.87	34.90	1174.73	108.22	146.92	48459.6	36.70
1995	1877.95	31.34	1411.52	183.20	201.24	61129.8	26.15
1996	2147.34	14.34	1671.70	214.61	261.03	71572.3	17.08
1997	2389.44	11.27	1862.54	200.83	326.07	79429.5	10.98
1998	2592.07	8.48	2032.45	189.88	369.74	84883.7	6.87
1999	2939.54	13.41	2287.17	188.76	463.61	90187.7	6.25
2000	3849.08	30.94	2562.61	199.81	594.83	99776.3	10.63
2001	4637.66	20.49	3057.01	240.97	745.60	110270.4	10.52
2002	5480.03	18.16	3491.40	299.83	922.78	121002.0	9.73
2003	6208.27	13.29	3850.62	363.60	1121.50	136564.6	12.86
2004	7242.60	16.66	4465.86	441.27	1346.55	160714.4	17.68
2005	8418.84	16.24	5161.08	545.38	1553.05	185895.8	15.67
2006	9815.31	16.59	6348.36	638.97	1552.33	217656.6	17.09
2007	12148.07	23.77	8280.21	173.99	2130.91	268019.4	23.14
2008	14500.74	19.37	10449.63	172.51	2349.30	316751.7	18.18
2009	16502.71	13.81	12231.09	200.48	2515.60	345629.2	9.12
2010	19561.85	18.54	14670.07	213.31	3015.56	408903.0	18.31
2011	23869.29	22.02	18586.70	223.80	3316.97	484123.5	18.40
2012	28655.31	20.05	23147.57	223.87	3504.83	534123.0	10.33
2013	30364.72	5.97	24488.22	232.95	3737.69	588018.8	10.09

数据来源：根据《2015中国统计年鉴》和《2014中国财政年鉴》整理而得。

CES 模型对于教育财政投入的经济增长贡献分析的选用必须满足几个基本条件：（1）模型能够反映各资本要素投入对经济增长的关系，各类教育投入主体的教育投入在模型计算中作为一种资本投入；（2）各项要素投入方向对于经济增长的贡献不同，例如，相同的投资用于房地产业和交通运输，其所产生的GDP增量是不同的，一般来说，表现出线性或非线性的关系;(3)模型要能够反映政府支出的权重影响和函数形式的概括性;(4)为了分析各要素投入对于经济增长的贡献,认为各要素之间满足不变替代弹性,也就是说,各要素投入形成的 GDP 增长相对独立,要素之间不发生相互作用。

通过表 3.4.1 和《2015 中国统计年鉴》中 1991—2013 年中国的国内生产总值构成表（C02），计算 n 个投入要素对于 GDP 增长的贡献，模型表述为：

$$Y = B\left[\sum_{i=1}^{n} a_i x_i^{-\rho}\right]^{-\frac{1}{\rho}} \tag{3.4.1}$$

其中，Y 为 GDP 的增长率，x_i 为投入要素，a_i 为投入要素对于 GDP 增长的权重影响因子，ρ 为参数。此模型主要分析教育财政投入 x_1，社会教育投入 x_2 和居民教育支出 x_3 对于 GDP 增长的影响，对其他各种投入要素所产生的贡献综合进行考虑：

$$Y = B\left[\sum_{i=1}^{3} a_i x_i^{-\rho} + a_k Z_k^{-\rho}\right]^{-\frac{1}{\rho}} \tag{3.4.2}$$

其中，$a_k Z_k$ 为非教育投入对经济增长形成要素的综合贡献：

$$Z_k = \left[\sum_{x_j \in N_k} \beta(x_j)^{-\rho_k}\right]^{-\frac{1}{\rho_k}} \tag{4.4.3}$$

令

$$f(x, X) = B\left[\sum_{i=1}^{3} a_i x_i^{-\rho} + a_k Z_k^{-\rho}\right]^{-\frac{1}{\rho}}$$

有

$$F(x_i, X) = Y - f(x_i, X) \tag{3.4.4}$$

则方程（3.4.2）的模型求解问题转化为方程（3.4.4）的函数优化问题：

形成目标函数：

$$\min F(\xi) \tag{3.4.5}$$

三、模型求解与实证结果

对上述模型求解过程如下：目标函数搜索的第 K 次近似，第 $K+1$ 次近似为第 K 次近似的沿 P^K 方向的一个步长 λ 的移动，即：

$$\xi^{K+1} = \xi^K + \lambda \cdot P^K \tag{3.4.6}$$

将 $F(\xi)$ 在 ξ^K 处按泰勒多项式展开，取一阶近似，得：

$$F\left[\xi^{K+1}\right] = F\left[\xi^K + \lambda \cdot P^K\right] = F\left[X^K\right] + \lambda\left[\nabla F(\xi^K)\right]^T P^K \tag{3.4.7}$$

由（3.4.7）式可知，当 P^K 与 $\left[\nabla F(\xi)^K\right]^T$ 方向相反时，两向量的乘积最小，收敛速度最快，即：

$$P^K = -\nabla F(\xi^K) \tag{3.4.8}$$

令 $\hat{P}^{(K)}$ 表示 P^K 方向的单位向量，则：

$$\hat{P}^{(K)} = -\frac{\nabla F(\xi^K)}{\left\|\nabla F(\xi^K)\right\|} \tag{3.4.9}$$

将 $F(\xi)$ 用泰勒级数展开,并且取二阶近似值,得:

$$F(\xi) = F(\xi^K) + \left[\nabla F(\xi^K)\right]^T \cdot (\xi - \xi^K)$$
$$+ \frac{1}{2}(\xi - \xi^K)^T \cdot H(\xi^K) \cdot (\xi - \xi^K) \tag{3.4.10}$$

将(3.4.6)式代入(3.4.10)式,得:

$$F(\xi^K + \lambda P^K) = F(\xi^K) + \left[\nabla F(\xi^K)\right]^T \lambda P^K$$
$$+ \frac{1}{2}\lambda(P^K)^T \cdot (H^K) \cdot \lambda P^K \tag{3.4.11}$$

其中,H^K 为系数矩阵:

$$H^K = \begin{bmatrix} \dfrac{\partial^2 F(x_i, X)}{\partial x_1^2} & \dfrac{\partial^2 F(x_i, X)}{\partial x_1 \partial x_2} & \dfrac{\partial^2 F(x_i, X)}{\partial x_1 \partial x_3} & \dfrac{\partial^2 F(x_i, X)}{\partial x_1 \partial X} \\ \dfrac{\partial^2 F(x_i, X)}{\partial x_2 \partial x_1} & \dfrac{\partial^2 F(x_i, X)}{\partial x_2^2} & \dfrac{\partial^2 F(x_i, X)}{\partial x_2 \partial x_3} & \dfrac{\partial^2 F(x_i, X)}{\partial x_1 \partial X} \\ \dfrac{\partial^2 F(x_i, X)}{\partial x_3 \partial x_1} & \dfrac{\partial^2 F(x_i, X)}{\partial x_3 \partial x_2} & \dfrac{\partial^2 F(x_i, X)}{\partial x_3^2} & \dfrac{\partial^2 F(x_i, X)}{\partial x_3 \partial X} \\ \dfrac{\partial^2 F(x_i, X)}{\partial X \partial x_1} & \dfrac{\partial^2 F(x_i, X)}{\partial X \partial x_2} & \dfrac{\partial^2 F(x_i, X)}{\partial X \partial x_3} & \dfrac{\partial^2 F(x_i, X)}{\partial X^2} \end{bmatrix}$$

对于 λ 求导,得到最优步长:

$$\lambda^{(K)} = -\frac{\left[\nabla f(\xi^{(K)})\right]^T \cdot P^{(K)}}{(P^{(K)})^T \cdot H(X^{(K)}) \cdot P^{(K)}} \tag{3.4.12}$$

计算步骤:

(1)初步估计计算参数:

$$\xi^K = \xi^0 \tag{3.4.13}$$

(2)计算负梯度方向及其模型:

$$P^K = -\nabla F(\xi^K) \tag{3.4.14}$$

$$\left\|\nabla f(\xi^k)\right\| = \sqrt{\sum_{I=1}^{4}\left(\frac{\partial f(\xi^k)}{\partial x_i}\right)^2} \tag{3.4.15}$$

(3)收敛性进行标准检验:

$$\left\|\nabla f(\xi^k)\right\| < \varepsilon \tag{3.4.16}$$

其中,ε 为误差控制标准。

(4)满足判别标准,则停止计算,输出计算结果:

$$\xi^* = \xi^{(K)} \tag{3.4.17}$$

否则,用 $F\left[\xi^K - \lambda^K \cdot \nabla F(\xi^K)\right] = \min F\left[\xi^K - \lambda \nabla F(\xi^K)\right]$ 或利用(3.4.12)式求解 λ^K。

(5)令 $\xi^{(K+1)} = \xi^K - \lambda^K \cdot \nabla F(\xi^K)$ 返回(3.4.2),重新进行计算,直至满足误差控制要求。

用表 3.4.1 和《2015 中国统计年鉴》中国内生产总值构成表 C02（1991—2013 年的数据，对目标函数进行迭代求解，结果如表 3.3.5 所示：

表 3.4.2 拟合参数表

	B	a_1	a_2	a_3	a_k	ρ	R
拟合参数	0.091	0.3144	0.2713	0.1073	0.0833	0.0507	0.836

根据上述统计资料数据计算参数，代入（3.4.2）式：分别计算出政府、社会和居民对教育的投入增加 1%时，将分别引起 GDP 增长 0.029%，0.027%和 0.016%。以上通过 CES 模型对教育财政投入与经济即期增长的弹性分析是尝试性的，它仅仅表明政府针对教育支出时形成的投资或消费对经济增长具有带动作用，而不对教育在长时期内对经济增长的贡献做出解释。对于与要素利润和边际产品之间关系有关的一些假设和变化，以及对于生产函数形式的假设和变化，这一结果都将是敏感的。如果能与第三节内容有效地结合在一起进行分析，对于衡量教育财政投入与经济增长来说，则会更加全面。

四、小结

本节讨论的教育财政投入与经济增长关系的实证研究结果仅仅是一种估算结果，同时，上述两种估算方法显然也是相互排斥的。虽然教育投入所引致的技术进步对经济增长的贡献是不言而喻的，只是其准确性却难以判断。但当存在着不变替代关系时，教育投入所引起的经济增长的分析也许是一种值得肯定的、重要的研究方法，当然，在研究中我们没有考虑到的因素很有可能会使得结论的准确性遭到质疑。相信在日后的研究中，该领域会产生更多更好的研究方法，通过对数据的长期性和完整性的进一步研究，一定能够在教育投入对经济增长贡献的估算中，产生更为准确的结果。

本章提要

阐述教育财政支出与经济的关系，既要分析教育财政形成的微观基础，也要从教育财政与经济之间的相互关系、相互作用入手加以分析。

教育财政对经济增长的贡献表现在能使劳动者素质提高、能提高使用替代资源的能力、有助于规范劳动行为以及能使劳动力配置结构改善等方面。教育财政对经济发展的积极影响则表现在教育财政投入与投资、教育财政投入与人口、科学技术进步和管理水平的提高及环境保护等方面。

马克思把影响经济增长的诸因素划分为内涵与外延两大类，尽管这种划分具有相对性，并在一定程度上具有假定性，但对我们依靠技术进步促进经济增长具有重要意义。本章精选了西方经济学者的教育与经济增长相关研究，从两个角度分别进行介绍：一是经济增长领域的研究。它主要在罗伯特·索洛、保罗·萨缪尔森的分析基础上进行宏观分析，包括从公共政策的宏观分析和微观消费决策两个角度来研究教育财政对经济增长的作用。二是教育经济领域的研究。它主要是在库兹涅茨、丹尼森等研究的基础上进行的经济增长因素分析，强调教育、人力资本等对于经济增长的贡献的分解。在此我们用CES模型就中国近些年来教育财政对经济增长的影响进行了实证分析。CES模型分析教育财政投入所引起的经济增长的优势在于：首先，在研究政府部门教育投入和非政府部门教育投入共同形成的经济增长时，能对影响因素进行集中反映；其次，能分析不同主体对教育投入所形成经济增长的不同函数形式关系；最后，模型能够反映相关权重影响和函数形式的概括性。

练习与思考

1. 教育支出与经济增长有什么关系？
2. 教育影响经济增长的因素有哪些？
3. 在微观消费决策角度下研究教育财政与经济增长时，通常需要考虑哪些因素？
4. 中国教育财政投入与经济增长关系的实证结果如何？

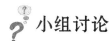

小组讨论

除了教育之外，影响经济增长的因素还有哪些？讨论这些影响因素对经济增长的作用机理。

辅助阅读资料

[1] 〔英〕G. B. J. 阿特金森：《教育经济学引论》，林荣日等译，同济大学出版社1991年版。

[2] 〔美〕罗伯特·M. 索洛等：《经济增长因素分析》，史清琪等选译，商务印书馆1999年版。

[3] 于凌云：《养老保险、教育投资与增长：OLG模型理论优化及实证研究》，中国财政经济出版社2012年版。

[4] 廖楚晖："我国人力资本和物质资本的结构现状及政府教育投入"，《中国社会科学》，2006（1）：23—33。

[5] 于凌云：《教育投入比与地方经济增长差异》，《经济研究》，2008（10）：131—143。

[6] 杜两省、刘发跃："人力资本存量难以解释西部地区低投资效率的原因分析"，《中国人口科学》，2014（4）：2—13。

[7] 于洋："人力资本投资中的教育选择模型"，《统计研究》，2014（2）：81—84。

[8] 张川川:"'中等教育陷阱'?——教育出口扩张、就业增长与个体教育决策",《经济研究》,2015(12):115—127。

[9] 张林秀、易红梅、罗仁福等:"中等收入陷阱的人力资本根源:中国案例",《中国人民大学学报》,2014(3):8—18。

[10] 王善迈:"教育经济实证研究与规范研究的案例",《清华大学教育研究》,2016(1):1—5。

第四章 教育财政、人力资源与经济发展

知识要求

通过本章的学习,掌握从教育财政角度衡量人力资源与经济发展关系的方法;教育财政对人才发展的影响机制与现状;教育财政对人力资本、农村劳动力转移的制约及对策分析。

技能要求

通过本章的学习,能够掌握:
- 从人力资源角度衡量经济发展的方法。
- 教育财政对人才发展的影响机制。
- 经典的农村劳动力转移理论模型。
- 教育财政制约人力资本和农村劳动力转移的原理。

人力资源是当今各国衡量经济发展所必须考虑的重要因素之一。人力资源的发展离不开管理、劳动力的教育、培训、保健以及对人口迁移的引导。其中，教育的发展以培养人才为目标，人才即是人力资源中的优质部分，教育投入也为人力资源结构的发展和优化提供了财政保障。

我国人口众多，人才济济，剩余劳动力流动性大，是城市间经济发展的巨大的动力和源泉。近年来教育财政政策一直在向农村和基础教育倾斜，但城乡之间不论是在教育还是在培训资源方面依然存在着巨大差别。将人力资源考虑在内的经济发展如何进行衡量，政府通过财政投入促进人力资源与经济发展的成效如何，从教育领域的政府投入与产出如何来衡量，它对人才发展的影响到底有多大，以及如何更好地加快农村劳动力转移，提高转移后的劳动力层次和效果等问题都是本章要解决的关键问题。

第一节　人力资源与经济发展：教育财政的视角

人力资源是经济增长的动力，是决定物质资源的利用效率高低的关键性因素，是形成人力资本的根本前提。作为生产要素中最具活力的要素之一，人力资源在经济发展中发挥着越来越重要的作用。但是，各国之间的人力资源与经济发展水平一直存在着巨大差异，人力资源的增加、经济的发展一直以来也都与政府及其行为密切相关。因此，政府与经济发展之间的关系，将人力资源考虑在内的经济发展如何进行衡量，以及我国政府通过财政投入促进人力资源与经济发展的成效如何，都是值得进一步关注的问题。

一、政府行为与经济社会发展

改革开放以来，中国经济保持着相对稳定而快速增长的态势：一方面，人们生活水平得到了提高，教育、健康、文化生活等生活质量指标也得到相当程度的改进；另一方面，贫困人口迅速减少，但收入差距依然非常大，如2015年农村贫困人口5575万人，比上年减少1442万人，但2015年全国居民收入基尼系数为0.462[①]，依然超出了收入分配差距0.4 的"警戒线"。这对我国经济发展、社会公平与稳定提出了挑战，引起了政府的高度关注。因此，近年来政府提出了经济社会发展必须以人为本、落实科学发展观战略思想，并将注重经济增长的理念转变到经济发展上来。

经济发展是以自然资源为基础、与社会进步相适应、以提高生活质量为目标、同环境承载能力相协调，并能充分体现发展与环境是一个有机整体的动态过程。它包括三个方面的主要内容：一是发展是为了满足人类需要；二是发展要受到生命支持系统、环境（包括人口数量、自然环境和资源等）以及社会组织和技术状况对环境能力的限制；三是发展要兼顾公平，即不同地区、不同人群之间各种内涵的平等。

因此，经济发展要求经济与社会的发展与环境相协调，不能以环境污染（退化）为代价来取得经济的增长。同时，自然资源（包括土地）、人力资源及劳动力转移、研发及

---

① 国家统计局：《2015年国民经济运行稳中有进、稳中有好》，2016-01-19，http://www.stats.gov.cn。

管理水平作为经济增长的源泉,事关整个国家的经济发展并受到政府的调控和干预,以实现政府的政策目标。经济发展离不开政府的系列干预行为,政府也必须通过公共投入、财政体制改革等各项措施对经济发展的各方面进行调节,以促进经济发展。

二、经济发展的度量

(一) GDP 衡量指标遇到的挑战

当前,世界多数国家尤其是发展中国家在利用自然资源发展经济的同时却面临更为紧迫的问题,即经济需要增长,但不能以贫富差距扩大化和环境恶化为代价。因此,单纯追求经济增长不能体现发展的内涵,这对以往的单纯用 GDP 指标作为衡量经济发展的标准提出了挑战。这种衡量方法抹杀了经济增长与经济发展的差异,忽视了经济发展的效率、经济发展的结构、经济发展的动力、经济发展的环境等问题。[①]

(二) 将人力资源纳入经济发展衡量指标的原因

早期西方经济发展理论强调了物质资本在经济发展中的决定性作用,衡量经济发展的指标(如 GDP 等)忽视了人力资源的重要性。20 世纪 80 年代以来,以罗默的知识积累模型(强调内生技术进步)[②]和卢卡斯的两部门人力资本外部性内生模型[③]为代表的新经济增长理论,充分强调了人力资源的重要性,并把它作为经济增长的关键因素,认为人力资本投资是保持经济增长的重要原因。因此,经济发展当然需要资本和知识的积累。[④]

知识的积累通过教育和培训等提升人力资本的途径来进行,人力资本投资将提高知识生产的效率,它反过来又会提高社会中利用一定数量的资源生产经济增加价值的生产效率。因此,有形资本和无形资本投资将导致人均产品累积性地增长[⑤],从而促进经济发展。

知识水平的提高是经济增长的根源这一论点对发展中国家而言更具有说服力,将发达国家与发展中国家进行区分,不仅仅是因为这些国家在资源上的差距,还有因为它们在知识方面的巨大差距,各个国家的资本积累,发展经济的步伐正受到种种限制。[⑥]魏立萍分析了陕西和广东两省经济增长的差异,认为两省的人力资源增长情况几乎相同,其经济增长差异的关键在于经济增长的制度环境不同,表明人力资本能够促进经济增长。[⑦]

因此,对于一个国家来说,其经济发展的根本是重视人力资源投资、开发与积累,提升人力资本投资质量。因此,有必要将人力资源因素纳入经济发展的衡量指标体系,

---

① 范柏乃、张维维、贺建军:"我国经济发展测度指标的研究述评",《经济问题探索》,2013(04):135—140。
② P. M. Romer, *Increasing Returns and Long-Run Growth*, The University of Chicago Press.1986.
③ R. E. Lucas, Why Doesn't Capital Flow from Rich to Poor Countries?, *American Economic Review*, 1990(2):92—96.
④ 胡景北:"论发展经济学的定义",《经济研究》,1995(11):72—79。
⑤〔日〕速水佑次朗、〔日〕神门善久:《发展经济学:从贫困到富裕》,李周译,社会科学文献出版社 2003 年版。
⑥〔美〕约瑟夫·斯蒂格利茨:"对发展经济学的反思",苏丽文译,《经济社会体制比较》,2013(04):224—229。
⑦ 魏立萍:《异质型人力资本与经济增长理论及实证研究》,中国财政经济出版社 2005 年版。

这对纠正以往单纯追求经济增长,忽视人自身的发展等问题具有重要意义。

(三)经济发展的指标

教育与健康是增加人力资源的重要因素,是关系到我国的人才培养和经济发展是否能够持续进行的重大问题,其最终目标是实现人的全面发展。因此,经济发展的最终目标是实现人类的发展,同时也将人力资源因素纳入经济发展衡量的指标体系,并对体现人力资源的指标包括教育、健康、获得收入的能力等进行量化,才能全面、准确地衡量一国的经济发展水平和人类发展水平。

当前,用于测度和比较各国的人类发展水平的指标是人类发展指数。人类发展指数(Human Development Index,HDI)是联合国开发计划署(United Nations Development Programme,UNDP)在1990年发布的《人类发展报告》中提出来的。该指数是从人类发展的三个基本维度,包括健康长寿、获得教育和体面生活的机会来测量平均成就的一个综合指数。①

UNDP建立了人类发展指数三个维度的测量指标体系②,其中,健康长寿维度用出生时的预期寿命来衡量;获得教育维度用成人识字率和初等、中等和高等学校的综合毛入学率(也称教育指数)来衡量;体面生活的机会维度用人均GDP(也称GDP指数)来衡量,这样就能将三个维度进行量化,便于计算和比较。HDI介于0和1之间,反映该国或地区在人类发展上的进步历程,数值越大,代表人类发展水平越好。目前,UNDP的人类发展指数已经涵盖了全球绝大多数国家和地区。③运用该指标作为标准,还可对发达国家和发展中国家进行划分,如HDI达到或超过0.9的国家称为发达国家,低于0.9的国家称为发展中国家。④

可见,HDI是由反映人口预期寿命、教育和收入三个方面的因素构成的综合评价指标,考虑了教育、卫生等对经济发展的影响,能够科学、全面地反映一国的经济发展状况。根据各国的实际情况,为综合衡量不平等状况对社会进步产生的负面影响,UNDP在2010年还计算了不平等调整后的人类发展指数(Inequality Adjusted Human Development Index,IHDI),对各国的不平等进行调整后,部分国家的人类发展指数排名发生显著变化,也使得人类发展指数在反映各国经济发展状况方面更为准确和全面。

三、中国人力资源财政投入与经济发展现状

(一)中国人类发展指数现状

改革开放以来,中国经济年均增长9.8%,同期世界经济年均增速只有2.8%,1990年以后,中国人均国民总收入(Gross National Income,GNI)年均增长率达到9%,是

---

① UNDP, *China Human Development Report*, New York: Oxford University Press, 1999.
② UNDP, *Human Development Report 2004: Cultural Liberty in Today's Diverse World*, Palo Alto: Stanford University Press, 2004.
③ 杨永恒、胡鞍钢、张宁:"基于主成分分析法的人类发展指数替代技术",《经济研究》,2005(07):4—17.
④ 联合国开发计划署:《2009年人类发展报告》,中国财政经济出版社2009年版。

所有 187 个国家中增速最快的国家[①]，经济的快速发展带动中国人类指数大幅提高，如表 4.1.1 所示。

表 4.1.1　1980—2012 年中国人类发展指数分项指标

指标	1980 年	1985 年	1990 年	1995 年	2000 年	2005 年	2010 年	2011 年	2012 年
人类发展指数	0.423	0.452	0.502	0.548	0.591	0.645	0.701	0.710	0.715
预期寿命（岁）	67.0	68.3	69.4	70.4	71.2	72.1	73.2	73.5	73.7
预期受教育年限（年）	8.4	8.0	8.9	9.2	9.5	10.5	11.7	11.7	11.7
平均受教育年限（年）	3.7	4.3	4.9	5.7	6.6	7.1	7.5	7.5	7.5
人均 GNI（2005 年 PPP 美元）	524	812	1108	1819	2638	4090	6785	7404	7945

资料来源：根据联合国开发计划署发布的《人类发展指数报告》（1980—2012）整理而得。

中国 HDI 由 1980 年的 0.423 上升到了 2012 年的 0.715，并且这一指数还有上升趋势。据统计，2013 年中国 HDI 增加到了 0.719[②]。在健康和教育方面，中国也取得了显著成绩。比如，2012 年中国的人口出生时预期寿命比 1980 年增加近 6.7 岁，平均受教育年限和学龄儿童预期受教育年限分别提高了 3.8 年和 3.3 年，居民素质得到大幅提高，这充分体现了我国的人力资本的提升。

（二）中国的资源财政投入的构成

一般认为，人力资本是指劳动者受到教育、培训、实践经验、迁移、保健等方面的投资而获得的知识和技能的积累。那么，为提升人力资本就必须对人力资本进行投资，如教育投资、培训投资、卫生保健投资、劳动力流动投资（迁移投资）等。不论是哪种投资方式都需要投入大量的资金，这是家庭和社会无法承担的，这就需要公共财政大力投入。

首先，政府对教育的投资是人力资本提升的最重要途径之一，可以通过政府的教育支出来衡量。其次，对社会保障和就业的支出也可以大力提升我国人力资本。比如，用于对社会保险基金进行补助的支出，保障居民的安定生活；对就业进行补助的支出，用于包括对职业介绍的补贴、职业技能培训补贴、创业培训补贴等，这些都是人力资本积累的重要途径。健康投资是提升人力资本的另一个重要方面，通过医疗卫生与计划生育支出来衡量，包括医疗卫生和计划生育管理事务、公立医院、基层医疗卫生机构、公共卫生、医疗保障、计划生育事务、食品和药品监督管理事务等的支出。财政的这些支出都旨在保障人民的健康水平，提高居民的预期寿命和生活质量。此外，行政公检法及军费中用于人力资源的支出也是财政投资于人力资源管理，提升人力资本的重要组成部分。

因此，近年来，政府通过各项公共财政支出，如教育支出、社会保障支出、医疗卫生支出等，引进人才促进劳动力流动，提升人力资本和经济发展水平，相关支出情况如表 4.1.2 所示。劳动力流动投资（迁移投资）部分的内容在本章后面章节有专门介绍，在此不再赘述。

[①] 杨家亮："中国人文发展指数比较分析"，《调研世界》，2014（01）：10—13。

[②] 联合国开发计划署：《2014 年人类发展报告》，2014-7-25，http://www.un.org/zh/development/hdr/2014/。

表 4.1.2 2014 年与人力资源有关的部分公共财政支出情况 （单位：亿元）

财政支出项目	一般公共预算支出	中央政府支出	地方政府支出
教育支出	23041.71	1253.62	21788.09
社会保障和就业支出	15968.85	699.91	15268.94
医疗卫生与计划生育支出	10176.81	90.25	10086.56
行政公检法及军费中用于人力资源管理的支出	—	—	—

注：行政公检法及军费中用于人力资源的支出目前没有专门的经费统计口径。
资料来源：根据国家统计局《2015 中国统计年鉴》整理而得。

从表 4.1.2 可以看出，不论是中央政府还是地方政府，都对人力资本进行了大力投入。在 2014 年，全国教育经费总投入为 32806.46 亿元，比上年的 30364.72 亿元增长 8.04%。其中，国家财政性教育经费（主要包括公共财政预算安排的教育经费，政府性基金预算安排的教育经费，企业办学中的企业拨款，校办产业和社会服务收入用于教育的经费等）为 26420.58 亿元，比上年的 24488.22 亿元增长 7.89%[1]。在政府对教育事业的大力投入之下，教育事业取得了重大成就。截止到 2014 年年底，全国共有初中学校 5.26 万所，高中阶段教育共有学校 2.57 万所，普通高等学校和成人高等学校 2824 所，全国各类高等教育在学总规模达到 3559 万人，高等教育毛入学率达到 37.5%，全国接受各种非学历高等教育的学生 736.66 万人次[2]，这为我国提升人力资本打下了坚实基础。

从表 4.1.2 还可以看出，2014 年的社会保障和就业支出为 15968.85 亿元，比 2013 年的 14490.54 亿元增长了 10.2%，这为通过职业技术培训等增加劳动技能，增强人力资本积累做出了巨大贡献。同时，2014 年我国医疗卫生与计划生育支出共 10176.81 亿元，比上年的 8279.9 亿元增长了 22.9%，这些经费在保障居民健康，提升人力资本存量方面的重大作用是毋庸置疑的。并且，随着今年来政府大力培养人才、发展教育的政策下，在这些方面的财政投入有进一步上涨的趋势，这将为我国的人力资本积累和经济发展提供充足的动力和源泉。

第二节 教育财政投入对人才发展的影响

从教育资源成本分担的角度来看，教育资源的提供方式基本上可以分为政府提供和非政府提供两种。教育的政府提供主要依靠教育财政投入来完成，包括教育财政支出及其机会成本；教育的非政府提供主要指各种社会主体及学生个人和家庭对教育成本的分担。教育是人才培养和发展的重要手段之一，从目前世界各国的普遍情况来看，不论是发达国家还是发展中国家，不论国内还是国外，政府的教育投入在整个教育资源配置中

---

[1] 教育部、国家统计局、财政部：《关于 2014 年全国教育经费执行情况统计公告》（教财〔2015〕9 号）。
[2] 教育部：《2014 年全国教育事业发展统计公报》，2015-7-30，http://www.moe.edu.cn。

都起到了主导作用。教育领域的政府投入与产出如何来衡量，它对人才发展的影响到底有多大，是一个值得关注的问题。对政府进行教育投入的路径进行分析，剖析政府财政政策对人才发展产生影响的机制，了解教育财政投入与人才发展现状，对政府进一步完善教育财政政策以推进人才发展的策略进行思考，能够为解决这一问题提供明确的思路和方法。

一、教育投入历史变迁概要

（一）国外教育财政投入路径

在国外，尽管每个国家的财政体制不同，但许多国家都对本国的教育问题非常重视，也制定了相应的教育财政政策，支持本国教育的发展和人才的培养。如早在1965年，英国就针对区域之间、学校之间和社会群体之间在教育机会和质量方面的不均衡问题制定了"积极的区别对待"政策，在教育资源配置方面采取了积极有效的倾斜政策[1]。德国政府积极支持各州地院校发展教育，注重学生实际入学能力的均衡发展，通过提供低息教育贷款和扩大奖助学金覆盖面，对学生进行教育资助。美国则通过一系列有关教育的法案，例如1958年的《国防教育法》、1963年的《职业教育法案》、1965年的《初等和中等教育法》、1965年出台的《中小学教育法案》、1965年的《高等教育法》等将对教育的投入以法律形式明确下来[2]，不断增加联邦授权拨款支持本国教育事业。俄罗斯则通过最近几十年的教育财政体制改革，在经费政策上改变了过去单纯依靠中央政府拨款的做法，努力使经费来源多样化，所有与教育质量和教育利益有关的个人、组织、企业、社会和国家都要分担教育资金的投入[3]，等等。

（二）中国教育财政投入路径

在中国，早在尧舜时代就已有了主管教育的官吏，中央称之为"司徒"，地方则有"瞽、啬夫"等[4]。夏代设立以教为主的官学，称为"校"[5]，这些官吏的俸食和官学的费用可以看作"政府"对教育的投入。商和西周也基本沿袭了这种制度[6]。此后的几千年封建社会时期，虽然朝代不断更替，教育财政政策也在相应变化，但统治者也都非常重视人才的培养，对教育进行投入。在汉代，中国学校系统就已经基本形成，汉代学校分为官学和私学两类，官学又分为中央官学（太学）和地方官学（郡国学），这也是封建社会学校教育的基本模式[7]。到了宋代，为了培养更多的人才，在礼部之下设教育行政机构国子监管理中央官学，而地方设有专门的教育行政机构与官员，管理辖区中学校的状况和检查

---

[1] 王璐、孙明："英国教育均衡发展政策理念探析"，《比较教育研究》，2009（03）：7—11+60。
[2] 刘建发："美国教育财政投入法制保障的经验及启示"，《统计与决策》，2006（12）：115—116。
[3] 刘淑华、徐雪英："俄罗斯公立高等教育经费多元化改革实践"，《比较教育研究》，2011（06）：42—47。
[4] 《左传·昭公十七年》引《夏书》曰："辰不集于房，瞽奏鼓，啬夫驰，庶人走。"，载：杨伯峻：《春秋左传注》，中华书局2009年版。
[5] 孟子曰："夏曰校"，"校者，教也。"（出自《孟子·滕文公上》），载：杨伯峻：《孟子译注》，中华书局2008年版。
[6] 陶愚川：《中国教育史比较研究》，山东教育出版社1985年版。
[7] 孙培青：《中国教育管理史》，人民教育出版社2013年版。

朝廷教育经费的使用情况。宋代以后的辽、金、元、明一直到清代初期基本上都沿袭了宋代以来的教育财政体制。

在近代的中国，政府教育财政投入的变革以洋务运动为契机，迈出了教育近代化的艰难步伐。为培养新式人才，从19世纪60年代至90年代这30年间，洋务派创办新式学堂二十六七所（陈学恂，2001）①，经费由洋务大臣提供。到1898年，户部才正式直接投资于京师大学堂，这是中央财政直接投资新式教育的开端（张德泽，1981）②。甲午战争以后，由于财政经费有限，分级办学思想逐渐形成，即中央投资办大学，各省府办中学，各州县办小学，政府分级负担教育经费的模式也由此派生出来。清政府当时公派大批留学生到西欧、美国、日本学习先进的知识和技术。清末（1872年）的"幼童留美"是近代中国政府公派留美的开端。

1911年的辛亥革命结束了清王朝的统治，在接下来的北京政府时期，按分级办学的思想各级政府的教育职能已经有了明确的划分。财政部规定，国家预算册内所列的教育经费项目为：教育部本部经费、教育部直辖各校经费、教育部分设各机关费、教育部派遣留学生经费、补助经费和各省教育费六种。这时的中央教育费为"专门教育费"，只限于教育部直辖机关和国立学校使用③。但北京政府时期，由于军阀连年混战，中央财政恶化，宪法对教育经费预算的规定根本得不到保障，中国的财政预算制度名存实亡。④

自20世纪20年代后，教育经费独立运动兴起，这在一定程度上保障了教育经费，推动了教育的发展。国民政府于1936年公布了《中华民国宪法草案》，其中规定中央和地方教育经费占各级预算的最低比例，中央占预算总额的15%，地方包括省、区及县、市占预算总额的30%⑤，明确了各级政府的教育财政职责，在一定程度上保障了当时的教育投入。但到了1945年之后的内战期间，国内通货膨胀极为严重，教育体制和教育经费投入重新陷入混乱。从清末到民国末期，政府公派留学生遍及欧洲许多国家，为国家培养了大量有用人才，其中物理学家钱三强、何泽慧夫妇，数学家吴文俊，画家吴冠中，地质学家李四光，物理学家彭恒武，冶金专家张沛霖，矿物工程专家余兴远等都为以后新中国的建设做出了突出的贡献⑥。

新中国成立以来，根据国家教育目标以及基本国情的变化，我国教育财政政策又有了新的变化，关于这一部分内容，已经在第二章第三节进行了介绍，由于篇幅的关系，本章在此不再作进一步分析。

（三）反思与改革

从上述政府教育投入及制度演变情况可以看出，无论是奴隶社会还是封建时期，"政

---

① 陈学恂：《中国教育史研究》（近代分卷），华东师范大学出版社2001年版。
② 张德泽：《清代国家机关考略》，中国人民大学出版社1981年版。
③ 贾士毅：《民国财政史》，商务印书馆1917年版。
④ 长野朗、李占才："中国的财政"，《民国档案》，1994（3）：130—137。
⑤ 宋恩荣：《中华民国教育法规选编》，江苏教育出版社1990年版。
⑥ 卫道治：《中外教育交流史》，湖南教育出版社1998年版。

府教育资源"都掌握在少数帝王和贵族的手中。以"家计财政"[①]为特征的凭借专制式君主特权及依靠个人财产所获得的经营收入和特权收入，使得"政府教育资源"可以脱离社会公众的根本约束和控制而专门服务于封建君主和特权阶层。显然，这样一种制度下的教育不可能满足社会发展对人才的需要。在中国近代，受到外国列强的入侵和掠夺，当时政府的大部分财源都用来充当军费和偿还战争赔款，且入不敷出，债台高筑，根本无暇顾及教育的财政支出。在中央政府的财力缩减的状态下，虽然地方政府所负责的教育经费在一定程度上相对有所增加，但也很难得到保障。特别是清朝末期和北京政府时期，由于连年战乱，财政收入的绝大部分用于军费开支，预算不能满足教育投入需要的状况仍很严重。

新中国成立以前，文化教育费用支出在同一时期的根据地财政支出中却占有很大比例，1944年达到了10.48%，反映了我党早期就对教育事业及人才培养的高度重视[②]。改革开放以来，我国逐渐步入了向市场经济转轨的过程之中。党中央、国务院在《中共中央、国务院关于加速科学技术进步的决定》中提出来的"科教兴国战略"和《2002—2005年全国人才队伍建设规划纲要》（下文简称《纲要》）中提出要走"人才强国之路"，实施"人才强国战略"，加快了我国人才培养的步伐。20世纪90年代以来，随着公共财政理论在我国的渗入和发展，以及21世纪末我国公共财政改革的初步确立，教育被视为一种具有正外部性的公共产品，政府教育投入成为财政公共支出的一个重要组成部分，成为促进人才培养和发展、促进个人收益和社会收益提高的重要手段之一。

二、教育财政投入对人才发展的影响机制

（一）教育财政投入的约束条件与模型构建

政府教育投入促进人才发展的机制要考虑两个方面：一是政府教育投入的制约因素。政府教育投入除了受到国家人才战略的宏观指导之外，还受到国家教育政策目标及政府财力的制约。一个长期或短期的国家人才战略和国家宏观教育政策目标是指导政府教育支出的航标，政府教育投入的方向和规模要受到这两者的制约。此外，历年政府的财力都是有一定规模的，政府除了要保卫国家、维持政府运转之外，还要支持经济建设，保障诸如教育、科技文化及社会保障等事业。因此，政府教育投入作为政府财力支持的一个部分，受到一国政府财力的制约。二是政府教育投入对人才产出的效率。从政府对公共产品的投入来看，由于人才、教育是具有正外部性的产品，全社会的教育和人才培养完全由政府来承担是不现实的，还要有非政府教育投入的参与。因此，政府教育投入对人才的发展不仅需要考虑政府教育投入的产出效率，而且还需要考虑到其非政府教育投入的产出效率。

---

① 张馨：《当代财政与财政学主流》，东北财经大学出版社2000年版。
② 李炜光：《中国财政史述论稿》，中国财政经济出版社2000年版。

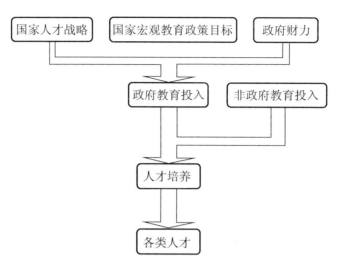

图 4.2.1 政府教育投入对人才发展的影响机制

图 4.2.1 为政府教育投入对人才发展影响的机制。可以看出，国家人才战略、国家宏观教育政策目标和政府财力是制约政府教育投入的三个主要因素；政府教育投入和非政府教育投入共同影响着教育体系和人才培养，因此政府和非政府教育投入的效率也是人才的产出效率的重要前提条件之一。基于上述认识，我们对政府教育投入促进人才发展的作用可以从四个层面加以细分（见表 4.2.1）。

表 4.2.1 政府教育投入对人才发展影响的指标体系

政府教育投入对人才发展的影响	人才发展的总体目标	根据国家人才战略目标所确定的教育投入相对规模或者绝对规模	
	人才的基础培育体系	教育投入状况对人才基础培育体系的作用	
	人才发展环境	软环境建设	财政性教育支出、补贴的政策及法规
		硬环境建设	人才生活环境的政府教育投入
			人才学习环境的教育投入
			人才继续教育政府投入
			其他
	人才发展倾向	专业选择（对人才的供给）的财政补贴或政策	
		就业导向（对人才的需求）的财政补贴或政策	

（二）政府教育投入对人才发展影响的四个层面

1. 政府教育投入与人才发展总体目标

在社会发展规划中，各国政府对本国的教育政策目标和人才政策目标都制定了短期的和长远的规划，包括政府教育投入政策在内的所有配套政策的制定和实施都要根据这一目标框架。例如，在教育投入方面，我国根据自身的国情，于 1993 年制定了《中国教育改革和发展纲要》，提出我国教育财政投入在 20 世纪末要达到 GDP 的 4% 的目标；人才培养方面，在"科教兴国战略"和"人才培养战略"的政策指引下，政府教育投入层面则是根据国家人才战略目标对政府教育投入的相对规模或者绝对规模、投资方式、投资标准、投资结构和投资效率的要求和目标体系加以考察。

2. 政府教育投入与人才的基础培育体系

古今中外，教育对人才的作用是毋庸置疑的。除某些特例之外，无论是何种层次、何种专业种类的人才都要接受一定程度的基础教育（包括学前教育、义务教育、特殊教育事业中的基础部分中的全部或一部分）、基础型的素质教育及高等教育，这是人才在个体层面得以塑造和成型的前提条件。从这个角度来看，政府的基础性教育投入对人才的培育和以后的发展具有不可估量的作用。按照这一指标，应该重点考察和评估政府对人才的基础性教育投入是否符合相关教育法规的标准和要求。

3. 政府教育投入与人才发展环境

人才发展需要特定的环境和载体，这种环境和载体的内涵是相当大的，它可以是一国的政治、文化、意识形态、法律及宏观政策环境等制度性因素，又涉及微观层面上具体实施过程中所形成的初始条件禀赋等因素。因此，我们可将人才发展环境分为软环境和硬环境两部分，如果将人才发展环境联系到政府教育投入指标的某些方面，相应地，政府教育投入对人才发展环境的影响也可分为两部分，即对软环境建设和硬环境建设的影响。

政府教育投入的软环境的建设是指国家针对人才培养和长远发展目标，在政府财政能力的前提下，制定并要求实施的相关法律、政策性法规、纲要及资助条款等，它体现了政府对人才培养和发展的重视程度。政府教育投入的硬环境建设则体现政府教育投入对人才培养和发展环境建设的努力程度和最终成果，它包括人才工作环境、人才生活环境和人才科研环境三个主要方面。因此，政府教育投入的软环境建设是政府"试图"使人才发展环境达到"什么目标"；而后者则体现出硬环境建设"是什么样"的现实。从软环境到硬环境建设的实施过程，既反映了政府通过教育投入促进人才发展的努力程度，又反映了从政府教育投入到人才发展这一机制的内在效率。

4. 政府教育投入与人才发展倾向

通过政府财政投入的手段对人才发展倾向进行调控的方式主要包括两个方面：一方面是通过就业导向性质的财政补助来调节人才发展倾向，如鼓励人才到贫困地区或者人才紧缺行业工作的就业补贴等。另一方面，在教育投入方面，由于教育不平等是导致人才培养和发展不平等、不均衡的重要原因之一，这在一定程度上制约着人才的发展倾向。而政府教育投入是分担教育成本、调节教育的不公平的重要手段（如采用税式支出、助学补助、奖励及冷门专业补贴等间接式教育投入的手段），它不仅能调节因社会贫富不均导致的教育不平等，而且还能够调整因经济的区域不均等而产生的区域间教育不平衡，从而在很大程度上达到满足人才发展意愿的目的。可见，政府教育投入对人才发展倾向这一指标在构建政府教育投入促进人才发展指标体系中是不可忽视的。

三、教育财政投入与人才发展的现状

（一）政府教育投入占 GDP 的比重仍然偏低

20 世纪 80 年代中期以来，我国政府结合本国教育及人才的实际发展情况，对包括政府教育投入政策在内的所有人才发展政策，制定相应的教育投入政策或法规，并加以实施。在政府教育投入的总体目标方面，自 1993 年《纲要》提出国家财政性教育经费支出占 GDP 的比值要在 20 世纪末达到 4%的目标以来，2010 年教育部发布的《国家中长期教育改革和发展规划纲要（2010—2020 年）》则明确指出，这一目标要在 2012 年实现。为实现这一目标，要切实保证经济社会发展规划优先安排教育发展，财政资金优先保障教育投入，公共资源优先满足教育和人力资源开发需要，加大政府投入。中国教育投入总水平与世界平均水平的比较如图 4.2.2 所示。

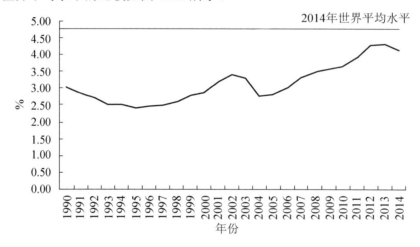

图 4.2.2　1990—2014 年中国教育财政投入总体水平的国际比较

资料来源：根据《2014 中国财政年鉴》和世界银行发布的各年数据整理而得。

从《纲要》制定以后的实际情况来看，总体上我国政府教育财政投入占 GDP 的份额有所增长，但呈现一定的波动性（见图 4.2.2）。在连续几年的增长后，到 2003 年，我国财政性教育经费投入占 GDP 的比重开始下降，为 3.41%，到 2004 年下降为 2.79%，政府教育投入距离《纲要》和《教育法》提出的预期目标相差甚远。在 2006 年这一比重开始上升，并在此后几年连续呈上升趋势。在各地区、各有关部门的共同努力下，我国教育财政投入持续大幅增长。2001—2010 年，公共财政教育投入从约 2700 亿元增加到约 14200 亿元，年均增长 20.2%，高于同期财政收入年均增长幅度；教育支出占财政支出的比重从 14.3%提高到 15.8%，已成为公共财政的第一大支出。①教育财政投入的大幅增加，为教育改革发展提供了有力支持。

到 2012 年，我国财政性教育经费达到 GDP 的 4.28%，首次超过 4%，实现了 1993 年《纲要》制定的目标，这体现了国家对教育投入的重视。但应该看到，最近几年，财

---

① 根据 2010 年教育部发布的《国家中长期教育改革和发展规划纲要（2010—2020 年）》的数据整理而得。

政性教育投入占GDP的比例又在逐年下降。数据显示，2014年相比2012年下降了0.13个百分点①，与同年世界平均水平相比还有较大差距，这表明政府在加大对教育的投入方面的持续性有待加强。

（二）教育财政投入占教育总经费的比重进一步下降

政府教育支出占教育总经费的比重有进一步下降的趋势，这与我国政府教育投入体制的变革直接相关，主要表现在：计划经济时期，我国教育产品几乎全部是由政府教育财政直接或间接提供的。改革开放以来，我国政府逐步调整了教育政策，教育财政体制和教育财政政策也随之变化。1985年，我国开始实施高等学校的助学金制度，从这一时期开始，高等教育经费中已经开始包含了少量的学费和培养费。1987年，国家开始推行非义务教育的成本分摊制度和补偿制度，并且将原来高等教育的助学金制度改为奖学金、助学金和贷学金制度，鼓励学校拓宽教育经费来源，鼓励社会力量参与办学，教育经费由政府全部提供变为政府和非政府共同提供。

20世纪90年代以来，教育财政支出占教育总经费的份额进一步减少，2000—2004年教育财政的平均份额不到67%。②到2014年，全国教育经费总投入为32806.46亿元，比上年的30364.72亿元增长8.04%。其中，国家财政性教育经费为26420.58亿元，比上年的24488.22亿元增长7.89%，政府教育投入占教育总经费的比重为80.53%。但这一比例是将企业办学中的企业拨款、校办产业和社会服务收入用于教育的经费等计算在内的，教育财政的平均份额实际还到不了67%。③按照国际通行的做法，凡不属于政府财政的教育经费支出的部分，不论是由企业还是由非企业投入，或是通过其他途径形成的收入，均不应列入财政性教育经费支出的统计口径，因而我国财政性教育经费支出的统计口径不规范，不能完全反映我国政府安排教育经费的总量，实际上我国的财政性教育经费投入要低于这一比例。应当对统计口径进行调整，以便真实地反映我国教育投入的经费总量和比重。这实质上也诠释了随着市场化改革进程的加快，我国公共教育支出范围正在逐步转变的过程。

（三）教育财政投入力度加大，但仍需进一步改革

1. 基础教育投入进一步加大，农村教育发展工作不能放松

从1986年《义务教育法》实施至今，我国政府一直把实现基本实施九年义务教育和基本扫除青壮年文盲（简称"两基"）目标作为教育工作的"重中之重"。在教育总经费投入增长的情况下，通过调整教育投入的层次结构，继续加大了基础教育的财政投入力度。国家统计局数据显示，2014年义务教育全面普及，九年义务教育人口覆盖率已达100%，初中阶段毛入学率超过100%，小学学龄儿童净入学率达99.8%。④《〈教育规划纲要（2010—2020年）〉中期评估义务教育专题评估报告》显示，九年义务教育实现全

---

① 根据教育部、国家统计局、财政部发布的《2014年全国教育经费执行情况统计公告》整理而得。
② 根据《中国财政年鉴》（2000—2004）计算而得。
③ 根据《2014年全国教育经费执行情况统计公告》（教财〔2015〕9号）数据计算而得。
④ 国家统计局：《2014年〈中国儿童发展纲要（2011—2020年）〉实施情况统计报告》，2015-11-27，http://www.stats.gov.cn。

面普及，2010—2014 年，全国九年义务教育巩固率从 87.5%逐年上升到 92.6%[①]，距《教育规划纲要（2010—2020 年）》提出的 2015 年达到 93%的目标只差 0.4 个百分点。

虽然我国完成了基本普及九年义务教育和基本扫除青壮年文盲的历史性任务，但农村教育整体薄弱的状况还没有得到根本改变。农村教育办学体制、运行机制以及教学内容与方法等也与农村经济和社会发展不相适应。要想解决这些问题，办好农村教育，建立基础型人才的培育体系，必须进一步加大农村基础教育投入，努力解决当前我国税费改革工作中，县乡教育财政所面临的各种困难，一手抓发展，一手抓改革。

2. 政府教育资助制度进一步完善，但需加强落实

（1）制度建设环境形式良好，仍然需要全社会共同关注

无论是发达国家还是发展中国家，教育资助的主要形式都是对学生的直接补助，资金来源基本上是以政府财政拨款和政府筹集为主，辅之以社会各方力量共同筹集。这类资助以法规、计划及条款等形式确立下来（见表 4.2.2）。这种以法律、条款等形成的对政府教育投入的制约或约束，不仅在很大程度上强化了政府对人才的投入机制，而且也带动了全社会关注教育、培育人才的良好风气。资助的具体形式呈多样化，并且和学生的学习成绩相联系，其目的是刺激学生的学习欲望和促进教育资助制度的运行效率和效果。

表 4.2.2　中国与有关国家政府教育资助相关制度建设现况表

有关国家	政府教育资助计划、法规的名称、主要内容及实施年度
美国	《职业教育法案》（1963）、《初等和中等教育法》（1965）、《中小学教育法案》（1965）、《高等教育法》（1965）等对联邦授权拨款，以保障和资助学生接受教育的条款；实施教育券制度以资助贫困学生（1989，威斯康星州）、《学生贷款改革法》（1993 年）、希望奖学金（HOPE）（1998 年）、《大学成本降低与机会法》（2007）、《确保持续学生贷款机会法》（2008）对增加学生资助额度的规定、《高等教育机会法》（2008）对提高佩尔助学金的最高额度的规定等
英国	《1870 年初等教育法》（1870）对学生进行学费和生活费的资助的规定；《1902 年教育法》（1902）向大学生提供助学金的政策；公助学额计划（Assisted Places Scheme）（1981）、免费护士专业培训（1995）对职业和继续教育等领域中的教育券制度的推广等
波多黎各	教育券计划（1993），主要资助低收入家庭子女上学等
中国	《中华人民共和国义务教育法》（1986）、《教育法》（1995）中针对教育投入的有关条款、《中华人民共和国高等教育法》（1998 年颁布，2015 年修订）、《国家助学贷款补助办法》（1999）、《国务院关于进一步加强农村教育工作的决定》（2003）、《国务院关于深化农村义务教育经费保障机制改革的通知》（2005）、《农村义务教育经费保障机制改革中央专项资金支付管理暂行办法》（2006）、《财政部、教育部关于调整完善农村义务教育经费保障机制改革有关政策的通知》（2007）、《国务院关于建立健全普通本科高校高等职业学校和中等职业学校家庭经济困难学生资助政策体系的意见》（2007）中关于高等教育经费投入的有关条款、《国家中长期教育改革和发展规划纲要（2010—2020 年）》（2010）、《国务院关于进一步完善城乡义务教育经费保障机制的通知》（2015）对学前教育的补助和对义务教育经费补助的条款等
巴西	按比例补助学校经费，按人头补助学校经费，为贫困学生设立奖学金等

资料来源：The World Bank: *World Development Indicators*, 2002；中华人民共和国教育部官方网站（http://www.moe.gov.cn/）等有关资料整理而得。

[①] 柴葳、刘博智："报告显示：纲要实施 5 年来义务教育实现全面普及"，《中国教育报》，2015-11-27（1）。

从上表可以看出，无论是与发达国家还是与发展中国家相比，中国的教育资助制度的建设都不算落后。但是资助条款的落实方式及手段却显得比较单一。一方面，一些带有教育资助性质的教育专项拨款没有以法规或条款的形式进一步确立下来，仍然由于带有行政性和不确定性而不能得到全面落实；另一方面，我国教育资助条款较为宏观，一些微观层面的教育资助性计划体系的建设仍然滞后。因此，建立健全的政府教育资助的软环境，创建以政府引导为主、全社会共同关注的教育和人才培育的良好环境，仍需各方面共同努力。

（2）硬环境建设得到改善，部分教育基本建设资金的落实情况欠佳

从 2005 年到 2014 年，国家除了投入正常的教育基建费之外，还累计安排教育专项资金和教育国债资金用于加强义务教育、高中阶段教育和各类院校的基础设施、实验实训装备、信息化条件、后勤保障设施等方面的建设。

近年来，国家利用财政资金支持高校加强教学、实验和学生生活基础设施建设（见图 4.2.3）。据统计，2004—2013 年，中央财政共投入各类专项资金 1113 亿元，支持了四大类职业教育重大项目建设。2005—2013 年，职业教育国家财政性经费达 1.23 万亿元，国家财政性教育经费中职业教育所占份额逐步提高，2013 年为 10.36%，比 2005 年提高 2.11 个百分点，总体上呈现逐年上升态势[①]。截止到 2015 年，全国普通小学校舍建筑面积 56913.11 万平方米，初中校舍建筑面积 45546.31 万平方米，普通高中共有校舍建筑面积 40827.29 万平方米，普通高等学校校舍总建筑面积 78076 万平方米（含非产权独立使用），比上年增加 3472 万平方米[②]（见图 4.2.3）。

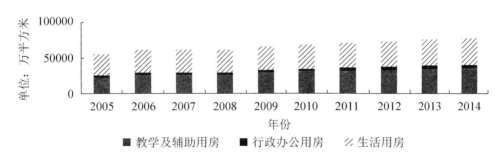

图 4.2.3 2005—2014 年我国高等院校校舍建设完成情况图

注：教学及辅助用房面积包括教室、图书馆、实验实习附属用房、体育馆和礼堂等面积；生活用房面积包括学生宿舍、学生食堂、教工单身宿舍、教工及家属住宅、教工食堂及附属用房面积等。

资料来源：根据《中国教育统计年鉴》（2005—2014）数据整理而得。

可以看出，近年国家对人才建设的环境的投入是非常重视的，这将对我国人才培育的环境建设提供有力的财力保障。但在现实中，仍存在一些问题，主要表现在两个方面：

---

① 教育部：《十年 1.2 万亿：助推职业教育健康发展——教育部财务司有关负责人就职业教育财政投入答记者问》，2014-6-30. http://www.moe.edu.cn。

② 根据教育部：《2015 年全国教育事业发展统计公报》，2016-1-13, http://www.kj6.net.整理而得。

一是部分农村仍然出现教育基建款的债务问题。由于基础教育的财政责任下移，县乡一级政府现有的教育财政基建投入仅能够满足当期教育基本建设需要，往年的教育基建欠款却无法得到偿还。二是政府专项教育建设资金比重偏小。据国家审计署的审计报告显示，在教育国债投资中，只有 20 亿元是用于中小学危房改造工程，不到全部教育国债资金的 1/5，仅占全部国债资金的 0.36%。[①]因此，国债的教育投资取向，特别是向农村义务教育倾斜的问题尤其值得关注。

3. 地区间基础人才培育不平衡，教育资源调整工作任重道远

近年我国政府教育结构形成了一种基础型人才培育的地区不平衡态势，主要表现在三个方面：一是农村和城市之间的基础教育不平衡。由于县乡财政是国家财政的薄弱环节，由此造成县、乡教育财政投入的困难，农村义务教育的全面普及受到制约，与城市义务教育普及率差距较大。这一状况还与农村劳动力转移人口接受教育难的问题有关。据统计，目前，农村转移人口达 9000 多万人，由于户籍制度等因素的影响，地方政府教育财政无法解决临时性转移人口和农民工的基础教育问题，这不仅影响到城镇化进程对初级人才发展的需要，而且对整个农村基础人才的培养造成了障碍。二是省区间基础教育发展不平衡，东部和西部省份的高中升学率相对较高，西部相对较低。而经济发展不平衡造成的地区财力的不平衡以及人口发展不均衡是省区间基础教育发展不平衡的直接原因。[②]

（四）各类人才培育发展差异较大，职业技能型人才培养减少

总体上讲，我国的教育投入与人才基础培育体系中的各层次人才的发展都呈现出一定程度的上升态势，但是，政府对各类人才培育体系中基础型人才的投入状况各有差异，主要表现在如下几个方面：

1. 高等教育人数增长较快

高等教育人口增长与教育总经费投入增长呈现出高度相关的关系（见图 4.2.4）。自《2002—2005 年全国人才队伍建设规划纲要》中提出要走"人才强国之路"，实施"人才强国战略"以来，我国教育总投入增长速度加快，研究生、本科生及大专生的在校生人数显著增长。从图中可以看出，2005—2014 年，研究生在校数和本专科生在校数一直在增长，到 2015 年，全国招收研究生 56.02 万人，比 2014 年增加 2.2 万人，增长 4.14%。普通高等教育本专科共招生 681.50 万人，比 2014 年增加 19.75 万人，增长 2.98%。成人高等教育本专科共招生 218.51 万人，比上年增加 10.14 万人，全国高等教育自学考试学历教育报考 922.67 万人次。[③]

[①] 刘立峰："2003 年国债投资政策取向"，《国际金融报》，2003-01-23（4）。
[②] 于凌云："教育投入比与地区经济增长差异"，《经济研究》，2008（10）：131—143。
[③] 教育部：《2015 年全国教育事业发展统计公报》，2016-1-13，http://www.kj6.net。

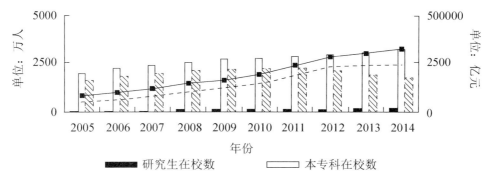

图 4.2.4 2005—2014 年教育经费与各类人才培育指标的增长图

注：本专科在校数不包括网络本专科生。
数据来源：根据《中国教育统计年鉴》（2005—2015）和《中国财政统计年鉴》（2005—2015）整理而得。

2. 中等专业教育人才的培养有下降趋缓之势

图 4.2.4 中的数据还显示，2005—2014 年，中专在校生人数也呈现出了不同程度的增长，然而，2012 年以后，中专在校生人数呈现出下降的趋势。截止到 2015 年年底，全国普通中等专业学校 3753 所，比上年减少 185 所；招生 299.57 万人，比上年减少 17.04 万人；全国中等职业教育（包括普通中等专业学校、职业高中、技工学校和成人中等专业学校）共有学校 13143 所，比上年减少 779 所，招生 813.87 万人，比上年减少 56.55 万人。

这可能是由于升学率的提升和高校扩招政策的实行，更多的学生得以升学，在生源一定的情况下，本专科生大幅上涨，必然导致中等职业教育人数骤减。这种状况的出现，在一定程度上反映了《纲要》及《教育法》颁布实施以来，为了保障义务教育目标实现、满足社会对高层次人才需求及近年高校扩招的需要，加大了对基础教育和高等教育财政投入力度，但却忽视了社会对技能人才培养的支持。

3. 高层次人才体系建设的投入机制仍需健全

在政府教育投入对高层次人才体系建设方面，主要是针对高等教育的人才培养、科研和教学人才的培育的制度建设实施了高等教育人才培养计划。近年来，中国政府实施了一系列人才发展计划，启动"211 工程""985 工程"等重大工程，努力为高层次人才创造良好的工作条件。近年来，"优秀青年教师资助计划"等人才计划项目，共投入 5 亿多元，资助近 1.5 万人次，对培养和稳定高校优秀的青年骨干教师发挥了重要作用。据初步统计，2015 年我国基础研究经费为 670.6 亿元，比 2012 年增长 34.4%，年均增长 10.4%；其中作为知识创新主体的高等学校和研究机构基础研究经费分别为 347.2 亿元和 295 亿元，比 2012 年分别增长 26%和 49%。[①]

近年来，针对高教领域高层次人才队伍建设的财政投入取得了显著的成效，但仍存在一定的不足，应该进一步反思：第一，政府针对高等教育人才培育体系建设的财政投入仍然偏低，容易产生高校高层次人才数量不足、结构不够合理等矛盾；第二，教育财

---

① 国家统计局：《科技创新加力提速 创新驱动作用显著——十八大以来我国科技创新状况》，2016-3-09，http://www.stats.gov.cn。

政投入机制是否合理，即是否能够促进高校高层次人才脱颖而出和充分发挥作用；第三，高等教育财政投入是否有利于优化高等教育资源配置，是否有利于进一步整合资源、提高效益等。

（五）教育财政投入的导向作用还有待加强

改革开放以来，我国政府教育投入对人才发展倾斜的政策是通过两个方面来实现的：一是针对社会急需人才的教育财政的定项补助或补贴制度，包括对大专院校、技校和职业学校相关专业的教育补助。如1977年实施针对师范、体育（含体育专业）、农林和民族院校学生的特殊补助；1994年以来，为鼓励立志毕业后到边疆地区、经济贫困地区和自愿从事煤炭、矿业、石油、地质、水利等艰苦行业工作的学生设立的专项奖学金等等。[1]二是体现在相关专业教育成本（收费）分担方面，对社会发展紧缺人才的收费减免。按照教育部门提供的招生计划数，财政部门确定生均综合标准，教育主管部门以此为平均值，针对某一专业的就业前景和市场化接轨程度（主要的判断指标就是专业收费高低）调整具体定额及收费和补助标准。如教育部门可依据"横向公平"的原则，适当提高农、林及师范类院校教育拨款标准或调低收费标准，以纠正特殊专业人才培养方面的"市场失灵"。

表4.2.3　大学毕业生职业选择倾向调查表

期望就职行业	党政机关、事业单位	金融、保险通信业等	电力、石化等能源行业	自主创业
百分比	34%	33.33%	29.17%	5.7%
就业地点	东部沿海城市	家乡所在地	中部大中城市	西部大中城市
百分比	52.87%	32.85%	12.86%	4.28%

资料来源：邓丽萍、周丽琴："大学毕业生就业观念转变、求职渠道多样"，《中国统计》，2011（10）：19—20。

20多年来，人才发展倾向的政府教育投入政策在人才就业引导和人才发展意愿方面起到了一定的积极作用，如近年来，从事管理的人才、高等教师、科研人员及高级专业技术人员的比例大幅度提高。但是，目前我国自主创业人才、西部大开发急需人才比重却有待增加。

2011年对我国部分高校毕业生就业意向的调查显示，从行业上来看，有34%的毕业生选择国家机关，有33.33%的毕业生选择金融、保险通信业等，选择电力、石化等能源行业的占29.17%，而选择自主创业的却只有5.7%。从就业地区倾向来看，选择东部沿海城市、家乡所在地的居多，选择西部大中城市的不到5%（见表4.2.3），说明我国大学毕业生职业选择倾向主要集中在工资水平较高、工作环境较好的领域。[2]这一调查结果表明，近年我国人才发展倾向除了与工作环境、预期收入以及劳动力市场的需求密切相关之外，还与政府行为的引导密切相关，因此，教育财政投入的导向作用还有待加强，继

---

[1] 根据董碧水："7100余万贴息助学贷款为何遭冷遇"，《中国教育报》，2000-10-17（8）和"解读国家对高校经济困难学生采取资助的政策与措施"，《中国教育报》，2001-4-24（6）相关数据整理而得。

[2] 邓丽萍、周丽琴："大学毕业生就业观念转变求职渠道多样"，《中国统计》，2011（10）：19—20。

续提高政府教育投入或补助的力度，鼓励各类人才到社会建设急需人才的岗位和地区就业是非常必要的。

四、通过教育财政投入推进人才发展的思路

经济增长理论和人力资本理论告诉我们，在大多数发展中国家，教育投入所形成的人力资本投资比物质资本投资更有效率。人才是人力资本的重要组成部分，是一国经济发展不可或缺的源泉。这意味着政府教育投入在人才培养这一过程中，能为中国这样的发展中国家的经济社会发展发挥更大、更重要的作用。据上文的分析，我国正处于经济发展时期，现有的政府资源还不能满足各类人才发展的需要。因此，除了继续加大政府教育投入之外，重新审视既有的政府教育投入政策格局，谋求促进我国人才发展的新思路是十分重要的。

（一）树立正确的人才培养理念

各国政府对公共教育资源配置不足的情况是普遍的，因此，需要在既定的政府财力和政府教育投入规模下，调整政府教育投入各类结构，提高政府教育投入的效率，保障各层次人才和各类人才的基础教育投入和专业性教育投入，使人才培育和发展能够更好地服务于经济社会发展的需要。

（二）以人为本，坚持科学的人才发展观

应该看到，政府的教育投入促进了教育水平的提高，科学地培育了社会所需要的各类人才，是提升人口质量、适应加入世界贸易组织对人才的要求、降低失业率的重要举措，它事关全社会发展的大局。政府应该相机抉择，及时掌握人才需求信息，采取相应的政府教育财政投入政策，使政府教育投入能够正确引导人才发展倾向，服务于经济社会的发展。

（三）注重教育资源配置的公平性，营造人才发展的良好环境

我国在义务教育尤其是农村义务教育方面的公共投资不足现象尤其严重，这势必会造成人才的教育资源配置不公平现象。由于国家财政在教育领域的宏观调控是中央政府对贫困地区教育事业予以支持的重要手段，政府利用转移支付手段进行的教育投资要重在扶持贫困、边远地区和县以下农村地区的基础教育，改善它们的教学条件，以从根本上解决这些地区儿童就学的问题。此外，中央政府要在教育财政方面适度加强"集权"，掌握好用于调整教育的资源，运用转移支付等手段，调整地区之间、城乡之间人才发展不均衡，服务于全社会发展的总体目标。

（四）建立健全政府对推进各类人才发展的投入机制

特殊人才、专业型人才及高层次人才是国家发展、保持国际竞争力的需要，除了已有的制度和机制之外，政府还应该建立、健全对特种专业人才的教育投入保障机制，如制定相关法规、建立教育投入对人才影响的各种评估体系等，保障这类人才发展的政府经费投入和国家对一个长期稳定的人才体系的建设和发展。

第三节　教育财政与农村劳动力转移

农村劳动力作为我国人力资本的一个重要组成部分,其发展水平的高低直接关系到整个社会的人力资本存量的大小。而农村剩余劳动力问题由来已久,在新形势下,要想更好地加快农村劳动力转移,提高转移后的劳动力层次和效果,不仅需要完善各种制度上的安排,还需要加大政府对农村教育的投入,提升农村劳动力的人力资本水平。

一、农村劳动力转移模型

(一)刘易斯模型

最早的劳动力转移模型是 1979 年诺贝尔经济学奖得主威廉·阿瑟·刘易斯(William Arthur Lewis,1915—1991),于 1954 年发表的"劳动力无限供给条件下的经济发展"一文中提出的,该文提出了著名的二元经济结构理论,并假设发展中国家存在着由农业部门和工业部门构成的二元经济结构,并以工业部门和农业部门间劳动力转移为核心,构造了发展中国家的经济增长模型。[①]刘易斯认为,农业部门缺乏资本,但拥有大量剩余劳动力,边际劳动生产率接近于零。工业部门具有大量的资本和较高的劳动生产率,工资水平取决于工业劳动者的边际生产率。由于农业劳动力是大量过剩的,在劳动力可以自由流动的情况下,只要工业部门工资略高于农业部门的工资水平,就能够从农业部门获得无限供给的农业剩余劳动力。这种转移过程一直要持续到农村剩余劳动力全部转移到工业部门为止,这是发展中国家经济发展的第一阶段。当农村剩余劳动力转移完成后,农业劳动生产率和工资水平继续提高,农业部门逐渐实现现代化,这时工业部门想要从农业部门获得劳动力就必须提高工资水平。这时,发展中国家的二元经济变成一元经济,发展中国家经济发展也就进入第二阶段[②]。

目前,发展中国家的情况大多处于刘易斯的劳动力转移模型第一阶段。如图 4.3.1 所示,ON 为农业部门劳动力的生计费用,OS 是现代化工业部门的最低工资水平,SS 为农业劳动力供给曲线,它具有无限弹性,Q_1Q_1 是边际生产力曲线,最初的投资规模为 I。此时的边际生产力曲线与劳动力供给曲线的交点,决定了投资规模 I 时工业部门雇佣劳动力的数量为 OL_1。当资本家把利润或资本家剩余用于投资以扩大生产规模时,劳动边际生产力曲线上升到 Q_2Q_2、Q_3Q_3,这时雇佣的劳动力数量也随之增加到 OL_2、OL_3。但是工业部门的最低工资水平却没有发生变化。这一过程可以一直持续下去,直到过剩劳动力被工业部门吸收完。

[①]〔美〕威廉·阿瑟·刘易斯:《增长与波动:1870—1913 年》,梁小民译,中国社会科学出版社 2014 年版。

[②] W. A. Lewis, Economic Development with Unlimited Supply of Labor, *Journal of the Manchester School of Economics and Social Studies*, 1954(22): 139—191.

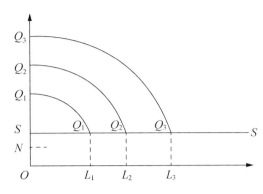

图 4.3.1 刘易斯劳动力转移模型图

在刘易斯看来,工业资本在农业劳动力转移过程中起决定作用,而农业对于经济发展是不能做出贡献的,农业充其量只是为工业的发展提供廉价劳动力,任何提高农业劳动生产率的做法都会造成工业部门实际工资的提高,从而减少工业部门资本的积累。因此,刘易斯模型忽视了提高农业劳动生产率问题。[①]

(二)拉尼斯—费景汉理论模型

刘易斯的模型显然忽视了农业部门发展的重要性。此后,美国经济学家古斯塔夫·拉尼斯(Gustav Ranis)和费景汉(John C. H. Fei,1923—1996)研究了农业发展、技术进步、剩余产品等因素对劳动力转移的影响,结果发现农业劳动力转移需要以农业生产率的提高为前提,工业部门劳动力的需求决定除资本积累率以外,还需要农业部门的技术创新。[②]他们在后来的研究中对这一转移机制进行了阐述,强调了提高农业生产率的重要意义,进而对刘易斯模型进行了修正。[③]他们认为,只有提高农业劳动生产率,农业劳动力中的一部分才可能转到非农产业中,才可能有一部分剩余农产品提供给转移出来的劳动力消费。农业劳动力的转移要以农业劳动生产率的提高为前提,不提高劳动生产率,就不能保证非农产业发展对农产品的需求,从而出现农产品短缺。工农产品的交换将不利于非农产业,造成非农产业工资成本上升,吸收劳动力过程减缓。而农业劳动生产率的提高可增加农产品剩余,将其作为资本投入到工业中,可扩大工业资本的存量,从而吸收更多的剩余劳动力。

可以看出,拉尼斯和费景汉的劳动力转移模型与刘易斯模型的不同之处在于,刘易斯认为,农业生产率提高会影响非农产业的资本积累。而费景汉则认为,资本积累是工业利润和农业剩余二者共同决定的,提高农业生产率和增加农业剩余可以保证经济顺利发展。

(三)托达罗模型及修正

以上两个模型都以工业部门充分就业为假设条件。而发展中国家的现实是城市和农村都存在明显的劳动力过剩,那么又该怎么解释农村剩余劳动力向城市转移的问题呢?

[①] 刘易斯本人也在 1978 年出版的《国际经济秩序的演变》一书中修正了这一观点,反复强调发展中国家农业的重要性。

[②] G. Ranis, J. C. H. Fei, A Theory of Economic Development, *American Economic Review*, 1961 (4): 533—565.

[③] J. C. H. Fei, G. Ranis, Development of the Labor Surplus Economy: Theory and Policy, *The Economic Journal*, 1967: 306.

麦克·托达罗（M. Todaro）对这一问题进行了研究①，他提出了托达罗模型（Todaro Model，也称为农村—城市人口迁移模型），将城市失业问题引入劳动力迁移问题中来。托达罗模型认为，农村劳动力向城市移民的决策依据在于，城乡实际工资差距和农村劳动力在城市能够找到工作的概率这两个方面，农业劳动力转入非农业部门的动机主要取决于城乡预期收入差距，从而解释了发展中国家在城市高失业率的情况下，依然有大量的农村人口向城市迁移的现象。

后来，有学者对托达罗模型进行了扩展和修正。例如，R. 哈里斯（R. J. Harris）和托达罗建立了哈里斯—托达罗模型（Harris-Todaro Model）②，该模型指出，在政府设定最低工资标准的情况下，农村劳动力对其转移到城市后的预期收入将高于农业收入，因此，即使城市存在失业问题，农村劳动力也会持续转入城市，从而导致更高的失业率。因此，发展中国家若想促进农村劳动力转移，应当主要从增加农村就业机会、减轻城市就业压力等方面来进行，而不是设定城市最低工资水平，这从另一个角度解释了发展中国家失业问题严重这一现象。但农村劳动力仍然持续流入城市的现象，从而对托达罗模型进行了修正。威廉·E. 科尔（William E. Cole）和理查德·D. 桑德斯（R. D. Sanders）则对托达罗模型进行了拓展③，认为解决农村劳动力转移带来的城市失业问题应当从就业部门角度进行考虑，因为农村劳动力转移中，许多人力资本水平较低的劳动力是在城市非正规部门就业，城市非正规部门的扩张是对该部门的产品需求增加，进而使该部门的工资上升，农业劳动力将更多地被城市非正规部门吸引，从而增加这些部门的就业，可以改进转移人口和农村未转移人口的福利。

（四）针对中国的劳动力转移模型及研究

由于我国国情不同，许多学者针对我国的具体情况应用或建立了相应的劳动力转移模型，对我国的情况进行了分析。例如，陈宗胜等提出了一个内生农业技术进步的二元经济增长模型，认为农业技术进步是农业劳动力转移的前提条件，农业技术进步越快，农业部门能够提供的劳动力转移速度就越快。④许召元等则在新经济地理学的框架下，引入资本的外部性、劳动力的不完全流动性以及城市经济学中的拥挤效应等条件，建立了一个两区域经济增长模型，证明了由于存在"资本追逐劳动"的现象，区域间的劳动力迁移可能缩小或扩大地区差距，这种结果主要取决于资本的外部性和拥挤效应的相对大小、农村和城镇居民的技能差异等。⑤钞小静将二元经济结构特征引入跨期模型，对城乡收入差距、劳动力质量与经济增长的关系进行实证研究，结果表明，由于现代部门与传

---

① M. P. Todaro, A Model of Labor Migration and Urban Unemployment in Less Developed Countries, *The American Economic Review*, 1969(1):138—148.

② J. R. Harris, M. P. Todaro, Migration Unemployment and Development: A Two-sector Analysis, *American Economic Review*, 1970(1):126—142.

③ W. E. Cole, R. D. Sanders, Internal Migration and Urban Employment in the Third World, *American Economic Review*, 1985(3):481—494.

④ 陈宗胜、黎德福："内生农业技术进步的二元经济增长模型——对'东亚奇迹'和中国经济的再解释"，《经济研究》，2004（11）：16—27。

⑤ 许召元、李善同："区域间劳动力迁移对地区差距的影响"，《经济学（季刊）》，2009（01）：53—76。

统部门具有不同的生产效率,较低质量的劳动力只能在传统部门从事生产,这不仅不利于传统部门自身生产效率的提升,而且也减少了进入现代部门从事生产的劳动力数量,城乡收入差距通过劳动力质量影响了中国的长期经济增长。[1]

也有学者从不同角度对我国劳动力转移进行了研究。如:约翰·奈特等从制度因素角度出发,认为由于制度约束的存在,民工荒和农村剩余劳动力并存的现象在现阶段以及未来的一段时期内仍有可能持续。[2]汪进等进一步指出,中国的人均收入水平与同等收入国家的平均水平相比,其农业劳动力比重偏高,中国仍有可能通过政策手段进一步释放农业劳动力。[3]蔡昉等对相关行业的平均工资、农民工工资,以及农业雇工工资进行了比较研究,认为劳动力市场上已经出现了系统的工资趋同现象,这将有利于我国城乡二元经济结构的转型。[4]而从农业土地制度和农村发展机制的角度来看,农村剩余劳动力向城市转移将有利于农民收入提高,就算农业劳动力持续转移使得农村不再有剩余劳动,但农业和非农业生产率差距依然会持续存在,应把劳动力转移问题推进到转移速度问题上来[5][6],可以从创新制度、加强对农村劳动力就业等方面,促进经济平稳、健康发展[7]。

二、农村劳动力转移与人力资本制约

(一)我国农村劳动力转移的特点

我国自古以来是一个农业大国,随着改革开放、市场经济的发展和农业技术的进步等,市场机制被逐渐引入到劳动力迁移过程中,并使得大量的农村剩余劳动力以各种方式向城市流动,我国的农村劳动力转移就已经悄然开始并持续进行[8],且呈现出我国独有的特征(如"农民工潮"现象等),主要表现在以下几个方面:

1. 农村劳动力转移的数量特点

随着城市化的不断发展,农村劳动力转移的总量非常庞大。据调查显示(见表 4.3.1),到 2014 年,超过 1/4(26.77%)的农村劳动力有外出务工经历,并且,其中超过四成

---

[1] 钞小静、沈坤荣:"城乡收入差距、劳动力质量与中国经济增长",《经济研究》,2014(06):30—43。
[2] 约翰·奈特、邓曲恒、李实、杨穗:"中国的民工荒与农村剩余劳动力",《管理世界》,2011(11):12—27+187。
[3] 汪进、钟笑寒:"中国的刘易斯转折点是否到来——理论辨析与国际经验",《中国社会科学》,2011(05):22—37+219。
[4] 蔡昉、都阳:"工资增长、工资趋同与刘易斯转折点",《经济学动态》,2011(09):9—16。
[5] 胡景北:"农业土地制度和经济发展机制:对二十世纪中国经济史的一种理解",《经济学(季刊)》,2002(2):435—454。
[6] 胡景北:"刘易斯经济发展理论:成就、问题和发展前景",《社会科学》,2015(12):40—49。
[7] 刘钧:"我国农业剩余劳动力供给的'刘易斯拐点'争议综述",《经济学动态》,2011(07):94—98。
[8] 关于农村劳动力转移的界定,已有的研究表述各不相同,其中常用的有"农村劳动力流动"(如《2006 年中国第二次全国农业普查》中的定义)、"农村转移劳动力"(如《1997—1998 年中国农村劳动力就业和流动状况专项调查》中的定义)、"农民工"(如《2014 年全国农民工监测调查报告》中的定义)、"农村非农化劳动力"(如童玉芬等在其 2011 年的文章"未来 20 年中国农村劳动力非农化转移的潜力和趋势分析"中的定义)等。从各种表述来看,虽然统计口径有些不一致,但在本质上这些表述是一致的,都是指拥有农村户口但从事非农业生产活动为主的农村劳动力。因此,本文并不对这些表述进行严格区分,引入相关数据主要是为说明相关问题。

（40.62%）还准备外出务工。①2014年全国农民工总量为27395万人，比上年增加501万人，增长1.9%。其中，外出农民工16821万人，比上年增加211万人，增长1.3%；本地农民工10574万人，增加290万人，增长2.8%。②农村劳动力的大规模转移到城市，为城市发展带来了新生力量，有利于农民收入的快速增长。

表4.3.1 2010—2014年农村劳动力转移数量表 （单位：万人）

	2010年	2011年	2012年	2013年	2014年
农民工总量	24223	25278	26261	26894	27395
1. 外出农民工	15335	15863	16336	16610	16821
（1）住户中外出农民工	12264	12584	12961	13085	13243
（2）举家外出农民工	3071	3279	3375	3525	3578
2. 本地农民工	8888	9415	9925	10284	10574

资料来源：国家统计局：《2014年全国农民工监测调查报告》，2015-4-29，http://www.stats.gov.cn。

但是，在我国推进城乡一体化建设，鼓励农民工回乡创业等政策的指导下，自2010年以来，农村劳动力转移增长速度明显放缓（见图4.3.2），2010—2014年外出农民工人数增速分别比上年回落2.1、0.4、1.3和0.4个百分点，本地农民工人数增速也在下降，但增长速度快于外出农民工增长速度，具体情况如图4.3.2所示。

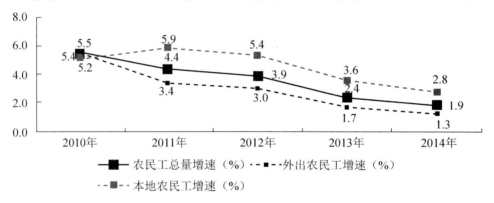

图4.3.2 2010—2014年农村劳动力转移增长速度

资料来源：国家统计局：《2014年全国农民工监测调查报告》，2015-4-29，http://www.stats.gov.cn。

2. 农村劳动力转移的构成特点

从性别上来看，农村劳动力转移中的男女比例不平衡。2006年农村外出从业劳动力13181万人。其中，男劳动力8434万人，占64%；女劳动力4747万人，占36%。③并且这一比例差距有扩大趋势，到2014年，我国外出农民工中男性占69.0%，女性占31.0%。

---

① 根据中山大学社会科学调查中心：《中国劳动力动态调查：2015年报告》，中国劳动出版社2015年版有关数据整理而得。

② 根据国家统计局：《2014年全国农民工监测调查报告》，2015-4-29，http://www.stats.gov.cn.有关数据整理而得。

③ 国家统计局：《第二次全国农业普查主要数据公报（第五号）》，2008-2-27. http://www.stats.gov.cn。

从农村劳动力转移的年龄构成上来看，年轻的劳动力依然占据大多数，以青壮年为主的 21—40 岁之间的劳动力转移占到了一半以上（见图 4.3.3）[①]。

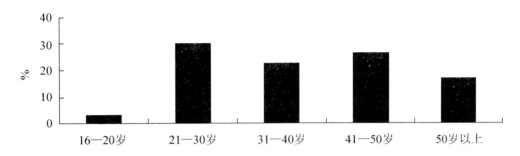

图 4.3.3　2014 年农村劳动力转移的年龄构成

资料来源：国家统计局：《2014 年全国农民工监测调查报告》，2015-4-29, http://www.stats.gov.cn。

从文化程度上来看，各种文化程度的劳动力均有向外流动的倾向。在 2006 年，在外出农村劳动力中，具有初中以上文化程度的比重，明显高于整个农村劳动力中初中以上文化程度的比重。而且是初中以上文化程度各受教育阶段（初中、高中、大专、大专以上）在外出劳动力中的比例，都要高于整个农村劳动力中的比重（见图 4.3.4）。[②]文化程度高的劳动力流动比重更大，并且文化程度较高的农村劳动力有进一步转移的趋势。据调查，2014 年外出务工的劳动力中，教育水平以初中居多，占 41.1%。[③]与 2013 年相比，2014 年农村劳动力转移中，高中及以上文化水平的占 23.8%，比上年提高 1 个百分点。其中，外出农民工中高中及以上教育水平的占 26%，比上年提高 1.6 个百分点，本地农民工中高中及以上教育水平的占 21.4%，比上年提高 0.3 个百分点。[④]

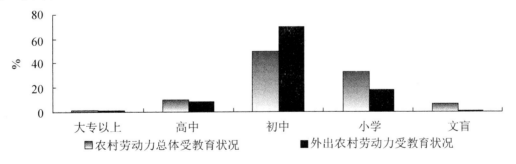

图 4.3.4　2014 年农村劳动力与外出从业人员的文化程度构成比较

资料来源：国家统计局：《2014 年全国农民工监测调查报告》，2015-4-29, http://www.stats.gov.cn。

3. 行业及地区分布特点

从产业角度来看，农村劳动力转移的实质是从第一产业转向第二产业和第三产业

[①] 国家统计局：《2014 年全国农民工监测调查报告》，2015-4-29, http://www.stats.gov.cn。
[②] 根据国家统计局：《第二次全国农业普查主要数据公报（第五号）》，2008-2-27, http://www.stats.gov.cn 整理而得。
[③] 中山大学社会科学调查中心：《中国劳动力动态调查：2015 年报告》，社会科学文献出版社 2015 年版。
[④] 劳动和社会保障部劳动科学研究所：《中国就业报告蓝皮书（2002）》，中国劳动社会保障出版社 2003 年版。

（图4.3.5）。由于行业特点的不同，制造业和服务业对劳动力有着很大的需求，一般是吸纳农村劳动力就业的主要产业部门。近年来，农村转移劳动力分布在第二产业的比重仍然占据半数以上，但在第三产业从业的比重有所提高。据统计，2014年外出务工的农民在第一产业中从业的比重为0.5%，比上年下降0.1个百分点；第二产业中从业的比重为53.6%，比上年下降0.2个百分点；在第三产业从业的比重为45.9%，比上年提高0.3个百分点。

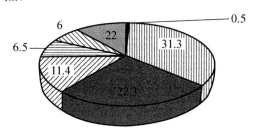

图4.3.5　2014年农民工从事行业分布

资料来源：根据国家统计局：《2014年全国农民工监测调查报告》《2014中国农村统计年鉴》等整理而得。

从地区分布来看，按输出地分，东部地区农民工10664万人，比2013年增长2.0%，占农民工总量的38.9%；中部地区农民工9446万人，比2013年增加111万人，增长1.2%，中部地区农民工占农民工总量的34.5%；西部地区吸纳能力继续增强，在西部地区务工农民工增速较快，主要由于就近就地转移加快。2014年，西部地区农民工共7285万人，占农民工总量的26.6%，比上年增长2.5%，与2013年相比，西部地区本地农民工增长了4.1%，增长速度分别比东部、中部地区高出0.5和1.3个百分点。[①]

（二）我国农村人力资本与劳动力转移制约

农村劳动力能否顺利实现向非农业部门的转移和就业，要受到多方面因素的制约。从我国目前农村劳动力转移的现状看，农村劳动力向非农产业转移除受到政策壁垒的制约之外，还受到农村劳动力自身的教育、培训等因素的制约。

1. 受教育程度低制约农村劳动力转移的能力

首先，受教育程度低制约了农村劳动力转移就业的决策能力。西奥多·舒尔茨指出，不同受教育程度的劳动力的预期收入不同，受教育年限越长的劳动力预期收入越高，越倾向于向非农产业转移。其次，受教育程度还影响其获取就业信息的能力，受教育程度越高的劳动力解读信息的能力越强，信息转化能力也随之更强，更容易准确抓住就业机会。此外，受教育程度还影响农村劳动力转移后的收入，受教育水平高是一种技能水平高的信号，有利于增强劳动力转移的工资水平。[②]

据调查，2006年的农村劳动力转移中，具有初高中文化程度的农村劳动力中，平均每百人就有57.1人进行了转移；大专及以上文化程度的劳动力，平均每100人就有26.4

---

① 国家统计局：《2014年全国农民工监测调查报告》，2015-4-29，http://www.stats.gov.cn。
② 〔美〕西奥多·舒尔茨：《论人力资本投资》，吴珠华等译，北京经济学院出版社1990年版。

人进行了转移；而小学文化程度的劳动力每百人只有 14.2 人进行了转移；文盲的转移率最低，只有 4.4%。①可见，一个人受教育的程度，与他从农村迁移到城市的动机或倾向之间，存在着明显的正相关关系，即具有较高受教育程度的个人所预期的农村与城市之间收入的差额较大，获得现代工业部门工作的机会也较多，更易于实现有效转移。此外，我国经济转型过程中的产业结构不断调整，对高素质、有文化、懂技术的劳动力需求较大，而文化水平低的劳动力通常只能滞留于依靠传统经验生产的有限领域，很难开拓新的就业门路和工作机会，也难以适应转移后的工作和生活，这些都制约了农村劳动力的转移。

2. 培训不足制约农村劳动力转移

劳动生产率高的部门，相应地要求较高素质和工作技能的劳动力与之匹配。而劳动力接受的各种培训与掌握和熟练运用新技术有直接联系。各类人才凭借自身的技能优势，在人才市场上选择合适的职位，接受的培训和拥有的技能越多，技术创新能力越强，选择职业的机会越多，从而可能拥有更多的收入。

政府对农村劳动力实施培训投资主要有两种方式：一种是培训时间比较短，促进农村劳动力快速转移的培训项目；另外一种是对农村青年劳动力的职业技术教育。目前，这两种培训都存在培训不足和不平衡问题。有调查显示，政府主导的转移培训的参与率为 25.1%，职业教育的参与率接近 40%，这二者之间的参与率都比较低。从行业上来看，二者存在着明显的行业差异，如在建筑业就业的农村劳动力参与转移培训的比例高达 63.7%，制造业就业人员的转移培训参与率为 16.7%，但服务业的转移培训参与率仅为 9.6%。而在职业教育方面，参与率最高的是在制造业就业的农村劳动力，高达 54.9%，在建筑业就业的劳动力参与率仅为 13.2%②。这体现了各种培训参与的不平衡性，在很大程度上限制了农村劳动力转移的行业和职业选择范围，使得农村劳动力在转移中大多只能从事一些手工、体力工作和简单的再生产操作，就业面被限制在极小的范围之内，其转移难度较大、收入偏低。

3. 迁移的不稳定性制约农村劳动力转移

人力资本投资理论认为，农村劳动力转移的动力在于当劳动力花费成本在地域间或产业间流动后，能够通过区域流动或变更就业机会满足个人偏好，从而获得更高的收入水平，这种因迁移而耗费的成本可视为劳动力的迁移投资。劳动力的迁移投资提高了人力资源的配置效率，使得农村转移劳动力的生产水平提高，进而增加劳动力的人力资本。应当看到的是，劳动力迁移投资顺利转化为人力资本，是以劳动力的教育投资为前提的。劳动力通过接受教育提高自身的文化素质和职业技能，才能与城市非农产业所要求的劳动力素质相匹配，才能够在城市找到合适的工作岗位，完成职业或技术转换也更容易，

---

① 根据国家统计局：《第二次全国农业普查主要数据公报（第五号）》，2008-2-27. http://www.stats.gov.cn 和国家统计局农村社会经济调查司：《2006 中国农村统计年鉴》，中国统计出版社 2006 年版数据整理而得。

② 翁杰、郭天航："中国农村转移劳动力需要什么样的政府培训？——基于培训效果的视角"，《中国软科学》，2014（4）：73－82。

其职业稳定性也越强，从而为迁移后的生活和收入稳定打下基础。

当前，我国存在许多从第二、第三产业回流的劳动力，主要就是由于文化素质较低、职业技能不能满足要求，难以适应新的环境和条件，在劳动力转移后并未实现期望的收入增长造成的。有关研究表明，在农村劳动力转移中，文化水平较高的劳动力一般能够率先转移出来，而且转移时间较长，稳定性强，从而积累更多因迁移带来的人力资本。相反，文化水平较低的劳动力转移比较迟缓，且绝大多数是临时性转移，甚至因迁移投资花费的成本都无法得到补偿。可见，当前我国农村劳动力教育程度不高，降低了劳动力迁移的稳定性，造成了农村劳动力的较高回流率，决定了农村劳动力是否能够实现真正有效的转移，这在一定程度上制约着农村劳动力转移的效率。

（三）农村劳动力转移的人力资本效应

1. 农村劳动力转移要求农民提升人力资本

随着代际更迭，农村转移劳动力在年龄结构上呈现年轻化的特征，在人力资本方面也呈现新的特点。据国家统计局数据显示，2013 年我国新生代农民工有 12528 万人①，占农民工总量的 46.6%，占 1980 年及以后出生的农村从业劳动力的比重为 65.5%。从受教育程度来看，新生代农民工受教育程度普遍较高，高中及以上文化程度的占到 1/3，这一比例比老一代农民工高 19.2 个百分点，初中以下文化程度仅占 6.1%，初中占 60.6%，高中占 20.5%，大专及以上文化程度占 12.8%。②可见，目前我国的农村劳动力转移人力资本存量有所提高。根据城镇化、工业化进程和城乡人口变动趋势预测，到 2020 年，我国农业转移人口约 2.2 亿人，城城之间流动人口约 7000 万人，人口将继续向沿江、沿海、铁路沿线地区聚集。③因此，未来的劳动力流向部门对劳动力文化层次、劳动技能要求将越来越高，这促使农村转移劳动力必须更加积极提高自身的人力资本水平，才能顺利进行转移。

培训是提升人力资本的重要途径之一，这就要求农村劳动力提高其接受培训的意识。有调查显示，新生代农民工群体普遍对培训持积极态度，有 60.6% 的人认为"培训对找到更好的工作有帮助"，57.8% 的人认为"培训对我未来的发展很重要"，赞同"培训对增加收入很重要"和"我需要参加培训"的比例为 52.2% 和 59.6%。同上一代农民工"赚钱养家"的进城务工动机明显不同，新生代农民工转移的目的不再只是为了养家糊口，工作不再仅仅是谋生的手段，他们迫切需要在工作中获得知识和技能，获得在城市中向上流动的人力资本④，因此，农村劳动力转移在一定程度上促进了人力资本的提升。

---

① 新生代农民工一般指 1980 年以后出生、具有农村户口、以工资为主要收入的非农产业从业人员，占据了目前我国农村劳动力转移中的大部分数量。

② 国家统计局："新生代农民工 1/3 有高中以上文化"，《中国青年报》，2014-5-13。

③ 国家卫生和计划生育委员会流动人口司：《中国流动人口发展报告 2015》，中国人口出版社 2015 年版。

④ 和震、李晨："破解新生代农民工高培训意愿与低培训率的困局——从人力资本特征与企业培训角度分析"，《教育研究》，2013（02）：105—110。

2. 市场竞争促使农民工进行人力资本投资

由于目前科学技术对经济生活的影响已越来越被人们所重视和肯定，而各产业技术含量也越来越高，拥有一定技术和知识的劳动力自然就为企业所重视。则农村劳动力中拥有较高人力资本者，在劳动力市场上的谈判能力会较强，进入行业角色的速度更快，能够比较容易地获得较高报酬的职位，失业的风险相对较小；拥有较低人力资本的劳动力则相反。这也促使了一些文化程度较高的"打工者"为了改变自身的社会地位，实现从"蓝领"向"白领"的转变，常常是一边打工一边进修，有些人取得了大学学历，有些人则取得了某些职业的从业资格证书。

3. 资本回流的示范效应促进农村人力资本的积累

农民进城打工不仅使物质资本得以回流，即大量汇款流入农村，而且也促进了人力资本回流，即在外流动的民工形成回乡创业群体。他们可以把打工的积蓄、熟练技能和市场阅历用于经营特色农业、创办乡镇企业和商业，吸纳了相当数量的农村剩余劳动力。当农村经济逐渐步入市场经济发展轨道之后，传统的自给自足、知足常乐等束缚经济发展的旧观念逐渐被打破，农民更加关注科技文化知识学习、子女教育培养、少生优育等，这推动了中国农村社会人力资本的积累，带动了农村经济社会的发展。

三、剩余劳动力转移与农民工收入增长的实证分析

（一）研究设计

考虑明瑟函数[①]和本节所述理论，依据规模报酬不变的 C-D 函数和经济学收入模型关系，以农民工收入为被解释变量，考察教育财政对农村劳动力人口教育收益率的影响，其他为解释变量和控制变量，建立回归关系式，同时考虑到变量间的异方差，将方程两边取自然对数，引入白噪声后的形式如下：

$$\ln I_t = \ln A + \alpha \ln GDP + \ln HR_t + \varepsilon \quad (4.3.1)$$

$\ln I_t$、$\ln GDP$ 和 $\ln HR_t$ 分别为历年农民工收入、GDP 产出、教育财政的人力资源效应指标（包括农民工人力资本、农村义务教育投入以及农民工接受技能培训的比例变化情况）的增长率，$\ln HR_t$ 为模型的核心解释变量，$\ln GDP$ 为控制变量，t 为时间，A 为常数项。有关变量定义以及数据来源和整理见表 4.3.2。

表 4.3.2　变量定义表

变量	变量定义（增长率）	数据来源和整理
被解释变量：		
$\ln I_t$	人均农民工收入	根据《农民工监测调查报告》(2002—2014)和卢锋(2012)中的农民工人均收入数据整理而得

---

① J. Mincer, *Schooling, Experience and Earnings*, New York: Columbia University Press, 1974.

（续表）

变量	变量定义（增长率）	数据来源和整理
解释变量：		
$\ln H$	人均农民工人力资本	人力资本计算方法参见 Hossain（1997）、于凌云（2012）等，并根据《农民工监测调查报告》（2002—2014）整理而得
$\ln Ei$	人均农村义务教育财政投入	根据《中国教育经费统计年鉴》（2002—2014）中表1—12 的有关数据整理而得
$\ln Train$	人均农村转移劳动力培训投入	根据《农民工监测调查报告》（2002—2014）的"农民工中接受过技能培训的农民工比例"项目数据整理而得
控制变量：		
$\ln GDP$	人均国内生产总值	《中国统计年鉴》（2014—2015）

（二）检验和方法

为了验证教育财政、农村劳动力与农民收入之间的关系，本节将首先进行变量定义，整理数据；其次，用 ADF 单位根检验来判断各变量时间序列的平稳性；再次，通过 Johansen 协整检验确定变量间是否存在协整关系，并进行 Granger 因果关系检验；最后，构建向量误差修正模型，判断各变量之间的长期和短期关系。

1. 平稳性和长期趋势检验

（1）ADF 单位根检验

为避免"伪回归"，首先对各变量时间序列进行 ADF 单位根检验，结果显示，在 10% 的显著性水平下，各变量水平序列都是非平稳的；但它们的一阶差分序列都是平稳的。故各变量均为 1 阶单整，变量间可能存在长期协整关系。

（2）协整检验

Johansen 协整检验首先要确定最优滞后阶数。通过对滞后阶从 0 到 5 所对应的各准则值逐一比较，最终确定在 5% 的显著水平下，协整检验的滞后期为 VAR 模型一阶差分的滞后 1 期。Johansen 协整检验的另一个关键是对截距和趋势的形式选择。已有文献多直接选用计量软件中的默认项形式 3（即序列有线性趋势，协整方程只有截距），可能会造成结果的偏误，因为多数经济时间序列（特别是中国的数据）实际上呈现的是形式 2 或形式 4 的情况。由于本节的各变量时序均呈现出明显的确定性时间趋势，故应选择形式 4（即序列及协整方程均含有线性趋势和截距）进行 Johansen 协整检验。[①]结果分别见表 4.3.3。

---

① *EViews6 Users Guide II*（2007, p365）从变量时序呈现的特点角度对 5 种形式选择做出了指导：均值为零时用形式 1；未呈现时间趋势时用形式 2；时间趋势都是随机时用形式 3；包含固定趋势时用形式 4；形式 5 一般不使用。

表 4.3.3　基于农村转移劳动力的教育财政投入等收益的 Johansen 协整检验结果

核心解释变量	标准化协整方程	似然比
$\ln H$	$\ln I_t = 0.597\ln \text{GDP} + 0.238\ln HR_t + 1.270$	261.4933
$\ln Ei$	$\ln I_t = 0.601\ln \text{GDP} + 0.294\ln HR_t + 1.899$	261.7777
$\ln Train$	$\ln I_t = 0.640\ln \text{GDP} + 0.10162\ln HR_t + 2.061$	331.4169

注：*表示在 5%显著性水平下拒绝原假设。

表 4.3.3 中显示，在 5%的显著性水平下，经济制度变迁的三个分类指标 $\ln H$、$\ln Ei$ 和 $\ln Train$ 各自均与 $\ln I_t$ 及 $\ln \text{GDP}$ 存在长期协整关系[①]，并且都对 $\ln I_t$ 具有长期正向影响。

（3）Granger 因果关系检验

由表 4.3.4 可知，在滞后期为 2 及 10%的显著性水平下，$Ln\text{GDP}$、LnH、$LnEi$ 及 LnI_t 之间存在双向 Granger 因果关系。因此各解释变量都是 LnI_t 的 Granger 原因，这与 Johansen 协整检验结果是一致的。

表 4.3.4　Granger 因果检验结果表

原假设	观测值数	滞后期	F 值	P 值	结论
$\ln I_t$ 不是 $\ln \text{GDP}$ 的 Granger 原因	57	2	7.08931	0.0121	拒绝
$\ln \text{GDP}$ 不是 $\ln I_t$ 的 Granger 原因	57	2	3.96168	0.0204	拒绝
$\ln I_t$ 不是 $\ln H$ 的 Granger 原因	57	2	6.07555	0.0093	拒绝
$\ln H$ 不是 $\ln I_t$ 的 Granger 原因	57	2	4.19075	0.0176	拒绝
$\ln I_t$ 不是 $\ln Ei$ 的 Granger 原因	57	2	2.8566	0.0632	拒绝
$\ln Ei$ 不是 $\ln I_t$ 的 Granger 原因	57	2	3.07931	0.0528	拒绝
$\ln I_t$ 不是 $\ln Train$ 的 Granger 原因	57	2	2.87237	0.0762	拒绝
$\ln Train$ 不是 $\ln I_t$ 的 Granger 原因	57	2	7.93542	0.0007	拒绝

2. 检验结果

（1）向量误差修正模型

构建农民工教育财政投入、人力资源等变量影响农民工收入的向量误差修正模型（VECM）的优点不仅能够将各变量之间的长期均衡及短期波动关系结合起来，还引入一阶差分项避免了伪回归，同时解决了多重共线性及序列相关性等问题，使误差修正项保证了变量水平值的信息没有被忽视。其基本表达形式可以写为：$\triangle y_t = AECM_{t-1} + Lagged(\triangle y, \triangle x) + u_t$。[②][③]式中，误差修正项 ECM_{t-1} 反映了各变量之间的长期均衡关系，

[①] 一般来说，λ-trace（迹检验）统计量比 λ-max（最大特征值检验）更为稳健（Cheung & Lai,1991）。所以，当两者结果不一致时，本书参照迹检验结果进行判断（如表 4.3.3 和表 4.3.4 的情况）。也可以先假设存在稳定的协整关系，然后根据向量误差修正模型中 ECM_{t-1} 的系数符号来甄别：为负则说明原假设成立，反之则拒绝原假设。由于式（4.3.3）和式（4.3.4）中的 ECM_{t-1} 均为负，因此协整关系成立。事实上，只要将显著性水平放宽至 10%，两种检验结果就一致了。

[②]〔美〕杰弗里·M. 伍德里奇：《计量经济学导论》（第 4 版），费剑平译校，中国人民大学出版社 2010 年版。

[③] 李子奈：《计量经济学》（第 3 版），高等教育出版社 2009 年版。

形式上等同于协整方程；而短期调整参数系数 a 则代表当长期关系出现偏离时，误差修正项的短期调整速度，a 一般为负值，使得反向调整机制成立，并保证模型的长期稳定性；差分项系数则反映了各解释变量的短期波动对因变量的影响。实证中可根据 t 检验与 F 检验逐步剔除不显著的差分项。

由于各变量组合之间均存在协整关系，因此可以构建 VECM，该 VECM 是含有协整约束的 VAR 模型，故其滞后期与 Johansen 协整一样确定为 1（结果在此省略）。对各变量所对应的 VAR 模型中不显著的解释变量差分滞后项逐步剔除，修正后的 VECM 结果为：

$$\Delta lnI_t = -0.591 \times ECM^1_{t-1} + 0.751 \times \Delta \ln I_{t-1} + 0.015$$
$$[-5.33^{**}] \qquad [5.89^{**}] \qquad [1.37]$$
$$ECM^1_{t-1} = lnI_{t-1} - 0.465 \times lnGDP_{t-1} - 0.193 \times lnH_{t-1} - 0.007 \times trend(52) - 1.141$$
$$[-18.36^{***}] \qquad [-11.68^{***}] \qquad [-2.51^{***}]$$
$$R^2 = 0.39 \quad Adj.R^2 = 0.37 \quad F = 21.11 \quad DW = 1.97 \quad AIC = -2.83 \quad SC = -2.72$$

（4.3.2）

$$\Delta lnI_t = -0.200 \times ECM^2_{t-1} + 0.531 \times \Delta lnI_{t-1} + 0.188 \times \Delta lnEi_{t-1} + 0.018$$
$$[-2.23^{***}] \qquad [3.81^{***}] \qquad [2.58^{***}] \qquad [1.54^*]$$
$$ECM^2_{t-1} = lnI_{t-1} - 0.582 \times lnGDP_{t-1} - 0.203 \times lnEi_{t-1} - 0.008 \times trend(52) - 1.975$$
$$[-8.10^{***}] \qquad [-3.42^{***}] \qquad [-1.68^{**}]$$
$$R^2 = 0.29 \quad Adj.R^2 = 0.26 \quad F = 6.75 \quad DW = 1.76 \quad AIC = -2.58 \quad SC = -2.43$$

（4.3.3）

$$\Delta lnI_t = -0.145 \times ECM^3_{t-1} + 0.664 \times \Delta lnI_{t-1} + 0.442 \times \Delta ln\text{Train}_{t-1} + 0.019$$
$$[-2.18^{***}] \qquad [4.37^{***}] \qquad [1.70^{**}] \qquad [1.49^*]$$
$$ECM^3_{t-1} = lny_{t-1} - 0.631 \times ln\text{GDP}_{t-1} - 1.078 \times ln\text{Train}_{t-1} - 0.011 \times trend(52) + 2.714$$
$$[-9.49^{***}] \qquad [-3.86^{***}] \qquad [-2.10^{**}]$$
$$R^2 = 0.28 \quad Adj.R^2 = 0.26 \quad F = 7.13 \quad DW = 1.79 \quad AIC = -2.61 \quad SC = -2.47$$

（4.3.4）

注：上式中，***、**、*分别表示显著性水平为1%、5%、10%，[ ]里为 t 值。

（2）模型效果检验

进一步的，对 VECM 的结果进行相关检验，各变量系数的 t 值基本都在 5% 的水平下显著（个别变量在 10% 或 15% 的水平下显著），特别是误差修正项均通过了 5% 的显著性水平。AIC 和 SC 的值较小，F 值显著，拟合度也较好，修正后的 VECM 模型在这几个值上均有明显改善。三个 VECM 都有两个为 1 的根落在单位圆上，其他根均在单位圆内，满足稳定性要求。残差序列满足正态性；在相关图和 Q 统计量检验中（在此不再列出），相关系数和偏相关系数的直方图均落在 ±0.5 之内。表 4.3.5 中的自相关检验及异方差检验值均小于临界值 $\chi^2_{0.05}(2) = 5.991$，因此，二个 VECM 模型在 5% 的显著性水平下均拒绝了存在自相关及异方差的假设，表明 VECM 模型具有一定的准确性与合理性，模型能在一定程度上解释相应的解释变量对于农民工收入的影响。

表 4.3.5　VECM 效果检验表

向量误差修正模型	自相关检验值	P 值	异方差检验值	P 值
农民工人力资本—VECM（1）	LM（1）=0.0791	0.802	ARCH（1）=0.027	0.761
	LM（2）=0.3841	0.802	ARCH（2）=1.206	0.603
农村义务教育投入—VECM（2）	LM（1）=3.0124	0.089	ARCH（1）=0.031	0.683
	LM（2）=3.6138	0.205	ARCH（2）=0.050	0.898
农村转移劳动力培训投入—VECM（3）	LM（1）=1.7932	0.193	ARCH（1）=0.121	0.694
	LM（2）=3.7812	0.193	ARCH（2）=0.121	0.946

注：显著性水平设定为 5%。

3. 对检验结果分析

VECM 中的误差修正项 ECM_{t-1}（即协整方程）反映了各变量之间的长期均衡关系。从长期来看，资本及经济制度变迁三个分类指标各自均与经济增长正相关：式（4.3.2）中，人均 GDP 及农民工人力资本每增长 1%，对应的农民工收入分别增长 0.531%和 0.188%；式（4.3.3）中，人均 GDP 及人均农村义务教育财政投入每增长 1%，对应的农民工收入分别增长 0.582%和 0.203%；式（4.3.4）中，人均 GDP 及人均农村转移劳动力培训投入每增长 1%，对应的农民工收入分别增长 0.631%和 1.078%。单从模型估计的系数大小来看，人均农村转移劳动力培训投入对于农民工收入增长的作用相对较大。

VECM 中的滞后差分项反映了各变量之间的短期波动关系。从短期来看，经济制度变迁三个分类指标的变动对经济增长的变动都具有正向影响，但显著性有所差异，并且各变量对经济增长的短期影响要小于长期影响。其中，人均 GDP 及农民工人力资本每增长 1%，对应的农民工收入分别增长 0.465%和 0.193%；对农村义务教育投入变动每增长 1%，人均产出的变动则增长 0.188%。上述计量结果再次证实教育财政投入的三个分类影响指标对农民工收入增长的影响更趋向一个正向显著的长期过程。

四、促进农村劳动力转移的教育财政对策研究

（一）继续加大当前农村教育投入

1. 加强中央、省、地（市）对县、乡级教育财政资金的倾斜

各级教育财政体系中县、乡级财政是最薄弱的环节，因此继续大幅增加对县、乡财政性教育和培训拨款或者转移支付应该是无可非议的。当然要实现这一目标也不能一蹴而就，在大幅度增加教育财政经费的同时，还应对农村养老、医疗及卫生等其他措施进行配套改革，以减轻农民教育培训的负担。

2. 农村教育财政资金向贫困地区和西部地区倾斜

为了配合"西部大开发"和"一带一路"建设，近年来中央共拨付专款，省级财政配套，地方政府也自筹了一些资金，旨在重点解决西部地区和少数民族地区中小学危房

问题。但是贫困地区和农村长期以来存在的教育资金短缺、农民工培训补助不到位等问题仍得不到解决。因此,政府还要继续加大对农村教育发展的拨款力度并配合相应的政策倾斜。

3. 增加对各教育层次农村困难学生的补助

目前教育部、财政部等各部委和各地政府经过共同努力,已逐步建立起包括"奖、贷、助、补、减"五个方面内容的贫困生资助政策体系。国家助学贷款工作已初见成效,但这些政策大多局限于高等教育领域中。所以应该加强农村中、小学教育和义务教育层面的贫困辍学生的调查统计工作,对这一部分农村学生进行教育资金补助。

(二) 处理好农村教育财政管理体制的两种关系

当前,我国"三农问题"突出,除了自然因素和制度性因素之外,其中一个重要原因就是农村长期的教育经费短缺和教育财政体制存在的问题给农民接受教育造成了直接的经济负担,并且在一定程度上阻碍了农村经济和社会的发展。

近年来,党中央、国务院着手解决了长期存在的三农问题,这其中也包括从教育财政管理体制和政策着手解决农村教育发展中存在的问题。因此,进一步完善农村教育财政管理体制,解决农民自己提供教育资源的经济负担,将有限的教育财政资金运用到最需要教育资源的农村地区显得尤为重要。当前还应该处理好以下两层关系:

1. 教育财政体制与地方财政分配体制的关系

就目前"义务教育财政落实到县"运行的实际情况来看,各年度农村义务教育经费已经有了保障。但仍然存在一些问题:一是大多数农村的历史性教育基建费的"欠债"无法偿还,教育经费的保障仅限于教育事业经费,农村基层政府教育债务问题依然严重;二是贫困地区的县级财政经费无法保障义务教育经费,不仅"借钱"或"要钱"保障教育支出困难,就连本级政府正常运行也没有保障。这些问题的存在,使整个县级地方财政体制中的教育这一"局部"似乎变得"清晰",有了"着落",但县级政府财政这一"整体"却变得"模糊",没有"依靠"。

因此,从长远来看,必须理顺教育财政体制与地方财政分配体制的关系,这首先需要解决各级政府教育负担责任的问题。目前对各级政府教育财政分担体制有不同的做法或争议,主要集中在当前"省管县"及如何进行财权和事权的划分方面。但无论是以哪一级政府负担哪一种教育经费,都应本着适当分权的原则,严格实行义务教育投资权和管理权的分离,处理好同级政府财政分配体制与教育财政体制之间的关系,缓解县级财政困难,保障政府各种财政经费的统一和协调。

2. 农村义务教育投入体制与非义务教育投入机制的关系

作为一个农业大国和农业人口大国,目前我国农民受教育程度还非常低,缺乏一定的生产技能培训,导致他们通常只能滞留于依靠传统经验生产的领域,严重压抑了他们的积极性、主动性和创造性,延缓了农村劳动力向城市转移的进程,不适应全面建设小康社会的需要。因此，在完善农村义务教育体制的同时，还要认识到我国农村职业教育、成人教育及农村科技专业人才的专门培养仍然是薄弱环节。必须要加快农村教育发展，深化农村教育改革，促进城乡经济协调发展，坚持为"三农"服务的方向，大力发展职业教育和成人教育，实行基础教育、职业教育和成人教育的"三教"统筹，以提高农村的人力资本存量，加快农村劳动力的转移速度，从而为农村经济的快速、可持续发展提供强大的人力资源和智力支持。

（三）促进农村劳动力有效转移的其他教育财政政策

1. 建立农民工培训的教育财政保障制度：促进农业人力资本转型

由于农业劳动力的人均专业人力资本存量与非农业劳动力的人力资本存量之间有着巨大的差异。因此，建立农民工培训的教育财政保障制度是促进农业人力资本转型的有效手段，这对于将农民工转变成现代城市产业工人具有重要意义。但农民工技能开发和培训的教育财政手段有一定的艰巨性，主要表现在几个方面：一是农民工流动性大，培训普遍周期短、培训地点分散、职业转换快及培训内容不易确定，因此，不利于人力资本投资的回收。这种状况导致教育财政补贴及用人单位对农民工培训的投入动力不足。二是由于教育财政补贴的一些局限，且农民工自身负担培训成本的能力低，所以农民工一般选择周期短、投入少、见效快的项目。三是教育财政在农民工转型的系统培训和改造方面显得较为困难。由于农村劳动力进入城市不仅是职业的转换，也是生活方式等方面的变革，是一项综合性的系统工程，因此，需要非政府性的社会培训机构、用人单位等进行有效的合作。我们认为，建立农民工培训的教育财政保障制度，促进农业人力资本转型，不仅是财政、教育部门及人力资源和社会保障部门等的责任，而需要政府各部门及全社会力量的共同努力。这一系统工程将关系到21世纪农村劳动力转移的关键问题。对此，建立农民工培训的教育财政保障制度的关键是对农民工培训提供财政补助：一是上级政府对流入地当地政府进行专项经费的补助，使广大农民工能够边工作边学习。二是财政、教育、人力资源和社会保障部门及公安等部门密切配合，加强政府对农民工培训的规划和管理，使农民工流动、培训更好地结合起来。三是积极推动培训机构的市场化，将培训机会平等地提供给农民工，在政府办的各类培训机构中划出一部分培训场所来举办农民工的短训班乃至中、长期培训，并且制定有关补贴政策，促进这类培训实体向社会开放。

2. 农民工子女义务教育问题：实行教育券制度的可行性研究

（1）背景及问题

1996年，按照当时国家教委制定的《城镇流动人口中适龄儿童、少年就学办法（试行）》的要求，流入地政府要为流动人口中适龄儿童、少年创造条件，提供接受义务教育的机会；一些地方政府和部门还相继出台了促进农民工子女教育公平的相关法规和政策。但要真正解决农民工子女的入学问题，给予这些弱势群体以公平的权利和机会，在加大教育财政和转移支付投入力度的同时还需出台有关解决农民工子女教育问题的实施细则，明确责任归属。根据"分级办学、分级管理"的教育财政体制，义务教育阶段的费用主要由地方政府负担。长期以来，适龄儿童和少年的义务教育是由其户口所在地政府负责的，教育经费也是按户籍学生数下拨的。受其影响，农民工子女因为没有流入地的户口，因而无法享受由流入地政府负担的教育经费。在这种情况下，农民工子女的受教育问题就成为一个管理的"盲区"，城市不管，农村也管不了，这必然导致农民工子女在城市中失学情况严重。

（2）教育券解决农民工子女教育问题的试点工作及可行性研究

教育券（school voucher），是在教育领域中试行的一种代币券，它根据商业活动中的各类券的原理设想而得，教育券制度是由政府向一些家庭提供的某种特殊的、购买教育服务的权力，家长可以凭券为子女选择学校。18世纪末，亚当·斯密在《国富论》中提到①，如果允许领取慈善基金的学生以及大学自费生自由择校，则可能引起大学间的一定程度的竞争；如果允许学生自由选择教师，则可能引起教师间的竞争，激励教师勤勉工作。但通常认为，教育券理论是由弗里德曼于1955年在他发表的《政府在教育中的作用》一文中，完整系统地提出的。②

目前，国际上的一些西方发达国家和发展中国家实行了教育券制度，如美国、瑞典、哥伦比亚、智利等。我国也于21世纪初开始在浙江省长兴县、湖北监利县进行了教育券制度试点工作。

目前，美国有许多州、市推行教育券制度。以佛罗里达州为例，该州议会批准了美国第一个全州性的教育券实施计划。根据该计划，未达到州学业标准的学生可领取价值4000美元的教育券，转到任何一所公立或私立学校就读。③

在拉美地区，哥伦比亚政府于90年代初期大力推行改革，包括在教育领域采取的最为引人注目的中等教育阶段"教育券"计划。哥伦比亚教育券计划是对弗里德曼教育券思想的改良与合理运用。它从本国的实情出发，采取以关注社会弱势群体为核心的方式，使贫穷的孩子有机会进入私立学校，同时也在一定程度上促进和保障私立中等教育的发展。在实施过程中，政府严格控制教育券的发行数量，对参与该计划的学校及学生的资格也严格限制。④

2001年在考察了美国的教育券制度和细致调查分析本县教育发展状况的基础上，浙江省长兴县开始了我国首例实施教育券制度的尝试。从当时的运行效果上看，教育券使得长兴县的教育财政资源配置在解决贫困生就学、生活健康等方面取得了一定的效果，但由于在制度运行过程中，出现冒领教育卷、营养卷等不公平现象和问题，该制度在运行7年以后已无声无息。

（3）教育券制度解决农民工子女义务教育的可行性研究

根据教育券理论与国内外的实践，本书认为教育券制度可解决贫困生尤其是农民工子女义务教育的问题。首先，教育券制度的主旨是帮助弱势群体解决教育问题，我国农

---

① 〔美〕米尔顿·弗里德曼：《弗里德曼文粹》，胡雪峰、武玉宁译，胡雪峰校，首都经济贸易大学出版社1991年版。
② 同上。
③ 项贤明："20世纪90年代以来的美国教育改革"，《比较教育研究》，2003（5）：23—28。
④ V. Lee, L. Wong, *Education Voucher System*. Research and Library Services Division, Legislative Council Secretariat, 2002.

民工子女的教育基本属于这一类范畴；其次，教育券制度的经费结算是由政府部门统一结算，可解决义务教育人口的流动性问题。

图 4.3.6 展示了一个比较适合我国实际情况的教育券流程图。首先，中央政府可以设立一个教育券结算中心，负责对全国的教育券发放进行管理和监督，对发放的教育券资金实行总的控制并在全国范围内结算。其次，农民工所在地的地方政府根据本地的义务教育财政预算，以教育券的形式提供给农民工子女（学生），使其能到不同地区选择公立学校或者私立学校就读。最后，在学生以教育券冲抵所选择学校的学费之后，收到教育券的学校根据券面金额与当地政府部门进行结算，然后再由地方政府与中央结算中心进行结算。这样，不仅可以让义务教育资金以教育券的形式在各级、各地政府、学生和学校之间有效流通，达到教育资源流动配置的效果，而且，由于各级、各地政府发行的教育券可以在全国范围内使用，即农民工子女在家乡领取到的教育券可以到流入地学校冲抵学费，这就减轻了流入地政府的义务教育财政负担，极大地避免了管理"盲区"的出现。

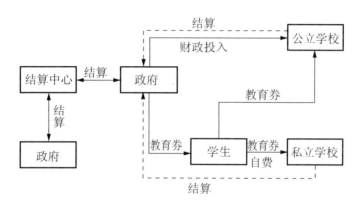

图 4.3.6　教育券方案流程图

还应该看到，教育券在国内外得不到全面实施，这和许多难以克服的实际问题是分不开的。所以，在教育券运用到我国的过程中，要充分考虑到我国的实际国情，制定并完善相关配套措施，才能充分发挥教育券的积极作用。

教育券制度在解决农民工子女义务教育方面，还需要其他教育财政政策的配合方能有效实施。首先，义务教育财政的"地方负责，分级管理"体制使得教育财政无论在财权还是在事权方面都显得过于分散，在很大程度上造成了农民工子女教育不公平。因此，明确中央政府承担的义务教育责任，明确流入地政府的财政负担，加强流入地政府和流出地政府之间的协调和合作，采取行之有效的避免不合理投资、腐败等无效率的政府行为的出现等一系列政策措施的实施将有利于教育券制度更好地解决农民工子女的义务教育问题。其次，由于教育券实行统一结算，因此建立、健全农民工子女教育券的专项转移支付制度是十分必要的。最后，多渠道筹措经费，坚持以公办学校接收农民工子女就学为主，民办学校和简易学校等多渠道接收农民工适龄子女入学的灵活政策，有效解决农民工子女义务教育所面临的问题。

本章提要

　　人力资源是生产要素中最具活力的要素之一，经济发展是为了满足人类需要，同时也要兼顾公平。因此，经济发展离不开政府的系列干预行为。政府通过各项公共财政支出，如教育支出、社会保障支出、医疗卫生支出、行政公检法支出等，引进人才促进劳动力流动，提升人力资本和经济发展水平。新经济增长理论充分强调了人力资源的重要性，将人力资源因素纳入经济发展衡量的指标体系，采用人类发展指数衡量人类发展水平，对经济发展进行综合、全面的反映。

　　教育是人才培养和发展的重要手段。从教育资源成本分担的角度来看，教育资源的提供方式基本上可以分为政府提供和非政府提供两种。教育的政府提供主要依靠教育财政投入来完成，包括教育财政支出及其机会成本；教育的非政府提供主要指各种社会主体及学生个人和家庭对教育成本的分担。政府教育投入促进人才发展的机制要考虑两个方面：一是政府教育投入的制约因素；二是政府教育投入对人才产出的效率。

　　农村劳动力作为我国人力资本的一个重要组成部分，其发展水平的高低直接关系到整个社会的人力资本存量的大小。农村劳动力转移受到三个方面的制约，即教育程度低、培训不足以及迁移的不稳定性。这三个方面在很大程度上都是能够通过教育财政得到改进的。政府不仅需要完善各种制度上的安排，还需加大政府对农村教育的投入，引导农村劳动力的合理有序转移，提升农村劳动力的人力资本水平。

 练习与思考

1. 将人力资源因素纳入经济发展衡量指标的优势在哪里？
2. 教育财政是怎样影响人才发展的？
3. 农村劳动力转移受到哪些因素的制约？
4. 如何通过教育财政促进农村劳动力转移？

 小组讨论

　　中国目前对教育的投入存在哪些不足？如何更好地通过教育财政促进人才的发展？目前，我国农村劳动力转移有哪些特点，又存在哪些问题？

辅助阅读资料

　　[1]〔美〕西奥多·舒尔茨：《论人力资本投资》，吴珠华等译，北京经济学院出版社1990年版。

[2] 廖楚晖：《人力资本与教育财政研究》，中国财政经济出版社 2006 年版。

[3] 胡景北："刘易斯经济发展理论：成就、问题和发展前景"，《社会科学》，2015（12）：40—49。

[4] 才国伟、刘剑雄："收入风险、融资约束与人力资本积累——公共教育投资的作用"，《经济研究》，2014（7）：67—80。

[5] 马跃如、黄快生："城镇化对新生代农民工人力资本投资和积累的作用机理研究"，《学术论坛》，2014（7）：124—128。

[6] 郭洪林、甄峰、王帆："我国高等教育人才流动及其影响因素研究"，《清华大学教育研究》，2016（1）：69—77。

21世纪经济与管理规划教材

财 政 学 系 列

第五章 教育财政的成本分析

知识要求

通过本章的学习,掌握教育财政成本的分类、核算与效益分析,以及教育财政成本的负担、补偿与分担的趋势。

技能要求

通过本章的学习,能够掌握:
- 教育财政成本的分类与核算方法有哪些不同观点。
- 教育财政成本效益分析方法。
- 教育财政成本的负担结构、补偿与分担方式。

在迄今为止的教育经济研究中,对于成本分析的理论基础和应用方面的限制以及不足之处存在很多的争议。一些观点认为,成本分析适用于所有的公共决策;而另外一些观点则认为成本分析毫无价值。本书认为,成本分析应该被看作一种能够为决策提供部分有用信息的工具,也能够运用到教育财政的决策。因为对教育财政的成本分析至少可以为决策提供相关的信息,而不是机械地把精确的数据结果当作某个方案的实际价值来确定。如果能够恰当地、公正地将成本分析运用到教育财政的成本分析之中,并对其进行明确的解释,那么对于政府合理地制定教育投入决策将具有重要意义。

第一节 问题提出与基本状况

一、政府提供教育成本的问题

教育成本分析是政府、学校、接受教育者及家庭进行教育投入的重要依据,是提高教育资源利用效率、加强教育资源管理的有效工具,是社会各界都非常关心的重要信息,是教育财政研究的重要内容。教育财政所负担的成本是全部教育成本(Total Factor Cost of Education)的一部分,在很大程度上受到教育成本负担的社会综合因素的影响。

(一)权利和义务

教育被认为是一种基本的人权,这在联合国通过的《人权宣言》中已经得到了确认。1990年,在泰国宗迪恩召开的全民教育国际大会上,这一概念又进一步得到国际社会的公认和支持。

不同国家对教育这种人权的理解不一样,因此政府和市场对教育成本负担的方式也各有不同。在少数福利国家及一些社会主义国家,政府提供了从小学教育到大学教育的全部成本。而另外一些国家教育的成本则是由政府、社会及个人共同来承担。少数自由市场条件下的资本主义国家,教育成本是由政府和市场共同来承担的。"市场的力量在教育领域也越来越得到支持和认可,不仅在市场领域如此,公共领域也不例外。学校更多地根据市场原则来运行"。[①]

随着国际社会对教育系统运作过程中市场作用的认同,教育成本的承担主体以及各主体所承担份额的问题就应运而生了。但无论如何,各国政府对基础教育成本的提供是十分明确的。在联合国1966年通过的《国际经济、社会和文化公约》第十三条及1989年通过的《儿童权利公约》第二十八条,对所有签约国都提出了要求,内容都包括政府应当承担初等教育成本和鼓励政府尽量承担更高一级教育成本。同时,绝大多数国家在高等教育收费的问题上也似乎达成了共识。这是由于初等教育涉及公平问题,应该由政府承担;而个人接受高等教育所产生的个人收益比较高,而且高等教育的单位成本也很高,很难由政府独自承担。

---

① B. Lingard, J. Knight, P. H. Porter, *Schooling Reform in Hard Times*, Falmer Press, 1993.

（二）政府预算约束问题

受预算线的约束，教育财政对教育成本负担的决策与政府的财政预算密切相关。贫困地区和一些发展中国家受到自然灾害、外债高筑、财政收入下降、人口膨胀等因素影响，将大量财政资金用于解决贫困问题或者用于经济建设，教育财政预算吃紧，给教育财政的提供带来巨大的压力。许多发达资本主义国家受到经济滑坡、军费扩张、预算规模连年扩大及赤字增加等因素的影响，教育预算具有很大压力。因此，虽然许多国家在宪法中做出免费义务教育的规定，但受到预算的影响，不得不以各种形式将教育成本转嫁到社会和家庭。

（三）学生家庭的成本选择

在政府没有足够的教育成本的情况下，社会和家庭对教育成本提供的意愿就表现得特别明显。例如，世界银行的分析资料显示[1]，1991年，非洲高等教育在校学生数为270万，2006年达930万，增加了3倍，年均增长率为16%。然而，财政分配给高教部门的资金只增加了2倍，年均增长率仅为6%，家庭承担了大部分的教育费用。在一些非洲国家如乌干达、几内亚等，高等教育的家庭教育支出高达60%。

教育成本的家庭选择，对政府负担教育成本的政策具有十分重要的意义。但也要看到一些特殊情况，才能断定这一结论是否具有普遍意义，其中包括负担费用的意愿在不同收入家庭的差异，以及其他一些诸如贫富差距、妇女地位等因素。例如，在秘鲁，"富裕家庭愿意负担更多的教育成本，但家长愿意为男孩而不是女孩付出更多"[2]。

（四）财政分权与公平

一般来说，基础教育成本更多地由地方政府负责，地方政府也将这种责任层层向下分解，中央政府对地方提供各种教育补助或进行转移支付，形成了中央和地方政府、地方政府与下级地方政府（或学校和社区）教育财政分权格局。例如，在美国，教育是州和地方政府提供的最基本的服务。对地方政府支出来说，初等教育和中等教育支出是州和地方支出中最大的项目，1991年几乎等于地方政府总支出的1/4，相当于地方警察和消防支出的5倍[3]。

地方政府负责承担基础教育成本有利于促进全民教育的改革和发展，促进教育资源的公平分配。但教育财政分权使得政府和部门（包括学校）间存在着一种合作关系和责任控制问题，如果地方政府和学校除了正常收费之外，不再进行额外收费，教育的成本就较为容易核算，贫困家庭儿童的间接费用也不会很高，辍学率也会相应降低。如果过分依赖家庭和社区的资源，则会加剧各种各样的不平等，因为经济较发达地区的居民和

---

[1] The World Bank.Financing Higher Education[EB/OL]. Washington D. C., 2010, http://databank.worldbank.org.

[2] P. Gertler, P. Glewwe. The Willingness To Pay For Education In Developing Countries:Evidence from Rural Peru, LSMS Working Papers, 1989.

[3] 〔美〕费雪：《州和地方财政学》，吴俊培等校译，中国人民大学出版社2000年版。

富裕家庭相对地不需要承担更多的教育成本。"在任何国家，只要地方或社区财政是学校经费的重要来源，那种严重的地区差别就会出现"①。

上述问题的提出，使得各国政府认识到，必须根据各国的实际情况来制定相关政策，首先就要准确了解政府与非政府间到底要负担多少教育成本。这就要求各主体对教育成本的负担进行分类、核算，对支出的效益进行评估，并制定出合理的政策。

二、政府教育成本负担的基本状况

（一）教育全部成本中的政府负担

社会发展对劳动者教育水平的要求越来越高。19世纪末以来，欧美国家认识到由政府提供教育的重要性，逐渐形成了以政府为主导的公共教育体系，这种格局一直延续到今天并扩展到世界上绝大多数国家，教育成为政府的职责并在一些国家的宪法中得到确立。

教育成本负担的主体除了政府之外，家庭、社区和社会其他机构的教育投入对教育成本的负担也起着重要作用。在理想状态下，教育成本应该包括资金投入、劳务投入、实物投入、土地投入、正常情况下家庭用于学生特殊教育（如家教）的花费及机会成本。这些研究有利于对政府教育成本占教育总投入的比例的研究。

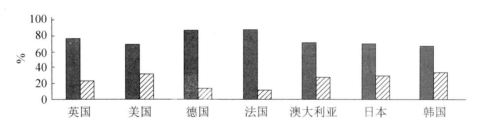

图 5.1.1 2012 年部分发达国家教育全成本的政府负担状况图

资料来源：根据 OECD，*Education at Glance*，2015 整理而得。

图 5.1.1 是 2012 年部分发达国家政府对教育成本负担的比例占整个教育全部成本的比例。其中，非政府负担的比例中包括家庭、社区及社会其他机构对教育的投入。可以看出，在教育全部成本的负担中，政府对教育成本的负担是主要的。在这几个国家中，法国和德国政府承担的教育成本的份额比较高，而韩国和美国则是非政府教育投资的比例相对较大。

虽然发展中国家和发达国家的国情有很大差别，但政府对教育成本的负担也有一些相同之处。首先，无论是发展中国家还是发达国家，政府始终是教育成本提供的主力军。其次，尽管历史不同以及社会制度不同，除少数国家（如朝鲜）外，社会和家庭对教育

---

① P. Gertler, P. Glewwe. The Willingness To Pay For Education In Developing Countries: Evidence from Rural Peru, LSMS Working Papers, 1989.

成本的分担所占比例有逐渐增大的趋势，并逐渐允许社会各方力量对教育的参与，这对政府教育成本将有很大影响。

（二）教育财政对各级教育成本的负担情况

教育财政对教育成本的负担一般有三级，即初等教育、中等教育和高等教育。根据不同国家对义务教育和基础教育规定的年限不同，政府对各级教育支出的比重也会有所不同。如多数发达国家和福利国家的义务教育一般是12年，而中国等发展中国家的义务教育则是9年。总体上讲，义务教育和公共教育的经费应该来自国家财政已经是不可否认的事实，而非义务教育则可以由政府和市场共同承担。因此，为了便于分析，将教育分成三级来对各级教育成本的教育财政负担进行相关比较，如表5.1.1所示。

表5.1.1　2012年部分国家教育财政对各级教育成本的负担比例情况表　（单位：%）

教育层次 国家	初等和中等教育		高等教育		全部教育	
	政府	非政府	政府	非政府	政府	非政府
英国	84.0	16.0	56.9	43.1	76.4	23.6
芬兰	99.3	0.7	96.2	3.8	98.3	1.7
瑞典	100	0	89.3	10.7	96.7	3.3
美国	92	8	37.8	62.2	68.4	31.6
澳大利亚	82.4	17.6	44.9	55.1	71.7	28.3
日本	92.9	7.1	34.3	65.7	70.1	29.9
韩国	83.9	16.1	29.3	70.7	66.5	33.5

注：上述数据为转移支付调整后数据。
资料来源：根据OECD，*Education at Glance*，2015，Table B4.3 整理而得。

表5.1.1是部分发达国家2012年教育成本负担的相关数据。可以看出，在芬兰、瑞典等福利国家，教育财政负担各级教育的比重较大，接近100%；英国、澳大利亚和韩国对基础教育支出比例相对较小，高等教育的成本主要由非政府主体负担，特别是韩国政府对高等教育支出比例仅为29.3%，这种现象可能与国民收入分配政策和高等教育政策有关。

在发展中国家，政府无力负担教育的全部成本，甚至无法满足基础教育和义务教育的要求，只能将重心放到基础教育和义务教育上来。即使少数发展中国家的政府负担教育的全部成本，所产生的教育质量也不是令人满意的。近些年来，发展中国家不断调整教育产业政策，容许私立学校和社会力量办学，政府对初中级教育的成本提供比重有下降的趋势。

义务教育的成本在计划经济体制中一直是国家财政来进行补偿的，但随着市场经济体制的建立，居民收入的大幅度增加和教育需求的日趋多样化，使这种一成不变的模式发生了变化。择校生和私立中小学的出现为义务教育成本的分担和补偿开启了新的门户，但同时也引发了对教育公平的讨论。在中国有一定比例的民办学校，自20世纪90年代以来，不少以赢利为目的的学校也进入到民办学校的行列中。2014 年中国有 5681 所民办小学和 7185 所民办中学（初中和高中总计）[①]，各种民办学校在不同程度上缓解了政府义务教育财政的紧张局面。

（三）各级政府教育财政对成本的负担情况

各国教育行政权限的划分使得各级政府对教育成本的负担不尽相同，主要由于"受益的地理范围不同，一些公共服务更适合由高层级辖区提供，另一些服务则可由较低层级政府提供"。在不同体制、不同经济发展水平的国家之间，中央和地方政府所承担的教育成本也会有所差别。

1. 各级政府教育财政对义务教育的负担

在世界各国，以全民性、平等性、普及性为特征的义务教育作为各国公共教育制度的基石，一般均由政府直接组织、管理和投资。不过，由于历史文化传统的差异以及政治、财政和教育管理体制的不同，各国政府干预和成本负担的情况又有差别。表 5.1.2 列出了 7 个具有典型性的国家的各级政府对义务教育的经费负担情况。总体上看，在这些国家中，英国和比利时的中央或联邦政府负担教育成本的比重相对较高，其他国家地方政府对基础教育成本的提供比例则相对较低。

表 5.1.2 2012 年 OECD 有关国家各级政府对初等和中等教育的经费提供情况表　（单位：%）

经费构成 国家	中央、联邦政府	省、州、邦政府	市、镇、学区
德国	6.8	71.4	21.8
英国	34.5	—	65.5
美国	0.5	1.7	97.9
日本	1.8	81.4	16.8
挪威	8.2	0	91.8
瑞士	0.2	61.0	38.8
比利时	23.9	72	4.1

注：上述数据为转移支付调整后数据。
资料来源：根据 OECD，*Education at Glance*, 2015，Table B4.3 整理而得。

在联邦制国家，如德国、美国、加拿大等国，教育财政则被分成联邦政府、州政府和地方政府。义务教育立法权和行政管理权一般在州政府，州的各项法律规定着教育目标、教育义务、学校设立和维护、教师的进修学费和补助等。在州和地方的关系上，各州大致相同。州政府通过财政和立法来行使对地方政府的监督，这种监督实际上包括规划、组织和领导在内的管理。在教育经费的负担上，具体的分担成本在项目上则各有特点，如联邦德国实行州政府负担内部事务经费和地方负责外部事务经费的责任划分方法：州政府支付教师的工资和退休金，地方政府则提供土地、校舍、物质设备等。

---

① 教育部："2014 年全国教育事业发展统计公报"[EB/OL]，2015-7-30，http://www.moe.edu.cn/。

在单一制国家，如日本、英国和挪威，教育财政被分为中央财政和地方财政。义务教育一般是由中央政府和地方政府共同负担。在日本，1953年开始实行义务教育成本由中央和地方政府共同负担，这是因为实行了地方缴付税、国库支付金制度，以及中央收取较大份额税收的同时，向地方进行转移支付。

2. 各级政府教育财政对高等教育的成本负担

各国高等教育一般是由政府和学生共同负担，包括中央和地方政府的共同提供。从各国的实践来看，政府对高等教育成本提供的情况也是在不断变化的。如在日本，高等教育的政府提供偏高。1990年，高校的经费来源情况是：财政拨款占到60.3%，学费和其他收入占到10.1%，附属医院收入占到20.8%，其余为其他收入。但是各国对高等教育成本的负担也在逐渐变化，1930年英国的高等教育国拨经费占到33.6%，而到20世纪80年代已经占到63%。

20世纪的美国，各级政府对高等教育经费的提供比例也在变化（见图5.1.2）。可以看出，40年代以前，联邦政府对高等教育投入的比例较低，1930年，联邦政府、州政府和地方政府对高等教育投入的比例是6.4∶30.9∶0；50年代以来，联邦对高等教育的支出比例增大，70年代后又有一定的回落。在这种变化下，到2013年，三级政府的高等教育支出比例为7.9∶25.8∶1.6。

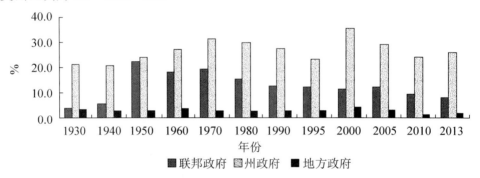

图5.1.2　1930年以来美国各级政府对高等教育的成本负担情况变化图

资料来源：Department of Education.Current Fund Revenue of Degree-granting Institutions（2015）[EB/OL].Digest of Education Statistic.http://nces.ed.gov.

第二节　教育财政成本的分类与核算

教育经济学家在20世纪60年代前后就提出了教育成本分类的问题。早在1958年约翰·维泽（J. Vaizey）的《教育成本》一书中[①]，教育成本的分类就以教育经费的形式出现了。后来舒尔茨（1963）和科恩（E. Cohn）分别在《教育的经济学价值》和《教育经

---

① J. Vaizey, *The Economics of Education*, London :Faber and Faber, 1962.

济学》①中对教育的全成本进行了进一步研究，分别以成本分类的方式提出了教育全成本的概念，指出教育的成本不仅包括教育经费、实物耗费，还应该包括机会成本。此外，马丁·费尔德斯坦（M. Feldstein）的"影子价格"（Shadow Price）在经济领域提出。影子价格被广泛运用于经济学成本和收益的分析中，一些学者认为还应该将存在竞争市场的"影子价格"引入教育成本的分析之中。②上述的教育成本分类大都体现了教育成本的基本内涵，即教育成本是社会资源用于教育的一种有形和无形的耗费。

一、教育财政的成本分类

（一）文献综述

舒尔茨认为，教育成本可分为两部分，第一部分是提供教育服务的成本，包括教师、学校管理人员、图书馆工作人员的工资等服务成本；维持学校运行所耗费的要素成本、固定资产成本，如房屋、土地、教学设备、报废及折旧成本；维持学校正常运行的费用。上述成本中不包括诸如学生食堂、住宿、体育运动队活动等与教育服务无关的附属活动的成本。第二部分成本是指学生在一定受教育年限内所花费的成本和学生受教育期间的机会成本。前者包括学杂费、书本费、培训费及迁移费用③，后者是指以工资计量的学生因上学而放弃的收入。舒尔茨的这两部分成本指的是学校成本和学生机会成本，这些论述成为以后舒尔茨教育成本研究的理论基础。

科恩的《教育经济学》在"教育成本"一章中，用列表方式讨论了教育成本的类别。他指出教育成本可分为两大类：直接成本和间接成本。直接成本主要是学校提供的教育成本，但也有一部分是学生因上学而发生的费用，除了学杂费、书本费以外，还有额外发生的食宿费、服装费、往返于学校和家庭之间的交通费。科恩的教育成本分类理论与舒尔茨有所区别，他认为，从经济学的角度来看，教育成本用机会成本来表示最为恰当，在考虑相同机会成本的情况下，教育成本还包括间接成本。间接成本主要是学生因上学而放弃的收入，学校享受的税款减免，用于教育的建筑物、土地等资产损失的收入（利息和租金）。

在世界银行（The World Bank）对教育成本的分类之中，布雷（Bray）将教育的成本分成各个主体的直接费用和学生机会成本。④其中，直接费用包括政府、社区、团体、家庭及个人所支付的教育费用。曾满超（M. S. Tsang）则认为，从经济分析角度来看，在教育投入的实际成本或经济成本的分类中，教育成本应该更注重机会成本，它可以通过其他最佳使用状态下的价值来衡量。因此，教育的实际成本不仅包括公共教育经费，也包括私人成本。

阎达五等提出，教育成本是指教育过程中所耗费的物化劳动和活劳动的价值形式总和，从理论上讲是指培养每名学生所耗费的全部费用。因此教育成本可分为有形成本和

---

① 〔美〕埃尔查南·科恩、〔美〕特雷·G. 盖斯克：《教育经济学》，范元伟译，格致出版社2009年版。
② 袁连生：《教育成本计量探讨》，北京师范大学出版社2000年版。
③ T. W. Schultz, *Investing in People：The Economic of Population Quality*, University of California Press, 1981.
④ M. Bray, *The Costs and Financing of Education：Trends and Policy Implications*, France Pergamon Press, 1998.

无形成本。有形成本也叫作直接成本，即在教育过程中直接培养学生并可以用货币计量和表现的劳动耗费；无形成本可以理解为间接成本和机会成本，即进入劳动年龄的学生由于上学而未就业所放弃的收入。①

王玉昆将学生放弃的收入、免税成本、潜在的租金和折旧视为教育的间接成本，将教育的直接成本分为社会直接成本和个人直接成本。社会直接成本为国家预算内支出的教育事业费和各部委事业费支出的中专、技校费用；个人直接成本包含学杂费、学习（用）文具费、交通费、额外的吃、穿、住宿费、文体活动费等。②

袁连生在《教育成本计量探讨》中指出，王玉昆的这种分类对直接成本、间接成本的概念使用不当，而且将收入来源当成成本项目③更为不妥。这种分类的最大不足是不能分析教育成本的负担或补偿结构，因为教育成本耗费与教育成本的补偿是两个领域的问题。教育成本的消耗是由教育经费收入来补偿的，教育成本的补偿结构可以通过分析教育经费来源渠道来了解，何况在一个特定的时期内，教育经费收入与教育成本消耗在数量上是不相等的。另外，从教育成本的构成分析，本期折旧成本是以前资本性投入的耗费，其补偿是通过更新资本资产进行的，与当期的教育经费收入没有具体的联系，可见教育成本耗费与教育成本补偿在时间上也不是完全一致的。袁连生认为，教育经费不能将教育成本的补偿或教育经费的来源与教育成本的类别、教育成本项目混淆。不论来自哪一渠道，教育资金在进入学校后，都是学校的资金，没有必要区分这些资金是政府的还是个人的。基于这样认识的教育成本的分类，如图 5.2.1 所示：

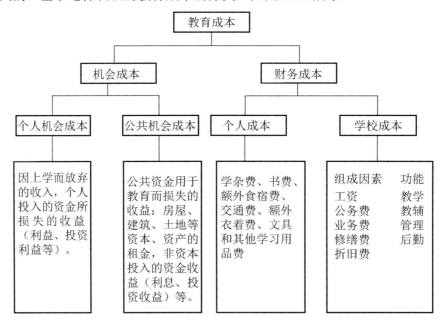

图 5.2.1　教育成本分类图

---

① 阎达五、王耕："教育成本研究"，见黄家雄主编：《高等学校的管理改革与效益》，北京出版社 1989 年版。
② 王玉昆："教育成本问题初探"，《教育与经济》，1991（1）：48—53。
③ 袁连生：《教育成本计量探讨》，北京师范大学出版社 2000 年版。

林荣日认为所谓教育成本，就是培养一名学生所耗费的年度资源总和[①]，资源总和则是指物化劳动和活劳动的价值总和。他从不同的层面，将教育成本分为广义教育成本和狭义教育成本两大类。其中，广义的教育成本是指从国家或社会的角度来看，培养一名学生所耗费的来自国家、社会、学校和学生个人的年度资源总和（包括机会成本、固定资产折旧成本和潜在租金总损失等）；狭义的教育成本则是仅从学校的角度来看的，指学校为培养一名学生所花费的资源总和（不包括机会成本），因而这种成本常常被称为学校教育成本或学校教育培养成本。

伍海泉等学者认为，教育成本按其计量标准与计量目的不同，可以分为教育实际成本和教育标准成本。教育实际成本是基于成本管理目的实际发生的成本，是采用会计核算方法，对成本核算期内实际发生的费用对象化之后而核算出来的成本，也就是教育的财务成本。教育标准成本则是基于学费定价目的的教育成本，是指按照一定的标准、定额通过会计核算、统计等方法，在实际成本基础上，计算、分析出的培养合格学生的必要支出。这里的必要支出只包括在保证合格质量基础上的合理支出，不包括浪费、闲置和非教育活动等实际发生却不合理的支出。[②]

教育的社会成本也称为教育公共成本。它指国家和社会培养每名学生支付的全部费用，包括社会直接成本和社会间接成本。社会直接成本主要包括各级政府支付的全部费用；企事业单位、社会团体或个人捐赠的教育费用。社会间接成本主要包括达到法定劳动年龄段的学生如不上学而就业时，国家可能获得的税收；教育所使用的土地、建筑物、设备，如果不用于教育而用于其他方面可能获得的利息、租金收入（机会成本）；用于教育的土地、建筑物、设备免除或可能课征的税收。

教育的个人成本也称为教育私人成本，指培养每名学生由学生本人、家庭、亲友支付的全部费用，包括个人直接成本和个人间接成本。个人直接成本主要指由学生本人、家庭、亲友为学生受教育直接支付的学费、杂费、书籍文具费、文体费、交通费、住宿费、生活差距费等；个人间接成本指达到法定劳动年龄的学生因上学而未就业可能放弃的就业收入，即机会成本。

（二）评价与分析

上述对教育成本的分类分析中，无论教育成本的划分层次如何，无论是从经济学角度还是从会计学角度来划分，都有一些共同的特点：一是教育成本的分类都将政府负担的教育成本进行了区分；二是分类中政府对教育的成本负担都按照教育成本的具体负担项目进行了分类，这些成本包括了政府对教育的各种经费、土地和房屋的租金以及固定资产及其维持费用等；三是这些分类方法中，都没有忽略教育财政的机会成本，即政府对教育成本的提供如果不用于教育而用于其他方面可能获得的收益。

上述分类的特点对本文研究教育成本的政府负担的分类具有一定借鉴意义。但是，这些分类方法不能用于对教育财政成本进行分类，原因如下：

（1）例如，教育的个人成本，一般被认为是学杂费、书费、文体费、学生的食宿费、

[①] 林荣日：《教育经济学》（第2版），复旦大学出版社2008年版。
[②] 伍海泉、钟菲菲、陈翊："教育成本的两种形式与高等教育学费定价"，《教育与经济》，2011（2）：58—61。

学生个人的交通费、文具和其他学习和生活用品费用等，而学杂费、书费和文体费一般是被学校收取，从政府角度和各国的实际情况来看，这一部分教育收费一般都被用于教育，而没有用于其他公共领域，是政府负担教育成本的一种经费来源。因此教育全成本的分类与教育财政成本的分类在个人成本方面容易造成混淆。

（2）对教育成本的分类，是为了对教育成本进行计量、分析和评估，以便服务教育决策，它要求数据来源全面、可靠。早在 1963 年，舒尔茨就指出了教育经费中未包含教育成本的内容，同时列出 6 种未解决的教育成本问题。曾满超在研究中指出，发展中国家的分析常常遇到数据不可靠、不完全的问题。因此，政府负担的教育成本分类除了要考虑个人成本被用于公共教育支出之外，还要考虑数据来源的全面、可靠及易于统计等特点。

（3）从会计学角度来讲，土地属于无形资产，不易评估，只能算租金价值；固定资产又有折旧，而大多数学校在中国属于事业单位，按照有关会计规定，固定资产必须按照一定比例提取"修购基金"，或者进行变卖，有的学校甚至是挂账处理；属于企业化经营的学校还可根据实际情况自行规定提取折旧比例。这些都不易在教育财政成本分类中加以严格区分。

（4）关于机会成本的估算。舒尔茨认为机会成本的估算非常困难，据他估计，美国 20 世纪 50 年代教育机会成本约占教育总成本的 20%，并有不断上升的趋势。本书认为，这种估计也不一定准确。例如，同样价值的投资如果用于其他投资，可能一本万利，或者盈亏持平，但也可能血本无归，因此对机会成本的估计也很难有一个令人满意的标准。

因此，对政府负担和提供的教育成本必须考虑到教育财政并非是对教育全成本的教育经济学研究，也不是教育财务学那样将教育成本进行会计上的细分与核算，而应该从宏观上，将政府负担的教育成本进行综合分析和把握。

（三）教育财政成本的分类

基于上述认识，教育财政总成本应该是在一定的教育时期内，花费在教育上的一切政府资源的总和。对教育财政负担的教育成本分类，主要是有利于教育财政的核算、绩效评估，并给教育财政决策提供信息，从而帮助政府制定合理的教育政策，提高教育财政资金的使用效率。因此，可从教育财政总成本的角度出发，将政府负担的教育成本进行分类，即分成直接成本和间接成本（见表 5.2.1）。直接成本包括各种财政性教育经费；间接成本包括国家对教育领域的税收减免、财政和银行对教育贷款的贴息或优惠、土地和建筑物的潜在租金、挂账处理的固定资产折旧费及财政性教育经费的机会成本等[①]。

[①] 在中国，按照 1987 年《军工、科研及事业单位会计制度》的有关规定，学校每年要从经费中，按固定资产折旧总额的一定比例提取修购基金。

表 5.2.1 教育财政成本分类表

直接成本	间接成本
（1）各级政府教育拨款 （2）用于教育的专项税费或基金 （3）国有企业的教育和培训经费支出 （4）公立教育系统的校办产业、勤工俭学和社会服务所得用于教育的支出 （5）计划经济国家的非计划招生所得收入用于教育的投入	（1）教育用土地和建筑潜在的租金及挂账处理的固定资产折旧资金 （2）财政对教育贷款的贴息及利息减免 （3）校办产业、勤工俭学和社会服务所得的税收减免 （4）筹集教育财政资金所形成的各项费用 （5）国家财政用于教育支出的机会成本

在对教育财政成本的分类中，有的研究将上表中的间接成本的前三项看作政府投入的机会成本。本书为了不造成直接成本、间接成本与机会成本之间的混淆，还是将这几项列入间接成本。

当然，除了上述对教育财政成本分类的方法之外，还有很多分类方法。这些成本分类都可以建立在教育全成本分类的基础之上。如将教育财政成本分为资本性成本和经常性成本；货币成本和非货币成本；总成本、平均成本、生均成本即边际成本等，在此不再赘述。

二、教育财政成本的估算

（一）估算成本项目的标准问题

从教育财政成本分类来看，估算直接成本较为容易，因为预算内教育经费数据来源可靠，预算外教育经费的统计方法也较为简单，而间接成本的估算则较为困难一些，原因是，如果表 5.2.1 中，间接成本一栏中的折旧费和财政、银行对教育领域的贴息与减免容易统计，那么教育用土地和建筑潜在的租金则需要估算，且机会成本的测量极为困难。有的学者还认为教育财政的机会成本还应该包括学生已满劳动年龄，因接受教育而失去就业机会，由此国家可能获得的税收[①]，这更是难上加难。

舒尔茨曾对美国学校的固定资产折旧费和资金损失进行了估算，科恩也采用了舒尔茨的方法进行了同样的估算。这种方法首先将各级学校的固定资产原值的构成进行估算：高等学校的土地为 15%，房屋建筑为 70%，仪器设备为 15%；中小学土地为 20%，房屋建筑为 72%，仪器设备为 8%。其次，估计各类固定资产的年折旧率（使用年限）：土地无折旧；高等学校房屋建筑物 2%（50 年），仪器设备 10%（10 年）；中小学的房屋建筑物 3%（30 年），仪器设备 10%（10 年）。然后，根据估计的原值和折旧率计算折旧费。计算出固定资产折旧费后，将原值减去累计折旧就可估算出净值，然后按大学平均利率 5.1%，中小学 5%，计算每年的资金损失。利率之所以不同，是由于固定资产的平均使用年限不同，使用年限长的固定资产补偿年限长，若比照银行利率，则期限长的一般要求利率高。

---

① 靳希斌：《教育经济学》，人民教育出版社 2002 年版。

（二）对中国教育财政成本的估算

按照上述分类和估算标准，可根据 2013 年以后所形成的综合性数据资料对 2013 年中国教育财政成本进行初步估算。其中：

1. 直接成本可以从历年的统计资料中得到体现

表 5.2.3 中，第一项和第二项分别为预算内和预算外教育支出，预算内教育支出为 21818.46 亿元。预算外教育财政资金包括：（1）各级政府征收用于教育的税费，为 2353.55 亿元；（2）2013 年企业办学中的企业拨款为 48.20 亿元；（3）校办产业和社会服务收入用于教育的经费为 27.88 亿元；（4）其他为 240.12 亿元。预算外教育财政资金合计 2669.75 亿元。[①]

2. 教育财政间接成本的估算

（1）固定资产潜在租金和折旧成本

根据中国教育相关统计资料，对间接成本中相关的固定资产潜在的租金和折旧成本进行了估算（见表 5.2.2）。其中，全国的建安成本为每平方米 1606 元[②]。

表 5.2.2　2013 年中国学校固定资产潜在租金和折旧成本表

全国各级各类学校拥有校舍建筑面积总量	28.7 亿平方米
固定资产潜在租金和折旧成本	46092.2 亿元

资料来源：教育部："中国教育概况：2013 年全国教育事业发展情况"，[EB/OL]，2015-3-31，http://www.moe.edu.cn。

（2）财政和银行对教育贷款的贴息及利息减免

依据统计资料，2013 年全国学前教育（幼儿）、义务教育、中职教育、普通高中和普通高校学生累计资助金额 1185.15 亿元。[③]

（3）国家财政用于教育支出的机会成本

国家财政用于教育支出的机会成本可以看作直接资金成本的利息收入。但是袁连生（2000）指出[④]，中国财政部门对学校的拨款是一个月支付一次，学校账户上财政拨款形成的存款不会超过全年的 1/12，廖楚晖在其相关研究中对此也有同样的阐述[⑤]。本书考虑到学校资金的沉淀，计当年活期利息（2013 年人民银行的活期利率一直保持在 0.35% 的水平[⑥]）。因此，国家财政用于教育支出的机会成本为：国家财政用于教育支出直接成本 24488.21 亿元×0.35%=85.71 亿元。

（4）筹集教育财政资金所形成的各项费用即筹集教育财政资金所形成的税收征管成

---

① 数据根据《2014 中国教育经费统计年鉴》整理而得。
② 数据根据住房和城乡建设部信息中心发布数据整理而得，http://www.cecn.gov.cn。
③ 教育部："2013 年中国学生资助发展报告"，[EB/OL]，2014-8-26，http://www.moe.edu.cn。
④ 袁连生：《教育成本计量探讨》，北京师范大学出版社 2000 年版。
⑤ 廖楚晖："政府教育支出成本分类与核算的有关问题研究"，《财贸经济》，2004（09）：68—70。
⑥ 中国人民银行货币政策司："金融机构人民币存款基准利率"，[EB/OL]，2015-10-24，http://www.pbc.gov.cn。

本（行政事业性收费成本视同税收征管成本），可按照直接成本与税收征管成本率计算而得。目前，关于中国税收成本核算的争议很多，根据王乔的估算[①]，中国目前税收征管成本率大致维持在 5%—8%，但有的专家又认为，明确估算税收征管成本很难[②]且意义不大。在此，我们再次暂取税收征管成本率为 7%，则直接成本×税收征管成本率（7%）[③]＝1714.17 亿元。

（5）2013 年校办产业和社会服务收入为 27.88 亿元，因此所得税计算的间接成本为 27.88 亿元×40%×25%＝2.79 亿元。

据此，可以估算出 2013 年中国政府教育成本，如表 5.2.3 所示：

表 5.2.3　2010 年中国政府教育成本估算表　　（单位：亿元）

成本分类	成本
直接成本：	
（1）预算内教育经费	21818.46
（2）预算外教育经费	2669.75
间接成本：	
（1）教育用土地和建筑潜在的租金及挂账处理的固定资产折旧资金	46092.20
（2）财政对教育贷款的贴息及利息减免	1185.15
（3）国家财政用于教育支出的机会成本：直接成本×当年银行利率	85.71
（4）筹集教育财政资金所形成的各项费用	1714.17
（5）校办产业、勤工俭学和社会服务所得税收减免（只计算所得税）	2.79
总计：	73568.23

资料来源：表中计算结果所使用的相关数据根据《2014 中国教育经费统计年鉴》和教育部网站整理而得。

（三）对教育财政成本估算结果的简要分析

运用上述方法进行估算可以提供大致的教育财政成本，以便政府决策部门参考。由于受分类和计算方法的准确性、数据来源的可靠性、统计的精确性、计算方法的科学性及成本分类和估算方法的合理性等因素影响，所得出来的数据比较粗略，主要有以下三点：

1. 分类方法和计算方法存在问题

从政府教育分类方面来看，这种分类主要考虑到官方统计资料来源因素，如经费统计和口径的分类。如学生学杂费问题，从教育成本的负担角度看，学杂费应该属于个人接受教育的成本；从财政收入角度看，学校收取的学杂费属于预算外收入，而在官方统计资料中，学杂费又未被列入预算外收入之中。此外，上述计算方法还存在计算准确性的问题，如 1995 年 5 月 1 日人民银行调整的人民币活期利率为 2.97%；1996 年 8 月 23

[①] 王乔、龚志坚："从税收征纳交易费用看税收征管制度改革"，《税务研究》，2010（06）：77—79。
[②] 廖楚晖、李蕾、冯丽坤、陈娟："个人所得税与地区经济增长的相关关系"，《税务研究》，2014（12）：66—68。
[③] 税收征管成本率是按照当年税务事业费和当年税收收入的比值计算而得。

日该利率又被调整为 1.98%；2013 年的该利率为 0.35%，而上述分析中仅用一种利率进行了估算，显然计算结果存在偏差。

2. 税收减免计算存在问题

政府利用税收手段为教育筹集资金及对教育领域实行税收减免，都会直接或间接地影响到教育财政成本。科恩指出，美国的地方政府财产税有 75% 用于资助教育事业，但主要用于初等和中等教育，而用于高等教育的部分极少，因此造成了各类学校成本负担的不一致。同样地，对于学校免交营业税的问题，此项税款未用于教育的部分才能看成政府对教育的"补助金"，因为营业税的一部分本来就指定用于教育事业。如果再计入间接成本，则会造成教育成本的重复计算。

中国也有城市和农村教育附加费，分别按照单位和个人所缴纳的消费税、增值税、营业税的 3%和农村人均收入的一定比例征收。按照这一标准，假如学校的年营业额为 100 万元，按照 17%的营业税率（2016 年中国将全面实行"营改增"）计算，则营业税为 17 万元，由于其中的 3%要收取教育附加费，学校所免除的营业税总额实际为 16.49 万元（=17 万元×97%）万元。显然，这种减免税的计算相对于教育成本的估算来说并不是很准确。

3. 数据统计原因造成与实际成本存在差距

首先，有两种原因容易造成教育财政全部成本的统计偏高。一是高等院校包括庞大的后勤服务，这些服务在未进行高校后勤化改革以前，一些成本是由教育财政经费来承担的。二是中国高校的教育科研经费一般用于高校的教研服务，但是也有很大一部分是为社会、各级政府、各部委等提供研究服务的，这一部分经费有的被列入教育经费使用，而在统计口径中却是在"国家财政用于科技支出"项目之中列支，所以无法严格统计清楚。三是学校的"小金库"和一些制度外收入统计的难度很大，这一部分成本无法体现在统计报表之中，容易造成教育成本估算偏低。四是教育经费的统计口径及界定、统计方法、统计质量可能造成纯统计上的成本偏差。

第三节　教育财政的成本—效益分析

与政府支出决策一样，政府在进行教育支出决策时，需要知道某些教育成本是否应该进行负担，其负担的效益是否大于成本，或者成本是否最小化。政府在安排每一项教育支出时，都要对该支出进行定性和定量分析，以便做出适当的评价，从而使得教育财政成本负担更为合理。

一、教育财政成本—效益分析的特殊性及方法的确定

（一）教育财政成本—效益分析方法及其特殊性

成本分析指的是一组相关的分析方法，这些方法通过综合考虑成本和效益来做出决

策。成本效益分析方法是对一些备选方案进行具体的、系统的分析，是一个为决策的制定提供有用信息的工具，但并不能替代决策本身。如果成本分析能为决策者提供有用的信息，则有助于决策的制定；如果不恰当地运用成本分析去做出"正确"的决策，则将有碍于决策的制定。

政府在进行成本分析时通常有两种分析方法：即成本效益法和最低成本法。一般地，对于一些效益是经济的、有形的，可以用货币计量的项目，主要采用成本效益法进行分析，这种方法在评价政府投资支出中应用较多。对于一些成本易于计算，但效益却不容易衡量，通过此类支出所提供的商品或劳务不可能以任何标准进入市场交换的支出项目（如军事、文教卫生等类），一般采用最低成本选择法。

政府部门与私人部门的成本分析是不同的，私人部门在做出市场决策分析时需要考虑自身的成本和效益，通常要按照这样一种程序来进行决策：首先，列出各种备选项目或方案；其次，列出每一项目或方案的成本与效益；再次，比较每一项目或方案的成本与效益；最后，选出净效益最大的项目或方案。

政府对投资项目进行评价时，在许多情况下其程序与微观经济主体基本相同。而政府支出项目的成本分析在衡量净效益的标准、成本效益的范围、度量成本效益的尺度等方面与市场的微观经济主体具有不同的特点。首先，政府投入是以社会效益最大化为目标，而不是利润；其次，政府投入除了要考虑有形的成本和效益之外，还要考虑外部的、间接的、无形的成本与效益；最后，由于政府的投入和产出不一定是在市场中进行，或者政府为弥补市场缺陷而发生财政支出的情况下，市场价格并不能代表真实的社会边际成本或效益，因此在存在市场缺陷的情况下，在成本和效益的度量方面，政府并不是利用市场价格来评估其投入与产出。

（二）成本—效益分析法用于教育财政分析的局限

在市场经济体制下，政府在安排投资预算时，一般都要对投资项目的成本和效益进行估价，进而对成本—效益进行分析。所谓政府投资项目的成本—效益分析法，是指政府在安排投资项目时，通过比较各种备选的全部效益和全部预期成本来评选这些项目，并据此来确定投资项目的一种分析或研究方法。

成本—效益分析法在教育财政领域的应用是不合适的，这是因为教育财政投入效益的计量有许多技术问题在实际中难以有效解决，而只能以判断或近似模拟的方法予以代替，这样会影响到结果的有效性。成本—效益分析法用于分析教育财政投入的成本的局限性表现为：

1. 成本与效益测量的量化标准难以统一

政府支出的成本—效益分析法要求对各种支出项目或方案进行尽可能的量化，最好以统一的货币单位进行估价，表明它们的金额大小。而教育是一种具有明显的外部性以及无形收益的项目，成本—效益分析法难以进行准确的衡量，如政府进行教育支出以后，劳动力资本的价值是多少？教育质量的衡量标准是什么？这种量化标准难以统一。

2. 不同性质的教育财政支出的成本和效益不具有可比性

政府支出的成本—效益分析法要求将各种支出项目或方案的总金额变成可比的形式加以比较，取得各项目或方案的净效益情况。但这种方法用于教育财政支出则十分困难，比如教育财政对教育基本建设和教育事业费的支出，两类支出中哪一类更重要；又如初等教育、中等教育和高等教育的成本和社会收益率是不一样的，教育财政预算安排应该侧重于哪一级教育？成本—效益分析法难以提供准确有效的答案。

3. 确定各项目或方案优劣组合的有限性

由于上述成本—效益分析法对于教育财政分析的局限性，因此通过成本和净收益的比较来排列优劣组合就有很大限制。此外，并非所有的教育财政支出方案都具有多样性，如政府对义务教育和基础教育支出的选择上，由于义务教育是基础教育的前提，因而通过成本—效益分析法得出的结论是不能选择的，政府只有保障义务教育的实现，才能实现基础教育质量的提高。

此外，除了上述局限外，在一些市场经济不发达、市场机制不完善的国家也缺乏使用成本—效益分析法的广泛基础。首先，市场机制不发达的国家，不存在市场均衡价格，政府各项支出的真实效益难以准确评价。其次，一些国家的中央银行对利率和贴现率的调控有很大的政府因素，还未转变到依据市场调节的层面上来，因此贴现率的计算十分困难。最后，受国家制度、历史传统、人文环境等因素的影响，这些国家的传统体制存在诸多问题，如对政府支出项目的论证与评价的传统意识的存在、政府支出决策的人为因素及制度外的刚性等，限制了成本—效益分析结论的准确性，因而这种分析结果对决策的影响力也是有限的。

（三）教育财政的成本分析方法

鉴于教育财政的成本分析方法的特殊性，因此，对教育财政成本的评价不能运用成本效益法，但可以用最低成本法进行分析。

最低成本法是在给定的政府教育政策目标和支出政策下，以最低成本或最大效益为择优标准，通过比较各种备选方案的全部预期成本和收益，来确定教育财政预算安排的一种分析或研究方法。

最低成本法用于教育财政的成本分析的基本步骤是：第一，在政府事先安排的教育政策目标和财政目标的条件下，列举各种备选的教育财政方案；第二，效益以类似于成本的方式被罗列、量化和估价，并根据受益人的看法来确定（即他们是如何来评价效益的），并且以量化的单位，分别计算各备选方案的有形成本或最大效益；第三，按照成本或效益大小排序；第四，以成本最低或效益最大为择优标准进行比较，选出最佳方案。

最低成本法运用于教育财政支出的成本分析应该首先核算有形成本（直接成本），而后才可根据实际要求计算无形成本（间接成本），这样可适当省却一些计算支出效益和无形成本的麻烦，因而在技术上来说要比成本—效益分析法简单；最大收益法则较为复杂，这种方法要通过教育财政成本大小、支出结构及支出效益的分析，来说明如何使得在既定成本下，达到效益的最大化。

但是需要指出，包括教育财政支出在内的许多政府支出项目都含有政治因素、社会因素等各种复杂因素，如果仅以费用高低或者是效益最大来决定方案的取舍，而不考虑效益及其他因素也是不妥当的。这就需要在综合分析、全面比较的基础上进行择优选择。

二、教育财政效益评价指标体系

教育财政支出要受到国家教育政策目标的制约。所谓国家教育政策目标，是指在一定时期内，政府根据社会发展和国家教育发展的需要，进行合理规划并做出战略部署，以期达到教育发展的最终效果。它包括义务教育年限、义务教育普及率、人口受教育年限、文盲率、人力资源存量等。

目前，对教育产品进行资金投入的主体很多，主要有政府、社会其他部门、家庭和个人。教育成本负担主体的多样性是由教育的混合产品属性决定的。教育能够提高个人的修养和文化层次，使个人接受教育后获得良好的个人收益，这是教育的私人物品性质；接受教育者的一部分教育利益又会外溢给社会，从而提高劳动生产率，提高民族道德文化素养，促进社会交流与经济发展等，因而，教育又具有公共品性质。

根据前文所述，并结合各国经济发展的客观实际，教育产品大致可以分为三类：一是具有纯公共产品性质的，如义务教育、基础教育。二是提供准公共产品的教育单位或教育服务部门，如高等院校、中等专业教育和成人教育等。三是基本具有私人产品性质的教育服务。如职业培训、家教服务等。根据公共部门经济学（或公共财政学）理论并结合多数国家教育财政体制的实际情况，教育财政支出的范围应该是具有纯公共品性质教育的全部领域和作为准公共品性质教育的部分领域。但教育这种混合品的公共性质的范围是可以调整的。如在德国，大学本科教育原本属于公共支出范畴，即本科实行义务教育，但德国政府发现，从经济发达国家国民中拥有学士学位及以上学历的国民数量看，英国为35%，美国是33%，而德国却只有16%。为了刺激全民教育素质的提高，从2001年起，德国政府决定把大学本科义务教育改为非义务教育，该项经费的一部分由政府财政承担[1]，德国的本科教育由纯公共品性质转变成准公共品性质。此外，公共支出的大小也会因社会经济发展的时期不同而有所区别，教育产品也不例外：1996年中国对大专院校的投入占财政支出的 4.63%，而到 2000 年仅占 3.55%，2015 年该指标又上升到了 5.52%[2]。

因此，本书特别强调教育财政的效益不仅要在宏观上受到政府财力、支出范围、支出结构，以及宏观公共支出政策等因素的影响，而且要受到政府调整国家教育政策目标和公共支出范围的制约。当教育财政支出的效益在既定的教育政策目标时期内出现边际效益递减并逐渐趋近于零的情况时，政府就必须考虑调整公共教育政策和公共教育的支出结构。

---

[1] 蒋国华："西方教育市场化：理论、政策与实践"，《全球教育展望》，2001（9）：58—65。
[2] 数据根据教育部财务司、国家统计局：《2014 中国教育经费统计年鉴》，中国统计出版社 2015 年版和国家统计局：《2014 中国统计年鉴》，中国统计出版社 2015 年版整理而得。

此外，根据阿罗不可能定理（Arrow's Impossibility Theorem），"政府公共选择和支出目标应该受社会效率目标制约，但是这种理想的公共选择和公共支出状态是不可能实现的"。换言之，政府公共教育财政投入效益实际上还受制于政府教育支出的效率。教育财政效率也不可能达到社会公共教育需求的最优状态，而只能进行教育财政的帕累托改进。但是，无论教育财政的制约条件如何，教育财政投入始终能够对社会产生直接的效益和间接的效益。[①]因此，可将教育财政支出的效益分为直接效益评价指标和间接效益评价指标（见图5.3.1所示）。

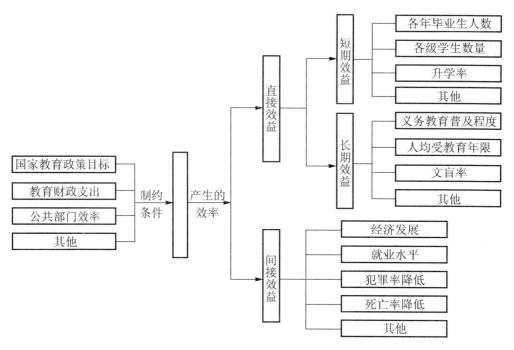

图 5.3.1　教育财政支出效益分析图

（一）直接效益指标

教育财政支出的直接效益指标是指在社会公共教育需求情况下，教育财政的直接产出。可以从长期和短期范围内对直接效益指标进行分析。

1. 短期的直接效益评价指标

短期的直接效益评价指标是指在短期内，政府在各个时期提供的公共教育服务的产出数量和质量。如各教育层次的学生数量、升学率和毕业情况等（由于教育财政支出属于宏观分析，因此无需具体到每个学生的学习质量、教学质量、学生进步及学科专业等微观的细分）。这种短期的直接效益是可以用每学年的统计数据来衡量的（见表5.3.1）。

---

① 廖楚晖："政府教育支出效果、结构及模型"，《财政研究》，2003(4)：21—23。

表 5.3.1　1985—2014 年中国各级学生享受政府教育资源情况表

年份	教育财政投入（亿元）	大学毕业人数（万人）	中学毕业人数（万人）	小学毕业人数（万人）	中学升学率（%）	小学升学率（%）
1985	226.83	31.6	1194.9	1999.9	41.7	68.4
1986	274.72	39.3	1281.0	2016.1	40.6	69.5
1987	293.93	53.2	1364.1	2043.0	39.1	69.1
1988	356.66	55.3	1407.8	1930.3	38.0	70.4
1989	412.39	57.6	1377.5	1857.1	38.3	71.5
1990	462.45	61.4	1342.1	1863.1	40.6	74.6
1991	532.39	61.4	1308.5	1896.7	42.6	75.7
1992	621.71	60.4	1328.4	1872.4	43.4	79.7
1993	754.90	57.1	1365.9	1841.5	44.1	81.8
1994	1018.78	63.7	1361.9	1899.6	46.4	86.6
1995	1196.65	80.5	1429.0	1961.5	48.3	90.8
1996	1415.71	83.9	1484.0	1934.1	48.8	92.6
1997	1545.82	82.9	1664.0	1960.1	44.3	93.7
1998	1726.30	83.0	1832.0	2117.4	50.7	94.3
1999	1927.32	84.8	1852.0	2313.7	50.1	94.4
2000	2179.52	95.0	1908.6	2419.2	52.3	95.1
2001	2636.84	103.6	2047.4	2396.9	52.9	95.5
2002	3105.99	133.7	2263.6	2351.9	58.3	97.0
2003	3351.32	187.7	2453.7	2267.9	60.2	97.9
2004	3773.21	239.1	2617.4	2135.2	62.9	98.1
2005	3951.59	306.7	3203.2	2019.5	69.7	98.4
2006	5795.61	377.5	3277.8	1928.5	75.7	100
2007	7122.32	447.8	3282.9	1870.2	80.5	99.9
2008	9010.21	512.0	3284.8	1865.0	82.1	99.7
2009	10437.54	531.1	3246.6	1805.2	85.6	99.1
2010	12550.02	575.4	3210.1	1739.6	87.5	98.7
2011	16497.33	608.2	3184.7	1662.8	88.9	98.3
2012	21242.10	624.7	3127.2	1641.6	88.4	98.3
2013	222001.76	638.7	3034.9	1581.1	91.2	98.3
2014	23041.71	659.4	2892.4	1476.6	95.1	99.8

注：1994 年起初中毕业生数中包括职业初中毕业生数量；教育财政投入数据在此指的是国家财政用于教育的支出。
资料来源：根据《2015 中国统计年鉴》整理而得。

表 5.3.1 是 1985—2014 年中国政府公共教育投入情况下，各学年所产生的直接效益的一些指标（受文章篇幅的限制，各级在校生人数在本文不再一一列出）。可以看出：（1）随着教育财政投入的逐年增长，表中所列的各项指标也逐年增长。（2）各年、各级毕业生人数随着教育等级的提高而减少，而各级教育的升学率随着教育等级的提高而降低。（3）在中国推行 9 年义务教育的基本政策下，近年来小学升学率较高，截止到 2014 年已经达到 99.8%；而中学升大学的比例相对较低。

2. 长期的直接效益评价指标

长期的直接效益评价指标即一定历史时期内，政府与其他教育投入主体一起进行长期教育支出情况下，对整个社会受教育水平的提高，如人口平均受教育年限、文盲率及义务教育普及程度等所产生的影响。这种指标受统计的历史时期、人口普查周期、计划生育政策等因素的限制，误差较大且很难有统一的标准。

教育财政长期的各类直接效益评价指标的特点是见效时间长而且不明显。以教育财政投入对文盲率的影响为例（见图 5.3.2），从 1990—2015 年少数发展中国家文盲率变化及预测情况来看，这些国家文盲率在这 26 年间下降的速度相对于表 5.3.1 中"教育财政的短期直接效益"来说（中国近 20 年间文盲率从 21.3%下降到 2015 年的 3.5%）则不那么明显。其原因可能是长期以来历史上遗留下来的文盲人口制约了这种效益。

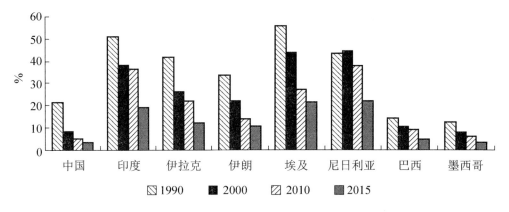

图 5.3.2　1990—2015 年少数发展中国家文盲率及预测变化情况

资料来源：UNESCO Institute for Statistics, National Literacy Rates for Youths(15—24)and Adults(15+), *Adult And Youth Literacy, 1990-2015: Analysis of data for 41 selected countries*. available from UIS website.

（二）间接效益评价指标

教育财政的间接效益评价指标是指：无论政府提供教育资源的程度如何，教育财政支出都将产生能够满足国家教育政策目标以外的各种社会效益。间接效益评价指标举不胜举，涉及社会发展的方方面面，除了教育投资能够提高教育收益率，促进经济的发展之外，还有利于提高就业水平、降低犯罪率和死亡率等。但政府支出的间接效益评价指标的确定非常困难,估算结果也不容易准确。它不仅要考虑到教育收益的外溢,而且要考虑教育的后效性质,即当期接受的教育,不一定在当期就产生社会效益,而是在长期过程中通过知识积累而产生效益,这种后效性反映在政府提供的教育资源在长时期内影响到社会发展的其他各个方面。

1. 教育收益率

教育收益是在教育能促进经济增长的前提下,将教育支出看作一种投资。按照不同的教育收益主体可分成两种:一种是个人收益,即教育给个人带来的货币收入的增加,以及货币收入以外由教育带来的就业能力、理财能力、健康保护能力等的提高而增加的收益;另一种是社会收益,主要体现在对社会经济增长的贡献方面。教育的个人收益可以用接受不同教育的人的个人收入及社会资源在个人之间的分配来分析;教育的社会收益一般用教育对经济增长的贡献来体现。教育收益的提高将有助于整个社会福利的提高。

目前,国内外对教育收益率的理论分析与计算的种类很多,由于理论和方法的不同,以及由于时间、原始数据质量等的差异影响着计算结果的准确性,各种分析方法和估算结果都各不相同,但是各种研究对教育的收益都有一些共同的认识(本文仅列举萨卡罗普洛斯研究的一组数据加以说明,见表 5.3.2):一是社会收益率和个人收益率都为正,这说明投资于教育对个人和社会来说都是有利的。二是无论是个人收益率还是社会收益率,低收入国家比高收入国家和中等收入国家的收益率都高,说明低收入国家应该更加重视教育。三是个人平均收益率高于社会收益率,收入水平越低的国家,教育层次越高,二者的差异越大,表明收益率与教育成本密切相关。由于教育的强外部性和特殊性,几乎每一个政府都对教育进行大量投资,这种投资虽然主要来自公民的税收收入,但每一个公民所缴纳的税收并不相等,这样,受教育者就等于无偿享受到了未受教育者所缴纳的税收,这一方面提高了个人收益率,另一方面又降低了教育的社会收益率。四是教育的各种收益和受教育年限的关系为:教育收益(社会收益及个人收益)随受教育年限的增加而增加,但增幅是逐渐减小的。

表 5.3.2　1959—1999 年不同收入组国家教育收益率的平均估计表　　(单位:%)

	社会收益率			个人收益率		
	初等教育	中等教育	高等教育	初等教育	中等教育	高等教育
高收入国家	13.40	10.30	9.50	25.60	12.20	12.40
中收入国家	21.30	15.70	11.20	25.80	19.90	26.00
低收入国家	18.80	12.90	11.30	27.40	18.00	19.30
世界平均	18.90	13.10	10.80	26.60	17.00	19.00

资料来源:George Psacharopoulos, Harry Anthony Patrinos, Returns to Investment in Education: a Further Update, *Education Economics*, 2004(2).

2. 教育与就业水平

早在 20 世纪 70 年代,发展经济学家爱德华兹(E. O. Edwards)等就发现,一国教育水平和失业率水平密切相关，一般来说，一国国民受教育程度越高，失业率越低。Nickell 曾分析了英国 7000 多名男性就业者的有关数据[1]，其结论是，在一个人前 12 年的学校教育中，每一年的教育都可使各个不同年龄组的失业可能性减少 25%，并且使预期失业持续时间减少 4%左右。国外学者还曾经大量研究过妇女的受教育情况与失业问题，他们也发现，受教育对妇女的影响非常大。一般而言，妇女受教育程度越高，她们越有可能出去就业。这些教育对提高就业水平的研究虽然不能得出精确的分析结果，但都表明教育的外溢效益对社会发展的贡献是不容置疑的。

3. 教育与犯罪

教育与犯罪之间的关系，国内外已经积累了大量的研究资料。一般认为，教育能够预防和减少犯罪。美国学者曾根据美国的有关数据进行分析，其结论是，校外的犯罪率要比在校学生高得多，当受教育者离开学校后，其犯罪率也比较低。有的观点还认为，因为接受教育者比较了解国家法律，能够找出法律上的漏洞，因而容易逃避法律的制裁。

三、对中国三级教育财政支出成本的实证分析

根据教育财政效益的评价指标体系的确定以及最低成本法的工作原理，可以对中国政府三级教育财政支出的成本进行分析，并通过一些原则来强调成本分析结论的准确性。一是公正地选取切实可行的方案，并且所建立的分析模型是有益的。如果方案不可行、分析模型毫无意义，则不可能做到准确。二是政府成本分析者应该确定所有假设都已经被清楚地说明。三是要尽量显示出政府教育成本分析对假设变量的敏感性，使假设展现出成本分析结果的可能合理范围。四是非货币化的成本和收益都应该在分析中列出，让决策者能判断它的重要性。五是对教育财政成本进行分析应该认识到成本分析并非完全准确，这又意味着上述对成本分析方法及相关评价体系的建立要合理，数据来源要准确。

根据这些要求，可以对中国三级教育财政支出成本和效益进行尝试性的实践分析，所建立的模型的基本设想是：首先，能将三级教育财政成本的收益进行估算；其次，通过一个指数将各级教育的直接效益和间接效益有机地联系起来，形成基本的函数形式；再次，对模型进行多种假设，并提出不合理的因素；最后，通过相关数据进行估算得出结论，提出政府教育投入成本的决策建议。

（一）模型建立

根据上述指标体系和表 5.3.1 中 1985—2013 年中国教育情况相关数据，可以确定各级教育财政支出直接效益模型的基本形式为：

$$f_i = \sum_{i=1}^{3} \gamma_i P_i \quad (5.3.1)$$

式中，$i=1, 2, 3$ 分别代表初等教育、中等教育和高等教育，P_i 为各层次教育水平的毕

---

[1] S. Nickell. A Picture of Male Unemployment in Britain, *Department of Economics*, 1979(90):776—794.

业生人数，γ_i 为反映直接教育效益的参照系数，考虑到教育的各种直接效益都与受教育年限有关，因而取值为各种教育水平的平均接受教育年限，初等教育、中等教育和高等教育分别为 5.5、11.5 和 17.4（考虑研究生的加权平均）。[①]

教育财政支出的间接效益是教育直接效益的外溢和时滞性（或后效性）的体现，与毕业生人数及其受教育年限密切相关，按照上述统计口径分类，拟定政府对初等教育、中等教育、高等教育支出的间接效益与直接效益相关的函数关系，分别为：

$$f_{a1} = \lambda_1(P_1 - P_{up1}) \tag{5.3.2}$$

$$f_{a2} = \lambda_2(P_2 - P_{up2}) \tag{5.3.3}$$

$$f_{a3} = \lambda_3 P_3 \tag{5.3.4}$$

其中，P_{up1} = 小学毕业人数 × 小学升学率，P_{up2} = 中学毕业人数 × 中学升学率，λ_1 为初等教育的间接效益指数，λ_2 为中等教育的间接效益指数，λ_3 为高等教育的间接效益指数；P_1 为小学毕业生人数与受教育年限的乘积，P_2 为中学毕业生人数与受教育年限的乘积，P_3 为中学毕业生升入大学的人数。[②]

教育财政支出的间接效益为初等教育、中等教育和高等教育三项间接效益的总和，即：

$$f_a = \sum_{i=1}^{3} f_{ai} \tag{5.3.5}$$

间接效益指数 λ 应体现两个方面：一是 λ 的取值能够体现教育支出的间接效益；二是能够使得间接效益和直接效益之间有某种程度的可比性。

教育收益计算的方法主要有代数法和函数法。代数法通过教育支出的成本和接受高一级教育所产生的收益来直接分析教育支出所产生的效益，但是这种方法对于数据的要求很高，需要每一级教育水平的成本数据和收益数据，而这些数据往往是不具备的。[③]

在此借助美国哥伦比亚大学经济学家杰科布·明瑟（Jacob Mincer）曾于 1957 年提出来的函数法进行分析，这种方法又称明瑟函数理论，它是利用回归模型来估算教育投资的边际收益率的，其回归方程式为：

$$\ln Y = a + bS + cEX + dEX^2 + \varepsilon \tag{5.3.6}$$

式中，Y 为个人年收益，S 表示受教育年限，EX 表示受教育者的劳动力市场经历，a 为截距，b，c，d 为各变量的回归系数，ε 表示误差。

由于函数法的一个显著缺陷是只能够计算个人收益而不能计算社会收益[④]，因此保留函数法的基本形式，即收益和投入之间呈指数关系，并加以修正。根据前文所述，教育的各种收益和受教育年限的指数函数关系为：教育的间接效益（社会收益及个人收益）是随着受教育年限的增加而增加，但增幅是逐渐减小的（参见表 5.3.2）。因此笔者提出

[①] 孙国英、许正中、王铮：《教育财政：制度创新与发展趋势》，社会科学文献出版社 2002 年版。
[②] 考虑到大学入学的学生人数与大学毕业人数基本相同的情况而设定。
[③] W. P. Solomon, Mincer's Overtaking Point and the Lifecycle Earnings Distribution, *Review of Economics of the Household*, 2003, 1(4):273-304.
[④] J. Mincer, *Schooling, Experience and Earnings*, New York: Columbia University Press, 1974.

如下的函数形式来表达教育财政支出的间接效益（劳动力市场经历等因素对于教育支出的效益在本书不予以考虑）。修正后的间接效益评价方法在函数法的基础上，考虑收益增量随着受教育年限而逐渐递减的这种关系，建立如下函数形式：

$$\ln \lambda_i = \beta(-1/S)$$

即： $$\lambda_1 = \alpha \exp(-1/S) \quad \alpha = \exp(\beta) \tag{5.3.7}$$

根据上述分析，教育财政支出的综合效益表现为教育财政支出的直接效益和间接效益之和的函数形式：

$$f = f_{ii} + f_{ai} \quad (i=1,2,3) \tag{5.3.8}$$

其中，$i=1,2,3$，分别表示初等教育、中等教育和高等教育。f_{ii} 表示各项教育财政支出所产生的直接效益；f_{ai} 为各项教育财政支出所产生的间接效益；f 为教育财政支出的综合效益。这样模型就能通过直接效益指标来体现教育财政支出的间接效益和总体效益（综合效益）。

（二）模型假设

教育财政支出间接效益与受教育年限之间的关系是一种指数关系形式，而直接效益则为受教育年限、学生数量和升学率函数形式。尽管教育财政支出的间接效益与直接效益有密切的联系，但是直接分析和确定直接效益及间接效益的可比性是非常困难的，涉及许多具体口径的统一和转换。由于本章讨论的目的在于对中国政府教育财政支出的成本与效益进行比较，因此，可以做出如下三种情况假定：

假设一：教育财政支出所产生的间接效益要明显地大于所产生的直接效益，即教育财政支出的效益主要表现为间接效益，令 $\alpha = 100$。

假设二：教育财政支出所产生的直接效益与间接效益大体相当，即教育财政支出所产生的直接效益与间接效益大体一致，令 $\alpha = 1$。

假设三：教育财政支出所产生的间接效益要明显地低于直接效益。

（三）假设分析

在研究教育财政支出对综合效益的影响之前，需要对于直接和间接效益的大小之间的区分进行合理假设，以免在模型计算过程中出现大的偏差。因此，第一种假设令 $\alpha = 100$ 是满足教育支出间接效益明显的情况；对于第二种情况，取 $\alpha = 1$。其他情况的取值，如 $\alpha = 1000$，仅改变教育支出间接效益对于直接效益的绝对占优情况，但是并不改变教育支出以及结构合理性对于教育综合效益的影响规律。

假设三是教育财政支出所产生的间接效益要明显地低于直接效益。根据主流经济学公共支出效益理论，教育财政支出的边际效益如果小于该资源用于社会其他部门的边际效益，则政府可以减少对公共教育的支出。这种情况使得本章所研究的政府增加教育支出失去了意义，在此不予以考虑。

（四）数据计算和分析

根据表 5.3.1 中 1985—2014 年中国各级教育学生享受国家提供的教育经费成本的统

计数据（由于政府用于公职人员培训、学前教育、研究生教育等政府教育经费成本的比例相当小，在此忽略不计），采用上述模型，计算了假设一和假设二两种情况下，教育财政支出增长和效益增长关系的比较（见图 5.3.3）。

根据图 5.3.3（a）的计算可以看出，1985—2014 年教育财政支出逐年增长，尤其是 2005 年之后，教育支出的增长非常明显，但由于政府教育资源产生效果的时滞性，教育财政支出的综合效益（直接效益与间接效益）在前期增长幅度不大，之后才有所增长。

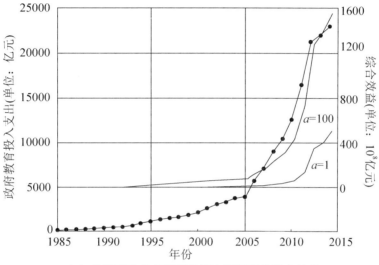

（a）教育财政支出和两种设定情况下的综合效益

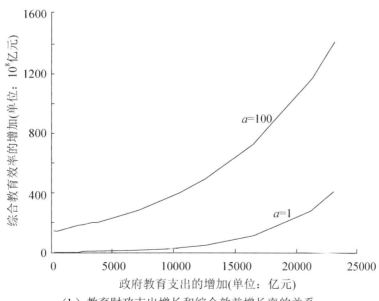

（b）教育财政支出增长和综合效益增长率的关系

图 5.3.3　1985—2014 中国教育财政支出与综合效益的比较图

从图 5.3.3（b）中可以看出，在既定条件下，随着教育财政支出的增长，教育支出产生的综合效益也随之增长，但增长的速度逐渐减缓。教育财政支出的增长使得边际综合效益呈现出递减的规律。

（五）结论和政策建议

通过上述分析，在其他条件既定的情况下，教育财政投入不断加大，所产生的社会发展的综合效益是有限的。教育财政在追随国家教育政策目标的情况下，如果已经能基本满足社会对公共教育的基本要求，那么，应该重新调整国家教育政策目标，否则，就应该调整教育财政支出的结构，从而使教育财政支出能够符合社会、经济的发展需要，创造出更大的社会效应。

中国现阶段教育水平很低，九年义务教育才刚刚得到基本普及，基础教育非常薄弱，特别是学前教育和扫除文盲的任务还非常艰巨。国家应该调整教育政策，实行更高的义务教育标准，调整教育财政支出的层次结构，减少对高等教育的支出比例，把有限的财力投入到基础教育和义务教育层次。

第四节　教育财政成本的负担、补偿与分担

教育成本负担的经费来源是多方面的，政府筹集教育经费除了主要依靠政府预算之外，还有许多其他政府筹资方式，同时还可以依靠社会来为教育提供资金。除了政府提供的教育成本之外，还有家庭、社会所提供的各项费用。各种主体对教育成本的分担对教育成本的政府投入具有深远影响，这些资源有助于教育事业在质量和数量上的发展，因此对教育财政成本的负担，以及对整个教育成本的负担和补偿的研究，将有利于教育资源充分利用，促进一国人力资源公平合理开发，从而进一步促进经济和社会的发展。

一、教育财政经费主要来源分析

政府公共收入是政府提供教育产品的主要成本（来源）。教育产品具有较大的正外部性，因此社会边际成本等于社会边际收益是其效率的原则。但在通常情况下，由政府提供的教育产品的成本不可能通过等价交换来取得，因此政府的各种预算收入是一种必然的选择。

（一）教育成本的预算负担与税收负担

一般而言，凡公共事务的经费应由政府财政维持。政府财政收入主要来自税收。因此，为教育提供经费的来源在很大程度上依赖于税收。

在许多联邦制国家中，公共教育经费由联邦、州、地方三级政府提供。在美国，初等教育和中等教育阶段，联邦政府承担教育经费的 10%—15%（公立和私立高等教育学校则有很大差别）；州政府承担公立高等教育学校经费的 40%左右，承担私立高等学校

经费的 2%左右；地方政府承担的公立和私立高等学校的经费都比较低，公立高等学校约为百分之三点几，私立高等学校约为百分之零点几。[1]总体而言，联邦政府和地方政府承担的责任最小，州政府承担的责任较大。所以与教育有关的税收讨论一般是在州政府层次上进行。州和地方的主要税源有个人所得税、销售税和财产税。其中，个人所得税和销售税主要由州政府征收，财产税主要由地方政府征收。

财产税一直是美国公共教育财政的主要来源。大约75%的财产税被指定运用于教育。而有的地方政府的税收约有90%来自财产税。这一点表明了财产税作为教育经费来源的重要地位。财产税主要用于教育支出的积极方面在于：一是财产税是唯一体现"地方控制"或"家庭规则"的主要税制，它确定了地方居民参与教育的程度。二是财产税为地方学区提供了稳定的、可预测的教育经费来源。三是财产税是一种"高度透明"的税制，它的"高度透明"激励了公共教育经费来源的广阔分布。

20世纪80年代中期开始，中国政府逐渐将义务教育财政责任、基础教育财政责任下放到地方政府，同时中央政府也开始对各地区的义务教育提供教育补助。但是中国正在逐步进行预算改革，目前预算外资金还未完全纳入预算管理之中。在义务教育经费总量中，政府预算内拨款所占的比重从2000年开始始终维持在60%至70%之间（见表5.4.1），其余部分的经费则通过捐款、集资、摊派、教育费附加和学杂费等形式由居民、企业和学生共同负担。相比之下，对于非义务教育的高等教育，2003年中国高等教育人均预算内教育经费约为8330.62元，而小学人均国家拨付经费只有887.63元；2013年中国高等教育人均预算内教育经费约为16194.04元，而小学人均国家拨付经费约为7026.08元，教育财政支出过于偏重高等教育的情况虽有好转，但教育财政对义务教育负担的比重仍然偏低。[2]

表5.4.1　1998—2013年中国预算内义务教育财政经费投入水平表

类别 年份	义务教育财政经费总支出（亿元）	预算内义务教育财政支出		其中：农村义务教育支出	
		经费（亿元）	增长（%）	经费（亿元）	增长（%）
1998	1226.73	770.55	---	456.18	---
1999	1445.62	845.66	9.74	511.30	12.08
2000	1539.34	964.55	14.06	574.79	12.42
2001	2022.02	1292.88	34.04	729.14	26.85
2003	2789.42	1753.48	35.63	1035.94	42.07
2007	4412.94	4119.18	134.91	2839.32	174.08
2009	6694.41	6316.9	53.35	4273.9	50.52
2011	9662.05	8847.91	40.06	5955.77	39.35
2013	12524.17	11331.77	28.07	7552.56	26.81

资料来源：《中国教育经费统计年鉴》（1999—2014）。

---

[1] E. Cohn, *Economics of Education*, Ballinger Publishing Company, 1993.
[2] 数据根据教育部财务司、国家统计局：《2014中国教育经费统计年鉴》，中国统计出版社2015年版整理而得。

中国地方政府的固定收入主要是地方性质的营业税、所得税，以及中央对地方的税收返还。地方的固定收入除了要负担庞大的地方机构正常运作及支持地方经济的发展之外，还要支持义务教育的发展，所以，支持义务教育的经费还要靠其他的方式来解决，主要表现在以下几个方面：

（1）有的地方性固定收入不足以负担本地区的农村义务教育经费，中央财政和学生负担的教育经费仍占很大比重。自2001年我国开始实行"地方政府负责、分级管理、以县为主"的农村义务教育管理体制以来[1]，县级政府成为农村义务教育财政支出的主体。同年，中央提出对农村税费制度进行改革，从2001年开始，逐步取消乡统筹和农村教育集资等专门向农民征收的行政事业性收费和政府性基金、集资等，以减轻农民负担。但有数据显示，在2002年的农村义务教育总投入中，政府预算内支出占78.2%，中央财政的投入占农村义务教育总投入的28%，仍需农民个人承担约1/5左右[2]。到2003年这种状况虽有所好转，如国家财政针对农村义务教育拨款达5287.7亿元，占当年农村义务教育经费总投入的80%，比税费改革前的1999年提高了18个百分点[3]，但仍然有20%的比重可能是由农村或农民来承担。

2006年，农业税全部取消，大大减轻了农民负担，但同时也导致了县级政府财政收入大幅缩减，尤其是西部贫困县、边远地区，政府财力不足，无法保障其对农村义务教育的投入，必须提高中央和省级财政对基础教育的投入水平。由此，近年来，中央政府出台一系列政策措施对农村义务教育进行财力支持。如国务院决定自2016年起，进一步完善城乡义务教育经费保障机制，要重点向农村义务教育倾斜。在经费承担方面，国家规定课程的免费教科书资金由中央全额承担，生均公用经费基准定额所需资金由中央和地方按比例分担，西部地区及中部地区比照实施西部大开发政策的县（市、区）为8∶2，中部其他地区为6∶4，东部地区为5∶5。中西部农村地区公办义务教育学校校舍安全保障机制所需资金由中央和地方按照5∶5比例分担等[4]。可以看出，中央财政的农村义务教育经费负担比重是非常大的。

（2）现行的预算制度和税制安排仍不合理。表5.4.1中数据表明，有近一半的义务教育经费是通过预算外、制度外及其他方式来筹措的，而不是通过税收途径，这造成了地方义务教育的财政制度安排具有很大的不确定性和不透明性因素存在。

（3）财政预算制度和税制的安排不合理造成了教育成本负担不公，主要体现在横向不公平和纵向不公平两个方面。从横向不公平方面来看，由于地区间的经济发展不平衡，各地的财政状况也不均衡，经济发达地区义务教育经费较经济落后地区充足，义务教育经费投入体现了区域间和城乡间严重的不平衡。从纵向不平衡方面来看，为落实"义务教育财政落实到县"这一教育财政体制，大多数县级政府财政收入的主要部分都投入到农村义务教育之中，有的贫困县的县级财政收入甚至都不足以支付教育财政支出，县级

---

[1] 国务院：《国务院关于基础教育改革与发展的决定》（国发〔2001〕21号）。
[2] 韩俊：" 推开配套改革要有周密的政策设计"，《财经》，2004（19）：52—53。
[3] 刘万永：" 两会代表委员：农村免费义务教育步子再大些"，《中国青年报》，2005-3-9。
[4] 国务院：《国务院关于进一步完善城乡义务教育经费保障机制的通知》（国发〔2015〕67号）。

其他行政事业经费在很大程度上要依赖省级财政的转移支付，县级教育经费负担远远超过了城市的义务教育经费负担。

（二）教育经费的税收安排

1. 税收安排与预算安排之间的比例

政府性教育经费主要来源于税收收入和非税收收入，严格地说这两项都应该纳入预算管理之中，但从各国的实际情况来看，在教育经费存在预算外管理形式的国家，教育收费都未纳入政府预算，有的教育收费甚至都未纳入预算外的管理之中。从理论上讲，政府规定的各项收费都来源于国民收入的流量，受到政府支出需求的制约，增加税收收入势必引至其他政府收入的减少。因此，预算收入与税收收入之间的比例将是教育财政面临的一个突出问题，它关系到政府教育经费筹措主要是以固定税收的形式，还是应该以较大比例的收费来得以实现。如果增加税收收入，则势必影响到教育费的收取，但问题在于，增加的税收收入是否能够全部用于教育投入。

从教育产品的性质来看，义务教育具有纯公共产品的性质，非义务教育具有混合产品的性质。由于税收是公共产品的成本，因此政府义务教育经费来源结构安排中，税收的安排比例应该占主要部分；非义务教育特别是高等教育，由于教育的个人收益率较高，因此，政府对这种教育产品成本补偿的方式应该以收费形式为主，而不应该增加这类教育产品的税收负担。

2. 税制安排的要求

政府为负担教育成本的合理税制安排，是指为教育筹资的税收制度安排既要符合市场发展的基本要求，又要为教育财政经费提供稳定的税收来源，这涉及以什么税收为主来负担教育财政成本的问题。政府负担教育成本的税制安排应该符合下列要求：

（1）寻找合理的税收收入基础

政府负担的教育经费首先要确定合理的收入基础，这首先取决于影响各项具体收入来源的法律和规定，然后根据政府提供的不同教育产品的不同性质来决定税基。例如，除了政府收费和专门税收以外，流转税、所得税及财产税三类税基中，哪一类税基是教育财政筹集资金最可靠的来源。

（2）考虑税收的负担和公平问题

在各种税制安排中，哪一种税收能为教育财政筹资并能考虑到纳税者的纳税能力，使纳税者的负担与其所得的能力相当，同时又被认为是公平的。同时，这种税收既可实际减轻低收入阶层的纳税负担，又可为政府教育经费提供更大的保证。

（3）充分考虑税收效率问题

税收效率指的是税收在实现政府既定政策目标时所付出的全部经济代价，一般通过税收成本与税收收益的比例加以衡量，其评价指标一般用税收的超额负担来衡量。充分考虑税收的效率，能够给政府为教育筹资征税提供政策建议。例如在中国，停止征收教育附加费，减轻农民税收负担的同时，政府税收是否能提供稳定、合理的教育经费保障，政府税收的总超额负担的变化情况如何，是一个需要进一步研究的课题。

（4）如果存在教育专项税收，则应该注重普遍性的原则

由于国民教育的普遍性，因此这项税收应该是普遍的，类似于一些国家的社会保障税，那些不愿意接受政府提供的教育资源的人，也要为此付出税收。

二、教育成本补偿：教育经费的其他政府筹集方式

政府通过其他方式筹集教育经费，是指政府依靠行政手段、政府信誉、担保、政府组织等方式为教育筹集资金。政府为教育筹资的方式是多渠道的，主要有：教育收费、社区融资、教育机构的经营性收入、借贷收入、捐赠、发行教育公债等。但是在这些渠道中只有教育收费占有一定的比重。

（一）教育收费

在这里，教育收费是指公立教育系统的教育收费，包括学费、杂费、书籍文具费、食宿费等，这些费用一般是由接受教育的个人或家庭提供，并按照教育机构成本补偿的需要，依照政府制定的收费项目和标准收取的。图5.4.1是2000—2013年中国教育部门收取学杂费的情况。可以看出，与国家财政性教育经费相比，学杂费收取的比例平均为23.25%，这种教育收费是中国教育经费的一个稳定的、重要的来源之一，有效地分担了一个国家为发展教育而产生的成本。目前世界各国，各种各样的教育收费都以不同的形式存在，即使是在免费接受教育的国家也不例外。

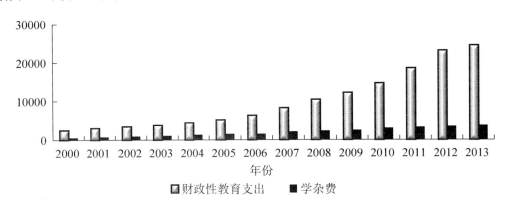

图5.4.1　2000—2013年中国财政性教育支出与学杂费的比例图

资料来源：根据《2015中国统计年鉴》整理而得。

教育收费水平的确定，除考虑教育成本与物价因素之外，更重要的是要考虑私人和社会的收益率、教育的外溢效果以及人们的精神生活需要等。如前文的收益率研究的实证研究结果显示，教育将产生私人收益和社会收益，个人接受教育之后，受益者不仅是本人，其知识技能还可以使其他人直至整个社会受益。因此，政府应给予受教育者补贴，同时教育收费还要考虑到个人的承受能力。因此，初等教育阶段的教育成本主要由政府提供，个人应为接受教育支付一定数额的杂费来补偿教育成本。在高等教育阶段，私人收益率将高于社会收益率。高等教育的主要成本则主要由私人来承担，接受教育的个人

要为此支付包括学费在内的主要的费用。"高等教育成本补偿政策将改变高等教育收益在个人和社会之间的分配"。①

（二）公共教育体系中的社区教育资源

社区也是公共教育体系中承担教育成本的重要主体，也能够提供一定的教育资源。在部分国家，有的社区甚至承担了超过 20%的教育成本的份额②。社区教育筹资的方式很多，如社区财政投入、社区政府强制家庭投资、社区直接提供土地和房屋、募捐和接受捐赠、接受劳务投资等。但是，社区筹资要注意几个方面的问题：

一是社区教育筹资的方式要根据社区的实际情况来选择。比如，在中国实行农村税费改革前，许多乡村小学教育的发展非常依赖农村社区的支持。许多农村社区需要提供更多的教育资源，承担大部分教育成本，不仅要提供学校设施建设所需的材料和劳务，而且可能还要为教师提供食宿。但有的农村尤其是偏远的山区，其社区本身的资源极其匮乏，由社区进行教育筹资就可能导致教育资金不足，教育发展不平衡等问题。二是社区筹资需要在政府允许的范围以及监管之下进行，否则容易产生以教育筹资的名义乱集资、乱收费等现象，扰乱正常的教育投资和发展秩序。三是要注意社区教育筹资的适用性问题。一般而言，社区对教育的投入的资金主要是从居民和家庭中获得，因而需要深厚的社区情感基础，因此并非任何国家都适用社区教育筹资。比如，蒙古是一个地广人稀的国家，游牧人口占总人口的比例非常大，其生活方式决定了这些地区的社区情感基础较为薄弱，从而不可能指望社区联合起来向学校提供帮助。

（三）教育机构的经营性收入

教育机构的经营性收入是指附属于教育机构的企业部门的利润用于教育的部分。教育机构的附属产业可以为教育部门增加一些收入，因此经营性收入被普遍看作教育经费的一项来源。如校办企业、控股公司、股权及期权等的收益用于教育的部分。

从发展趋势来看教育机构的经营性收入有不断扩大的趋势，而且在大多数国家里，这种收入实际上包含了政府减免税的成本。据高等学校校办企业统计概要公告统计显示③，截至 2013 年年底，全国高校企业已达 5279 家，2013 年度全国普通高校校办企业营业收入为 2080.62 亿元，净利润为 83.12 亿元，归属于学校方股东的净利润为 41.88 亿元，全国普通高校校办企业资产总额为 3538.06 亿元，上交国有资本收益总额为 33692.03 万元，并吸纳就业人员 32.01 万人。高校企业的这种快速发展应当引起政府财政和税务监管部门、各级审计部门的高度重视，以免造成教育经费其他方面的流失，不利于教育财政效益的评估。政府应该从如下两方面加强政府教育经费中的经营性收入的控制和管理。一是加强政府对经营性收入的预算管理和监督（在中国及其他一些实行预算外资金管理的国家则是预算外资金管理），使政府在进行教育经费预算时有相关的、合理的依据。

---

① 曾满超：《教育政策的经济分析》，人民教育出版社 2000 年版。
② United Nations Children's Fund, *Public and Private Costs of Primary Education: Evidence from Selected Countries in Asia and Africa*, New York: UNICEF, 1996.
③ 教育部："高等学校校办企业统计概要公告"，[EB/OL], 2014-12-18, http://www.moe.edu.cn。

二是依据市场规则进行管理，明确教育机构与企业之间的产权关系，使教育机构不直接承担经营性风险。

（四）借贷收入、捐赠及发行教育公债[①]

借贷收入是通过借贷或外部援助以应所需，它在发展中国家成为一个重要的教育经费渠道，包括世界银行的贷款和信用贷款、双边援助和国际机构的援助以及其他形式的外来资本投资。接受教育资金援助时，未来对公共教育经费的需求也相应增加，因此受援国往往认为，在某些情况下，外部资助最终会增加而不是减缓对教育财政经费的压力；同时贷款只会延迟而不是降低对预算的压力。

捐赠是由个人、社会团体对于教育事业给予的无需偿还的实物或资金。某些社会团体或个人，为表示对文化教育事业等社会福利事业的重视而无偿捐赠。这些都是教育经费的一个来源，但数量不固定，因此只可作为教育经费来源的补充渠道。

发行教育公债也需考虑偿还能力。如果经济能够稳定增长，国民生产总值的年增长率为正，债务偿还能力将随之增加。因此，如果教育发展能配合国家建设需要和青年就业的愿望，也可以采用。某些国家和地区曾采用发行教育公债的办法以应教育经费的急需。

三、教育成本的分担：非政府方式对教育资源的提供

除了政府或政府资助提供教育资源以外，还有一些教育资源的成本是以非政府方式存在的。主要包括私立教育机构、各种非营利性团体和组织、个人及国外办学机构和国外合作办学机构等。

（一）基本认识及发展趋势

这里所说的非政府方式提供教育资源，是与现代社会两大资源配置机制——政府与市场机制有关的教育资源配置机制，它们能够分担部分教育成本，解决政府教育经费不足的困难。在政府官方的意识中，大多数办学主体提供这种教育资源至少不是以盈利为目的的。但在世界各国，非政府方式扩大参与教育领域资源配置的趋势十分明显。这种趋势似乎在很大程度上暗藏着这样的意义，即非政府方式分担教育成本的过程发生在公共领域而不是市场领域自身，但毕竟这种非政府方式提供教育资源不是一种政府行为，因此无论是否产生盈利，这种以非政府方式提供教育资源就需要得到社会的广泛认识。

20世纪80年代以来，世界各国的非政府提供的教育资源迈进成熟期，与政府教育资源的提供齐头并进，表现出如下趋势（本书第八章将进一步介绍）：一是义务教育阶段教育资源提供的主体依然是政府；而高等教育阶段，非政府投入明显加大。二是政府和非政府间的教育机构有一个切合实际的发展比例。20世纪80年代以来，大多数国家和地区义务教育阶段私立学校在校生都保持了比较稳定的规模。三是办学机构管理方式趋

[①] 贾康、郭文杰：《财政教育投入及其管理研究》，中国财政经济出版社2002年版。

向集约化，即集团或公司式的办学方式越来越明显。四是非政府教育机构的国际合作化趋势日趋明显。

（二）存在的主要问题

1．从非政府机构办学经费来源的实际情况来看，这些教育机构的教育经费大都来源于学费，由于学费来源的有限性，这些办学机构很难改善教学设施，开设高成本的专业，或在不改变生源和招生规模的情况下增加教职员工。因此，它们对教育成本的负担实际上都转嫁给了学生或家庭。

2．非政府教育机构大都被政府限制在高等教育、私人教育和职业技术培训层面，同时非政府性教育机构的教育质量由高到低不等。但它们所负担的同一层级或同一种类的教育成本却没有太大的差异，这样一来，对学校间投入与产出的成本比较有着明显的差距，容易造成教学质量与成本之间的反应，使原来办学质量较好的非政府主体投资办学机构的办学质量下降。

3．政府和非政府教育机构的"灰色地带"不断延伸，两者之间的产权界限渐趋模糊。以前，划分政府与非政府教育机构的标准主要是经费来源，现在，随着各国政府对非政府教育举办机构的资助力量不断加大，政府和非政府教育机构的经费来源呈现出趋同的倾向。例如在荷兰，国家完全承担起私立学校的办学费用，使私立学校在经费上享有与公立学校同等的地位。与此同时，一些地区的公立学校也开始更多地参与教育市场，容易使政府仅仅考虑政府教育的成本收益问题，而不愿意对那些本来应该由政府补偿的公立或私立学校提供教育经费。

4．国际教育培训的合作与交流容易造成国内人才资源的外流。参与国际教育交流与合作所举办的教育和培训大多是非义务性质的，这样，义务教育大多由本国政府负担，当人才外流时，本国没有得到应得的社会收益，这间接地加大了政府支付的教育成本。

四、简要结论

从各国教育成本分担的情况来看，政府、个人和社会对教育成本分担的范围和程度是不同的。在整个教育领域，政府负担教育成本仍然占据主导地位；个人接受教育除了负担个人的生活成本之外，还要负担一部分政府和非政府的办学成本；非政府主体办学主要是在非义务教育领域，它是对政府提供教育资源成本的有效补充。因此，国家教育政策目标的制定首先就要充分考虑到政府教育成本的负担、分担和补偿问题，而后对教育领域进行必要的调控和引导，使教育成本负担结构更为合理，以减轻教育财政的负担。其次，政府加强对整个社会教育资源的调控是教育资源合理配置的重要环节。虽然非政府方式提供教育资源是否应该盈利还值得讨论，但它毕竟是政府在教育领域引进的一种市场机制，政府应该像对市场进行宏观调控那样对国家教育资源进行宏观调控，以便纠正教育领域的"市场失灵"，以防止政府与非政府教育成本比例的失调。再次，政府教育成本的分担与补偿对于促进受教育权利的平等具有积极作用。非政府方式提供教育资源虽然分担了教育的一部分成本，增加了各种受教育的机会，扩大了教育选择，但社会教育不平等的现象仍然广泛存在。尽管在理论上，所有的人都有相同的择校权利，但不是每个人都有择校的能力。因此非政府办学成本的负担是促进教育权利平等的关键环节。最后，应该严格界定政府与非政府办学之间的各种关系，规范办学行为。这种关系指公私合办的教育机构的产权关系、教育经费划拨关系、教育成本负担的比例关系、隶属与合作关系等。这是规范办学行为的前提，也是提高办学质量的重要保障。

本章提要

　　教育成本分析是社会各界都非常关心的重要问题，是教育财政研究的重要内容。教育财政所负担的成本是教育全部成本的一部分，在很大程度上受到教育成本负担的社会综合因素的影响。

　　教育财政总成本应该是在一定的教育时期内，花费在教育上的一切政府资源的总和。教育财政的成本可分为直接成本和间接成本。直接成本包括各种财政性教育经费；间接成本包括国家对教育领域的税收减免、财政和银行对教育贷款的贴息或优惠、土地和建筑物的潜在租金、挂账处理的固定资产折旧费及财政性教育经费的机会成本等。与之相对应，在考虑教育财政的成本效益时也要将教育财政投入效益分为直接效益和间接效益。教育财政成本的核算应该充分考虑三种因素：一是分类方法和计算方法；二是税收减免计算存在的问题；三是数据统计原因造成的实际成本的差距。

　　教育财政成本负担的经费来源主要是预算与税收；而教育财政经费的补偿方式主要有教育收费、社区融资、教育机构的经营性收入、借贷收入、捐赠、发行教育公债等。教育财政的分担方式主要是以非政府方式存在的，主要包括私立教育机构、各种非盈利性团体和组织、个人及国外办学机构和国外合作办学机构等教育资助。

练习与思考

　　1. 教育财政成本有哪些不同的分类方法？
　　2. 什么是教育财政效益评价指标体系？
　　3. 教育财政经费的主要来源有哪些？
　　4. 成本效益分析法用于分析教育财政问题有哪些局限？

小组讨论

　　1. 发达国家和发展中国家政府对教育成本负担的基本状况如何？讨论中国政府对教育成本负担比例的合理性。
　　2. 如何看待教育投入（包括教育财政投入）的机会成本问题。

辅助阅读资料

[1] 袁连生:《教育成本计量探讨》,北京师范大学出版社 2000 年版。

[2] 林荣日:《教育经济学》(第 2 版),复旦大学出版社 2008 年版。

[3] J. Mincer, *Schooling, Experience and Earnings*, New York: Columbia University Press, 1974.

[4] 李强:"高等院校学生培养成本补偿比例研究",《教育研究》,2014(7):69—74。

[5] 魏聪、王海英:"我国学前教育成本分担现状与社会期望研究",《全球教育展望》,2015,44(10):67—83。

21世纪经济与管理规划教材

财政学系列

第六章 教育财政的效率研究

知识要求

通过本章的学习,掌握教育财政效率的理论依据、内涵和研究方法,以及教育财政效率的配置标准与分析,初步了解中国教育财政效率的分析方法与实证结果。

技能要求

通过本章的学习,能够掌握:
- 什么是公共支出的资源配置效率和 X - 效率。
- 教育财政效率的分析方法。
- 教育财政效率的配置标准的计算与分析。
- 掌握一种教育财政效率分析方法。

与其他经济制度一样，政府支出面临着如何把它相对稀缺的既定资源有效地配置到社会经济的各个领域的问题。其中，政府教育财政作为一种经济活动，也必须讲求效率，这是经济运行的客观要求。

第一节　理论依据、内涵与研究方法

教育财政作为政府履行职能的一种有效方式是一种公共支出经济活动，因此要求讲求效率。那么，政府公共支出效率的内涵是什么？教育财政效率的核心又是什么？这些问题对于我们研究教育财政的效率具有重要意义。

一、政府公共支出效率

（一）效率标准

效率是实现经济活动的根本准则，但并不是所有经济活动都可以达到效率状态。在市场经济活动中，效率的标准是帕累托最优状态，也称帕累托效率（Pareto Efficiency）。所谓帕累托效率是指资源配置已经达到了这样一种状态：如果改变这种状态，就不可能使经济中一个人的处境变得更好而又不使其他人的处境变得更坏。反之，如果通过改变某种资源配置状态可以达到改善某人的处境而不使其他人的处境变坏，那么这种资源配置状态就是帕累托无效率（Pareto Inefficiency）。帕累托效率需要满足的条件一般被称为帕累托最优条件，可分为交换的最优条件、生产的最优条件，以及产品组合的最优条件。

（1）交换的最优条件。交换的最优条件亦称商品市场的最优配置，它指任何两种商品的消费边际替代率对于所有消费者而言都是相等的。用公式表示为

$$MRS_{XY}^{A} = MRS_{XY}^{B} \tag{6.1.1}$$

其中，MRS_{XY}^{A}、MRS_{XY}^{B} 分别表示 A、B 对于 X、Y 两种商品的消费的边际替代率。

（2）生产的最优条件。亦称要素市场的最优配置，其最优条件是任何两种生产要素之间的边际替代率对于所有运用这两种要素的生产者而言都相等。用公式表示为

$$MRT_{KL}^{A} = MRT_{KL}^{B} \tag{6.1.2}$$

其中，MRT_{KL}^{A}、MRT_{KL}^{B} 分别表示消费者 A、B 对于 K、L 两种生产要素的边际替代率。

（3）产品组合的最优条件。可以看作商品市场与要素市场同时达到最优配置，它指任意一个消费者对任意两种商品的消费边际替代率都等于这两种商品的边际替代率。用公式表示为

$$MRS_{XY} = MRT_{XY} \tag{6.1.3}$$

西方经济学认为，在一些经典的假定前提下（例如生产过程不是规模收益递增的，不存在外部影响等），完全竞争的市场均衡就是帕累托最优状态。然而，受到各种假设条件的限制，帕累托效率只是一种理想状态，在实际运行中很难使资源配置达到这种效率。

不过,帕累托效率却为各种效率的实现提供了很好的参照,各种资源配置可以不断向帕累托效率靠近。

(二)政府职能、政府支出与政府资源配置

纯市场经济的存在有着诸多不可能,首先,看不见的手的局限,如不完全竞争、外部性、公共产品,以及不完全信息的存在需要政府处理资源配置的诸多问题。其次,看不见的手能够发挥作用并且效率极高,因此它也会带来收入分配不平等问题。最后,经济周期波动、通货膨胀和萧条、失业等问题使得各国政府不断努力寻找能够促进经济长期增长的经济政策。一般说来,政府在经济活动中的主要职能有以下三点:一是提高经济效率;二是维护平等;三是保持经济持续稳定增长。

政府要履行其职能就必须借助一定的技术手段,这样就产生了政府支出。政府支出是指在市场经济条件下政府为实现其职能、取得所需物品和劳务而引起的财政资金的支付。在上述三个职能中,政府支出在解决资源配置问题上,是通过提供公共商品和公共服务,保障各项公共事业及公共经济建设需要的供给;解决收入分配问题主要通过实行转移支付制度、调节社会收入分配,实现社会公平;解决经济稳定增长问题则是通过调节支出规模以及支出结构来实现。就政府支出本身而言,任何政府支出都会形成一定的资源配置结构,而收入分配和经济稳定增长都是通过一定的资源配置结构实现的,同时,不同时期、不同经济制度的收入分配和经济增长都会对资源配置提出不同的要求并产生着不同的影响。因此从这个方面来讲,政府支出的资源配置职能是基础。但是,政府支出的三个职能之间并不是完全统一的,相互之间存在着一定的矛盾,在一定的范围内,政府支出不能同时解决这三个问题,必须有所侧重,其中又要以资源配置为主。

(三)政府支出效率的内涵

前文提到过由于市场体系的不完善导致市场缺陷,市场体系在协调所有活动并使其达到均衡状态上的失败,成为西方经济学假设前提条件下的一个难题。政府利用包括政府支出在内的各种手段对市场进行干预,试图恢复一般均衡,但这并不是意味着政府有能力对市场进行调整。从这个方面来讲,政府支出的效率也是一个相对的概念。

政府支出是政府履行其职能的重要手段,其效率标准是:要使政府支出的产出能够促进资源配置的优化、收入公平合理的分配和社会经济持续、稳定发展。但是,如果政府支出行为本身是有效率的,那么其产出效率该如何评价呢?政府对公共产品和混合产品的支出效率又该如何评价?目前理论界还没有一个统一的标准来衡量政府支出及各项支出的产出效率。

不仅如此,现代经济学也没有成熟的效率标准反映收入分配和稳定增长的实现问题。收入分配在很大程度上是一个心理感受,完全是主观的(也是因人而异的)。而稳定主要是一个实践和经验判断问题,例如,近十年来中国经济增长能稳定在 7%以上,而日本经济增长能够稳定在1%已经是不错了。因此对于收入与稳定增长很难形成统一的认识,也很难建立起关于收入分配和稳定增长的效率理论体系。

相对而言,政府支出对资源配置职能的履行情况可以建立效率标准并进行效率分析。

因为政府支出履行资源配置职能是通过提供公共产品满足社会需求，这可以通过公共产品消费者的评价和满意程度（如投票表决）进行评价的方法和机制加以解决。因此，可以对政府支出对资源配置职能的履行进行效率评价，这就是政府支出效率评价的核心。这要求把握住两个基本点：一是政府支出的目标是要满足对公共商品的需求；二是政府支出过程中是否是以成本最小化的方式进行的。对于前一种效率可以称之为资源配置效率；后一种效率，可以称之为 X－效率。[①]

二、政府支出的资源配置效率与 X－效率

（一）资源配置效率

从理论上讲，政府支出的资源配置效率指政府支出提供的资源是否是根据最终产品的消费者的偏好和预算线配置的。如果是，就能够满足公共产品和混合产品的帕累托条件。从实用角度来看，配置效率是指下列问题：一是公共部门是否生产出了选民所需的服务（公共支出）水平的组合？二是选民在政治市场上是否是自主的？消费者的意愿是否起决定作用？三是公共支出究竟反映了谁的偏好？谁的偏好最重要？

政府之所以参与资源配置活动，一方面是因为市场机制在资源配置方面存在缺陷，消费者对公共商品的消费偏好和需求得不到满足；另一方面是因为政府在从事资源配置方面也具有特定的优越性，即它可以突破私有产权的限制，可以"免费"提供某些"商品"和劳务，而且其成本又可以"无偿"地从消费者那里得到补偿。同时政府也可以以不断降低的价格向消费者提供某些商品，而如果由市场主体来提供，则或者不可能，或者价格越来越高。如果政府的资源配置达到了这种效果，我们就可以断定存在着政府支出的资源配置效率。

如果我们假定各类要素在进入生产领域以后按照生产函数生产并形成相应的产出，那么，资源配置要解决的问题就是生产什么样的产品？用怎样的要素组合进行投入？生产的布局如何安排，包括生产的规模布局和区域布局如何选择？等等。政府在进行资源配置的时候，所面临的同样是这些问题。政府要考虑每个年度的支出额度在全国范围内如何分配以使各地的公共商品需求都尽可能得到满足？根据需要和财力的可能，应主要生产哪些方面的公共商品？生产这些公共商品应该进行怎样的公共安排？等等。政府支出的统筹安排所围绕的就是效率问题，这种效率评判就是根据消费者对公共商品需求的满足程度来判断，如果满足程度高，就是有效率的；反之则是无效率或低效率的。所以，从最直接的角度来看，政府资源配置（实际上是政府支出行为）效率就是政府所提供的公共商品及其组合对消费者（广大民众）的公共需求的满足程度。

但是，政府支出并不是由政府自主决定和安排的，政府所能做的就按照国家预算的具体要求来执行资金的分配和使用计划，这可以构成政府支出的资源配置效率的一个前提，但不是其主要内容。政府支出资源配置效率的主要内容是国家预算的安排应该充分体现消费者对公共商品的需求偏好。国家预算不是由政府确定的，而是由权力机关通过

[①] 吴俊培：《公共经济学》，武汉大学出版社 2009 年版。

一定的政治程序经公共选择确定的。因此，政府支出的资源配置效率的实质问题是要解决政治程序和公共选择如何体现消费者的需求偏好的问题。

政治程序就是按照一定的规则通过公共选择的投票制形成公共意愿，投票过程也就是不同群体或集团的意愿与需求的表达过程。大多数人都同意的方案就表明这项方案符合大多数人的意愿和需求。由政治程序形成的公共意愿经国家权力机关通过以后即形成法定性的文件，此时就由政府组织实施。由于国家预算是法定性的文件，政府必须不折不扣地贯彻，所以，通过赋予法律色彩，公共的意愿变成了政府的行动，这就可以保证政府可以按照公共选择的框架去贯彻和实施财政支出，其结果就是公众的消费需求得以实现，这样也就达到了资源配置的效率状态。

所以，政府支出的资源配置效率状态能否实现有两个难点：第一，公共选择的偏好表达困难，即公共产品的提供是否代表了公众的意愿。第二，公共产品效率供给的困难，即政府是否不折不扣地执行了预算方案。第一个难点在于公共产品的消费不像私人产品那样是采取竞争的方式取得的，公共选择不一定完全显示公众共同偏好的影响，容易产生很大的偏差，从而造成效率损失。第二个环节出现偏差甚至是重大失误的可能性就更大了。首先，政府支出的资源配置效率受到像科莱特·鲍所指出的"官僚无效率"的影响[1]，政府活动因此出现对公共目标的扭曲。其次，公众无法对政府支出行为进行有效监督，如果一定要进行监督，那么其成本也可能非常高，从而不得不放弃。

此外，政府支出是一种委托代理关系，在两层代理（权力机关—政府、上级机关或者是领导—普通公务员—下级机关）中，由于上述原因，这种委托—代理关系极可能导致既定的政府支出预算框架在实际的执行过程中走样，或者是突破原有的预算框架，或者是执行不足，这些结果无疑都是对支出配置效率的损害。

政府支出的资源配置效率表明：政府的支出框架可以建立在消费者的消费需求与愿望的基础之上，政府的产出最终可以是消费者所希望的产出。人们之所以接受政府存在，认同政府的支出，关键在于人们在市场上无法满足的需求可以在政府的活动中得到满足。市场与政府的这种分工搭配就这样基本满足了人的生存与发展的所有需求，从而使人类经济社会活动的主题——"发展自我、实现自我"的目标基本上得以实现。

（二）X—效率

政府支出的X—效率是从政府供给方面来考虑的。它指公共产品或劳务的提供方的效率，及公共支出总是按最低成本生产公共劳务的最佳水平和结构。这些公共支出是否使得公共部门的就业水平太高？是否使公共部门提供了最好的公共服务并采用了最好的技术？如果政府支出造成政府公共部门人浮于事、没有运用最有效的技术等，那么在这个公共部门的制度安排中就存在X—效率。

X—效率代表的是来源不明的非配置效率。[2]如果这种效率存在，则称之为X—效率；如果这种效率不存在，则称之为X—低效率。事实上，政府支出效率在制度安排中不可

---

[1] 这里的"官僚无效率"实际上指的是"公共部门存在的X—无效率"。
[2] 〔美〕罗杰·弗朗茨：《X—效率：理论、证据和应用》，上海译文出版社1993年版。

能达到效率的帕累托最优状态，可以说这种效率是可以通过制度的安排不断提高的，使得政府公共支出趋近于更有效率。因此，政府支出的 X—无效率在公共部门的各种制度安排中广泛存在。

尽管称 X—低效率是一种非配置低效率，但是 X—低效率与资源配置的低效率是两种相互联系的低效率。一般而言，在资源配置出现低效率的情况下，要素之间的搭配和组合未到达最佳状态，这就必然会影响到要素的潜力和能动性的发挥，从而使具体的生产过程也会出现低效率，即 X—低效率。同时，X—低效率的存在会使产出结果达不到资源配置的要求，表现出资源配置的低效率。这种相互依存关系的政策含义也就相当清楚：如果为了提高其中任何一种效率，必然会有助于另外一种效率的提高，或者说，有利于提高一种效率的制度安排同时也有利于提高另一种效率。所以，如果制度安排合理，可以起到提高双重效率的作用。

三、政府资源配置的效率损失及主要原因

政府资源配置观念的形成主要针对市场缺陷问题，并试图解决收入分配不公平的矛盾。这是政府介入分配领域的初衷。市场机制是基于效率的一种运作机制，市场在很多范畴内都能充分发挥其灵敏性和联动性的优势，因此，对这种机制的过度干预实质上就是对效率的否定。

政府配置无论其出发的动机如何，只要其服从于政府的计划安排，并对市场运作的过程结果进行了调节和控制，那么它就存在效率损失的可能。一个完全受政府计划机制支配的经济正如现实中的市场不是理想中的完全竞争市场一样，现实中的政府也不完全具备理想化政府的条件。政府的不完善之处被称为政府缺陷，它通常包括以下几个方面：

（一）信息失灵

尽管政府拥有先进的信息设备及精明强干的人员，掌握了现代化的管理技术，但政府仍然不可能达到理想化的无所不知的境界。这是因为：第一，在现实生活中，生产投入的种类、产品的种类多得难以计数；第二，每一种产品存在着多种技术的可能性；第三，生产的技术是不断发展的，随着技术的发展，可运用的资源空间也在不断地变化；第四，如果不通过买卖交换，很难了解人们对不同产品的偏好，更何况这种偏好在不断变动之中；第五，由于情况是在不断变化中，因而信息就具有很强的时效性，而在计划机制中，信息从基层传到中央计划需要一个过程，在这一过程中信息的有效性将受到影响。

（二）决策失误

信息失灵是决策失误的一个原因，信息不全面或失真导致错误的决策，但决策失误还可能产生于一个与信息失灵无关的原因——目标选择的失误。计划者可能不是按照广大人民群众的愿望和要求来制订计划，而是以自己认为好的某一个目标来制订计划。这样就使很多计划违背了社会公众的利益，抑制了人们发展生产的积极性，使得资源配置不能实现生产效率。

（三）管理失控

政府计划的贯彻要依靠政府和有关机构，而这些机构都是由多人组成的。一方面他们是政府政策的执行者，拥有一定的行政权力；另一方面他们又是具有自身利益和偏好的个人。虽然在实践中可以通过道德教育来使政府工作人员克己奉公，但计划的贯彻仍有赖于政府的有效监督。政府监管能力的有限往往使得政府管理人员中以权谋私、假公济私、贪污腐败等非效率因素不能得到有效的控制，在政府活动范围较大时问题经常表现得更加突出。

因此，政府资源配置作为一种调节社会公平的手段，必然要对市场效率及其结果的形成施加强权压力，进而影响市场效率的充分体现。关于政府配置效率损失的分析，实际上只能是一种政府支出效率损失的分析，只有这样，问题才有针对性，并且度量上也较可行。

四、"教育市场"的失灵与教育财政支出的效率损失

（一）"教育市场"失灵与政府提供产品的必要性

教育是一种混合产品，是人力资本的重要基础之一。文化水平的高低事关收入水平和生活质量的高低，因此，随着经济发展，人们越来越认识到教育作为人力资本投资的重要性。虽然政府资源配置存在效率损失，但在市场存在缺陷的情况下，人力资本投资的效率与公平会受到更大的影响，这正是各国政府在教育领域（市场）发挥作用的原因所在。

1. 教育领域的信息不对称问题

有效竞争市场的几个基本条件是：有众多寻求最大利润的卖方；产品是同质无差别的；卖方有充分的信息。在一般竞争产品市场上，同一类产品基本上可以保持均一，消费者也能通过稳定的信息源掌握较多的信息，由此所形成的市场供给水平基本上能够达到效率要求。但"教育市场"往往不具备这些基本的条件，当一个人接受教育时，它所需要购买的是知识或教育服务质量信息。在相同的教育服务价格下，不同的学校提供的教育服务在质量上可能存在较大的差异。信息不对称集中地表现在其所提供的教育产品的有关信息有许多局限性。例如，接受教育者不能准确判断接受各所学校的教育所产生的效果是否是同质的，甚至无法准确掌握不同质量教育产品的价格是否合理。

2. 教育领域的竞争有限性问题

教育市场存在的信息障碍，使得受教育者在一定的区域范围内，在一定价格条件下，很少有选择余地。作为教育产品的提供方，则可以在一定程度上主宰教育需求。它决定提供教育产品的数量和质量，甚至可以决定接受教育者在哪里接受教育。有效竞争市场上的教育消费者无权在"教育市场"上获得"生产者主权"，在这种情况下，供求双方无法形成相互制约的机制，由此，信息不对称时的竞争的有效程度大大降低。除此以外，教育领域的竞争还有其他限制性因素，如由教育服务质量的异质性而产生的教育领域行

业准入制度，使得教育领域缺乏竞争。又如在一些小城市或小城镇，往往只有为数甚少的几家学校，固定居民在接受基础教育时，很少有选择的余地。教育服务的异质性导致了信息的不对称，而信息的不对称则使竞争的有限性不可避免。

显然，这种信息严重不对称条件下所形成的供求水平不可能符合资源配置的效率要求。因此，政府对教育领域采取一些合理的干预措施有其必要性。有关信息不对称、竞争有限性的分析可以用来解释政府为什么要干预教育领域，但是并不能用来说明政府为什么要进行教育产品的提供。关于政府提供教育产品的原因，我们还必须从教育领域的外部性和公平性两方面来分析。

3. 教育领域的外部性问题

前文提到过教育产品是一种具有正外部性的混合产品，其中的教育服务在性质上接近或等同于公共产品（如公共教育）。个人在接受教育服务的过程中，提高了个人收益率，从这种意义上来说，个人应该通过市场从教育服务中获取其所需要的利益。但在教育产品消费过程中，又有很大一部分利益外溢给社会，尤其是接受基础教育的社会收益率大于个人收益率，社会成员可以无差别地从中获取利益。基础教育的效益外溢决定了这种产品的边际个人效益必定小于边际社会效益，若是完全由市场来提供，必然会导致这些外部效益较大的产品配置不足。因此，对于教育产品而言，尤其是基础教育，政府应该承担起主要的责任。

4. 教育领域的公平问题

对公平的关注是政府提供教育产品的又一重要理由。人们的收入能力与生活质量在很大程度上要取决于他们受教育的状况。一个低收入家庭的子女，在享有政府提供的基本教育条件的情况下，有可能在未来获得较高的收入，并为社会做出较大的贡献。但是，如果没有政府提供的基本教育保障，那么低收入者可能因无钱接受基本的教育而陷入贫困的深渊，显然，这于公平、于效率都是有害无益的。因此，为使收入分配建立在一个相对较为平等的基础上，最低水平的教育服务不应等同于其他商品并受到市场交易的控制，而应该成为人类生存的一项基本权利。为此，世界各国把"人人享有义务教育的权利"视为公民的基本权利。为穷人提供义务教育服务和为高等教育提供教育补助是保障人的这种基本生存权利的一种反映。

（二）政府教育资源配置的效率损失

教育市场失灵的分析为政府干预该市场的资源配置提供了理论上的依据。教育的政府提供是诸多政府干预方式的一种。政府提供的基本方式可以有两种：第一种是直接提供的方式，它包括直接免费提供一些教育产品或部分提供教育产品，如义务教育、高等教育及对私立学校的直接补助等；对某些教育项目的直接资助，如特种教育、出国留学教育等；对教育科研的资助；对贫困地区实行教育经费的转移支付。第二种是间接提供的方式，它包括学校经营性收入用于教学部分的，政府对这一部分收缴的费用和营业收入实行免税；政府提供给教育机构教学用土地、房屋及固定资产；等等。

既然政府资源配置会带来效率损失,那么,政府通过免费提供或部分免费提供的方式直接对教育支出进行资源配置,以解决教育市场的失灵问题,是否与政府资源配置一样也会形成效率损失?这些损失是怎样形成的?是否会对教育的需求产生影响?我们可以用图6.1.1来加以说明。

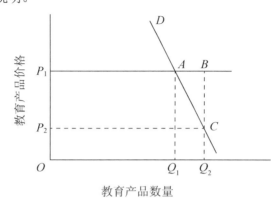

图6.1.1 教育财政支出的效率损失图

为简便起见,我们假设提供教育服务的边际成本为P_1,因此,供给曲线为一条经过P_1的水平线,假设市场对该产品的需求曲线为D。从图上看,需求曲线比较陡直,这与我们前面的分析是一致的。因为接受教育者在接受教育过程中往往比较遵循一般或者地区性教育信息的引导,而较少考虑价格因素。尽管有实证研究证明,教育服务价格下降时,需求量会增加[①],但是,需求的价格弹性相比一般的产品要小得多,极端情况下可能接近于零。在政府没有提供教育服务之前,供求在A点达成均衡,相应的均衡产量和均衡价格分别为Q_1和P_1,这时整个社会为教育服务所发生的总支出为$P_1 \times Q_1$,即P_1AQ_1O。现在假设政府通过补助的方式部分提供教育产品,其补助额每单位产品为$P_1 - P_2$,这样,接受教育者所需支付的实际价格由P_1下降为P_2,于是,在需求曲线不变的情况下,受教育者对教育服务的需求量由原先的Q_1增加到现在的Q_2。这时,提供教育服务的边际成本仍为P_1,因此,整个社会为教育服务所发生的总支出为$P_1 \times Q_2$,即P_1BQ_2O,其中,受教育者支付的费用为P_2CQ_2O,政府支付的费用为P_1BCP_2。从图6.1.1中我们不难发现,政府对教育服务的补助引起了教育需求的增加,需求的扩张始终处在边际社会成本大于边际社会效益的状态之中,由此造成效率损失ABC。

五、对教育财政支出效率内涵的理解

结合本章上述内容,我们对教育财政支出效率有如下几点认识:第一,政府公共支出效率的标准是帕累托最优条件,虽然在实际经济运行中很难使政府资源配置达到最优,但为政府公共支出效率的实现提供了很好的参照。第二,对政府公共支出效率进行研究的核心是资源配置效率,即政府公共支出是否能够满足公众对公共产品的需求;政府公共支出如何以最低成本的支出满足公众对公共产品的需求。第三,政府公共支出效率有

---

① 林达文:《教育经济学》,三民书局1984年版。

资源配置效率和 X—效率，这两种效率相互依存、相互联系，并且这两种效率的高低取决于制度的安排。第四，政府存在着许多缺陷，这是政府公共支出提供公共产品（包括诸如教育之类的混合产品）造成效率损失的直接原因。

教育财政支出是政府公共支出的重要组成部分。毋庸置疑，政府支出效率的高低将直接影响到政府教育支出的效率高低。但由于教育产品是一种混合产品，具有较大的正外部性，教育财政支出除了受到政府支出效率影响之外，还有自身的一些特点和效率标准。政府要根据不同时期、不同经济发展水平不断对这种教育资源配置效率进行调整，同时还要力求达到社会公平的目标。因此，相较于政府对纯公共产品的资源配置效率而言，政府教育资源配置的效率更多地强调公平问题，由此效率损失似乎成为必然。那么，教育财政支出效率应该如何理解，这个问题将在很大程度上影响着对教育财政效率的分析与评价。

（一）教育财政支出效率的核心是政府的教育资源配置效率

这是因为：第一，从政府支出资源配置方面来看，在总资源有限的情况下，政府要将一部分资源用于教育，必须通过改善和调节整个资源的配置，更有效地利用现有的稀缺资源，以及采取有效的资源筹措方法等，来达到为教育进行合理的资源配置，调节社会不公，更好地促进全社会教育事业发展的目的。第二，政府资源配置的种类很多，涉及经济和社会发展的各个方面，其中也离不开教育资源。政府对教育资源进行配置，本身也是政府履行职能的一个方面。第三，政府教育资源配置效率是调节教育领域公平与不公平的前提。如果政府的教育财政没有形成有效的政府教育资源配置结构，教育的公平也要大打折扣。第四，教育财政支出的资源配置效率本身也存在教育资源配置效率均衡，本文第二章的第二节中，已经从理论上介绍了在西方经济学假设前提下，公共产品及具有正外部性的混合产品的效率提供的均衡条件，并进行了相关分析。应该肯定的是，教育财政支出作为政府公共支出的一部分，其行为本身也存在资源配置效率问题。

（二）教育财政支出效率损失并不能否定政府对教育资源配置的作用

通过前文对教育财政支出的效率损失的分析可知，政府对教育资源进行配置，通过免费提供或部分免费提供的方式干预教育市场是有效率代价的。（这里我们还未考虑政府通过税收方式筹借资金所发生的征纳成本和超税负担。）当然，我们并不能以此证明政府不应该直接介入教育市场。正如我们前面所分析的，政府对教育市场的干预有其必要性，通过这种直接的或间接的干预，能够在一定程度上解决教育市场的外部性、公平性、信息不对称性和竞争有限性等问题，从而增进效率与公平。因此，综合前面两部分的分析，我们有理由认为，政府应该通过一定形式的干预来弥补教育市场的失灵，这也是政府履行其职能的客观需要。

（三）教育财政支出效率的标准问题

综合前两点的认识，教育财政支出效率标准涉及教育财政资源配置结果的评价，同时教育财政支出又存在着效率损失。因此教育财政支出效率标准是建立在承认其效率损失的前提下来加以评判的。

政府进行教育资源的配置主要是提供教育产品,这就存在投入与产出的"成本—收益"或者"成本—效果"(Cost-Effectiveness)的对比分析问题,同时还存在着机会成本的比较与衡量问题,这就是政府教育支出效率所要评价的内容。如果消费者对政府教育资源配置活动比较满意,而且政府也是以成本极小化的原则安排教育产品的生产和提供,那么就可以认为教育财政支出是有效率的。而且如果达到这样一种无法通过调整配置结构,使一部分人的公共教育需求进一步改善而使其他人的公共教育需求的满足程度不下降,那么就达到了政府教育财政支出的帕累托效率状态。当然,与市场配置的帕累托状态一样,政府教育财政支出的帕累托状态的实现也是非常困难的。就教育财政的投入产出的效率标准而言,教育财政支出效率的标准有三个方面:一是教育财政支出的目标是要满足社会公共教育商品的需求;二是教育财政支出的过程中是否是以成本最小化方式进行的;三是教育财政支出是否产生了最佳的社会效应。

(四)教育财政支出效率必须以一定的政府支出规模和效率为前提

教育财政支出的帕累托条件是消费者为消费政府提供的教育产品所愿意支付的成本(税金)之和等于该产品提供的成本,这表明政府公共教育支出存在最佳规模。在政府支出中,无论是预算支出、预算外支出,还是税式支出等财政性支出,在一定的预算年度都有一定的规模。当今世界各国随着政府规模和范围不断扩张,政府财力及公共支出范围不断扩张,但政府教育财政支出的比例不能无限扩大,教育财政支出的效率势必受到政府支出规模及支出效率等方面的限制。[①] 可以说,政府支出效率其实也受到支出规模的制约,有什么样的政府支出规模,就有什么样的政府支出的规模效率。所以政府支出规模和效率限制着教育财政支出的规模,而教育财政支出规模又首先决定着其效率的高低。也就是说,如果教育财政支出达到最佳规模和最高效率,其效率才有满足政府公共教育支出帕累托条件的可能;反之,如果教育财政支出达不到最佳规模和最高效率,其效率标准就是当前公共教育支出规模条件下的帕累托最优。

六、教育财政支出效率的研究方法

通过对教育财政支出效率内涵的理解,政府教育支出效率的研究方法应该是一种能够用于分析政府支出资源配置效率的方法。同时,由于政府教育资源配置与一般的政府资源配置又有所不同,这种方法又必须有其自身的一些特点。

桑贾伊·普拉丹(S. Pradhan)在其《公共支出分析的基本方法》中提出了分析政府支出配置效率的基本步骤[②]:第一,公共部门与私人部门的职责范围分析,这就是分析需求和供给的性质,确定是否存在着某种特定的市场缺陷使政府的配置显得必要。第二,支出与产出的社会效益分析,这就需要分析计算各种不同支出方案的成本和效益,以便

---

① 于凌云:《养老保险、教育投资与增长:OLG 模型理论优化及实证研究》,中国财政经济出版社 2012 年版。
② 〔印度〕桑贾伊·普拉丹:《公共支出分析的基本方法》,蒋洪、魏陆、赵海莉译,中国财政经济出版社 2000 年版。

选出那些能使社会福利达到最大化的支出配置。第三，对贫困阶层的影响分析，这就需要对利益归宿进行分析，以考察各种收入群体，尤其是贫困阶层从公共支出中得到收益的大小。

作为一种分析方法，普拉丹的三步骤法当然是值得借鉴的，但如果将这些步骤运用到教育财政的效率分析之中，同样也是困难重重的。首先，教育领域市场与政府的界限并不是很分明，有些教育产品的成本是政府和市场都可以分担的，静态的效率比较和动态的效率比较会不一致。其次，最大的问题是信息可获得性的限制，无论是成本—效益法中关于成本和收益的信息，还是对各收入阶层的影响状况的信息，都是很难获得的，效率评价当然会因此困难重重。

根据本书的研究，分析和评估政府资本性支出的配置效率，至少可以通过三条途径进行。

第一，判断主要的教育财政支出类别和项目、教育资源配置结构是否大体协调发展。关于教育财政支出的类别和项目可以列出一长列清单，但在一定规模下，其彼此之间的重要性是不同的。如果教育财政支出能够保证义务教育的普及并朝着更高教育层次发展，并且能保证在区域范围内部和相互之间能大体均衡，就可以认为是有效率的。当然，其前提条件是教育财政支出是限于政府职责范围之内的。

第二，与国际经验或国际上能够比较一致的数据进行对照，看是否符合国际常规，是否受到某种必然性的支配。这些普遍性的做法也是各国决策者智慧的共同积累，相对能够解决各国遇到的实际问题，因而是比较有效的。

第三，与投入和产出挂钩，进行教育资源配置的效果分析。教育财政支出中有一部分产出是可以进行量化价值计量的，将这些产出作为效果，采用投入—产出分析法进行分析，可以比较直接地得出配置效率的结论。不过，这条途径有一些局限性，即对于那些没有直接产出或产出难以确定的支出效益不适用，而只能运用其他的方法。

因此，对教育财政支出的资源配置效率的评析，首先要找出一个合理的效率评价指标，才能有助于效率的成本—效益分析。下文在进行教育资源配置与效率标准的研究后，将主要采用结构分析法。根据市场经济条件下政府的职能要求，针对教育产品的公共属性，主要分析政府公共教育支出的结构，包括政府公共教育支出的项目结构、层次结构和区域结构，按照上面的三种方法中的某一种或两种进行政府教育资源配置效率的分析和评估。

第二节　教育财政效率配置标准与分析

对教育财政效率的研究，必须事先考虑其配置的标准，即按照什么样的资源配置才算有效率。事实上，由于教育配置标准受到各国国情、对标准的主观判断不一致以及标准的多样性等方面的影响，这个问题变得十分困难。根据前文所述的对教育财政支出配置效率的理解，政府资源的教育效率配置可以考虑从如下几个方面进行评价：一是总量配置标准，即该项资源配置是否充足；二是结构标准，即政府进行教育资源配置时是否讲求效率；三是公平标准，主要是针对政府教育资源配置是否公平的一种社会福利判断。

一、政府教育支出总量配置

政府通过教育财政手段进行教育资源配置是以各种形式的资源的货币形式表现出来的，没有政府的教育财政经费，就没有充足的其他形式的用于公共教育发展的资源，如教育用地、设备、教师等。政府教育资源配置是否充足是衡量一国政府教育支出规模的重要指标，它是教育资源效率配置的前提。

教育财政资金并不是越多就越好，也不是支出越多就越有效率。政府进行教育资源配置的水平如何不仅与该国经济实力和发展水平具有一致性，而且与该国的政治制度、习俗、文化水平等密切相关。根据相关国家的数据来源，目前对一国政府教育资源配置是否充足进行评价主要有如下几种标准：

（一）财政收入规模与教育财政支出占 GDP 的比例[①]

近年来，衡量一国政府教育经费是否充足的标准是按照政府用于教育的经费占国内生产总值（GDP）的比例来判断的。这种比例与份额的大小按照国家的经济发展水平不同而不同。一般地，当一国政府教育财政投入占财政支出达到 15%－20%，而占 GDP 的比例达到 3%－6%时被认为是合适的。并且经济发展水平越高，这种比例和份额也会越大。

1. 财政收入与教育财政支出占 GDP 的比重

目前，就各国教育发展的情况来看，当一国财政收入占 GDP 的 10%以下时，教育财政支出占 GDP 的比重一般在 2%左右；财政收入的比重为 20%时，教育财政支出所占 GDP 比重为 3%；财政收入的比重为 25%以上时，教育支出所占比重在 4%左右。

发达国家财政收入占 GDP 的比重大多都在 25%以上，如德国、瑞典、英国等。有的国家，如法国、英国、意大利、比利时高达 35%以上，所以这些国家的教育支出都在 4.5%以上，甚至更高。发展中国家财政收入占 GDP 的比重一般较低，大多在 10%－22%之间，如泰国、印度、巴基斯坦、智利、菲律宾等，它们的教育财政支出占 GDP 的比重普遍不高。

2. 教育财政支出与 GDP 相关指标的比例

该项比例的趋势是随着人均 GDP 的变化而变化的。人均 GDP 16000 美元的在 5%左右，9900 美元的在 3.5%以上。以韩国为例，20 世纪 90 年代末，韩国人均 GDP 为 9927 美元，其教育支出占 GDP 的比重大约在 4%左右。到了 21 世纪初，韩国人均 GDP 达到了 17826 美元，教育投入占 GDP 的比重上升到 5%。

[①] 数据根据 The World Bank, Public spending on education, total(% of GDP); Revenue, excluding grants(% of GDP); GDP per capita(current US$), http://data.worldbank.org/indicator/相关数据整理而得。

3. 发展趋势

近年来,发展中国家中一些经济发展较快国家的教育财政支出一直维持在一个较高的水平,大约在 10%—25%之间,如马来西亚、泰国、韩国、菲律宾、墨西哥、加纳、肯尼亚等。这说明,许多发展中国家已经越来越重视教育。尽管它们的经济实力还无法与发达国家相比,但政府将有限的财力尽可能地用于教育。因此出现了这样一种趋势:发达国家政府教育投入的增长平稳,而新兴的发展中国家的教育财政投入增长呈现奋起直追的势头。

财政收入规模与教育财政支出占 GDP 的比例标准,被广泛用于判断教育财政总量是否符合教育资源配置的需要。但是这种标准也有一些争议,首先,发达国家教育支出的这种标准是否就符合教育资源配置的效率标准本身就值得研究和探讨;其次,各国对财政收入占 GDP 比重存在核算标准问题,如改革开放以来的中国,由于经济转轨和政策性调整等因素,使得财政收入占 GDP 的比重有连年下降的趋势,目前教育财政占 GDP 的比重是否合理,学术界也有很多不同观点。

(二) 教育系统成果

20 世纪 70 年代以来,世界银行率先采用了一套新的测定政府教育支出总量是否充足的标准,是一套新的、更加接近教育系统的成果的标准。这项标准包括:

(1) 相关年龄组就读于小学的比例或初等教育注册学生比例;
(2) 教育机会的性别平衡,即教育机会是否提供给了女性;
(3) 相关年龄组接受中等教育的比例,或中等教育,尤其是初中教育的注册学生比例;
(4) 成人文盲率的高低。

上述标准也与各国国情密切相关。例如,对于第一项标准,在低收入国家,1995 年中学毛入学率平均水平为 42%,而同年在高收入国家已经达到了 109%[1],世界平均水平为 66%。[2] 对于第二项标准,就不同性别的文盲率来看,2000 年世界平均水平男性和女性分别为 14.8%和 26.8%;亚洲则分别为 17%和 32.1%。[3] 对于第三项标准,在低收入国家,20 世纪 90 年代,低收入国家 25 岁及以上人口中,中学文化水平的平均水平为 42%,而同年在高收入国家为 44.4%,世界平均水平为 32.9%。[4] 对于第四项标准,2000 年欧洲的希腊和意大利的文盲率分别为 2.8%和 1.6%,而非洲利比里亚和亚洲的尼泊尔则分别为 46.5%和 58.3%。[5]

上述资料表明,教育资源配置的总量标准确定了教育财政投入要求的人均教育成本

---

[1] 毛入学率并不是粗略计算的意思,而是在分子中不考虑学生的年龄大小。在计算毛入学率时,由于分子不考虑年龄大小,分母却限制在学龄人口,所以会出现分子大于分母的情况。

[2] 中央教育科学研究所专题研究组:"发达地区基础教育现代化发展指标的研究",《中国基础教育发展研究报告(2001)》,教育科学出版社 2002 年版。

[3] UNESCO, Regional Adult Illiteracy Rate And Population By Gender, in *World Education Report*, 2000.

[4] 同②。

[5] UNESCO, Estimates And Projections Of Adult Illiteracy For Population Aged 15 Years And Above, By Country And By Gender 1970—2015, in *World Education Report,* 2016.

随不同的国家而变化,这种变化在很大程度上决定着其教育系统运行的效率水平。可以想象,当一国政府的财力无法解决本国的温饱问题时,就有必要首先将政府资源用于补助人们的基本生活所需的物资,在此基础上才考虑教育财政的资源配置问题。

(三)人均教育经费配置

教育领域经费配置标准是指政府教育资源平均到每个学生、教师或者某个计量单位的份额。这项标准可分为几类:一是教师经常性教育经费占教育财政支出的比例;二是生均教育经费;三是生均教育经费占人均 GDP 的比值;四是生均资源配备。

1. 教师经常性教育经费占教育财政支出的比例

该项标准也被称为教育事业费,是指在一定的统计时间内,分摊到教育领域的教师的经常性教育经费。一般用教师经常性经费与教育财政支出经费的比重来衡量。从表 6.2.1 中可以看出,工业化国家该项经费配置标准相较于发展中国家要低一些,美国、英国的比例没有达到 60%;而阿根廷、印度等发展中国家都在 70%上下。

表 6.2.1 2009 年有关国家教育领域人均政府教育经常性支出情况表　(单位:%)

洲	国家	教师经常性教育经费占公共教育支出比例	生均教育经费占人均 GDP 比例			
			初等教育	中等教育	高等教育	平均水平
非洲	突尼斯	—	18.7	21.7	50.1	30.2
北美洲	美国	44.7	22.6	25.3	19.6	22.5
	加拿大	52.2	11.4	15.2	43.9	23.5
南美洲	乌拉圭	55.9	11.3	9.8	23.0	14.7
	阿根廷	65.0	16.8	27.0	19.1	21.0
亚洲	印度	84.5	9.0	13.2	74.7	32.3
	韩国	51.9	23.3	23.8	13.2	20.1
欧洲	英国	54.3	24.3	31.1	20.6	25.3
	芬兰	47.5	20.5	36.0	38.9	31.8
大洋洲	澳大利亚	52.5	20.2	18.8	20.7	19.7

资料来源:根据 UIS Data Centre、UNESCO Institute for Statistics 发布的相关数据整理而得。

2. 生均教育经费

生均教育经费是反映教育资源供给的总量是否短缺的重要指标,是指教育财政经费平均到每一位学生的值。以 1998 年为例,中国人均公共教育经费为 167 元(折合 20.2 美元),生均公共教育经费为 945 元(折合 114.4 美元),远低于世界平均水平(1995 年人均 241 美元,生均 1273 美元)[①],这就使教育经费的供给难以满足教育规模的需要,

---

① 联合国教科文组织:《1998 年世界教育报告》,中国翻译出版公司 1999 年版。

使得教育财政支出的规模效益受到制约，阻碍了教育事业的进一步发展。

3. 生均教育经费占人均 GDP 的比值

用公式表述为：生均教育经费/人均国内生产总值，与"教师经常性教育经费占公共教育支出的比例"这种指标的计算方法大体相同。从表 6.2.1 中的数据来看，在多数国家，高等教育的生均经费都高于初等教育和中等教育的生均经费；初等教育的生均经费也普遍低于平均水平。

4. 生均资源配备

这里所指的配备是指各国根据实际情况制定的一系列与教育有关的实际需要配置，包括教师配置、教育用地、校舍面积、教育用设备和器材等。该标准没有统一的统计口径，一般是各国或地区根据实际情况，并应用于评价教育财政支出效率而制定的。其效率配置和判断一般用政府批准的教育资源配置与实际使用的相关配置进行比较。例如，早在 1990 年，经国务院批准，当时的国家教委和卫生部共同发布的《学校卫生工作条例》，对中小学人员及保健教师进行了规定。指出城市普通中小学、农村中心小学和普通中学设卫生室，按照学生人数 600∶1 的比例配备专职或者兼职保健教师，开展学校卫生工作。

世界各国的生均资源配备的效率标准的分类很多，不过，它只是一种单项指标，一般不能够单独地反映一国教育资源是否充足，而要综合进行比较。

二、政府教育资源配置结构与效率

政府教育资源配置结构是在一定的政府教育资源的条件下，政府根据国家教育政策目标，对不同教育产品的性质及其需要进行资源配置的一系列比例安排。由于世界各国的国情各异，经济发展水平不均衡，因此教育发展水平也各有高低。但这并不表明经济发达的国家的政府教育资源配置就具有效率，经济不发达国家的政府教育资源配置效率就低。如果以各种效率指标来衡量的话，经济不发达的国家（如朝鲜及一些独联体国家）的文盲率和入学率并不比一些经济发达国家低。因此从一定意义上讲，政府教育资源配置效率也是一种条件效率。

根据本书对政府教育支出效率的理解，教育财政的效率是在教育资源总量前提下的效率，它与政府教育资源配置结构密切相关。无论教育财政支出所产生的教育资源总量大小如何，是否能够满足该国教育发展的需要，它都能够产生自身的一种效率或者是无效率。如果一国经济发达，教育经费充足，但是不能按照资源配置的效率条件合理安排教育财政支出结构，这种政府教育资源的安排就必然是无效率的；反之，假若一国政府教育经费紧缺，但能够合理安排教育支出结构，并且这种结构安排符合资源配置效率标准的其他要求，那么这种政府教育资源配置就可以认为是有效率的。

教育资源配置是政府与市场通过提供教育产品和服务来共同完成的，政府提供的教育资源是教育资源配置结构中的一个最重要的部分。从世界各国教育资源配置的情况来看，政府与市场并不一定参与同一种教育产品和服务的资源配置，例如政府一般不提供家教这种教育产品,而是由市场来提供;义务教育一般被认为是纯公共产品,市场一般不参与该产品的资源配置。因此政府教育资源配置既与市场配置有关联,又有相对独立的配置领域,这就决定了政府教育资源配置有其自身的结构特点,同时其效率提供也是由教育中的混合产品的政府提供特点所决定的。

政府教育资源配置结构有许多种不同的分类方法,根据本书对教育财政支出效率分析的基本认识,将政府教育资源配置效率结构分为教育经费使用结构、教育资源配置层次结构和教育资源配置区域结构来进行分析。

(一)教育经费使用结构

教育财政经费使用结构中的经费与前文分析的教育财政支出的全成本支出有所区别,它是政府教育资源配置系统内部的一种配置结构。根据联合国教科文组织和世界银行统计口径,本文中所指的经费使用结构是指政府用于教育的经常性支出结构,包括政府教育预算中用于教育从业人员的经常性经费支出(包括工资、科研经费及维持教育的经常性费用)、教育建设的经费支出(包括基本建设支出、固定资产投入及教学和科研用设备的经费支出等),以及对学生的教育补助等各项教育财政经费支出的比例关系。

教育财政所形成的经费使用结构效率决定着教育经费在教育系统内的合理分配问题,它所产生的效果,诸如:政府对每一位教师的经费提供应该负担多少学生的工作量才算合理;每一位学生应该占有多少教育房屋使用的面积;教师人数和从事教育管理、教育科研,以及后勤人员等的比例应该是多少等。政府也可遵照国家教育政策目标,结合历年来教育经费使用的情况,列举出具有可行性的效率结构方案,来制定教育经费使用的结构。在此本书列举一组用于评估政府公共教育经费使用所形成学生/教师人数比例的效率配置方案(见图6.2.1)。

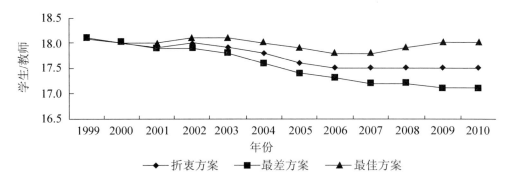

图6.2.1 1999—2010年美国公共基础教育学生与教师人数的配比结构评估方案图

资料来源:U. S. Department of Education, National Center for Education Statistics, Statistics of Public Elementary and Secondary Schools, Common Core of Data Surveys.

图中数据显示,2000年美国教育部根据相关权威教育评估机构在1985—1995年公共基础教育支出所形成的学生/教师比例的基础上,制定的用于评估政府公共基础教育资源配置结构的评估标准。可以看出,按照该国政府对这种学生/教师比例的效率配置目标,到 2010 年公共基础教育的学生/教师比例比 1999 年要有所降低，从 18.1 人降低到 17.1—18.0 人之间，其中最佳方案为 18 人。

（二）教育资源配置层次结构

教育资源配置层次结构是指政府对各个级次的教育领域进行资源配置，目前被广泛运用于衡量各国教育财政效率配置的问题。根据不同的研究需要，对教育级次的分类也不相同，可将教育级次分为三级：初等教育、中等教育、高等教育；或者将其分为五级：学前教育、小学教育、初中教育、高中教育、大学教育；也可以将其分为基础教育、高等教育；还可以分为义务教育和非义务教育等。各种分类中又有更进一步的细分，可视不同研究需要而定。目前世界各国教育财政支出所占比例最大的部分是基础教育部分，探讨和研究最多的问题也是政府对基础教育支出的比重问题。

20 世纪 80 年代以前，一些落后地区的国家如南亚、东亚和非洲等地区和国家没有将基础教育作为政府教育资源配置的重点，而是将很大一部分比例的教育财政资金用于高等教育或者其他教育，目前这种情况有了很大的改善。世界银行 1996 年根据 20 世纪 80 年代初上述地区的相关数据与 90 年代中期进行了比较分析，也认为这种政府教育支出结构的改善是有效率的，并且列举了一组有效性的数据加以分析（见表 6.2.2）。

表 6.2.2 2008 年世界各地区教育财政支出层次结构表 （单位：%）

地区	初等教育	中等教育	高等教育
亚洲	36.00	35.79	17.52
非洲	45.68	29.45	18.47
大洋洲	36.71	36.66	19.35
欧洲	25.13	41.47	22.16
拉丁美洲	37.78	32.73	17.68
世界平均	**36.18**	**35.22**	**19.04**

资料来源：根据 UIS Data Centre, UNESCO 发布的各大洲主要国家 2008 年不同教育层次的财政支出比例数据整理而得。

可以看出，这些地区政府用于基础教育支出的平均水平已经达到 71.4%，其中，亚洲地区该项比例达到 71.79%，欧洲的平均水平较低，但也超过了一半（上述比例是与年度预算的比较，因此这些数据相加不等于 100%）。从世界不发达地区公共教育支出层次结构变化以及目前各国普遍情况来看，政府将大部分的公共教育资源用于基础教育基本上是可以肯定的（如非洲已经达到 75.13%），这也是与基础教育产品公共属性的政府配置的要求相一致的。

（三）教育资源配置区域结构

各地区人口数量、人口素质、文化习俗、经济发展水平及教育需求偏好等的差异，使各地区对教育资源的需求也不相同，这是政府针对不同地区的实际情况所进行的不同的教育资源配置的主要依据，政府教育资源配置的区域结构也因此而产生。这种区域结构要达到效率标准就要求各地区的教育得到均衡发展,这可以用前文所述的一系列的指标来加以衡量。同时,这种均衡发展也是衡量教育资源分配效率和公平的重要指标之一。

目前世界上大多数国家的地方政府都负有基础教育,特别是义务教育的财政职能,这在第五章第一节中已经进行过简要分析,在此不再赘述。但是地区经济发展水平不平衡,地区的政府教育预算规模也不一致,因此,依靠各地区政府的自有财力对本地区进行教育资源配置,使其达到地区间的均衡几乎是不可能的。这就要求中央政府对各地区的教育资源进行有效调整,依靠中央政府的教育补助、转移支付等财政手段进行调节,使地区间的教育资源趋于均衡。

三、教育财政支出的配置效率与公平

教育是一种混合产品,从一定意义上讲政府提供教育资源可视为是一种社会福利,政府教育资源配置不仅关系着教育资源的分配,而且还关系到教育的机会以及教育资源配置的结果的分配。因此,教育资源配置不仅与效率有关系,而且也必然与公平有着千丝万缕的联系。

(一)教育公平的多元审视与认识

在社会科学的各个领域,对公平问题的理解和认识各有不同。教育公平是一个多维度、多层次的概念,直到现在还没有一个统一的理论标准。仅从某一方面、某一层次来看现代社会教育公平理念是不够的,需要从多个角度对教育公平进行审视。

从社会学角度来看,在西方国家对教育公平的探讨和实证研究中,最具影响力的是20世纪50年代的自由主义哲学观,持这种观点的学者们认为教育平等就是要求教育制度能够平等地对待每一个儿童,让每一个儿童受到同样的教育。Coleman提出了教育均等应该包括进入教育系统的机会均等、参与教育的机会均等、教育结果均等,以及教育对生活前景机会的影响均等。[1] 然而,20世纪80年代以后,由于公众对学校教育成效日趋不满,教育公平集中指向与教育质量紧密相关的学业成功机会的均等。此外,在不同政治体制的国家,由于受到历史、传统、经济发展及社会意识形态的影响,人们对教育公平的理解也不一样。

从法律角度来看,第二次世界大战后,平等受教育作为一种基本的人权已被写入国际公约、国际法及各国的法律之中,法律成为保障这一受教育权利实现的有力武器,同时也是保证公平教育实现的重要手段之一。但从各国的实践来看,法律条文规定与实际状况之间毕竟存在着距离,T. Nagel 将教育平等分为"消极平等",即国家对教育平等的有关规定(包括法律条文),和"积极平等",即事实上促进教育机会均等的具体措施。[2] 两者是相辅相成的,而且后者更为重要。

从教育伦理学角度来看,教育公平问题也处在不断争议的过程之中:约翰·罗尔斯

---

[1] J. S. Coleman, *Equality and Achievement in Education*, Westview Press, 1990.
[2] T. Nagel, Personal Rights and Public Space, *Philosophy & Public Affairs*, 1995, 24(24): 83—107.

(J. Rawls)认为①，公平的对象是社会的基本结构，即用来分配公民的基本权利和义务，由划分社会合作产生的利益和负担的主要制度，应该遵循平等自由原则、机会公平原则和差别原则。但是 Coleman 对此就提出质疑，他认为教育行政所能控制的学习设施等教育资源在人种之间并不存在很大程度的不平等，但教师的水平却存在很大程度的不平等；此外，学校条件不足以使学生所处的社会背景层次上的人际关系群体形成一种平等。

从经济学或财政学的主流思想分析，理论上主要存在三种对公平过程的综合论述，称之为公平的三大要素，即规则公平、起点公平和结果公平。规则公平认为，经济活动是所有社会成员参与竞争，竞争的规则必须公平。起点公平试图对规则公平进行补充：不仅竞争过程要公平，而且对所有社会成员来说，竞争的起点也应该是公平的。结果公平是指分配的结果的公平，但是受到天然禀赋、个人努力程度差别、选择上的差别等因素的影响，这种分配结果会有一定的差别，并且被认为是合理的。因此，教育作为一种经济资源的配置，可以从上述观点加以认识。首先，教育公平是一种享受教育待遇的公平，每一位社会成员都有接受教育的权利，这种权利对于每一位社会成员来说都是统一且一视同仁的，所有接受教育的社会成员都有权遵循统一规则参与教育资源的分配活动。其次，教育是一种社会福利分配的公平，在现实生活中，人们参与教育资源分配的起点是不同的。例如，有的人生来富有，有的人出身贫寒，而有的人生来聪慧，有的人生来愚钝，因此一部分社会成员接受教育的初始条件就不一致，这就要求社会的教育福利政策倾向于在教育机会均等的条件下的教育起点的公平。最后，在上述条件下，接受教育的过程中，由于天生禀赋、勤奋和选择的差异，教育产生的结果又会因人而异，有的人有进一步接受教育的能力和条件，并且也愿意接受不同种类教育，只要人们承认这些结果的差别是由于天生禀赋、勤奋和选择的差异形成的，它就是合理的。

对教育公平也存在种种主观的价值判断，这也是一个复杂的社会学和经济学问题，有必要进行全方位的探讨。教育公平在不同的历史时期和特定的社会环境下，其内涵是不同的，因此对教育公平的讨论应该建立在一个合理的评判标准上。

本书认为，教育公平的价值判断还要考虑以下几个方面：一是要从历史角度加以评判。因为社会是不断向前发展的，人们对教育的要求也不断提高。因此要思考几十年前的教育公平判断标准是否适用于将来？二是同一历史时期，对同类型的教育产品公平的判断。例如基础教育在不同国家和地区的普及年限是不一样的，这种公平的判断在教育发展水平高的国家与教育发展水平低的国家应该有所区别。三是教育级次公平的判断标准问题。如非义务教育的政府教育资源提供的层级和比例的公平问题。此外，教育公平还与教育平等有所区别，因为教育平等不一定带来实际参与的平等。教育公平还要考虑到教育需求方面的诸如放弃学业等特殊因素的存在。

（二）教育资源配置公平的经济学解释

教育会带来个人收益和社会收益，问题在于什么人接受什么样的教育对个人和社会

---

① 〔美〕约翰·罗尔斯著：《正义论》，何怀宏等译，中国社会科学出版社1988年版。

更为有利？如何实现这一目标？在此引用 Cohn 所假设的福利函数来加以解释。[①]

假设如下由教育资源配置带来的社会福利函数：
$$W = f(Y_1, Y_2, \cdots, Y_n) \qquad (6.2.1)$$
式中，W 为由教育带来的社会福利；Y_i 代表第 i 个人的收入，这里认定它等于第 i 个人的福利或利益 W_i；n 为社会成员总数。

上式可以用边际形式表示出来：
$$\Delta W = h(\Delta Y_1, \Delta Y_2, \cdots, \Delta Y_n) \qquad (6.2.2)$$
式中符号 Δ 表示某种政策或投资项目带来的变化。

如果上述政策或投资项目的结果可以增加部分人的 W_i，而不减少其他任何人的 W_i，则这种政策或投资项目就达到了帕累托最优，这就是说该政策或者投资项目是有益的。

假定公式（6.2.2）中的 h 意味着全部 ΔY_i（在以收入代表利益时的 ΔW_i）的总和，则可以将公式改写成如下形式：
$$\Delta W = \Delta Y_1 + \Delta Y_2 + \cdots + \Delta Y_n = \sum_{i=1}^{n} Y_i \qquad (6.2.3)$$

根据公式（6.2.3），如果对于某项政策或投资项目来说，其结果可以使得全部 $\Delta W_i \geqslant 0$，$\Delta W > 0$，则可认为达到了帕累托最优状态。然而，实际上一个政策或投资项目带来的后果往往是一部分 $\Delta W_i \geqslant 0$，另一部分 $\Delta W_i < 0$，在这种情况下，$\Delta W = \sum \Delta W_i \leqslant 0$，显然是一种不可取的决策。问题是在一部分 $\Delta W_i \geqslant 0$，另一部分 $\Delta W_i < 0$ 时，若大于或等于 0 的那部分 ΔW_i 比小于 0 的那部分 ΔW_i 大时，或者换言之，$\Delta W = \sum \Delta W_i > 0$ 时如何对该项政策或投资项目做出判断。这种情况下就是一部分人受益，而另一部分人受损的公平问题。

试想某一项政策或投资项目，如大学奖学金和助学金全部都给了社会中较富裕阶层的子女，其 W_i 必然大于 0 或等于 0，这种情况下，即使 $\Delta W = \sum \Delta W_i > 0$，恐怕也很难被世人公认为是一种公平的政策或投资项目。

即使全部 $\Delta W_i \geqslant 0$，也还存在着富人子女的 ΔW_i 和贫困家庭子女的 ΔW_i 孰大孰小的问题。这就涉及对公平的价值判断问题。通常情况下，政府为避免社会贫富悬殊，采取累进税、遗产税等措施抑制某些成员财富的过分增长，并对贫困家庭进行资助，使其子女获得与富人相同数量的教育，借以达到教育公平的目的。从另一个角度来看，即使富人和穷人得到的 ΔW_i 相等，也仍然存在着公平问题。因为富人和穷人在得到等量的福利时，二者的效用是不同的。

基于上述分析，教育的公平应该首先考虑对穷人的资助。

（三）政府教育支出的配置效率与公平

教育产品的外部性、市场缺陷以及公平的相关分析表明，在教育这种产品的消费与分配中存在着市场缺陷，这为政府介入教育领域提供了理论上的依据，也为政府教育支出的资源配置确立了两个目标：效率和公平。

[①] E. Cohn, *The Economics of Education*, Cambridge Massachusetts: Ballinger Publishing Comp, 1979.

假设接受政府教育资助的家庭分为贫困和富裕两类，那么，政府对不同家庭提供教育资助可以有三种基本选择。①这种情况可用图6.2.2的公平效率交换曲线来加以解释。

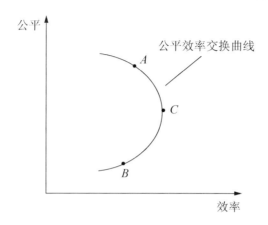

图6.2.2　教育支出配置的效率与公平关系图

一是面向贫困家庭提供教育资助，这种情况发生在 A 点上。从 A 点所处的位置来看，这种配置显然是有助于促进公平的，并且效率也不是最低的。因为给予这类人资助，能够使贫困家庭中具有天赋的孩子得到教育资助，使他们与其他社会成员一样享受到最基本的受教育机会和权利，大大减少了社会不公的现象，也能够最大限度地发挥他们的潜能，使人力资源得到充分利用，从而加速社会的发展进程。

二是面向所有家庭提供教育资助，这种情况发生在 B 点上。这种配置不但没有改善公平状况，而且还产生了效率问题，原因是：第一，得到政府教育（尤其是高等教育）资助的人并不是真正需要帮助的人，实际得到政府教育资助的可能是那些家境较好、间接成本（包括机会成本）较低又能承受较高直接成本的个人。第二，会使政府高等教育支出具有累退性效应。由于贫困家庭学生面临较高的隐性成本，在这种情况下，实际接受高等教育的可能较多的是一些富有家庭的子女，造成了贫困家庭学生无法在接受政府资助的高等教育中获得政府教育支出的成本补偿，相反这种补偿却被富裕家庭的学生获得了。第三，均等提供高等教育资助还可能造成高等教育的"过度消费"。第四，假设能力较强的学生的教育边际收益比能力较低的学生高，那么建立在这一假设基础上的结论将要求对能力较强的学生分配较多的教育经费，以增加社会的产出水平。如果政府均等提供教育经费，社会总产量就会下降，教育资源配置就会处在较低的效率水平上。

三是兼顾效率和公平目标提供教育资助这种情况发生在 C 点上。从效率的角度来看，要使社会总产出最大化，政府就应该这样配置教育资金：使每个人最后一单位的教育费用所产生的效益相同。这要求政府能够给能力较强的能够产生较高的生产率的人提供较多的教育经费。而从公平的角度来看，最低标准的教育应该被视为公民的一项基本权利。

---

① 杨丹芳：《财政支出经济分析》，上海三联书店2001年版。

显然，政府在对教育资源进行配置的过程中，效率并不是唯一的目标，还应该包括公平。因此图中 C 点的位置要明显地优于 A、B 点。

上述分析表明，政府教育支出配置的公平和效率是相互交替的。政府为追求更多的公平，必须牺牲一部分效率；反之，想要提高效率就不得不牺牲一部分公平。这就容易引发对公平和效率的一些争论：一是价值观问题，即公平和效率哪一个更重要？从政府教育支出的配置来看，帮助贫困家庭接受教育的最好方法是在将"蛋糕"做大的同时，应该更加注重"蛋糕"的分法，因为政府做的这块"蛋糕"并不是想做多大就能做多大的。政府增加教育资源配置，应该更加注重资源配置效率，使得富裕家庭变得更富裕的同时，又不会影响到贫困家庭受教育的机会。二是对公平和效率交替本质的不同看法，即为了提高效率，必须牺牲多少公平；或者为了增进公平，应该牺牲多少效率。政府在做出教育财政投资决策时，应该充分考虑二者的平衡问题，尽可能找出一个相对平衡点，以避免二者之间的矛盾尖锐化。

第三节　中国政府教育支出效率分析

改革开放以来，中国政府十分重视教育，将人力资源作为国家资源的重要组成部分，全面提高国民素质，逐步缩小了同发达国家的差距，并且基本实现了普及九年义务教育的战略目标。这些都是与政府不断加大教育财政支出分不开的，应该说政府教育支出的效果是比较明显的。但与教育发展水平较高的发达国家相比，仍然存在政府教育经费短缺、教育支出配置不合理等问题。然而经费短缺问题与一国经济发展水平和政府财力密切相关，不能在短时间内得以解决，这就需要优化政府教育支出的结构，以提高政府教育支出的配置效率。本节主要从政府宏观教育支出总供求和结构的几个方面对中国政府教育财政的效率进行评价和分析，得出结论以供决策参考。

一、对中国教育财政规模及其增长的简要评价

20 世纪末的后十年，中国教育财政规模总体上呈增长态势，并具有如下特点：

第一，教育财政支出总体增长幅度较大。中国政府大力发展教育，政府不断加大教育投入，特别是 20 世纪末和 21 世纪初，这种增长较为迅速。教育财政支出主要部分为国家财政性教育支出，其中国家财政性教育支出又包括预算内教育经费、预算外教育经费即由国家批准的由政府部门管理的教育支出。教育财政支出由 1991 年的 617.8 亿元增长到 2011 年的 18586.7 亿元，年均增幅为 855.66%（见图 6.3.1）。

第二，从教育财政支出与经济发展速度的比较来看，首先，图 6.3.1 显示了经济增长有明显快于教育财政支出增长的势头；教育财政支出增长速度也快于预算内教育支出的速度。虽然 1997—1999 年，受到金融危机的影响，中国经济增长有所放缓，但教育财政支出增长相对稳定，但从长期走势来看，教育财政支出增长总体上的速度低于经济增长

的速度。其次，从教育财政占 GDP 的比重来看，政府教育投入明显不足，2011 年该项指标为 3.93%，不仅低于世界平均水平，而且还低于不发达国家 1985 年 5.5% 的水平。[①]

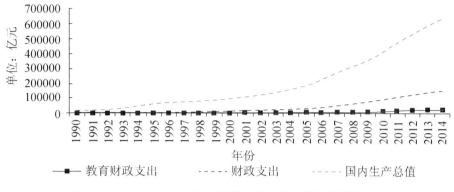

图 6.3.1　1990—2014 年中国教育财政支出总体增长情况图

资料来源：《2015 中国财政年鉴》。

第三，政府教育财政支出增长的速度慢于政府财政支出的速度。这同时还表明，经济社会可持续发展需要更多公共领域的财政支持，特别是社会保障支出、农产品收购、西部开发建设等支出需要增加，相对占压了教育财政支出。

二、总供求矛盾与效率制约

（一）分析的理论依据

在前文我们曾对政府教育产品的有效供给进行了分析，阐述了在经济学假设前提下政府对教育这种混合产品提供的均衡条件。理论上讲，这种条件是无法实现的。不过这种分析方法表明，假如政府提供的公共产品不能达到一般意义上的供需均衡，则势必造成效率损失，所以这种均衡可以为政府对教育产品提供的效率的研究提供一个很好的借鉴。

政府对教育产品的提供也是如此，如果在一定的教育配置结构基础上，政府提供的教育产品过量，则表明政府提供的教育资源已经造成了浪费，这说明教育财政支出的效率是低下的；反之，假如政府在现有教育配置结构方面存在资源不足的问题，则又会制约教育财政的效率配置。

（二）分析方法

从经济学角度来考虑，如果将教育领域看作一个市场，并将其中的教育财政投入作为政府公共产品提供的一个整体，那么公共教育资源的提供者是政府，消费者是提供教育服务的部门和接受教育的国民。这种假定可以用于研究政府教育支出增长和公共教育消费需求的关系，并有利于分析政府教育支出的增长是否符合公共教育消费的需要。

由于教育财政支出规模要受到政府财政规模（这里指政府支出总规模）和国家教育

---

① UNESCO, *World Education Report*, UNESCO, 1999.

目标政策的制约，因此将中国教育需求增量分成两个部分：一部分是由于政府财政总支出规模增长引起的教育需求；另一部分是由于教育消费倾向提高引起的教育消费需求。于是有如下模型：

$$教育消费需求 N = 政府支出规模 M \times 教育消费倾向 S$$

该模型的基本含义是，将由政府提供的公共教育看作一种消费产品或者是政府提供的一种公共资源，这时，教育产品的提供者是政府，消费者是提供教育服务的部门、家庭和教育受益者个人。

研究教育财政支出总体水平增长和教育消费需求的关系，有利于分析一定时期内，教育财政支出的总体水平的增长是否符合全社会对教育消费需求的需要。可从如下两方面进行分析：

1. 作为教育需求的增长原因，分析教育财政支出总规模的增加对教育消费需求的影响

教育财政支出增长通过政府财政性教育支出和教育消费倾向的变化这两个中介因素而对教育消费需求发生影响。

（1）国家财政支出总规模的增长在既定的国家教育支出政策不变的前提下，会形成教育财政支出的增减变化，在全社会教育消费倾向不变的情况下，将产生教育消费需求增减变化的效应。（2）国家财政支出总规模在其他条件不变的前提下，会通过改变各项财政支出（包括教育财政支出）的结构来改变人们的教育消费倾向，同样能起到增加教育消费需求的作用。

2. 作为政府支出总规模的制约因素，分析教育消费需求的变化对政府教育支出总规模增长的影响

（1）进行教育需求弹性分析，即从教育消费需求增长速度来看，教育消费增长对政府支出规模的弹性作用有多大。

（2）进行教育需求的贡献分析，即从教育需求增长变化在多大程度上引起教育财政支出总规模的增长来看。

从上述模型可知，当教育消费倾向保持不变时，政府财政规模增长，教育需求会增加；而当政府财力保持不变时，随着教育消费倾向的增减变化，教育需求也会保持同方向的增减变化。

（三）数据分析与结论

表 6.3.1 是一组 1992—2011 年政府教育支出供求变化的相关数据。其中，"政府可支配财政资源"为"政府财政总支出"，"公共教育消费需求"为"政府教育财政经费支出"并与"非财政性教育经费"共同构成了整个"教育市场"的经费提供总量；"公共教育消费增量"为教育财政支出历年的增加值；"公共教育消费倾向"为"公共教育消费需求"与"政府可支配财政资源"的比值；"消费倾向变动的影响"为"公共教育消费倾向"历年的增加值与"当年政府可支配财政资源"的乘积。

表 6.3.1　中国公共教育增长因数分析表　　　　（单位：亿元）

年份	政府可支配财政资源（全年国家财政总支出）	公共教育消费需求（教育财政支出）	非财政性教育经费	公共教育消费倾向（比值）	公共教育消费增量	政府可支配资源影响	消费倾向变动影响
1992	3742.20	728.75	138.30	0.195	110.92	62.27	48.65
1993	4642.30	867.76	192.18	0.187	139.01	176.15	-37.14
1994	5792.62	1174.74	314.04	0.203	306.98	214.30	92.68
1995	6823.72	1411.52	466.43	0.207	236.78	209.49	27.29
1996	7937.55	1671.70	590.64	0.211	260.18	228.43	31.75
1997	9233.56	1862.54	669.19	0.202	190.84	273.94	-83.10
1998	10798.18	2032.45	916.61	0.188	169.91	321.08	-151.17
1999	13187.67	2287.18	1061.87	0.173	254.72	452.54	-197.82
2000	15886.50	2562.61	1286.48	0.161	275.43	466.07	-190.64
2001	18902.58	3057.01	1580.65	0.161	494.80	494.80	0
2002	22053.15	3491.40	1988.62	0.158	433.39	499.55	-66.16
2003	24649.95	3850.62	2357.65	0.156	359.22	403.29	-44.07
2004	28486.89	4465.86	2776.74	0.157	615.24	330.37	284.87
2005	33930.28	5161.08	3257.76	0.152	695.22	864.87	-169.65
2006	40422.73	6348.36	3466.95	0.157	1187.28	985.17	202.11
2007	49781.35	8280.21	3867.86	0.166	1931.85	1483.82	448.03
2008	62592.66	10449.63	4051.11	0.167	2169.42	1543.49	625.93
2009	76299.93	12231.09	4271.62	0.160	1781.46	2315.56	-534.10
2010	89874.16	14670.07	4891.78	0.163	2438.98	2169.36	269.62
2011	109247.79	18586.70	5282.59	0.170	3916.63	3151.9	764.73

资料来源：由《2012 中国统计年鉴》和《2012 中国财政年鉴》整理而得。

表 6.3.1 是根据上述模型对 1992—2011 年中国教育财政支出及教育消费需求总体情况的分析结果。可以看出：

（1）除 1993 年受通货膨胀因素的影响之外，1992—1996 年中国政府财政支出总规模增长和教育消费倾向的上升共同构成了教育需求的上升。这就是说，从数据分析上来看，教育财政支出总体增长水平与全社会对政府提供的教育产品的需求是基本一致的。

（2）从 1997 年开始，政府支出总规模增长虽然造成了教育财政支出的增长，但全社会对政府提供的教育产品的消费倾向下降造成了教育支出增长水平的下降。这似乎表明自 1997 年以来，教育财政支出总体水平的增长是由于政府财政支出总规模的增长引起的，与社会对政府提供的教育产品的实际需求增长无关。例如，2000 年教育需求比上年增长 275.43 亿元，其中由于政府可支配财力增加造成教育需求上升 466.07 亿元，而由于教育消费倾向下降造成的影响是-190.64 亿元。

这就说明，在现有的政府支出体制或结构下，1992—1996年间，政府教育支出的增长与公共教育消费需求是一致的，总的来说，政府教育支出是一种效率提供；1997—2003年，政府教育支出的增长相对于公共教育消费需求来说却存在"相对过量"的现象，这说明政府在教育财政支出总规模决策的过程中存在效率损失。

三、经费使用结构的效率分析

（一）预算内教育经费使用结构

中国预算内教育经费主要由三部分构成，一是教育事业费；二是教育基建投资；三是各部门事业费中用于教育的支出。我们将"教育事业费"与"各部门事业费中用于教育的支出"作为总和的教育事业费，与教育基建投资进行比较（教育事业费/教育基建费）计算出中国1995—2013年的预算内教育财政经费使用结构（见图6.3.2），并分析其走势。

可以看出，中国的预算内教育经费中，教育事业费所占的比重非常大，教育事业费与教育基本建设费的比例基本上保持在10%—30%，并且呈上升趋势。相对而言，财政预算内支出中有越来越少的部分被用于教育的基本建设，包括新建和改建校舍、购置新的教学设备、教学仪器和图书资料等。这就类似于财政支出的总体发展趋势：用于消费的越来越多，用于建设的越来越少。根据美国的相关资料，1996年美国公立中小学教育经费的结构为：工资部分占58.2%，公用和基建占到41.8%。[①]与美国相比较，中国预算内教育经费使用的这种比例和趋势是否合理，还有待于进一步分析。

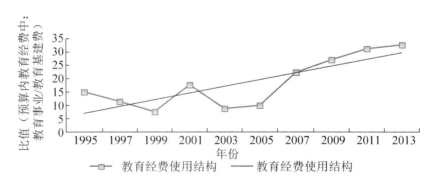

图6.3.2　1995—2013年预算内教育经费使用结构图

资料来源：由《中国教育经费年鉴》（1996—2014）相关数据整理而得。

（二）教育经费负担的教师水平和结构

1985—2014年，中国全国专职教师人数由868.8万人增长到1507万人，平均每年净增21.27万人，各级学校教师平均每人负担的学生数基本没有太大的变化，高等学校教师负担的学生数甚至还有所增加。但若以每一位教师平均负担的学生的数量进行比较，

[①] 数据来自美国商务部人口调查局和经济分析局整理发布的《美国统计摘要1996》第168页。

中国各类学校的该项指标均低于世界平均水平。其中，高等学校师生比更低，为 1：7.6，约为世界平均水平的 1/2。这表明中国教师不但总体上没有承担充分的工作量，而且导致教育经费更加紧张，迫使政府每年不得不将大量的资金用于工资和办公经费，使得原本用于教育基建的资金更加拮据。

表 6.3.2　2014 年中国普通高等学校教师构成表

	总教师人数	校本部职工数	教职工人数			
			专职教师	教辅人员	行政人员	工勤人员
人数（万人）	233.5723	221.8556	153.4510	20.6321	31.8508	15.9217
各自比重（%）	100	94.98	69.17	9.30	14.36	7.18

资料来源：《2015 中国统计年鉴》。

教师负担结构不合理还可以从教师队伍庞大、任课教师比例低这一方面来进行解释。以普通高等学校为例，2014 年中国普通高等学校教师总人数为 233.57 万人，其中专职教师所占的比例仅有 69.17%，而辅助人员、行政人员、工勤人员及校本部以外的人员则合计占到教师总数的近 30.83%。这些数据表明，一方面，教育财政经费中的很大比例要用于非教学人员；另一方面，高校教辅队伍整体庞大也挤占了其他教育经费的开支。虽然近年来中国政府致力于高校后勤改革，但后勤人员的减少并不一定能够缓解教育人员和经费紧张的局面，无论改革后的教师统计比例如何变动，与美国 1993 年大学师生比人数为 17.3 人都还相去甚远。[①]

四、"层次结构"支出的效率分析

（一）一般性结论与问题的提出

按照前面章节的介绍，由于不同层次教育投资收益率的累退性，以及政府教育投入应该向初等教育和中等教育倾斜的共识，许多文献在研究中国政府教育支出层次与效率时，一般将三级教育中的财政状况进行比较和分析，一般性结论是：与世界平均水平及相关数据比较，中国高等教育财政支出比例过高，而初等教育和中等教育财政支出比例相对较低；义务教育和基础教育环节薄弱，失学率和文盲率过高，而升学率低；基础教育生均教育经费低，而高等教育生均经费高；等等。

近些年来，上述情况有了很大的改变，中国政府努力加大对基础教育投入，三级教育的财政支出结构逐渐得到改善，效果也很明显：九年义务教育基本普及，十二年义务教育有望逐步实施[②]。然而，纵观近十年来教育财政支出的层次结构，政府三级教育支出的层次结构的变化却不十分明显。这就给教育财政结构实现效率配置，或者说政府是否对效率结构配置进行了改进的研究提出了一些新问题。首先，教育财政投入与中国教育

---

① 数据来自美国商务部人口调查局和经济分析局整理发布的《美国统计摘要 1996》第 168 页。
② 袁贵仁："教育部长袁贵仁就'教育改革和发展'答记者问"，[EB/OL]，2016-3-10，www.xinhuanet.com.

发展取得的效果是否表明政府教育支出效率得到改善还有待讨论；其次，在现有的政府教育财力下，中国基础教育低于高等教育的生均成本并不能说明其经费比例是否合理；最后，按照"高等教育成本最大化理论"[①]所暗示的，高等教育生均成本的递减完全是高等教育经费不足所致，那么，政府迅速降低对高等教育成本补偿的份额就不见得合理。

（二）研究设计

针对上述问题，对三级教育财政支出结构效率配置的研究，不能够仅仅停留在数据及结构的比较上，还应该将成本—效益分析纳入考察范围，因为教育财政支出的效率配置不仅仅反映在理论意义上的结构配置层次上，更为重要的是要看这种配置产生的支出效益需要什么样的结构与之相适应。因此，可以反过来从效益的角度进行探讨：在政府教育投入配置可能的前提下，提高政府教育投入的效益需要什么样的教育财政支出结构？这也是符合帕累托效率改进的一种研究方法。

在本文的第五章第三节中，已经进行了教育财政的成本和收益的分析，结论是1985—2014年以来，政府教育支出增长所带来的效益是累退的。在这个基础上，利用其数据分析及结果，我们可以建立相关模型，进行假设，分析结构变化是否会带来效益的提高，以做出"教育财政支出层次结构"的效率分析结论。

为了便于分析，在研究设计中我们可以将研究"三级教育支出"改为研究"二级教育支出"，理由有二：一是三级教育财政支出中，初等教育和中等教育近年来的支出规模和生均教育经费差距不大，而初等教育和中等教育与高等教育的支出规模和生均教育经费相比则差距较为明显。二是中国"普九"已经基本上实现，正在逐步实施普及十二年义务教育的教育目标，这个目标包括了初等教育和中等教育，也应该是公共教育财政支出的重点。

（三）模型建立与数据采集

Logistic 一维非线性差分方程的增长模型用差分方程进行分析，Logistic 增长模型最初是一种纯统计学模型[②]，被广泛地运用于自然界各种宏观和微观现象的描述，其中，达尔文著名的进化论理论就可以用有限增长的 Logistic 增长模型来进行描述。由于 Logistic 模型与经济规律的某种相似性，因此逐渐被经济学领域所接受，并且成为卓越的经济学分析工具。这种模型反映当投入要素开始增加时，投入所产生的某种效益的增长较大，这种增长的速率随着投入量的增加而逐渐减小（见图6.3.3）。

[①] H. R. Bowen, The Costs of Higher Education: How Much do Colleges and Universities Spend per Student and How Much Should They Spend, *Journal of Higher Education*, 1980(100):312.

[②] R. H. Day, Irregular Growth Cycles, *American Economic Review*, 1982(72):406—414.

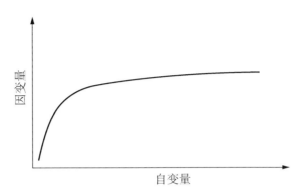

图 6.3.3　Logistic 模型图

从图 6.3.3 可以看出，这种模型反映一种有限增长的情况，即自变量开始增大时，因变量随之增大，当自变量增大到一定的程度时，因变量的增长幅度逐渐降低，并且趋于一定值。可用如下的函数模型表示：

$$\frac{de}{df} = re\left(1 - \frac{e}{e_{max}}\right) \quad (6.3.1)$$

式中，e 为投入量，f 为投入所产生的效益，e_{max} 为投入的最大值。

根据第五章第三节教育财政支出的数据实证分析，可以看出，1985—2014 年教育财政支出以及投入效益是逐年递增的，教育财政支出增长导致了教育财政投入效益的增加，起初较为明显，随着教育财政支出的进一步增长，教育财政支出效益的增幅逐渐降低，符合该模型。

将教育财政支出结构的合理性置于模型中加以考虑，同时，按照政府对非高等教育（初等教育和中等教育）、高等教育投入所占的比例，对上述模型（6.3.1）进行改进，这样，政府教育支出结构的合理性表现为如下的函数形式：

$$\frac{de}{df} = r_1 e\left(1 - \frac{e}{e_{max}}\right) \exp(-HR) \quad (6.3.2)$$

式中，e 为教育财政支出，f 为教育财政支出所产生的综合效益，HR 表示政府用于高等教育支出占政府教育支出的比例，r_1 反映政府教育支出及其结构合理性对于教育投入综合效益所产生的影响系数。e_{max} 为一定的人均 GDP 水平下，教育财政投入所能达到的最大水平。表 6.3.3 为教育财政经费占 GDP 的比值的世界平均水平。由于 1985—2003 年中国人均 GDP 水平为 500—1000 美元，但是教育财政经费占 GDP 的比值却没有达到世界平均水平，因此我们可将该水平作为衡量政府教育支出最大值，即 e_{max} 为 4.5%，用以评价教育财政支出效益。

表 6.3.3　世界各国教育经费占 GDP 的平均水平（比值）表

人均 GDP（美元）	300	300—500	500—1000	1000—2000	2000—5000	5000 以上
教育财政经费占 GDP 的比值（%）	3.3	4.2	4.5	4.5	4.5	5.8

资料来源：J. E. Stiglitz, *Economics of the Public Sector*，W. W. Norton & Company, 1988.

根据表 5.3.1 所列 1985—2014 年数据和所计算的教育效益指数和实际教育投入资料，我们对改进后的 Logistic 模型进行了拟合，计算数据如表 6.3.4 所示：

表 6.3.4　模型计算表

年份	e（亿元）	F（10^8） $\alpha = 1.0$	F（10^8） $\alpha = 100$	HR（%）
1985	226.83	4.322413	146.5240	10.56
1986	274.72	4.319517	145.6358	10.84
1987	293.93	4.316621	144.7475	11.06
1988	356.66	4.313725	143.8593	11.27
1989	412.39	4.310830	142.9711	11.64
1990	462.45	4.307934	142.0829	12.02
1991	532.39	4.448543	145.5863	13.04
1992	621.71	4.589151	149.0897	13.28
1993	754.90	4.729760	152.5931	16.93
1994	1018.78	4.870369	156.0965	14.02
1995	1196.65	5.010978	159.5999	15.55
1996	1415.71	5.260698	164.5563	15.95
1997	1545.82	5.510419	169.5127	16.44
1998	1726.30	5.760139	174.4692	16.82
1999	1927.32	6.009860	179.4256	17.60
2000	2179.52	6.390040	184.6355	18.53
2001	2636.84	6.815030	190.2602	19.57
2002	3105.99	7.221140	195.6427	20.48
2003	3351.32	7.538960	200.2104	21.25
2004	3773.21	8.625010	203.5013	21.28
2005	3951.59	8.938280	207.1639	22.15
2006	5795.61	12.924780	249.1144	23.05
2007	7122.32	16.852330	284.4573	23.99
2008	9010.21	24.583280	343.5636	24.97
2009	10437.54	32.705150	396.2738	25.98
2010	12550.02	49.90038	489.4847	27.04
2011	16497.33	109.89119	726.3880	28.14
2012	21242.10	283.84964	1167.4315	29.29
2013	22001.76	330.42400	1259.5720	30.48
2014	23041.71	406.81831	1397.6147	31.72

根据世界各国人均GDP与政府预算内教育经费支出水平及表6.3.4的数据对（6.3.2）式进行拟合，计算式为：

$$\alpha=100: \quad \frac{de}{df}=5.93\times10^{-6}e\left(1-\frac{e}{e_{\max}}\right)\exp(-HR) \quad R^2=0.9349 \quad （6.3.3）$$

$$\alpha=1: \quad \frac{de}{df}=2.74\times10^{-6}e\left(1-\frac{e}{e_{\max}}\right)\exp(-HR) \quad R^2=0.9014 \quad （6.3.4）$$

（四）模型假设与假设分析

根据Logistic模型得到了教育财政支出增长和教育财政支出所产生的效益增长之间的关系，考虑$\alpha=100$、$\alpha=1$两种不同的情况下，对教育财政支出结构现状中的高等教育和非高等教育层次的政府支出结构进行调整假设：

假设1：高等教育财政支出增加2.5%，教育财政支出总量不变。

假设2：高等教育财政支出减小2.5%，教育财政支出总量不变。

假设3：高等教育财政支出增加2.5%，教育财政支出总量增加2.5%。

假设4：高等教育财政支出减小2.5%，教育财政支出总量增加2.5%。

假设5：高等教育财政支出增加，教育财政支出总量减少。

假设6：高等教育财政支出减小，教育财政支出总量减少。

中国现阶段教育财政投入虽然不算低，但政府教育经费占GDP的比重比世界平均水平还要低一点（参见后文有关数据），因此，在经济发展的同时增加政府教育投入十分必要，所以在此不考虑假设5、假设6的情况发生。

（五）计算与结论

将以上4个假设分别代入方程（6.3.4），计算出$\alpha=100$和$\alpha=1$的情况下，教育财政支出增量和支出层次结构合理性对于教育投入综合效益指数的影响。结果如图6.3.4所示。

1. 可以看出，当$\alpha=100$时的间接效益要明显地大于直接效益；当$\alpha=1$时的间接效益基本等同于直接效益。尽管二者的间接效益和直接效益的作用关系不同，但是教育财政支出结构的改变，会导致教育财政支出综合效益的变化。

2. $\alpha=100$和$\alpha=1$两种情况下，教育财政支出总量增加，政府高等教育支出减小所产生的综合效益，要明显大于政府高等教育支出增加所产生的综合效益，即假设4的综合效益明显大于假设3。

3. 政府降低高等教育支出比例，在教育总支出不变的情况下，也会导致教育支出综合效益的增加。即假设2的综合效益大于假设1的综合效益。

计算结果表明，在其他条件既定的情况下，近些年中国政府虽然不断加大对教育的财政投入，但所产生的社会发展的综合效益是有限的。如果不调整政府对教育的支出结构，减少对高等教育的支出比例，将会导致教育财政支出效率的下降。

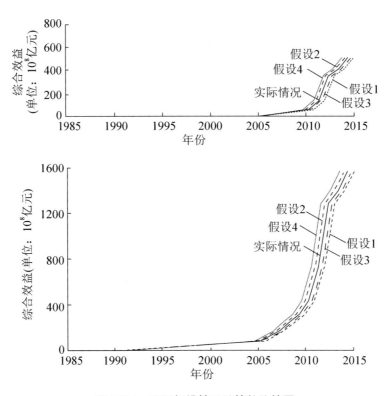

图 6.3.4　不同假设情况计算的比较图

五、区域间教育财政支出的效率分析

"分税制"以来,中国的地方政府财政逐渐承担了绝大部分的基础教育责任。但是各地的经济发展不平衡与财力不均造成了地区间的教育资源不均等,这就要求中央财政和上级财政进行调节,其主要的技术手段是教育资金专项补助和转移支付。因此,对政府对地区间教育财政的效率配置进行研究,应该主要分析教育财政是否更好地服务于贫困地区,并将教育财政支出的更大份额用于基础教育,同时,这种效率判断标准还应该体现教育资源的地区间分配是否公平。

（一）文献回顾与研究方法

国内研究,如于凌云在区分了政府教育支出和非政府教育支出的基础上,通过对不同地区人均教育财政支出进行了地区分类,运用省际面板数据对政府教育投入与经济增长的关系进行了实证分析。[①]指出中央政府财政应该向不发达地区倾斜,同时加强政府对不发达地区的教育投入对于中国经济增长的贡献更加具有意义。

---

① 于凌云:"教育投入比与地区经济增长差异",《经济研究》,2008（10）:131—143。

孟晰等则利用2001—2013年的省市级相关数据，计算了各省（市）的平均受教育年限与教育基尼系数面板数据。[①]结果发现，我国教育基尼系数由2001年的0.237逐步减小到2012年的0.205，呈现下降趋势。说明自2001年"以县为主"的教育投入体制改革以后，各省之间教育发展水平的差距得到有效控制，促进了教育公平性的演进。同时，农村教育投入机制改革使得农村人力资本发展迅速，保障了各省份农村的教育公平性。但县级政府仍是筹备农村义务教育经费的主体，省级和中央负担量较小，各区域县级之间经济差异性较大。因此依然存在地方负担过重、中央支持力度不够的倾向，这与欧美、日本等地区和国家相比，其比例仍然偏低，不能满足我国现有的人力资本发展需求。为缓解地方财政压力，应强化省级政府责任，加强中央支持力度。

张德勇等利用我国2003—2010年省级面板数据进行实证检验，构建城乡教育差距指标，从财政分权视角讨论了我国财政制度安排对于城乡教育差距的影响。[②]研究发现，财政分权不利于缩小城乡教育差距，而经济发展水平及2006年"新机制"形成的中央和地方分担、省级统筹的财政体制皆具有显著的正效应。研究认为缩小城乡义务教育差距，应在中央和地方关系上适度集权，完善中央转移支付制度。同时，加大省级政府统筹义务教育经费的力度，以城乡一体化推动城乡教育一体化。

宋乃庆等[③]则基于2008—2013年重庆市41个区县的义务教育经费数据，运用双变量泰尔指数层级分解和水平分解法，从区域差异与城乡差异两个维度对重庆市义务教育财政支出均等化程度及其内部结构予以分析，并得到了以下几个结论：一是2008年以来重庆市义务教育财政支出的总体差异呈缩小态势；二是义务教育财政支出城乡间的不均等持续下降，到2013年城乡间的相对差异已基本得到消除；三是义务教育财政支出区域间的不均等始终占总体不均等的30%左右，区域间差异稳固存在且难以根除；四是经济圈城乡内部的不均等是造成区域城乡内部差异持续拉大的主要因素，也是当前制约该市义务教育全面均衡的主要矛盾，相对于经济圈的严重不均等，渝东南和渝东北处于低水平的均等状态。

刘成奎等的研究认为，分税制改革引致了我国地区间的纵向财政不平衡，同时政府偏好有助于GDP增加的"硬公共产品"供给决策，导致了我国地区间基础教育服务绩效的不平衡。[④]运用中国1998—2011年省际面板数据进行分析，研究发现经济发达地区的纵向财政不平衡与基础教育服务绩效水平显著负相关，财政支出分权实际上有利于提高基础教育服务绩效。同时，在地理环境较差的地区，财政分权对基础教育服务绩效水平的促进效应显著下降。该研究认为，缩小纵向财政不平衡、提高财政支出分权程度、教育财政支出适当向中西部地区倾斜有助于实现我国基础教育服务绩效的均衡。

---

① 孟晰、谢童伟："农村义务教育投入体制改革效应评价——基于省级面板数据的分析"，《中国教育学刊》，2015（2）：54—58。
② 张德勇、孟扬："公共财政投入、财政分权和城乡义务教育差距"，《中国社会科学院研究生院学报》，2015（5）：58—63。
③ 宋乃庆、马恋："义务教育财政支出均等化的实证研究：重庆的例证"，《教育与经济》，2016（01）：68—74。
④ 刘成奎、柯毉："纵向财政不平衡对中国省际基础教育服务绩效的影响"，《经济问题》，2015（01）：7—14。

本书认为，应用动态分析方法研究地区间经济与素质教育之间的关系，对于地区间教育财政支出效率研究具有重要的意义。因为传统的研究一般运用回归分析、方差分析、主成分分析研究区域性教育经济发展，有许多不足之处[①]：一是要求有大量的数据；二是要求样本服从某个典型的概率分布，而各因素数据与系统特征数据之间呈线性关系且各因素之间彼此无关，这种要求往往无法满足；三是可能出现量化结果与定性分析结果不符的现象，导致系统关系和规律被歪曲和颠倒。该研究在两个方面进行了创新：一是将各地区人口素质的提高和经济增长等多种因素一起考虑，将教育系统内的一些问题置于系统的外部来解决；二是所采用的动态模型分析了区域经济增长和地区教育水平是一个相互作用的动态过程。

中国地区间的社会经济文化发展差异很大，在不同的地区、不同的发展阶段和不同的教育财政支出规模下，教育的发展特点和水平各不相同。因此对省区间人口素质教育的发展和区域间政府支出水平进行动态分析时，可建立全国各省初中以上文化人口与各省的人均教育支出之间存在相互制约关系的 Verhulst 模型。

Verhulst 模型是德国生物学家 Verhulst 在研究生物繁殖量时所提出的，模型的基本形式为：

$$dP(t)/dt = aP(t) - bP^2(t) \tag{6.3.5}$$

其中，$-bP^2(t)$ 表示限制生物量变化规律的作用，这是由于生物繁殖要受到环境的约束，不可能完全按指数法则无限制增长。该模型的优点是在公式中加入了限制项 $-bP^2(t)$，强调增长并非无限制，约束决定了数量扩张的有限性；同时限制项 $-bP^2(t)$ 随 $P(t)$ 的增大而成平方增长。这说明了增长量越大，其限制量越显著的一种关系。由于研究问题的相似性，该模型被广泛应用于描述受环境制约的人口增长、产品销售等有饱和现象的变化过程，即产品质量、学生成绩等遵循单峰型分布（两头大，中间小）现象的动态变化或数量分布。

一般情况下，一个地区的人口的素质应该随着教育财政支出的增长而有所提高。不同的教育财政支出水平对人口的素质教育产生着不同的影响，但不同区域的具体情况也会对教育财政支出效果产生限制，因而选用 Verhulst 模型能够较好地分析区域间教育财政投入与人口素质之间的动态关系。

Verhulst 模型运用于教育经济领域的求解和分析，在 Verhulst、Roza、Hofstra 等学者的文献中有详细的论述。在此将各省份的人均教育财政支出作为人口素质的限制因子，研究人口素质的提高（以初中以上人口占地区总人口的比例作为指标）受各地区财政教育支出的限制。因此根据模型基本形式，可将（6.3.5）式转换为

$$P(t) = \frac{a/b}{1 + \left(\dfrac{a}{bp_0} - 1\right)e^{-a(t-t_0)}} \tag{6.3.6}$$

---

① 廖楚晖："政府教育支出区域间不平衡的动态分析"，《经济研究》，2004（6）：41—49。

其中，t_0 为相对应的人均政府教育投入水平 $P(t)$ 的起始点，$P(t)$ 为初中以上的人口占总人口的比例，p_0 为起始点对应 $P(t)$ 的值，a、b 为根据相关的数据拟合得到的反映增长和限制的系数。

（二）样本与分析

对区域间素质教育财政不平衡分析所采用的数据应该考虑两个方面：一是 1994 年以来，中央与地方政府在财政上实行了分税制财政体制，明确了义务教育的事权和直接支出责任在地方。直至今天，这一体制对政府教育支出的不均衡依然产生了直接影响；二是统计数据的实时性和完整性受中国人口普查数据的周期（中国人口普查数据 10 年公布一次）、人口综合数据的完整性及教育财政支出的统计的起始年份等因素的制约。因此，数据选取的年份应该在 2000 年以后，选取 2006、2008 和 2010 年 3 年的基本资料进行分析，见表 6.3.5。

表 6.3.5 2006、2008、2010 年各省（市）人均教育财政支出和初中以上人口表

地区	政府教育支出（万元）			人均教育支出（元/人）			初中以上人口所占比例（％）		
	2006 年	2008 年	2010 年	2006 年	2008 年	2010 年	2006 年	2008 年	2010 年
北京	2542281.0	3833067.8	4332698	1608.02	2261.40	2209.17	82.00	83.30	84.14
天津	969254.3	1493682.3	1803943	901.63	1270.14	1394.27	74.40	77.20	76.28
河北	2372848.8	4171281.0	4692123	343.99	596.84	653.01	62.70	65.40	64.40
山西	1532496.7	2568475.7	2977295	454.07	753.00	833.69	68.50	70.30	69.59
内蒙古	1176788.4	2185264.4	2692816	487.28	894.13	1089.93	61.00	63.50	64.55
辽宁	2263898.3	3674924.8	4143772	530.06	851.66	947.23	69.40	70.60	72.07
吉林	1178825.9	2111975.1	2375058	432.91	772.49	864.84	65.90	70.10	68.83
黑龙江	1564205.7	2649171.2	2761967	409.16	692.59	720.91	65.40	69.00	69.12
上海	2649053.9	3674054.6	3825305	1348.81	1716.05	1661.79	81.00	81.80	79.37
江苏	3948990.9	6484817.6	7402067	515.80	835.46	941.02	61.10	64.70	65.64
浙江	3611275.4	5172415.0	5947216	712.00	992.41	1092.70	56.20	57.90	59.56
安徽	1763966.3	3175812.9	3596935	288.70	517.65	604.52	52.80	54.50	55.50
福建	1799974.0	2763596.9	3255728	502.08	759.44	882.45	52.40	53.20	60.12
江西	1179109.4	2217897.2	2706434	271.75	504.07	607.27	50.70	57.70	56.94
山东	3486868.0	5747057.6	6364782	374.57	610.29	664.43	60.90	64.20	62.76
河南	2838698.1	4976899.7	5869145	302.25	527.83	624.22	63.60	67.50	62.07
湖北	1591185.8	2805034.6	3407313	279.50	491.16	595.29	60.40	63.10	65.76

（续表）

地区	政府教育支出（万元）			人均教育支出（元/人）			初中以上人口所占比例（%）		
	2006年	2008年	2010年	2006年	2008年	2010年	2006年	2008年	2010年
湖南	1840209.2	3436066.3	4031176	290.16	538.57	613.73	58.90	62.40	62.55
广东	5290233.4	8013743.5	9071029	560.29	810.04	869.68	62.90	67.10	68.21
广西	1546263.3	2650049.6	3051449	327.67	550.26	662.97	57.20	59.00	55.77
海南	392227.8	686993.2	905860	469.17	804.44	1044.64	62.90	65.70	64.13
重庆	1077010.2	1813613.8	2324549	383.55	638.82	805.84	48.90	53.50	54.80
四川	2346786.3	4894706.9	6105391	287.28	601.46	759.21	44.90	49.80	52.82
贵州	1187802.2	2300187.7	2680258	321.90	639.65	771.38	39.40	44.60	42.36
云南	1831517.8	2823329.4	3723686	408.55	621.47	810.09	38.20	39.50	41.64
西藏	263422.1	478393.5	577399	930.82	1638.33	1923.27	15.10	18.30	23.00
陕西	1410121.3	2659057.6	3410574	381.22	715.18	913.69	61.40	63.50	66.46
甘肃	1024878.9	1960155.1	2359726	402.39	768.39	922.66	45.70	48.70	51.37
青海	331999.9	547864.2	727966	605.84	988.92	1293.77	44.40	44.40	44.40
宁夏	315042.2	575667.1	677505	521.59	931.50	1075.17	52.50	58.20	55.24
新疆	1235830.0	2134971.3	2592025	602.84	1001.86	1188.28	57.70	60.70	58.32

资料来源：《中国统计年鉴》（2006—2010）、《中国人口统计年鉴》（2006—2010）。

模型建立要求原始数据等距分布，在统计表中，选择以贵州为起点，每隔教育财政支出约80元/人取一点（等距离），为贵州、湖北、江苏、广东四点，再从广东开始，穿越天津到北京作均值光滑曲线，在曲线上每隔教育财政投入80元/人取一点，如表6.3.6所示。

表6.3.6 原始数据按模型要求等距分布表

地区	贵州	湖北	江苏	广东	天津	6	7	北京
政府教育投入（元/人）	321.9	279.5	515.8	560.29	901.63	923.4	959.8	1608.02
初中以上人口所占比例（%）	39.4	60.4	61.1	62.9	74.4	77.5	80.7	82

（三）计算及误差检验

通过表6.3.6中的数据计算，得原始序列 $x_0(t)$ 和累减序列 $x_{-1}(t)$ 分别为

$$x_0(t) = (30.6, 45.9, 48.5, 48.9, 59.0, 64.6, 70.2, 75.8)$$

$$x_{-1}(t) = (0, 15.3, 17.9, 18.3, 28.4, 34.0, 39.6, 45.2)$$

满足 Verhulst 模型建立的非负条件，根据最小二乘法，形成数据阵：

$$B = \begin{bmatrix} -0.5[x_0(0)+x_0(1)] & [x_0(1)]^2 \\ -0.5[x_0(1)+x_0(2)] & [x_0(2)]^2 \\ \cdots & \cdots \\ -0.5[x_0(7)+x_0(8)] & [x_0(8)]^2 \end{bmatrix}$$

$$y_t = [x_{-1}(1), x_{-1}(2), \cdots x_{-1}(8)]^T$$

于是得： $(B^T B)^{-1} B^T y_n = (-0.5, -0.0067) = (-a, b)^T$

$a = 0.57389$ $b = -0.0067$ $a/b = 72.2$ $C = a/bx_0(0) - 1 = 1.96$

从而有中国 31 个省市 2008 年初中以上文化人口的 Verhulst 模型：

$$x_{t2008} = \frac{80.5}{1+1.85e^{-0.62t}}$$

其中，x_{t2008} 为 2006 年的模拟计算初中以上人口所占比例的变化值。80.5 和 1.85 分别为数据拟合得到的系数。

以 $t=0，1，2，\ldots，8$ 代入上式进行误差检验，如表 6.3.7 所示：

表 6.3.7 误差检验表

	0	1	2	3	4	5	6	7
原始值	39.6	60.4	61.1	62.9	74.4	76.2	79.2	80.2
模型值	40.4	52.4	62.5	69.7	74.3	77.0	78.6	79.5
误　差	0.024	0.132	0.023	0.108	0.001	0.011	0.008	0.031

通过表 6.3.7 计算，模型的平均误差为 4.23%，建模精度为 0.9611。

根据以上计算方法，分别得到 2006 年和 2010 年初中以上文化人口的 Verhulst 模型：

$$x_{t2006} = \frac{80.5}{1+1.85e^{-0.62t}}$$

$$x_{t2010} = \frac{85.4}{1+2.02e^{-0.65t}}$$

由此得出 2006、2008 和 2010 三年的 Verhulst 模型模拟计算结果，如图 6.3.5 所示。

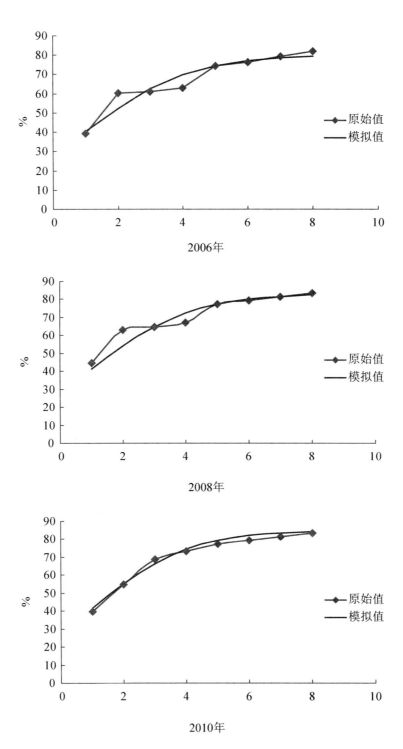

图 6.3.5 2006 年、2008 年和 2010 年模型模拟计算结果的比较图

(四) 基本结论

上述计算结果的模拟值和原始值都基本一致时，表明相对于各省教育人口的比例而言，省区间人均政府教育支出的差距小。如果模拟值和原始值呈反方向偏离状态，表明省区间人均教育财政支出相对于教育人口比例而言的区域差距大，而且偏离程度越大，则人均教育财政支出相对于教育人口比例而言的区域差距也越大。

从 2006、2008 和 2010 年 3 年的计算结果的比较可以看出，2006 年，人均教育财政支出水平较低的省份，如贵州、湖北等省，与人均教育财政支出水平较高的省市，如北京等的原始值高于模拟值；教育财政支出处于中等水平的广东等省的原始值却低于模拟值，且偏离模拟值的幅度较大。这表明在 2006 年，相对于教育人口比例而言，中国省区间的教育财政支出是极不均衡的。到了 2008 年，这种不均衡状况有了明显的好转，在 2008 年图中，除了湖北等少数几个省份的模拟值偏离原始值的程度较大之外，大部分省区的模拟值和原始值基本一致。2010 年的模拟计算结果表明，人均教育财政支出水平较高的地区的原始值低于模拟值，而人均教育财政支出水平较低的省份仍然高于模拟值，而且它们的偏离程度较大，较之于 2008 年的状况更为严重。这说明到了 2010 年，省区间的教育财政支出仍然是极不平衡的。

此外，模型计算结果还引申出教育财政投入与产出之间的一种关系：各省区间除了教育支出绝对水平的差异之外，教育财政投入与产出之间的发展也是极不平衡的。例如，在 2010 年，教育财政投入水平较高的省份的原始值在模拟值的下方，而且偏离幅度较大，这说明，人均教育财政支出相对于教育人口比例而言的投入—产出存在着效率损失，表明这些地区教育财政投入相对过剩。相反，在经济欠发达地区，虽然教育财政支出水平很低，但教育财政的投入—产出水平却相对较高（如计算结果中的湖北等地区的原始值高于模拟值，且幅度较大），这反过来说明了政府教育投入仍然不能满足这些地区教育发展的需求，因此，这些地区的政府教育投入有待进一步增加。

本章提要

关于教育财政支出效率的认识：第一，政府公共支出效率的标准是帕累托最优条件，虽然在实际经济运行中很难使政府资源配置达到最优，但其为政府公共支出效率的实现提供了很好的参照。第二，对政府公共支出效率进行研究的核心是资源配置效率研究，即政府公共支出是否能够满足公众对公共产品的需求；政府公共支出如何以最低成本的支出满足公众对公共产品的需求。第三，政府公共支出效率有资源配置效率和 X—效率，这两种效率相互依存、相互联系，并且这两种效率的高低取决于制度的安排。第四，政府存在着许多缺陷，这是政府公共支出提供公共产品（包括诸如教育之类的混合产品）造成效率损失的直接原因。

对教育财政效率的研究可从如下几个方面进行评价：一是总量配置标准，即该项资源配置是否充足；二是结构标准（包括经费使用结构、教育层次结构和区域结构），是指政府进行教育资源配置时是否讲求效率；三是公平标准，主要是针对政府教育资源配置是否公平的一种社会福利判断。

改革开放以来，中国教育财政规模总体上呈增长态势，具有两个特点：一是教育财政支出总体增长幅度较大；二是政府教育财政支出增长的速度慢于政府财政支出增长的速度。

练习与思考

1. 有哪些指标可以用来衡量教育财政效率？
2. 教育财政投入的结构效率分为哪几种？应该如何判断？
3. 如何进行教育财政效率分析？
4. 如何从经济学角度看待教育财政投入的公平问题？

小组讨论

本书中教育财政效率分析的内容和模型有哪些？讨论该模型是否能够充分解释中国教育财政效率的现状。

辅助阅读资料

[1]〔印度〕桑贾伊·普拉丹：《公共支出分析的基本方法》，蒋洪等译，中国财政经济出版社2000年版。

[2] 廖楚晖："政府教育支出区域间不平衡的动态分析"，《经济研究》，2004（6）：41—49。

[3] 栗玉香、冯国有："我国教育财政效率的问题影响因素对策选择"，《国家教育行政学院学报》，2009（11）：44—48。

[4] 栗玉香、冯国有："结果公平：美国联邦政府教育财政政策取向与策略"，《华中师范大学学报》（人文社会科学版），2015（1）：161—167。

[5] 余红艳、沈坤荣："公平与效率的权衡：中国财政体制改革的路径选择"，《经济学家》，2016（3）：40—50。

21世纪经济与管理规划教材

财 政 学 系 列

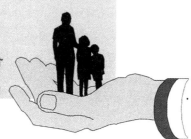

第七章 教育财政的管理体制

知识要求

通过本章的学习,掌握西方发达国家教育财政管理体制,以及多级教育财政体制中政府教育支出的状况,同时了解中国教育财政体制的问题与现状。

技能要求

通过本章的学习,能够掌握:
- 西方发达国家教育财政管理体制的异同。
- 多级教育财政体制中的政府博弈行为。

教育财政管理体制是政府公共教育体制的核心。对政府教育财政体制的研究不仅要注重对教育财政支出体制的研究，同时还应注重将教育财政看作一种政府公共体制来加以研究，并分析这种制度行为的合理性。本章首先对西方一些发达国家教育财政支出管理体制进行比较，然后对多级政府下的教育财政体制进行研究，最后对中国教育财政体制中存在的问题进行分析，并提出相关的改革建议。

第一节　西方发达国家教育财政支出体制比较与分析

　　西方一些发达的国家在发展本国教育的长期过程中，逐步形成了各自具有丰富内涵的教育财政体制。由于历史、政治和文化传统的差异以及财政和教育管理体制的不同，各国政府对教育的干预和投资于教育的具体方式都有所差别。从总体上看，对各类和各级教育的投入基本上都有政府的参与。尽管各国教育财政体制拥有一些共同的特点，但仍存在着差异。同时，由于各国都面临着教育经费不足、教育资源分配的效率和公平等问题，各国也采取了一些相应的措施，对教育财政体制进行一系列的改革。

一、教育财政管理体制的不同类型

　　虽然西方发达国家的社会制度是相同的，经济实力的差别也不大，但教育财政管理体制却存在着较大的差异，大致可分为三类：地方分权制、中央集权制以及集权与分权结合制。

　　教育财政管理体制的形成，从根本上说取决于各国的政治经济体制及由此决定的教育管理体制。例如，以美国和德国为代表的地方分权制国家的教育财政实行的是分权式的管理体制；实行中央集权制的法国，教育财政实施的是集中型管理；而实行集权与地方分权结合制的日本和英国，教育财政实行的也是相应类型的管理。

　　与此同时，一些西方教育经济学家还指出，资本主义国家在教育财政管理体制中实行的一个重要原则是谁出钱谁管理，即财权统一。由于各发达国家政府教育经费的主要来源渠道是不同的，因而它们的教育支出管理体制，即谁掌管教育经费大权及其具体办法也就不会是同一模式。

　　（一）地方分权制

　　美国为联邦制的政体，实行行政分权管理。直到1979年才正式成立教育部，而且教育部只能通过立法和拨款将联邦教育政策渗透到各类学校中去，并没有直接领导教育及教育财政的能力。按照其宪法规定，教育权归州所有。州教育行政当局由州教育委员会和州教育厅组成，其职责是协助地方完成教育计划，并制定各种教育条件的最低标准。另外，对高等教育（公、私立）的办学与授予单位的管理权也在州一级。美国最基层的教育行政单位是地方学区，学区教育委员会在建立和管理公立中小学方面享有广泛的权力。这种教育财政支出管理体制在教育财政方面的职责和权力划分大致如下：

1. 联邦政府

联邦教育部负责管理联邦政府教育经费，监督、管理教育拨款，确定它的使用范围和重点，具体包括：

（1）管理和分配国家拨给各州的教育经费。

（2）直接拨款。根据国家的特殊需要，直接向公立或私立学校提供资金。如一些学校的设施建设、对国家有重要影响的科研项目和开设特定课程的资助等。

（3）间接投资。对各类学校的捐款收入实行免税，为有关学校提供联邦的剩余物资等。

（4）管理、分配联邦的资助款；对处境不利者和残疾人的资助；对职业教育的资助；对学生的财政资助——补助金、低息贷款和工读活动等。

2. 州政府

州政府为支付教育经费的主体，占教育经费支付总数的50%以上，其权力也最大。州教育委员会负责管理州的教育经费，具体包括：

（1）编制由州政府支付的教育拨款预算。

（2）负责管理州立高等学校的教育经费。

（3）分配和管理对私立高等学校的资助，主要为设施资助——发放私立高等学校设施建设免税债券和常规资助——根据上一年的入学人数或授予的学位数提供直接资助。

（4）分配和拨付州政府付给初等、中等教育的补助金。

（5）对州政府的教育拨款进行管理和监督使用。

3. 地方学区

地方学区教育委员会主要负责管理公立中小学的经费，主要包括：

（1）编制预算。

（2）负责征收居民的财产税，用作教育经费。

（3）监督教育经费的使用。

4. 私立学校

由其法人负责筹集和管理教育经费，联邦和州给予各种资助。

联邦德国亦是实施分权式管理的国家，其教育财政管理的体制与美国大同小异。不同之处在于该国的州级权力更大，因为州支付教育经费的数额更大，约占70%。

（二）集权与分权结合制

英国实行中央集权与地方分权相结合的政治体制，与此相应，其教育财政亦实行集权与分权相结合的管理体制。

这种体制是由中央和地方两级共同合作进行管理的体制。中央一级设教育和科学部，通过财政援助、视导工作和其他协助方式进行指导和监督；地方则设立教育委员会以及教育局长，经营管理学校各项事务。地方有很大的自治权，学校校长有确定课程的权力。

中央为教育和科学部；地方教育行政当局设教育委员会和教育局。中央不直接设立和管理学校，主要由地方教育局负责，教育经费由中央和地方两级共同管理。

1. 中央政府

（1）承担全部教育经费的大约60%，同时负责其分配并监督使用。

（2）对所有大学提供其经费总额80%的补助，并对一些私立学校提供直接补助。

（3）支付地方机构为儿童提供的膳食费用。

（4）支付教师进修所需费用的60%。

（5）提供均衡拨款，对某些达不到平均教育拨款水平的地方政府予以补贴。

2. 地方政府

（1）地方教育当局负责支付初等与中等教育经费的40%，其余的60%由中央支付并负责其具体管理。

（2）负责高等教育的公共部分，即负责多科技学院和教育学院等的设置与管理并提供部分经费。

3. 私立学校

自行解决经费并负责管理，但其中一部分接受中央政府的补助。

日本和澳大利亚的教育财政管理体制与英国相似。

（三）中央集权制

法国是实行中央集权制的典型国家。自从1808年拿破仑创立帝国大学开始，虽历经变迁，但法国的集权制原则始终未变。这一点在教育管理体制上尤为明显。首先，法国有对全国教育进行全面直接领导的中央权力机构——教育部，它是法国政府最大的一个部，权限非常广泛。其次，法国有一套组织严密、完全受教育部垂直领导和监督的地方教育行政机构。最后，法国教育的中央集权还体现在对地方与学校处理一般事项的操作过程与具体方法的规定上，即学校每一分钟活动的内容都由国家教育部具体规定。

法国教育行政体制由教育部、学区、省、学校四级构成，实行中央集权的政治体制，与此相应，其教育与教育财政亦实施集权型的管理体制。法国政府宣称"教育是国家的事业"，"国家应该直接干预教育"，因此，在教育财政上实行中央集权制。

1. 中央政府

国家支付经费总额的80%以上，由教育部负责分配与管理，具体内容包括：

（1）法国的大学都隶属教育部，为公立科学文化性机构。教育部所掌管的高教经费除科研费用单独列出外，其余的均根据各大学的性质、规模等，每年一次分配给它们。大学在财政方面实行自治，但要接受国家的监督。

（2）所有公立教育机关的教员，以及与国家缔结合同的私立教育机关的教员，都是国家公务员，其工资由国家支付和管理。

（3）国家对公立中小学的建筑、设施、设备等予以补助，并对其使用进行监督。

2. 地方教育行政机构

负责由地方教育当局支出的经费项目，即支付学校建筑、设施和设备中国家补助不足部分的开支并进行管理，支付并管理地方当局雇用的学校职工的工资。

二、各种类型教育财政体制的优势和不足

不同类型的教育财政管理体制的产生和存在不是随意的，有其特定的政治、经济、文化、传统根源，与此同时，它们也有各自的长处和短处。

总体而论，分权型管理体制有利于调动和发挥地方办学的积极性；有利于学校与社会生活、科学研究和生产劳动建立更紧密的联系；能更好地发挥教育投资的效益。其不足之处是：有的地区、有的时期，地方教育经费负担过重，经费难以得到保证；国家宏观调控力量薄弱，各地教育发展的不平衡状况难以克服。

集权与分权相结合型似乎优势更加明显。例如，可以调动中央和地方两者的办学积极性，能加强宏观经费使用的调拨，促进教育机会均等；与此相应，可以提高经费使用的效益。但是，如何调整中央与地方各自的财政负担比例和划分其管理权限，各国也经常产生矛盾和摩擦，从而影响其优势的发挥。

集权型管理的优势在于它便于全国统一规划、统一分配和使用有限的教育资源，提高宏观调控的力度和效益。然而，其缺陷也十分突出：教育经费来源渠道过于单一，不易于调动地方办学的积极性，影响了经费的筹集；在经费分配时容易产生过于集中使用或过于平均使用两种倾向；容易产生官僚主义，忽视地方的特殊需要。

上述情况表明，各国应根据各自的国情，采用相应的教育财政管理体制，尽量发挥各自管理体制的长处并克服其短处。

三、共同特点与发展趋势

由于历史和社会发展程度等原因，与发展中国家相比，发达国家的政府教育财政体制和制度更为完善和成熟，更多地反映了政府教育财政体制的一般特点和规律。发达国家教育财政体制虽各有特色，但也有许多共同点。

（一）制度化、法制化的教育财政支出体制确保资金支付

当今绝大多数发达国家都制定了有关教育财政的法律和法规，以确保教育经费的供给和需求。有的国家在宪法中做了原则性的规定；有的国家制定了筹集和分配教育经费的专项法律；有的国家在相关法规中对教育经费做了明确规定。纵观发达国家的教育立法，几乎毫无例外地都载有提供相应经费的明确规定，即它们颁布和实施教育法，总要有相应的经费作保证；没有经费保证的空头教育立法是不多见的。

然而，不同国家，特别是不同管理体制国家的有关教育经费的立法亦各有特色。例如，实行教育集中管理体制的法国，其中央政府主要根据《高等教育基本法（1968）》为各大学提供和分配教育资源，为各级各类学校提供专项补贴和拨款；实施中央集权与地

方分权相结合的英国、日本等国，有关教育财政的法令呈现出明显的层次性和多样性，如日本《教育基本法》对各类教育的管理和经费来源做出了总体规定，要求"各类学校的开办者应管理其开办的学校，并承担其所需的经费"；在《教育基本法》之下，又制定了国立学校经费法，分别规定了国立、公立学校经费的不同来源和管理办法。

毋庸置疑，发达国家各级各类学校教育经费比较充裕的根本原因是它们有雄厚的经济实力，同时，较为完善的法律亦是其教育获得较为稳定经费的重要保证。

（二）基础教育财政支出重心下移，高等教育筹资多样化

发达国家义务教育阶段的经费，基本上由各级政府，特别是州（省）、地方政府及学区提供。如近些年，对于初等教育和中等教育而言，OECD 国家 91.2%的教育财政支出大多来自由政府直接拨款的教育机构[①]。而义务教育之后的阶段，特别是高等教育的经费，大多经多种渠道不定期筹集，由此，更加显现出教育财政的中心下移。

高等教育财政方面，第二次世界大战后由于许多发达国家大力推行福利国家政策，各级政府不仅实施年限更长的免费义务教育，而且实施高等教育大众化的政策，为数量庞大的大学生提供几乎免费的教育，从而使教育成了许多国家政府开支最大的部门。与此同时，20 世纪 70 年代后，发达国家的经济相继进入了"滞胀"或低速增长的时期，政府财政拮据、赤字猛增，这些原因迫使政府逐步削减教育经费，特别是削减高等教育拨款的相对额，甚至绝对额。其结果是，义务教育阶段后的教育，特别是高等教育不得不自寻出路，拓宽或拓深经费来源的渠道，形成或强化了多渠道筹集经费的特点。

高校经费来源渠道变化最大的当属英国。直到 20 世纪 80 年代末，英国各类高校的全部经费几乎由各级政府承揽。90 年代初，英国开始实施大学生贷款制，强制大学生及其家长支付部分上学费用。与此同时，政府采取各种措施鼓励或迫使高等学校在与工商企业联姻的过程中获得它们的经费。总之，英国一改以往高教经费来源单一化的模式，开始走上多渠道筹集教育经费的道路。法国、德国等也逐步开始拓宽高校经费来源的渠道。

发达国家高等教育经费来源多样化也存在很大差异，2009 年，美国和澳大利亚的高等教育的私立教育经费支出分别为 61.9%和 54.6%；OECD 国家的该项指标平均值则很小，通常比例为 30%，即每 100 美元的投资中，70 美元来自公共渠道，30 美元来自私人渠道。[②]

（三）确保教育财政在 GDP 中的比重

与发展中国家相比，发达国家的社会经济、科技文化以及教育事业处于一个更高的发展阶段上。因此，其教育经费的绝对量和相对数更大、更多。近二十年来，发达国家教育财政开支平均约占 GDP 的 5.38%，而发展中国家约占 4.11%。以美国和巴西为例，1995 年和 2005 年，美国的教育财政开支占 GDP 的比例分别是 4.7%和 5.0%，巴西则为

---

① 根据 OECD, *Education at a Glance*, 2012, Table:B3.2a, [EB/OL], 2012, http://www.oecd.org/整理而得。
② 根据 OECD, *Education at a Glance*, 2012, Table:B3.2b, [EB/OL], 2012, http://www.oecd.org/整理而得。

3.9%和 4.5%。① 这表明，随着发展中国家教育规模的扩大和教育水平的提高，以及发达国家教育经费开支增长速度减缓，二者之间的差距有缓慢缩小的趋势。

与发展中国家相比，发达国家的平均教育财政开支也要高得多。例如，2009 年 OECD 国家各级教育生均公共教育经费高达 9252 美元，而发展中国家各级教育生均公共教育经费仅为 2761 美元。②

就教育经费的分配使用而言，在许多方面，发达国家比发展中国家似乎更合理。发达国家小学与高等学校生均公共教育经费之间的差距不大，如 2009 年 OECD 国家通常为 1:1.8，而发展中国家抽取的 8 个国家样本中该项比例却是 1:3.7，其中巴西的比例甚至为 1:4.9。③

（四）教育财政管理体制的多样化

这是发达国家教育财政的最主要特点之一，我们将在本章第二节集中介绍和分析。

四、教育财政体制面临的挑战与改革措施

目前，西方教育财政体制面临的挑战主要来自两方面：一是教育预算开支大幅度增加，政府负担日益沉重；二是教育经费筹集和分配过程中平等和效率之间的矛盾更加尖锐。因此，针对这些问题，各国政府在教育财政预算既定的规模下，相应地进行了一些教育财政体制的改革，以试图解决这些矛盾，其核心内容就是改革教育成本的分担机制，包括教育收费和向学生提供贷款，以促进教育成本分担的合理化，调节教育的资源配置效率，以促进教育公平。

（一）西方国家教育财政体制面临的主要挑战

随着科技进步与社会的发展，各国国民经济和社会各方对教育提出了新的更高的要求，不仅受教育的人数要大大增加，而且教育的水平、层次、规格和质量也要求大大提高或改善，从而使各国教育经费开支普遍大幅度增加。但是，另一方面，20 世纪 70 年代中期后，西方一些发达国家经济失去了五六十年代的增长势头，经济增长缓慢，甚至出现负增长，政府财政拮据，这就使教育经费的短缺问题一直较为突出。

西方教育经济学家们认为，这一问题可以通过诸如限制注册人数的增加；降低教育质量；在每个学生教育成本较低的情况下，寻找维持或提高质量的办法；使经费来源更加多样化及提高学生缴纳的学费数额五种方法来加以解决。他们认为，前两种选择，不仅会使教育难以适应社会经济发展的需要，而且在政治上也是不得人心的，因而没有哪一个国家愿意采用。第三种方法比较理想，它既可以减轻教育经费负担，同时又可以保证教育质量，然而，采用这种办法需要长期的摸索，并非一日之功，短期内难以奏效。因而，不少国家更加关注第四和第五种办法，并且取得了一定的进展。在提高学生学费方面，由于发达国家早已普遍实施了免费初等甚至中等义务教育，因而，增加学费主要

---

① 根据 OECD, *Education at a Glance*, 2012, Table:B4.3, [EB/OL],2012,http://www.oecd.org/整理而得。
② 根据 OECD, *Education at a Glance*, 2012, Table:B1.1a, [EB/OL],2012,http://www.oecd.org/整理而得。
③ 根据 OECD, *Education at a Glance*, 2012, Table:B1.1a to Table: B1.1, [EB/OL],2012,http://www.oecd.org/整理而得。

是针对义务教育后阶段，特别是高等教育。在这方面，美国的表现十分突出。从 1975 年至 1985 年，美国公立和私立大学的学费均增加了一倍多，到 1985 年，公立四年制大学平均学费为 1126 美元，私立大学为 5016 美元；之后涨风日甚，到 1991 年，公立大学平均学费达 2137 美元，私立大学更高达 10017 美元。近几年来，学费仍在继续提高。根据美国大学理事会发布的报告，2012—2013 年度，美国公立大学学费上涨 4.8%。2016 年美国公立大学州内学费每年平均是 8655 美元，私立大学学费每年平均是 2.9 万美元。如果加上住宿费，目前美国公立大学州内学生平均一年要花销 1.8 万美元，外州学生平均一年要花 3.1 万美元；私立大学平均每人每年要花近 4 万美元。① 无疑，学费的大幅度增加，有助于缓解教育经费紧张的问题，但是它又带来或加剧了原有的矛盾，特别是平等和效率之间的矛盾。②

在科技迅猛发展、产业结构加速调整的形势下，西方发达国家的就业结构出现了高学历化的倾向，国民经济各部门对高等院校毕业生的需求增加，而对中等学校毕业生的需求量相对减少。然而，由于学费猛增，一般家庭难以承担，因而他们的子女接受高等教育特别是"良好"高等教育的机会开始减少，"教育机会平等"的口号受到了新的挑战。为此，各国已经或将要采取一系列措施。

（二）各国政府采取的主要措施

（1）等级学费制

根据学生家长收入状况，将他们分成若干等级，收入越低，缴纳学费越少；收入越高，缴纳学费越多。目前，美国的一些公立甚至私立高等学校已采用此种办法。

（2）学费税收优惠

采用此种办法，每个学生家长可以获得税收差额（在公立或私立学校上学均包括在内）。由于每个学生均有权获得一份减税额，因而，就学的子女越多，家庭获得的减税额也越大。

（3）教育凭证制度（Education Voucher）

采用这种办法，教育当局将发给适当年龄的学生家长一种有名义货币价值的凭证，家长用凭证支付全部或部分学费，学校则持凭证向教育局或其他有关机构兑现。凭证的发放可以按家庭经济能力划分等级，家长收入越多，名义价值相对减小；反之，家长收入越少，名义价值相对越大。按照某些教育经济学家的意见，这种办法既有利于实现平等，又能促进效率的提高。因为，它使学生在入学方面有更大选择性和竞争性，进而可以形成一种更有效的竞争教育体系，目前美国的某些州，如威斯康星已在进行这种实验。据某些美国专家称，其效果是积极的，大有进一步推广的余地。

（4）改进或实施学生贷款制度

在各项措施中，这是效果最为明显的一项。其基本做法是，对学生提供低息或无息贷款，使他们得以上学，等毕业工作后再还本付息。许多西方教育经济学家指出，这种

---

① 余浩："美国大学学费猛涨学生负债多 中国留学生选择面变小"，[J/OL]，中国广播网，2012-10-29，http://china.cnr.cn/。

办法较为合理，既可以解决部分家境贫寒但有能力深造的学生的入学困难问题，又较好地解决了教育经费合理负担的问题。因为，受过高等教育的人未来的收入要高于未受过类似教育的人，因而让政府（纳税人）完全支付他们的上学费用是不合理的，他们自己也应通过借贷等形式承担一部分费用。因此，不少国家先后采纳了此种办法。

（三）对学生贷款制实施效果的评价

美国早在 20 世纪 80 年代初便实施了学生贷款制，当时主要有学生贷款保证计划和大学生家长贷款计划。根据前一项计划，一个大学生一年可借款 2500 美元，最高可达 12500 美元。这笔贷款在他们离开学校后 6 个月内开始偿还，偿还期为 10 年。贷款利率为市场利率的一半。按照规定，只有年收入在 3 万美元以下的家庭才有权享受此项计划。后一项计划也与此相似，只是条件稍严格一些。

这一计划实施以来解决了部分学生上学的困难，但实施过程出现了严重的贷款偿还违约现象，即借款者逾期不归还贷款的本息。美国教育部的统计数据显示，2013 年，3 年期联邦学生贷款违约率为 13.7%左右，这一群体的平均债务总额为 3.3 万美元。[①]

为了更好地发挥贷款的效益和降低违约率，20 世纪 90 年代后克林顿政府采取了 3 项主要改进措施：

第一，原来实施的是间接贷款制，即联邦政府对银行和私人贷款提供补贴和担保，委托它们发放和回收贷款，现在改为政府对学生直接发放和回收贷款。

第二，实施"国家服务计划"。任何接受学生贷款的在校大学生，通过参加"国家服务"项目，可在服务期间内免还其借款，并减免还贷总额的一定比例。

第三，实施"中学后教育评估计划"，调查、评估贷款违约问题。

另外，近年来取消学生贷款家庭收入背景的限制，任何学生均可根据上学的需要申请相应数额的贷款。

英国和澳大利亚是新实施学生贷款制的国家，特别是澳大利亚，已形成了一套比较完善的制度和办法，效果较为明显。

西方国家所采取的措施之所以成效有限，主要是由社会经济根源造成的，但也与这些措施本身的缺陷分不开。就拿教育贷款计划来说，尽管它在解决部分学生的入学困难，刺激学生更努力学习，以便将来获得拥有更高收入的工作岗位方面有一定作用，但是这种贷款是一种累退性质的所得税负担，因为只有家庭经济困难的学生才须支付这笔费用的利息，而富有的家庭无须借款付息。同时，因为家境贫寒，即使他可以借到贷款，也难以支付高等教育的机会成本，因而许多青年不敢问津；再者，毕业生还有还债负担，所以不愿意从事低收入或无保障的职业，造成了对高收入职业的竞争更加激烈。在美国，很多借款上学的青年人毕业后找不到收入较高或稳定的工作，甚至完全失业，因而拖欠或拒付政府贷款的事屡屡发生，这反而增加了政府的财政负担。

---

① 张宝钰："美国学生贷款：年轻人无法承受之重？"，[J/OL]，《青年参考》，2015-2-26，http://qnck.cyol.com/html。

第二节 多级教育财政体制中的政府教育支出

虽然各国一般都设有中央政府和地方政府，但在权力界定上是不一样的，也就是说在整个政府层级制度安排中存在着集权与分权的组织关系。从财政学角度来讲，集权与分权是用于表示多级政府财政中对财政资金的支配权力的集中与分散程度的。多级财政的存在要求财政权限在各级财政之间进行相应的分配，如果中央财政控制的财政收支权力集中，权限较大，相应地方财政所控制和掌握的财政权限就小，这种机制就是集权型的运行机制，否则就是分权型的运行机制。集权与分权的实质，就是要解决财政收支的决定与支配权如何在中央财政与地方财政之间合理划分这一问题。

一、集权与分权：多级教育财政体制存在的原因

从政府对教育产品的经费的决定和支配方面来看，集权与分权运行机制的区别也主要体现在中央政府对教育经费提供的支配程度上。一般地，在集权制教育财政体制下，中央政府对各种类、各级教育产品的成本提供进行决定和支配；而在分权制教育财政体制中，地方政府的教育财政负有较大的决定权和支配权。目前世界大多数国家中，纯粹的集权型的由中央政府分配教育财政资金的体制基本上是不存在的，各国在教育财政管理体制上都以多级教育财政支出的方式存在，地方政府在不同程度上对教育财政资金拥有一定的决定权和支配权。

（一）政府分权理论与资源配置效率

蒂伯特（C. M. Tiebout）在"地方支出的纯理论"一文中提出了地方公益物品最优供给的条件，而且提出了地方政府之间的竞争理论。[1] 也就是说，人们之所以选择某一个地方作为自己的居住地，是因为他们想在一个国家内部寻找地方政府所提供的公共服务与所征税收之间的最佳关系，这种组合关系能够实现自己的效用最大化。一旦人们能够根据自己的效用最大化原理去寻找适当的地方居住，并倾向于在高成本的地方政府和低成本的地方政府之间选择低成本的地方政府，这种充分自由选择的结果，就会实现前面所介绍的地方公共服务的最佳供给局面。地方政府之间要进行竞争，其最为重要的条件就是要有地方自主权，显然地方分权是必要的。

斯蒂格勒（G. J. Stigler）认为[2]，地方政府存在的理由首先是它比中央政府更加接近民众，也就是说比中央政府更加了解所管辖的民众的需求和效用。其次，一个国家内部不同地区的人有权对不同种类和数量的公共服务进行不同的选择，而地方政府就是实现不同地区不同选择的机制。这实际上意味着为了实现资源配置的有效性与分配

---

[1] C. M.Tiebout, A Pure Theory of Local Expenditures, *Journal of Economy*,1956(64): 416—426.
[2] G. J.Stigler, The Tenable Range of Functions of Local Government, *Economic Growth and Stability*,1957:312—319.

的公平性，公共决策应该在最低层次的政府进行。当然，这一理由并不否定中央政府的作用，在他看来，中央政府是必要的，基层政府也是必要的。当基层政府或者下级政府之间发生矛盾或当涉及较大范围的公共事务时，上一级政府或者中央政府也是一种适当的政府。

布坎南的俱乐部理论指出，一个地方政府的规模应该确定在外部不经济所产生的边际成本（拥挤成本）正好等于由于新成员分担运转成本所带来的边际节约这个点上。① 存在多个适当规模的地方政府，就可以通过人们在不同辖区之间进行移居来提高资源配置的效率。

瓦勒斯·奥茨（W. E. Oates）在《财政联邦主义》一书中提出了奥茨定理："对中央或各地方政府来说，一种公益物品由全部人口中各地方的人消费，该公益物品在每个管辖单位内每种产出水平的供给成本是相等的，由地方政府对其各自的管辖单位提供帕累托效率水平的公益物品，总是比由中央政府向所有各辖区提供任一特定的和统一产出水平的供给更加有效（或至少是同等有效）。"② 奥茨定理表明，即使中央政府能够有效地提供同样的公益物品，并且享用这种公益物品对所有人或者所有地方的人来说效益都是同等的，这时由地方政府来提供这种公益物品，也比中央政府要有效。比如中央政府对所有的儿童提供标准的教育，这时由中央政府来做这些事情，不如让地方政府来做这些事情。

以上理论都说明了地方政府存在和政府财政分权的必要性，指出地方政府对公共产品和服务的提供有利于资源配置效率的提高。这说明，无论是集权型还是分权型的教育体制，当教育作为一种由政府提供的公共产品或服务时，由地方政府参与教育资源的配置是客观的，同时也是效率配置的需要。

（二）集权的必要性

任何政府体制，都需要解决在政府内部如何配置权力的问题，这一问题对于上级政府来说，也就是如何适当集权的问题，教育财政的中央集权问题也不例外。这是因为：

首先，政府负有分配的职能，中央政府对教育产品的福利分配是一种对个人或家庭的水平上的再分配。尽管对于较小政府单位的教育支出与税收决策对收入分配是有效率的，但是只要在辖区之间出现迁移，地方政府在收入和财富的分配之间引起重要的变更的任何企图，都是注定要失败的。这是因为，试图对富人"敲竹杠"并将这些钱财再分配给穷人的地方管辖单位，很可能会发现富人逃离此地而大量的穷人将会迁入此地。

其次，在教育资源配置方面，分权必要性部分地论证了中央集权的理由。这是因为有的教育产品（如基础教育）具有地方公益性质，这种地方公益物品应该由地方来供应，那么显然全国性的公益教育产品就应该由中央政府来供应了。

---

① J. M. Buchanan, An Economic Theory of Clubs, *Economica*, 1965(32):1—14.
② W. E. Oates, *Fiscal Federalism*, New York: Harcourt Brace Jovanovich Inc., 1972.

最后当地方政府的供给能力有所不同时，尤其是当地方经济发展造成教育资源配置的很大差距时，中央政府就有必要在地方之间进行教育资源的再分配。从教育成本负担角度来讲，通过地方政府来实施教育分配政策，很可能会造成教育成本负担的极大的不公平：某一地方政府因需要实施针对穷人的转移支付政策而对富人课税，这就会导致富人有很强的经济动因迁出该地区，以逃避地方税收。

（三）集权与分权的均衡

多级教育财政的集权和分权都很重要，但更重要的是它们两者之间应该实现某种均衡。通过前文的论述可知，这种均衡应该由中央集权的边际成本和边际收益比、地方分权的边际成本和边际收益比得出。当中央集权的边际收益等于边际成本时，中央集权就实现了经济上的局部均衡；而当地方分权的边际收益等于边际成本时，地方分权就实现了经济上的局部均衡。而当两者都达到局部均衡时，而且两者的边际成本和边际收益都相等时，就实现了中央集权与地方分权的一般均衡解。

因此在教育财政分权主义的原则条件下，必须合理划分中央与地方教育财政的事权和财权。首先，根据教育受益范围原则，凡是受益对象是全国性民众的教育产品和服务（如公益卫生教育、国防教育等），应该由中央政府负责提供；凡受益对象是地方民众的教育产品和服务（如基础教育），则由地方政府负责提供。其次，行动范围的原则也不容忽视，根据奥茨定理，即如果某一公共服务对于任何公民来说都是一样的，中央政府与地方政府都可以提供，这时应由地方政府来提供。义务教育就是一个例子，对于任何一个不须接受义务教育的公民来说，政府对这种义务教育产品和服务的提供都是没有差异的，每个公民都必须接受政府提供的义务教育，因此义务教育由地方政府来提供较好。

二、多级教育财政体制中的博弈行为分析

（一）政府间职责的划分与多级教育财政体制存在的问题

在多级政府体制下，各级政府实体（中央政府、各级地方政府及管理机构）之间都有自己的预算，根据宪法和法律条文予以实施。但是，中央政府预算和次级政府预算之间具有很紧密的联系，在这种情况下，各级政府支出的第一步就是要明确政府间的职能，保证预算过程中的职责有着清晰的界定，并在各级政府间建立稳定、透明的关系。

无论从一般角度还是从管理公共支出的角度看，政府分权都是一个非常复杂的问题。一般而言，权力分散对于实现效率、地方责任制和参与而言都较为有利。"各项公共服务应由如下级别政府提供：该级政府能够使提供上述公共服务的收益和成本内部化所需的地理区域最小化"①，这就是通常所说的"分散理论"。但是效率、地方责任制和参与这

---

① W. E. Oates, R. Schwab, Economic Competition Among Jurisdictions: Efficiency Enhancing or Distortion Inducing?, *Journal of Public Economics*, 1988(35): 333—354.

些标准与其他因素取得的平衡，还要充分考虑如自然环境、规模经济、总体财政效率、地区公平以及政府职责再次划分等因素。在发展中国家和处于转型经济的国家中，在转移各级政府之间的支出时还必须考虑到政府的财力、行政能力、权力分散的行政成本和税务执行费用。

上述观点认为，在分权制财政体制下，必须在一定程度上提高财政分散程度。但是许多研究强调，即使在理论上具有合理的一面，财政权力过于分散的做法会丧失支出控制、增加腐败、由于仓促下放权力而导致资源配置的无效率，从而带来很高的风险。[①] 但是无论如何，根据斯基亚沃—坎波和托马西的观点，一定程度的政府分权，只要建立在法律约束和监督框架内的政府间的职能划分，对于解决政府之间的职责冲突、理顺政府间的财政关系、提高政府支出效率是至关重要的。[②]

从理论上讲，政府之间职责的划分对于政府教育财政体制而言也具有重要的意义，职责划分越具体，越有利于政府的操作和效率的提高。但是，在实践过程中要想在同时符合经济效率与行政效率的职责划分，即使在预算立法的前提下，完全明确政府间的政府财政职责几乎是不可能的，因为"法典或者合同不可能事无巨细地规定各种情况的处理方法"[③]。即使职责可以通过法律划分得更细，其成本或者执行成本也将是高不可攀的。究其原因，主要有以下几个方面：

1. 各种教育产品的公共属性很难确定

有些教育产品的公共属性本身难以确定。政府教育财政职责划分明确是以公共产品属性的明确界定为前提的，既可以按照教育产品的种类划分为具有不同公共属性的教育产品，也可以将"纯公共性的"教育产品，按其受益范围明确地界定为全国性公共商品和地方性公共商品，而地方性公共教育产品又可以按照其受益地域的不同，进一步划分为不同层次的地方性公共商品。

一般来说，全国性公共产品应该由中央政府提供，地方性公共产品由地方政府提供。然而，基础教育产品是具有较大正外部效应的"纯公共产品"，与大多数公共商品一样，一定要明确其受益范围是不可能的，因为既没有绝对的地方性公共教育，也没有绝对的全国性公共教育，多数都是处于中间状态，即既带有全国性又带有地方性，其受益往往也会溢出地域的限制。除此之外，教育具有正外部效应，但具体为多少也难以确定。因此，对于公共产品"身份"的确定就难以按照经济属性（即受益范围）来确定，而主要依靠中央与地方政府的谈判来确定，或者由中央政府强制规定各级政府的教育支出职责。

---

① The World Bank, *Decentralization Final Report*, 1999（5）：164.
② 〔美〕萨尔瓦托雷·斯基亚沃-坎波、〔美〕丹尼尔·托马西：《公共支出管理》，张通译，中国财政经济出版社 2000 年版。
③ 同上。

2. 全国统一性与具体地域差异性的矛盾

由于中央与地方之间职责的划分，国家教育政策不可能采取一州（省）一制或几个州（省）一制的做法，因此地方政府对当地的教育财政负担政策通常会有不同的做法，这将会被动引起一些地区之间教育分配的不公，所以教育财政的中央与地方的职责划分必须全国一致，以统一的制度确定两者的职能，并辅之以补助和转移支付制度的技术手段以应付特定地区的特定项目建设。但这样，无疑就会强化地区差异性与统一性的矛盾。即使是在统一的教育分配制度下，在一些地方之间也不能达到完全的均衡，此类的问题也使中央和地方政府间职责的明确变得非常困难。

3. 责任和利益不明确

中央政府和地方政府在执行预算时，它们所关心的目标不完全是或主要不是如何执行预算，使预算划分的结果真正符合经济规则，真正使居民的消费偏好与需求得到满足，而是偏向于能否给各自带来利益，对利益的考虑往往是第一位的。所以，如果在责任划分方面留有一定的模糊空间，反倒有利于各级政府推却责任或讨价还价，借此赢得一定的利益。此外，在预算的责任划分清晰之后，却因为责任不明确和利益驱动而在执行过程之中变样，这样就很难保证效率的完全实现。

4. 教育产品提供的地方受益的确定

地方政府对公共产品的提供一般应根据地方受益原则，但是从各国教育产品的政府提供方面来看，政府对基础教育费用支出的管理权下放都偏低，但是地方政府的收益是否如理论上所述的那样能够给地方带来很大的收益，这个问题似乎还没有特定的衡量标准。可以看到的是，地方政府特别是最基层的政府和教育机构的经费筹集面临着巨大的困难，必须依靠收费和学区的一些非财政手段来提供教育经费。

（二）中央与地方的教育财政支出博弈

1. 博弈主体的确定

在多级教育财政体制下，教育支出的博弈主体是地方政府。因为地方政府作为本地区教育资源与福利分配的总代表和参与者，既要对该地区教育需求和福利调节的变动做出反应，又要对中央的教育财政做出反应，以尽可能创造出适宜于本地教育发展的环境。政府教育财政权力在中央和地方之间，地方政府与下级政府之间的或多或少的分配，都会造成各级政府所拥有的教育财政权力的减少，这无疑造就了地方政府在与中央政府博弈中的独立地位。

从行政权威方面看，尽管中央政府是最高行政权力的所有者，但中央政府的行政权威必须得到地方政府的接受和认可，中央政府在保持自己的权威地位方面需要地方政府的合作，因此中央政府不能不适当进行一些让步，以争取地方政府的认可和合作。另外，地方政府在同中央政府合作的过程中，可以通过许多途径和手段，取得对中央政府的影响、控制和某种权力，或者，地方政府通过扩展自己的权威，也可以获得对中央政府的控制。查尔斯·林德布洛姆（Charles Lindblom）认为，尽管中央政府处于行政权威与经济管理方面的主导地位，但地方政府也可以在一定的时候与中央政府平起平坐，与中央政府为了各自的利益进行对阵和博弈。[①]

2. 中央与地方的博弈对象

由于中央与地方的事权模糊，中央政府和地方政府都有希望在明确各自分配权和分配数量的前提下，尽可能将自己不愿意承担的职责推给对方，因此，中央与地方的博弈对象就是这些模糊的职责关系。这种模糊的关系集中表现在地方政府不愿意担负起提供那些不具有纯公共属性的、具有较大收益外溢的教育产品的职责。当然，那些具有纯地方性质的公共教育产品，如基础教育有时也会成为博弈的对象被成功地转嫁出去，并由中央和地方共同承担。这取决于博弈双方的对阵力量和策略的选取。在成功推脱责任之后，其中的胜利方可被视为多支配了一部分可支配的教育资源和地方福利，这部分收入可被用于该方所钟爱的领域。博弈的结果一般是互有胜负，即一方面，任何一方都可以通过各种条件将事务推脱出去（或者拉对方入伙投资，以减少自己的支出量），另一方面，又不得不接受对方推过来的事务，但所得和所失不一定相等。如果我们将事务变动作为支出数量的变动额，并假定中央政府和地方政府都将尽可能推脱教育产品的提供职责，从而获得尽可能多的教育资源和福利（在收入量一定的前提下）作为博弈的目标，我们可以构造出如下的效用模型：

$$W_0 = U_0(C_0 + \alpha G_0 - \beta G_1) \qquad W_1 = U_1(C_1 + \gamma G_1 - \theta G_0)$$

其中，W_0、W_1 分别表示中央政府与地方政府的效用函数；C_0、C_1 分别表示中央政府与地方政府必须承担的支出责任（假定这些责任一般不被推卸出去）；G_0、G_1 分别表示中央政府和地方政府的支出总量；α、γ 分别表示中央政府和地方政府将事物推脱出去以后获得的收入量占各自总支出的比例；β、θ 分别表示中央政府和地方政府因被迫接受对方推给自己的支出责任而被迫增加的支出占各自总支出量的比例，则社会总效用函数为：

$$W = W_0 + W_1 = U_0(C_0 + \alpha G_0 - \beta G_1) + U_1(C_1 + \gamma G_1 - \theta G_0)$$

$$st.: \quad G_0 + G_1 < R$$

R 表示财政总收入，最优化问题为：

$$\overline{W} = U_0(C_0 + \alpha G_0 - \beta G_1) + U_1(C_1 + \gamma G_1 - \theta G_0) - \lambda(G_0 + G_1 - R)$$

因而，

$$\frac{\partial \overline{W}}{\partial G_0} = \alpha U_0' - \theta U_1' - \lambda$$

$$\frac{\partial \overline{W}}{\partial G_1} = -\beta U_0' + \gamma U_1' - \lambda$$

[①] 〔美〕查尔斯·林德布洛姆：《政治与市场：世界的政治—经济制度》，王逸舟译，上海人民出版社1994年版。

假定：
$$\frac{\partial \overline{W}}{\partial U_0} = \frac{\partial \overline{W}}{\partial U_1} > 0，则$$

$$\frac{\partial \overline{W}}{\partial U_0} = (\alpha - \theta)U' - \lambda$$

$$\frac{\partial \overline{W}}{\partial G_1} = (\gamma - \beta)U' - \lambda$$

这表明，中央政府与地方政府的效用取决于各自推脱出去的教育支出事务与被迫接受的教育支出事务的对比，如果前者大于后者，则效用会递增；反之则效用会递减。所以，中央与地方都希望尽可能多地推出一些事务而尽可能少地接受一些事务，而且即使它们接受了这些被推过来的事务，它们也不会完全承担。

3. 中央与地方在教育支出方面的博弈

中央与地方在教育财政支出方面的博弈过程，就是两者将不同性质的教育产品和地区受益方面难以判断的对教育产品的提供进行其职责相互推脱的过程。相对而言，从受益上比较容易确定其性质的公共教育产品，其成本提供职责难以推给对方，因为这样极易引起觉察，无论是博弈的对方还是其社会成员都会对此不满。而受益面界定不清的教育产品则由于划分归属的模糊性，在判断方面也有一定的困难，所以容易成为博弈双方推卸责任和争夺资源的领域。

假设中央政府是第一行动方，它可能会将一项对地方的税收及福利没有固定好处的政府教育支出职责抽出一部分给地方（如建立一些大学），要求地方政府给予一定的配套投资。对于地方政府而言，假定它们认为这笔投资是一笔"额外"的投资，它们的第一反应自然是不愿意的，但一方面本地确实可以从中受益，应该承担一部分投资职责，另一方面又"胳膊扭不过大腿"，只能被迫安排一部分资金准备投资。但地方政府的行为也具有"经济人"的特征，它们在这一教育项目中增加了支出，总希望在另一教育项目中通过向中央政府"要钱"将"损失"补回来。因此，地方政府又可以借承担的公共教育支出具有正外部效应之机，要求中央政府给予补助或参与投资，或者扩大支出规模并要求中央政府补助。中央政府发现自己的负担因此而加大以后，又会以相似的手段将负担转嫁一部分给地方政府，这样不断重复和循环，博弈得以持续。

不过，在中央与地方的博弈循环中双方的地位并非是完全平等的。由于中央政府"博弈规则"（立法）的存在，并代表整个国家，而地方性教育"规则"的制定又不能与国家制定的"规则"相冲突，因此中央政府仍然占据主动地位，地方政府则处于被动的地位。中央政府不仅可以修改博弈规则，而且可以强制地方政府接受中央的行为，同时中央政府也有调整中央与地方的财政收入分配比例的权力，尽管此手段的运用不是经常的。作为经济人的地方政府，在博弈中失利以后（被迫接受中央推给的事务，但又不能将一部分事务推给中央政府），会采取相应的行为。它们或是减少一些该由本级政府承担的教育产品提供数量，使地方性教育产品提供不足，影响当地居民的教育需求和福利水平的提高；或者通过各种手段增加本级政府的可支配收入，比如要求所在地的教育机构进行不合理的收费、通过各种手段获得制度外收入，或者将一部分教育产品的提供职责推给下一级政府。所以，地方政府在教育财政的运行过程中的许多无能为力的不规范行为（如基础教育的乱收费、一些国家对免费教育也不得不收取一定的成本补偿费等）都与中央和地方的博弈结局有一定的关系。

三、政府间博弈中教育财政支出的效率损失

（一）中央政府行为引致的效率损失

中央政府在就教育支出与地方政府进行博弈的过程中，其行为倾向主要是：第一，控制地方政府在公共教育资源配置过程中的支出行为，防止地方政府的随意性支出；第二，尽可能将一些教育支出责任推及地方政府，以减轻本级政府的财政支出压力，以便提高本级政府的利益；第三，力求使整个国家的居民都能享受到大体均衡的公共教育服务水平，减少地区间教育水平的差异及教育的机会不公，从而获得更多的地方政府及居民的支持和认同；第四，在上述要求都能实现的条件下，尽可能提高政府教育支出的效率。这表明，中央政府在对教育支出进行管理以及实际的支出过程中都极容易引致效率的损失。

1. 支出的管理方面

为了防止地方性教育支出的随意性，中央政府制定了一系列针对地方政府教育支出的约束条款和政府教育支出的评估指标，同时对次级政府的一些教育支出项目实行审批制度，妨碍了地方教育财政资金的及时提供，既增加了交易成本，又牺牲了福利水平，造成地方政府教育支出的低效率。

2. 教育成本负担方面

中央政府为了推脱对教育产品成本负担的职责，将一些兼具有地方性质和全国性质的教育财政支付转嫁给地方政府，甚至要求地方政府负担一部分本该由中央政府负责的具有全国性质的教育产品的成本。

3. 信息的准确提供方面

受到中央政府预算利益的影响，中央政府没有提供给次级政府总的准确的可利用教育资源的信息，给地方政府教育预算编制效率和教育财政控制水平造成损害，使次级政府无法按照教育财政约束调整其教育支出水平。

4. 激励措施不合理

通常，当次级政府节约财政支出或者提高当地税收征管水平时，中央政府会减少提供给次级政府的转移支付。显然，在博弈过程中的政府倾向是，为了获得多个地方政府及居民的支持和认同，不断提高中央政府的威信和荣誉，从而忽视了对地方政府的赞誉和鼓励。这样无法激励地方政府寻求教育财政的节约并改善教育服务和税收征管措施，不利于地方财政效率的提高。

（二）地方政府行为引致的效率损失

根据财政分权的理论，地方政府教育财政应该成为公共教育资源配置的主体，承担地方性公共教育、部分兼具有地方性质和全国性质公共教育产品经费支出的职责，这是政府教育支出效率的要求。但在与中央政府的博弈过程中，地方政府的行为也很难使政府教育资金支出的效率达到理想的状态。

1. 抢占教育资源

地方政府往往在既定的教育预算前提下，要求中央政府给予充足的资源，特别是对由地方政府提供的教育产品，地方政府总是想从中央政府那里获得更多的资源，并率先占有这些收益。而对于应由中央政府和地方政府共同提供的教育产品，地方政府又没有足够的积极性，而是热衷于有利于扩大本地教育收益与福利的教育服务。

2. 预算超支和转嫁

地方性教育预算常常会出现超支的情况，地方政府为了解决教育财政困难，可能出现教育服务质量的下降或者教育资源的有效提供不足。地方政府的解决办法基本上有两种：一是向中央政府要求一些教育预算收入政策，如教育筹资及教育收费；二是将这些教育预算超支转嫁到中央政府或者次级地方政府。中央政府为了达到教育的政策目标，只有强制地方当局削减支出或增加税收，并在一定情况下接管和控制地方当局的预算，直到局势稳定下来。

四、教育资源的地区间竞争

除了中央与地方的财政职责关系会影响到政府教育支出效率外，地方政府之间的预算竞争也会影响到政府教育支出的效率。由于中央与地方政府之间存在着委托—代理关系，地方政府可以将一部分责任转嫁给中央政府，也可以将不愿意承担的责任推给中央政府，因此，在中央与地方的关系中，就提供教育产品而言，中央与地方之间既存在相互推脱，相互"放弃"一部分教育支出的情况，又存在着相互争夺教育资源的情况。但在地方政府之间的竞争关系中，任何一方都不能控制另一方，任何一方也不能随意将风险或责任推给另一方，因而地方政府之间的竞争主要是对资源的争夺，包括对教育财政支出份额的争夺。

（一）地区间竞争的各种条件

关于政府的利益问题，第一是企图确立一套基本规则，以保证统治者自己收入的最大化，也可称之为垄断租金最大化；第二是界定和实施一套能使社会产出最大化而完全有效率的产权。[①] 前者表现为政府收入与福利水平的提高，政府官员得到升迁的机会以及良好的社会评价和声誉等，后者则力图确保社会经济资源优化配置而使经济产出最大化。地方政府拥有相对独立的决策权和管理权以后，就可以动用所支配和控制的资源追

---

① 〔美〕道格拉斯·C. 诺思：《经济史中的结构与变迁》，陈郁、罗华平译，上海人民出版社1995年版。

求相对独立的利益。但由于政治资源（在地位、官阶上的升迁、良好声誉与评价的判断）以及经济资源都是稀缺的，地方政府之间在扩展利益规模时不可避免地会产生对有限资源的争夺，也就有了地区间竞争。

另外，地区间经济条件、资源条件以及人文条件均相差较大，各地方都有利用所掌握的各种资源实现其特定利益的条件，地方政府可以在地方资源配置过程中发挥主导的作用。同时，由于资源及经济禀赋的差异，任何地方政府都不可能拥有对其他地区地方政府的绝对优势和控制地位，由此博弈的结果就不是控制而是竞争，当然竞争也并不排除合作。

中央政府对地方的绩效评价指标与激励制度也使地区间竞争加剧。出于对加速发展国民教育的渴望，中央政府在分权化过程中将这种愿望部分转化为对地方政府绩效的评估准则，即以是否有较低的教育投入和较大的教育收益作为评价标准，这无疑会促使地方政府竭尽全力地调动地方的资源，同时也尽力挤占中央政府的资源，以扩充地方教育财政的支配，这样就使地区之间的竞争得到催生并加剧。

（二）地区间的竞争与教育财政的扩张

地区间竞争的目标是为了将各自的教育资源这块"蛋糕"做大，只有掌握了充足的教育经费，地区的教育政策目标的实现才能有保障、地区的教育福利和收益水平才有可能提高。但地方政府之间的竞争实际上也是关于教育经费控制和支出量的竞争。尽管地方政府在教育支出方面的效率不理想，但它们都热衷于拥有和控制尽可能多的教育财政资金，其结果不一定能够有利于支出效率的提高，而且也容易导致政府行为的随意性和浪费现象发生。

1. 地区间竞争的实现机制

在研究中央与地方的博弈时，所构建的中央与地方的效用函数中，中央与地方都将效用最大化建立在教育财政支出规模最大化基础之上的假定在这里仍然适用。在地方政府与相邻地区竞争过程中，对于教育资源问题，首先考虑的是如何获得充足的教育经费，获得自己所希望拥有的教育经费数量，其次才会考虑最佳的支出数量。可以认为，地方政府在竞争的过程中，对于教育财政支出而言不是效率与规模的最优化，而是投入与产出规模的最大化。

地方政府在运用公共教育支出时，首先着眼的是地方政府的可用教育财政规模，因为这一部分它们可以独立支配。但与它们的教育的投入与产出规模最大化的"理想"和动机相对照，这种教育经费规模往往是不够的，地方政府就得把目光放在争取中央财政收入及其他教育支出的资源上，这就是对教育资源的争夺。

2. 地方政府扩张教育支出规模的手段

（1）向中央政府申请补助

地方政府通常会以各种借口要求中央政府对本地教育财政进行补助或者进行转移支付，或者向中央政府申请新的收费项目。

（2）逼迫中央政府追加预算

一般来说，地方政府逼迫政府或相关机构追加教育预算支出，中央政府最终都要进行一定程度的屈服和让步。但中央政府为了应对这些行为，根据有关法律条文的规定也有一定的应对办法和措施，如成立各级政府的债务理事会（澳大利亚）、建立平衡预算（美国、瑞典）、向国内和国外申请教育贷款（墨西哥）等。①

（3）要求以市场手段补偿公共教育成本

地方政府在负责基础教育时，如果感到财政负担很重，就会要求中央政府允许其向非政府部门或机构争取一些教育支持，如向社会筹资、集资、募捐，以及要求社区自己提供教育等。

（4）向下级政府转嫁教育经费负担

地方政府的教育财政的总量是有限度的，当地方政府无法从中央政府得到更多的补贴性的教育经费时，时常会采取转嫁经费负担的做法，将大量本来应该由本级政府承担的教育经费转嫁给下一级地方政府，减少本级政府教育财政负担，相对地扩大本级教育财政的支出规模。

3. 地方教育财政扩张的消极后果

（1）削弱预算规划和预算控制

各级政府的教育预算是根据国家教育政策目标，在宏观教育财政框架内进行编制的，当政府间为争取更大的教育财政份额而讨价还价时，整个教育财政预算的规划和预算控制就会削弱；中央政府在陷入财政困境时，会将自己的支出职责转嫁给地方政府，地方政府也会利用职责范围加宽这一理由，要求在教育预算中占有更大比例的份额。

（2）对教育服务数量和质量造成不利的影响

地方教育财政扩张使教育支出划分缺乏具体性以及支出划分体制固有的不可预测性导致了中央及上级政府预算的不确定性，各级地方政府无法完成教育财政的规划，从而对教育服务数量和质量造成不利的影响。

（3）影响教育资源公平配置

地方政府教育财政扩张愿望造成教育资源需求信息的不对称，阻碍中央政府或上一级政府对教育资源的区域间不均衡的调节，不仅教育资源相对充足的地区的教育资源不能得到效率配置，更为严重的是真正教育财政经费短缺的地区也得不到应有的教育资源，从而不利于教育资源的平等配置。

第三节　中国教育财政管理体制的问题与探讨

在 20 世纪 80 年代改革开放的过程中，随着各项权利的下放，中国政府教育财政管理权限也在下移。教育财政的"分级管理"给整个教育体制带来了生机和活力，但也存

---

① A. H. Petrei, R. E. Petrei, *Budget and Control: Reforming the Public Sector in Latin*, Johns Hopkins University Press, 1998.

在一些问题,特别是 20 世纪末,中国实行税费改革以来,某些问题就越加明显地暴露出来。为了使新的教育财政体制能够适应新世纪的教育事业发展,有必要从中国教育财政体制的历史和现状出发,对中国政府教育支出体制进行全面的分析和探讨。

一、中国教育财政体制的历史与现状分析

(一)中央统一财政与分级管理(1949—1979)

1949 年新中国成立以后,中央实行了高度集中的计划经济体制,相应地也建立起了高度集中的财政体制。当时的各项经费包括教育经费均由国家财政统一列支,教育经费列入国家预算,实行统一领导,中央、省(直辖市、自治区)、县分级管理的体制。各地方政府根据当地需要拟定教育发展计划,逐级上报,最终由中央政府进行统一调整和平衡。高等教育实行"条块结合"的管理办法,各中央部委与各省(直辖市、自治区)制定自己的高等教育发展计划与经费预算,上报中央平衡、审批。1957 年以后,中央把基础教育的管理权下放到地方,基础教育经费由地方财政安排,实行"条块结合、以块为主"的教育财政管理体制。1972 年以后,基础教育经费由中央按地方需要切块单列,下拨给地方。

这种高度集中的教育财政管理体制是与高度集中的财政体制相吻合的。这一体制对当时的社会经济发展起到了应有的作用,主要体现在以下几个方面:首先,新中国成立伊始,百废待兴,而各地经济发展极不平衡,各地的财力也差异悬殊。若没有中央财政的统一计划和统一调控,对均衡发展各地的基础教育来说,是极为困难的。其次,高等教育的部门所有制也是为了加快新中国建设的发展速度而确定的。中央统一计划、统一调配高等教育的经费分配对于新中国高等教育的发展及保证向各行各业提供必需的专门人才来说也是必要的,但是,不可否认的是,这种过分集中的教育财政管理体制,不利于发挥地方政府发展教育的积极性,影响了地方教育发展的进程。

(二)地方负责分级管理(1980—1992)

1980 年,中国财政体制进行了重大改革,改变了由中央"统收统支",即由中央政府统一管理国家全部财政收入与支出,统一预算,全国"吃大锅饭"的中央财政体制,实行"划分收支,分级包干",即中央与地方分级管理财政收入和支出,各省"分灶吃饭"的中央与地方分级负责的新财政体制。

1985 年,中共中央颁布《关于教育体制改革的决定》,明确提出将发展基础教育的责任交给地方,有计划有步骤地实行九年义务教育,实行基础教育由地方政府负责、分级管理的原则。这与前一阶段的财政体制改革是相一致的。1985—1993 年中国基础教育财政体制主要是:由地方政府负责管理和多渠道筹集教育资金的义务教育管理和投资体制。其中"分级管理"的主要特征是:①中央政府在整个义务教育经费的筹措与分配中占有较低的比重或份额;②地方政府,尤其是地方基层政府是实施义务教育的主体,承担着实施义务教育 90%以上的经费。[①]

---

① 中央教育科学研究所:《中国基础教育发展研究报告》,教育科学出版社 2002 年版。

还应当看到，中国的基础教育发展也和社会经济发展类似，存在着区域不平衡性，而且在相当一部分农村地区，尤其是老、少、边、穷地区，教育十分落后。20世纪70年代末期，中国的农村经济体制改革开始兴起，家庭联产承包责任制极大地解放了"一大二公"的人民公社体制所束缚的生产力，农业生产得到了前所未有的发展。但是这也导致了农村集体经济力量的极大削弱，县、乡财政收入滑坡，给农村基础教育的发展带来了财政支出上的困难。这一时期，中国相当一部分地区的农村教育条件恶化，办学经费严重短缺，办学条件很差，中、小学教师待遇偏低。到了20世纪80年代中期，中国农村基础教育薄弱的状况仍未得到明显的改善，相当一部分农村地区仍未普及小学教育，许多适龄儿童特别是女童甚至不能接受最低水平的基础教育，从而导致青壮年中的文盲、半文盲继续产生。为了从根本上改变这种落后的基础教育状况，中国政府于1986年4月开始正式实施《中华人民共和国义务教育法》，并将义务教育"实行地方负责，分级管理"的体制以法律的形式规定下来。针对20世纪80年代末期有些地方将基础教育的财政资助的责任下放到乡甚至村一级政府，从而导致贫困乡、村的教育财政面临窘境的状况，教育财政责任收回到县一级政府，以期望从制度上保证在县域内教育发展的基本均衡。

1988年，国家教委、财政部发布《关于加强普通教育经费的若干管理规定》，要求各级财政、教育部门在制定教育经费预算时，应根据地方财力，逐步推行定额加专项的办法。同时，教育行政部门在向所属学校拨款时，要实行"经费包干、结余留用，超支不补，自求平衡"。

高等教育方面，1980年以前，高等教育经费的投入按照中央财政"戴帽下达"，即统一按计划下达、地方财政部门管理、地方主管部门安排使用的原则进行。中央一级院校的经费由中央政府负责。1980年以后，除中央院校仍由中央政府负责外，全国各省的地方高校所需经费由各省财政部门负责计划拨款，中央不再统一高等教育财政。这样就把地方高等教育的管理权力和责任同时交给了地方政府，使它们能够根据本地区社会经济发展对人才的需求，适当调整本地区的高等教育结构，调动了各省、自治区、直辖市投资办高等教育的积极性，增加高等教育拨款，改善办学条件，提高质量，推动高等教育的发展。1985年，中国开始实行高等学校的助学金制度，高等教育经费中已包含了少量的学杂费和培养费。1987年，国家开始推行非义务教育的成本分摊和补偿制度，把原来的助学金制度改为奖学金、助学金和贷学金制度，并鼓励高校拓宽经费来源渠道。

应该看到，这一阶段的教育财政体制也造成了全国高等教育发展的不平衡，经济发达地区，由于其投资力度大，经费充足，办学条件较好，高等教育事业发展就更快、更好，而经济欠发达地区，由于经费紧缺，高等教育的发展就慢一些，差一些。20世纪90年代初期，经济发达地区的生均高等教育经费支出比经济落后地区要高出50%以上。同时，由于地方有了较大的自主权，一些省级政府试图在本地区建立一个层次、科类结构较全的高等教育子系统，从而造成院校与专业的重复设置，降低了全国高等教育经费的整体使用效益。这表明，在实行这一新体制时，应该加强中央政府的宏观指导与管理。

（三）以乡（镇）为主，分级管理（1993—1999）

1993年2月13日，中共中央、国务院颁布了《中国教育改革和发展纲要》（以下简称《纲要》)。《纲要》指出，增加教育投资是真正贯彻和落实教育战略地位的根本性措施，各级政府、社会各方面和个人都要努力增加对教育的投入，确保教育事业的优先发展。为了保证这一根本措施落到实处，《纲要》提出中国要逐步建立以国家财政拨款为主，辅之以征收用于教育的税费，校办产业收入，社会捐、集资和建立教育基金等多种渠道筹措教育经费的新体制。按照这一体制，国家财政性教育经费支出占国民生产总值的比例要在 20 世纪末达到 4%。

《纲要》特别强调，各级政府必须认真贯彻"两个增长"的原则，保证教师工资和生均公用经费逐年有所增长，各级财政支出中教育经费支出所占比例要有所提高。"八五"期间要达到全国平均不低于 15%的水平。新体制规定，各省、自治区、直辖市本级财政，县、市级财政支出中教育经费支出所占比重由相应的各级政府确定，乡、镇财政收入主要用于发展教育。针对前一时期各地对征收城、乡教育费附加的认识不一、措施不力、实际问题较多的状况，《纲要》要求各级政府要进一步完善城、乡教育费附加的征收办法。凡缴纳产品税、增值税、营业税的单位和个人，按"三税"的 2%—3%计征城市教育费附加，农村教育费附加的征收办法与征收比例由各省级政府制定（1994 年税制改革后，产品税改为消费税）。上述教育费附加款项主要用于九年义务教育，如有必要，地方政府还可根据当地教育发展的需要及当地的经济发展状况，开征用于其他类型和级别教育的附加费。

这一新体制于 1995 年 3 月正式由《中华人民共和国教育法》以法律的形式确定下来。这种新的教育投资体制的主要内容可以概括为：以各级财政拨款为主，以依法征收教育费附加，发展校办企业以增加校办产业收入对学校财政的支持，鼓励社会集资捐资，实行成本补偿，合理收取学杂费等多种渠道筹措教育经费为辅的体制。为进一步深化教育改革，1999 年的《中共中央国务院关于深化教育改革，全面推进素质教育的决定》(以下简称《决定》)中指出，要切实加大教育投入，逐步提高中央本级财政支出中教育经费所占的比例，从 1998—2002 年每年提高 1 个百分点。各省、自治区、直辖市人民政府也要增加本级财政中教育经费的支出。农村教育费附加实行乡征、县管、乡用的管理模式，政府的教育拨款主要用于保证普及义务教育和承担普通高等教育的大部分经费。

近些年来，中国政府一直鼓励中央各部门的院校与地方政府共建。按照 1998 年召开的第八届全国人大关于政府机构改革的方案，提出了政府机构改革的新构想。一些中央部、委被撤销建制。其原属高等学校，除少数划归教育部领导外，多数高校下放地方或实行中央与地方共建，以地方为主。《决定》指出，要进一步简政放权，加大省级人民政府发展和管理本地区教育的权力以及统筹力度，继续按照"共建、调整、合作、合并"的方式，形成中央和省级人民政府两级管理、以省级人民政府管理为主的新体制。这样，就把发展高等职业教育和大部分高等专科教育的权力以及责任交给了省级人民政府，并且继续实行多渠道筹措教育经费的体制。这是中国高等教育财政体制的一个新变化。

（四）地方负责，以县为主（2000—2005）

2000 年，随着《中共中央国务院关于进行农村税费改革试点工作的通知》的正式发布，中国政府开始进行农村税费改革的试点工作。这一改革在教育方面的主要内容是：

取消乡统筹费、农村教育集资等专门面向农民征收的行政事业性收费和政府性基金、集资。取消乡统筹费后，原来由乡统筹费开支的乡村两级九年制义务教育，由各级政府通过财政预算安排，取消在农村进行教育集资，中小学危房改造资金由财政预算安排等。这一制度改革在很大程度上减轻了农民的负担，但农村教育经费来源的取消造成了教育经费的紧张，也使得农村基础教育经费的投入面临着极大的困境。

因此，为进一步完善教育管理体制，保障基础教育经费的投入，在2001年出台的《国务院关于基础教育改革与发展的决定》对教育经费的财政管理体制进行了进一步改革。该文件指出，在农村义务教育管理体制方面，实行在国务院领导下，由地方政府负责、分级管理、以县为主的体制。并对各级政府在基础教育经费方面的保障责任进行了划分，县级人民政府对本地农村义务教育负有主要责任，统一发放教职工工资。从2001年起，将农村中小学教师工资的管理上收到县，原乡（镇）财政收入中用于农村中小学教职工工资发放的部分要相应划拨上交到县级财政。这样一来，"地方负责，以县为主"的教育财政体制基本确立了下来。

但是，随着农村税费改革的全面展开，地方财政收入减少，"以县为主"的教育财政体制依然面临着经费投入不足的问题。国务院于2002年发布了《国务院办公厅关于完善农村义务教育管理体制的通知》，于2003年发布《国务院关于全面推进农村税费改革试点工作的意见》《国务院关于进一步加强农村教育工作的决定》等文件，在原来的财政体制基础上进一步深化和完善。再次强调落实农村义务教育"以县为主"的管理体制，对各级政府的投资责任进行了划分，如：中央、省和地（市）级政府要通过增加转移支付，增强财政困难县义务教育经费的保障能力；省级政府要切实均衡本行政区域内各县财力，逐县核定并加大对财政困难县的转移支付力度；乡镇政府要积极筹措资金，改善农村中小学办学条件等。这标志着我国农村义务教育管理体制的重大转变，新的农村义务教育财政体制缓解了经费投入不足的问题，体现了以政府负担为主的目标。

可以看出，在"以县为主"的体制下，农村义务教育的事权和筹资责任均由县负责，乡（镇）、村等不再承担义务教育的筹资和管理责任。取消面向农民的教育集资和教育附加等的税费改革，对农村义务教育财政管理体制进行了调整，将义务教育的管理和筹资责任都上升到了县级，强化了政府义务教育财政筹资责任。

但这一体制仅对县级政府的各方面责任做出了比较明确的、硬性的约束，而对中央和省级政府的投资责任缺乏明确具体的规定，这使得农村义务教育经费投入缺乏稳定机制。而且，由于我国地区经济发展的不平衡，以及农村教育资源的地区差异，"以县为主"的体制难以实现农村义务教育的均衡。

这一时期，高等教育的办学和管理体制改革也在不断深化。在1999年素质教育改革后，高等教育成本分担与成本补偿制度及收费并轨政策的全面实施，政府财政拨款比例逐年下降，高校受教育者个体所支付的货币及高校自创收入的比例逐年增大。2000年开始对各高校师范专业学生收取学费，中国高校学杂费收取制度改革工作全面完成。通过改革，学杂费的征收标准普遍提高，学杂费在教育经费中的比重大幅上升。中央与地方的关系问题也得到了一定程度的解决，中央与地方政府分级管理、分工负责的局面初步形成。高等教育管理体制形成了国家政策指导层面下的省级人民政府管理为主、高校面向社会独立自主办学的新局面，形成了以"政府财政负担为主，多渠道筹资"的高等教育财政基本格局。

截至2001年11月月底，有66所高校合并成31所；全国高等学校和普通高等学校总计分别为1911所和1225所，比上年分别增长98所和184所。在系列改革和政府推动下，我国教育事业取得了新进展。截至2004年年底，全国共有普通高等学校和成人高等学校2236所，比上年增加126所。其中，普通高等学校1731所，比上年增加179所，成人高等学校505所，比上年减少53所。教育部属院校由中央财政和地方政府共建，而地方性院校则由地方财政筹资建设。①

（五）经费省级统筹，管理以县为主（2006—2009）

在义务教育方面，基于"以县为主"的义务教育财政体制在其运行过程中出现的问题，国务院在2005年12月24日发出的《关于深化农村义务教育经费保障机制改革的通知》（以下简称《通知》）中指出，从2006年开始对这一体制进行改革。

《通知》要求按照"明确各级责任、中央地方共担、加大财政投入、提高保障水平、分步组织实施"的基本原则，将农村义务教育全面纳入公共财政保障范围，建立中央和地方分项目、按比例分担的农村义务教育经费保障机制。同时提出"经费省级统筹，管理以县为主"的原则，制定了农村义务教育经费保障机制改革的具体实施步骤：2006年，西部地区农村义务教育阶段中小学生全部免除学杂费；2007年，中部地区和东部地区农村义务教育阶段中小学生全部免除学杂费；2008年，各地农村义务教育阶段中小学生均公用经费全部达到该省（区、市）2005年秋季学期开学前颁布的生均公用经费基本标准；2009年，中央出台农村义务教育阶段中小学公用经费基准定额；2010年，农村义务教育阶段中小学公用经费基准定额全部落实到位。

《通知》规定，由省级人民政府负责统筹落实省以下各级人民政府应承担的经费，完善财政转移支付制度，确保中央和地方各级农村义务教育经费保障机制改革资金落实到位。并明确规定了中央和地方具体的经费分担的比例：在免学杂费和提高公用经费水平方面，中央与地方的分担比例，西部地区为8∶2，中部地区为6∶4，东部地区除直辖市外，按照财力状况分省确定；在校舍维修改造资金方面，中央与地方的分担比例，中西部地区为5∶5，东部地区主要由地方承担，中央给予适当奖励性支持；在对贫困学生提供免费教科书资金方面，中西部地区由中央全额承担，东部地区由地方自行承担；对贫困寄宿学生的生活费补助，由地方政府承担。

2006年《中华人民共和国农业税条例》正式废止，我国彻底取消了农业税。取消农业税后，农民负担进一步减轻，但对农村义务教育的投入越来越少，严重影响到农村基础教育开展。同年，新修订《中华人民共和国义务教育法》自2006年9月1日起施行，规定义务教育实行国务院领导，省、自治区、直辖市人民政府统筹规划实施，县级人民

---

① 根据《2001年全国教育事业发展统计公报》数据整理而得。其中，全国高等学校包括普通高等学校和成人高等学校。全国普通高等学校总数为全国高等学校总数减去全国成人高等学校总数计算而得。

政府为主的管理体制,实施义务教育不收学费杂费,自此全国开始实行免费义务教育。

为了确保农村义务教育中央专项资金及时、规范支付,财政部、教育部于2006年发布了《农村义务教育经费保障机制改革中央专项资金支付管理暂行办法》,2007年发布《关于调整完善农村义务教育经费保障机制改革有关政策的通知》,指出政府加大投入中央财政负担的农村义务教育中央专项资金,包括免费教科书资金、免杂费补助资金、公用经费补助资金、校舍维修改造资金等,在中央专项资金通过财政部拨付下达后,由省级财政部门和县级财政部门实行财政直接支付。提高中西部地区部分省份农村义务教育阶段中小学的生均公用经费基本标准,提前落实基准定额。为确保资金落实到位,中央财政负担部分从2007年起安排,地方财政负担部分,提高公用经费标准所需经费从2007年起安排,其他经费可从2008年开始安排。这是对农村义务教育经费保障机制进行的又一次调整和完善。逐步实现了由"地方负责,以县为主"向"经费省级统筹,管理以县为主"的教育财政体制的转变。

可见,新体制实施后,中央加大了对各地、特别是中西部地区的专项转移支付力度。但其中依然存在一些问题。如2008年审计署对教育经费的审计发现,部分地区存在经费投入不到位的问题,未落实应由地方承担的资金高达1.22亿元,其中,有5个县的县级政府减少了农村义务教育经费投入。资金拨付不及时,长期滞留在财政或教育部门,造成新机制改革中地方政府配套资金不到位,甚至出现地方政府挤占、挪用农村义务教育专项经费的现象,导致整个教育投入不足。

高等教育方面,2007年《国务院关于建立健全普通本科高校、高等职业学校和中等职业学校家庭经济困难学生资助政策体系的意见》指出,要建立健全家庭经济困难学生资助政策体系,实行"加大财政投入、经费合理分担、政策导向明确、多元混合资助、各方责任清晰"的基本原则,建立以政府为主导的家庭经济困难学生资助政策体系。国家励志奖学金和国家助学金由中央与地方按比例分担,中央与地方、各相关部门及学校明确分工、各司其职、落实责任。中央继续设立国家奖学金,所需资金由中央负担。中央与地方共同设立国家励志奖学金,中央部门所属高校国家励志奖学金所需资金由中央负担,地方所属高校国家励志奖学金所需资金根据各地财力及生源状况由中央与地方按比例分担。中央与地方共同设立国家助学金并规定,从2007年起,对教育部直属师范大学新招收的师范生,实行免费教育。中央财政要足额安排、及时拨付应当负担的资金,省级人民政府要制订行政区域内具体的分担办法,完善省对下转移支付制度,确保行政区域内政府应当负担的资金落实到位。

关于高中阶段的办学经费,2006年实行经费保障新机制后,中央和省级政府大大增加了义务教育经费的负担,但总体上还是以区、县政府负担为主。高中阶段教育经费的政府责任,长期由区、县政府负担。自2006年实行中等职业学校学生资助制度后,资助资金主要由中央和省级政府负担,但资助资金只是对学生的补助,只是中央和省级负担经费中的很小一部分,没有改变"以县为主"的局面。而高等教育经费的政府责任,依然以省级政府为主,尤其是在1998年素质教育改革后,中央政府负担的比例一直在下降。

尽管在这些改革后,教育支出的绝对规模在不断扩大,但教育供给的相对量仍显不足。从教育经费支出占国民生产总值比例来看，在1993年国务院颁布的《中国教育改革和发展纲要》中就提出，逐步提高国家财政性教育经费支出占国民生产总值的比例，在20世纪末达到4%，但十几年来也未实现该目标。因此，中央政府应在继续深化我国财政体制改革进程中，更为合理清晰地界定不同层次政府的支出责任。

（六）教育财政管理体制改革的新动向（2010年至今）

2010年7月，教育部制定了《国家中长期教育改革和发展规划纲要（2010—2020年）》（以下简称《纲要》），《纲要》指出，各级政府要优化财政支出结构，统筹各项收入，把教育作为财政支出重点领域予以优先保障。严格按照教育法律法规规定，年初预算和预算执行中的超收收入分配都要体现法定增长要求，保证教育财政拨款增长明显高于财政经常性收入增长，并使按在校学生人数平均的教育费用逐步增长，保证教师工资和学生人均公用经费逐步增长。按增值税、营业税、消费税的3%足额征收教育费附加，专项用于教育事业。提高国家财政性教育经费支出占国内生产总值比例，2012年达到4%。

《纲要》指出，要将义务教育全面纳入财政保障范围，实行国务院和地方各级人民政府根据职责共同负担，省、自治区、直辖市人民政府负责统筹落实的投入体制。进一步完善中央财政和地方财政分项目、按比例分担的农村义务教育经费保障机制，提高保障水平。尽快化解农村义务教育学校债务。

在非义务教育方面，实行以政府投入为主、受教育者合理分担、其他多种渠道筹措经费的投入机制。学前教育建立政府投入、社会举办者投入、家庭合理负担的投入机制。普通高中实行以财政投入为主、其他渠道筹措经费为辅的机制。中等职业教育实行政府、行业、企业及其他社会力量依法筹集经费的机制。高等教育实行以举办者投入为主、受教育者合理分担培养成本、学校设立基金接受社会捐赠等筹措经费的机制，这为中国进一步发展和完善高校多元化的筹资格局指明了方向。

同时，进一步深化教育体制改革，完善教育投入机制，提高教育保障水平，根据《纲要》的部署，2010年国务院办公厅印发了《关于开展国家教育体制改革试点的通知》，决定在部分地区和学校开展国家教育体制改革试点工作，并按照任务重点分不同地区进行。任务重点包括：一是探索政府收入统筹用于优先发展教育的办法，完善保障教育优先发展的投入体制（如北京市，上海市等）；二是探索高校多渠道筹集办学经费的机制（中国科学技术大学）；三是根据办学条件基本标准和教育教学基本需要，研究制定各级学校生均经费基本标准（如北京市、天津市、辽宁省、重庆市、云南省等）。同时，2010年财政部、教育部《关于建立普通高中家庭经济困难学生国家资助制度的意见》的实施，标志着高中阶段学生资助制度的建立和高等学校学生资助制度基本成形。

在《纲要》的指导下，2015年国务院印发《关于进一步完善城乡义务教育经费保障机制的通知》，整合农村义务教育经费保障机制和城市义务教育奖补政策，建立统一的中央和地方分项目、按比例分担的城乡义务教育经费保障机制。统一实行城乡义务教育"两免一补"政策，对城乡义务教育学生免除学杂费、免费提供教科书，对家庭经济困难寄宿生补助生活费（统称"两免一补"）。这样一来，就保证了在基础教育方面，农村与城市享受了同等的待遇。这是我国在城乡基础教育方面进行的又一次重大变革。

2015年12月27日，第十二届全国人民代表大会常务委员会第十八次会议通过了关于修改《中华人民共和国高等教育法》的决定，将原来的国家建立的以财政拨款为主、其他多种渠道筹措高等教育经费为辅的体制，改为高等教育实行以举办者投入为主、受教育者合理分担培养成本、高等学校多种渠道筹措经费的机制，最终将这一新体制以法律形式确定下来。

可以看出，最近这些年，政府在教育财政管理体制方面在不断进行改革和调整。从我国现行制度规范和执行来说，中央事权和支出责任相对较小，财力相对较大，地方尤其是县级事权和支出责任较大，财力却较小，尤其是在农村税费改革后，县级直接财政收入大幅减少，造成了中央和地方事权和财权不配套、不协调的现象。特别是一些贫困地区和贫困县，很多都无力承担其与事权相应的支出责任。在事权与责任划分方面也不明确，如"基础教育以县为主""加强教育省级统筹""高教管理以省为主"等规定，均未有边界清晰的规定，导致中央与地方在权责方面存在交叉或空白地带等问题。如何确定各级各类教育中央和各级地方政府的事权与支出责任，将模糊的原则性规定改为明确的可操作的具体规定，这是未来改革需要着重解决的症结。

二、教育财政体制存在的问题

（一）教育经费仍然不足，教育财政的职责不明

这些年，政府重视基础教育并将大量教育经费投入到基础教育上来，但是教育经费依然严重不足，主要反映在农村的教育经费严重不足。主要表现在两个方面：一是教育资金主要依靠财政拨款，虽然中央和省加大转移支付力度，但我国农村义务教育经费投入总量仍相对不足。根据统计数据，2009年普通高等学校生均预算内教育经费支出为9035.33元，而小学生均预算内教育经费支出为3424.65元，初中为4538.39元。农村义务教育领域的经费投入情况：2009年小学生均预算内教育经费支出为3236.27元，初中生均预算内教育经费支出为4267.70元，明显低于我国义务教育投入的平均水平。而我国普通高等学校生均预算内教育经费支出是农村小学生的2.79倍，是农村初中生的2.11倍。[1] 可见，我国农村义务教育经费投入总量仍相对不足。二是传统教育负债偿还压力较大。近些年，在中央和地方财政的努力下，地方教育建设采取了转移支付和BT模式进行[2]，但传统教育负债压力仍然较大，如作为西部欠发达省份的甘肃，义务教育负债现象十分严重，不仅债务基数大，而且负债面广。2007年，该省全省农村义务教育负债总额已高达23.1亿元。[3] 又如，根据2015年我们对四川省岳池县进行的抽样调查，该县已在近几年对教师的工资即教育事业费进行了全面保障，但传统的教育负债如教室、校舍的建设负债等仍然有相当数量的欠款，接近1亿元。债务纠纷由此骤升，教育经费不足，

---

[1] 李瑞峰、郭大、辛贤：《中国农村义务教育投入：现状及政策建议》，中国农业出版社2009年版。
[2] BT是英文Build（建设）和Transfer（移交）缩写形式，意即"建设—移交"，是政府利用非政府资金来进行非经营性基础设施建设项目的一种融资模式。BT模式是BOT模式的一种变换形式，指一个项目的运作通过项目公司总承包，融资、建设验收合格后移交给业主，业主向投资方支付项目总投资加上合理回报的过程。目前采用BT模式筹集建设资金成为项目融资的一种新模式。
[3] 甘肃省财政厅："2007年财政数据"，[EB/OL]，2007，http://www.czxx.gansu.gov.cn。

农村中小学教师工资不能按时发放，基本办学条件得不到保障，建校债务负担沉重，乱收费屡禁不止。根据联合国和 OECD 国家往年的各国义务教育生均经费占本国人均 GDP 的平均指数，以及上海市教科院智力开发研究所研究中国 2003 年以前义务教育生均人员经费和公用经费的基本保障标准测算，中国每年投入的财政预算内义务教育经费缺口接近 750 亿元。[1] 高等学校在连续的扩招后，办学条件紧张的问题也日益突出。[2]

在基础教育方面，由于没有明确各级政府在"分级办学、分级管理"中各自应承担的职责，客观上是层层下放办学的权力，扭曲成了层层下放办学的责任。将教育经费的供给与管理层层下放，省下放到县，县下放到乡，乡下放到村。特别是实施义务教育的十多年来，农村地区义务教育的办学责任和负担完全落在县、乡、村三级。村一级没有财政，乡一级是各级财政中最弱的一级，县级财政也大多是"吃饭财政"。中央和省级政府的经费筹措能力相对最强，但承担义务教育的责任最小。这种财力与责任不一致、义务教育经费分担不合理的状况，直接导致农村义务教育的问题越来越突出。

（二）教育机会不均等加剧

从政府教育支出区域配置的纵向不公平方面来看，主要体现在基础教育投入的地区差距和城乡差距拉大，教育财政资源分配严重不均等。据《中国教育统计年鉴》数据显示，我国农村义务教育经费投入从 2006 年的 1977.49 亿元增至 2013 年的 5745.34 亿元，非农村义务教育经费投入从 2006 年的 1303.28 亿元增到 2013 年的 3612.01 亿元，整体呈增长趋势。农村义务教育经费投入增长率由 2007 年的 34.51%降至 2013 年 8.07%，低于 2013 年的非农村投入的增长率 10.05%，这就说明更多的教育经费流向了非农村义务教育。总体而言，我国教育系统资金投入存在内部不均衡的状况。北京、上海、江苏、浙江、广州五省（市）属于我国经济发达地区，2013 年的教育经费投入平均约为 1054.434 亿元，农村生均教育事业经费投入平均约为 18651.34 元；安徽、河北、河南、湖北、湖南五省经济条件一般，教育经费投入平均约为 799.186 亿元和农村生均教育事业经费平均约为 8026.7 元；而西藏、甘肃、青海、贵州、云南五省属于我国经济落后地区，农村义务教育经费平均约为 366.81 亿元和农村生均义务教育事业经费平均约为 8820.632 元，低于其他省份。由此可见，我国东、中、西部农村义务教育在生均经费、基础设施、资金投入上存在较大的差距。[3]

在义务教育管理体制改革过程中，把义务教育的投资支出全部下划到地方财政，使义务教育的普及与发展只能取决于各级地区的经济发展状况。中国各地的经济状况十分不平衡，也特别突出地表现在县、乡两级。人均 GDP 的差距在地区间的差距较大。所以，把义务教育的投资支出全部下划到地方财政，就必然造成比较悬殊的地区差距和城乡差距，这也是"层层下放"管理体制的一种必然结果。

从政府教育支出层次结构配置的横向不公平方面来看，初等教育的社会收益率大于高等教育，教育资源应优先配置初等教育。现行的公共教育经费分配没有体现这一要求。

---

[1] 沈百福、王红："2000—2002 年我国义务教育完成率和义务教育经费问题分析"，《教育发展研究》，2003（9）：1—6。
[2] 王善迈、曹夕多："重构我国公共财政体制下的义务教育财政体制"，《北京大学教育评论》，2005（4）：25—30。
[3] 根据《中国教育经费统计年鉴》（2006—2014）数据整理而得。

义务教育经费不足,大量学龄儿童失学与高等学校毕业生大量失业并存,教育资源配置效率恶化;义务教育阶段的辍学、重读现象非常普遍,造成教育资源的极大浪费。其主要原因除了政府教育经费严重不足之外,还由于高等教育也是教育财政"全盘政策"的一部分,政府还要解决日益增长的高等教育经费的压力,但是目前政府教育财政还缺乏行之有效的高等教育成本的分担机制,政府教育财政"过多地"负担了高等教育的成本,相对减少了基础教育的经费投入。

(三)对教育财政管理认识的混乱和行为失控

教育是需要政府大量投入的公益事业,但是一些地方政府在教育支出问题上应付中央政府,将大量财政经费用于经济建设,这样造成了认识上的混乱和意志行为的失控,主要表现在:首先,教育支出管理缺乏严格的规范,科学性差,效率低。由于基层有关行政部门缺乏规范的教育支出的准则,使教育的投入及产出的效益往往随着领导重视教育程度及管理水平的不同而变动,随意性大;很多地区乡镇一级的教育管理机构不健全,力量薄弱,管理混乱。其次,教师工资不能及时发放,以往拖欠的教师工资难以在短期内得到消化。税费改革后至今,少数地区拖欠教师工资的问题将更显突出。

(四)教育改革和发展需要新的教育财政体制加以配合

现行的"分级办学、分级管理"的教育管理体制,应该说,在实施普及九年义务教育的过程中,在调动地方政府和人民群众办学积极性方面起了很大的作用。但是基层财政十分薄弱,无论如何也难以保证教育正常经费的开支。

过去农村为达到普及九年义务教育的目标,教育财政支持的重点是每个乡镇在过去的基础上保留了一所或几所初中,但是随着计划生育政策的落实,就学人数的递减,师生人数比日益增大,有些地区学校的学生入学率出现负增长,而有些地区的学校仍然"人满为患",出现了政府办学效益不高的问题。相反,高等教育已经面临着扩招的压力,高等教育经费不足,这也是不少高校超负荷运行所导致的。

此外,一些地方为了考虑财政负担,宁可聘请教师也不接受师范毕业生;也有一些乡镇学校用人、进人不是凭长官意志,就是谁付钱谁说了算。在一些地方,教育行政主管部门连事权也难以保证,严重阻碍了教育人事管理改革。

三、教育财政体制改革应考虑的政策性因素

政府教育财政体制改革涉及中国目前经济体制改革和教育体制改革的许多方面,随着中国各项体制改革的深入,政府教育支出体制改革将面临着许多机遇,同时也给政府教育支出体制改革提出了许多新的要求,因此需要从多方面的视角加以审视。

(一)教育政策目标的调整与法律依据

教育的发展是有法可依的,同时也要与国家教育政策目标相一致。因此,政府教育财政体制改革过程中要以法律和国家教育发展政策目标为依据,而不能与其发生冲突。

根据《中华人民共和国教育法》(以下简称《教育法》)第四条规定:教育是社会主

义现代化建设的基础，国家必须保障教育事业优先发展。《中华人民共和国义务教育法》（以下简称《义务教育法》）第十条：国家对接受义务教育的学生免收学费。国家设立助学金，帮助贫困学生就读。第十二条规定：实施义务教育所需事业费和基本建设投资，由国务院和各级地方政府负责筹措予以保证。国家对经济困难地区实施义务教育的经费予以补助。国家在师资、财政等方面，帮助少数民族地区实施义务教育。义务教育法在20世纪80年代中期颁布以来，教育改革与发展取得的成绩是社会所认同的。但之所以要进行教育体制改革和教育财政体制改革，是因为相当多的地区其义务教育的普及和质量、教育的公平性等诸多方面有悖于《教育法》和《义务教育法》的有关条款。例如，2001年全国教育经费执行情况监测结果表明[1]，各级政府通过贯彻《教育法》，落实教育优先发展的战略地位，政府教育投入总量继续增加，预算内教育经费占财政支出比例比上年有所上升，但仍有一些省、自治区已连续几年没有达到《教育法》规定的教育投入增长要求。

在国家教育政策目标方面，按照《国家中长期教育改革和发展规划纲要（2010—2020年）》要求，到2020年九年义务教育在校生要达到16500万人，入学率达95%，高中阶段教育在校生要达到4700万人，毛入学率达到90%，高等教育在学总规模达到3550万人。为实现这一目标，必须高质量、高水平地普及九年义务教育，基本普及高中阶段教育，积极稳步发展高等教育。这将对今后加快贫困地区、西部地区、少数民族地区教育发展，各级政府加大投入，以及建立完善、科学的教育财政体制提出新的要求。中国普及九年义务教育立法至今已三十年，但普及九年义务教育的发展不平衡，最主要的原因还是教育经费短缺。早在1993年，中共中央、国务院制定的《中国教育改革和发展纲要》要求全国财政性教育经费支出占GDP的4%，财政性教育经费支出由2007年的8280.21亿元增加到2012年的27696亿元，中国教育经费支出占GDP的比例才首次达到4%[2]，近二十年来，发达国家教育财政开支平均约占GDP的5.38%，而发展中国家约占4.11%[3]，可见我国财政性教育投入水平仍落后于发达国家及一些发展中国家，远不能体现中国宏观教育政策目标。因此，教育财政体制改革应该注意到这些问题，应该将中国国情和政府财力的具体实际情况通盘加以考虑。

（二）公共财政改革与教育财政体制改革的理论思考

1992年中国确立社会主义市场经济体制的改革目标后，政府逐步明确了财政体制改革的目标是建立公共财政体制。1998年冬，中国政府又提出了建立社会主义市场经济公共财政框架的构想，从而明确了财政改革的目标模式。并为此在财政收入体系、财政支出体系和财政宏观调控体系三大方面进行了一系列全方位、根本性的改革。关于支出管理制度改革，概括起来可分为四类：基础性改革、技术性改革、机制性改革和结构性改革。其中，结构性改革的核心就是按照公共财政的要求，调整和优化支出结构，逐步减

---

[1] 教育部、国家统计局、财政部："2001年全国教育经费执行情况报告"，[EB/OL]，《中国教育报》，2003-1-4，http://www.jyb.cn/.
[2] 根据《中国教育经费统计年鉴》（2007—2012）数据整理而得。
[3] OECD, *Education at a Glance*(2012), Table: B4.3,[EB/OL], *2012*, http://www.oecd.org/.

少对竞争性领域的直接投资，增加社会公共领域方面的支出，包括增加对教育与科技等方面的财政投入。

按公共财政改革的要求，作为准公共产品的教育，不能完全由市场提供，应有政府参与提供，因此各级政府应提供教育经费。在这个认识下，根据多级政府公共产品的提供理论，全国性公共产品主要由中央政府提供，地方性公共产品主要由地方政府提供。教育产品涉及中央与地方，是兼具全国性和地方性的准公共产品，需要中央和地方共同提供。而具有私人产品属性的教育服务则由个人承担教育经费。因此，在多级政府管理的情况下，中国政府教育财政体制改革应该充分考虑教育产品和服务的公共支出范围，同时也为划分各级政府和部门的教育财政支出的职责提供一个有效的制度保障。

（三）WTO 对中国教育财政体制改革的新要求

2001 年 12 月 11 日，中国政府成为世界贸易组织（World Trade Organization，WTO）的成员，这是中国政府为面对世界多极化、世界经济全球化和科学技术突飞猛进的国际形势，从国内进一步改革开放的需要出发，做出的重大战略决策，这意味着中国教育产品和服务也要服从和服务于加入 WTO 这个大局。同时，中国的教育也面临着机遇和挑战，一是与教育服务贸易承诺直接相关的教育（办学）行为；二是各行各业在 WTO 新规则下对教育发展和人才培养产生的新需求，两者所带来影响的直接程度与持久性有很大差异，归根结底还是教育体系创新与人力资源可持续发展的问题。针对这两点，中国政府教育财政体制改革应该遵循一个什么样的原则，使之符合 WTO 的规则及中国当前的经济发展水平，并实现权利和义务的平衡，是一个值得深思的理论和技术问题。

我们认为，教育财政体制改革应该尽可能地把握好 WTO 规则，主动应对挑战。因为在 WTO 规则中，中国已经在教育这种服务贸易（Trade in Services）领域进行了承诺。根据中国签订的《WTO 教育服务贸易承诺减让表》（以下简称《承诺减让表》）内容可以看到[①]，中国义务教育和特殊教育服务（如军事、警察、政治和党校教育等）不包括在教育服务中，其他教育领域的开放力度与其他发展中国家相比是较大的，例如，学前教育、属于非义务教育的初等（如成人小学和扫盲）和中等教育（如成人初等教育、高中阶段教育）、高等教育、成人教育和其他教育服务培训都被列入《承诺减让表》的范围。这意味着国家已经确认部分教育属性从属于社会公益性事业，并将其分化为可被学习者付费购买的服务，同时也为政府对教育领域的公共支出提供了一个可供参考的依据。值得注意的是，《承诺减让表》中的某些服务的提供方式，如"市场准入"和"国民待遇"中的内容并不意味着政府可以不参与提供，因此在进行政府教育财政体制的改革过程中，应该加以充分考虑，并根据相关法律和各地方的实际情况及执行原则加以权衡。

（四）西部大开发战略与教育财政相关制度的安排

为了促进中国西部地区的经济与各项社会事业的全面发展，中国政府决定于 2000

---

① 石广生：《中国加入世界贸易组织法律文件导读》，人民出版社 2002 年版。

年开始实施一项事关全局利益和整体利益的西部大开发战略。由于公共财政具有资源配置、分配、稳定等基本的内在功能,是政府协调效率与公平的重要手段,因此教育财政在西部大开发的政策体系和制度框架中应当而且处于十分关键的位置。

西部是中国教育相对落后的地区,从西部教育发展的制约因素来看,财政性教育经费投入不足是其主要原因。[①] 此外,政府教育投入结构不合理,教育财政管理部门内部存在"条块"分割下形成的地方性教育资源不充足与教育资源没有得到有效的优化整合。因此,中国政府教育财政体制改革在保障教育经费的各级政府分担机制落实到位的同时,对于西部地区的转移支付及教育资金"对口支援"等制度的考虑显得尤为重要。

四、简要结论和政策建议

上述中国教育财政中的许多问题,都与教育财政体制的不完善密切相关。要进行教育财政体制改革,加大政府教育投入的力度是主要的,同时还应该考虑到影响教育财政改革的诸多因素。在此前提下,应该完善教育财政法规和制度,明确各级政府教育支出的责任,为教育事业的发展和教育公平的提高提供有力的保障。为此,本书就建立适合中国国情的教育财政体制提出建议:

(一)制定、完善教育财政法规

修订现行教育法规和财政法规中有关教育财政的条款,尽早制定《教育投入法》,使教育经费的筹集、负担、分配、使用都有法可依,责任明确,推进教育财政决策的民主化和法制化进程。

(二)建立义务教育财政转移支付制度

目前还有相当多的农村地区没有真正普及义务教育,义务教育经费不足和发展不平衡还相当严重。为了从根本上解决经济落后地区的义务教育财政困难,必须建立规范的加大中央和省级政府责任的义务教育财政转移支付制度。

(三)建立公平的公立学校资源分配制度

公共教育经费是纳税人贡献的资源,在公立学校之间进行分配时,必须客观公正,采取公平优先、兼顾效率的原则。同一级政府管理的各所学校,原则上每个学生应获得相同的教育资源。

(四)完善贫困学生的资助制度

对贫困学生提供经济资助是提高教育机会均等程度的有效措施。应加快建立政府负责的义务教育贫困学生资助制度,完善以学生贷款为主的贫困大学生资助制度。

---

① 中国地方财政研究中心:《2001 中国地方财政发展研究报告——西部大开发中的财政政策研究》,中国财政经济出版社 2002 年版。

本章提要

西方发达国家的教育财政管理体制存在着较大的差异,大致可分为三类:地方分权制、中央集权制,以及集权与分权结合制。虽然这些体制各有特色,但也有许多共同点:一是制度化、法制化的教育财政支出体制确保资金支付;二是基础教育财政支出重心下移,高等教育筹资多样化;三是确保教育财政经费支出的各类比重;四是教育财政管理体制的多样化。

目前,西方教育财政体制面临的挑战主要来自两方面,一是教育预算开支大幅度增加,政府负担日益沉重;二是教育经费筹集和分配过程中平等和效率之间的矛盾更加尖锐。因此,针对这些问题,各国政府在教育财政既定的预算规模下,进行了相应的一些教育财政体制的改革,试图解决这些矛盾,其核心内容就是改革教育成本的分担机制,包括教育收费和向学生提供贷款,以促进教育成本分担的合理化,调节教育的资源配置效率,以促进教育公平。

在多级政府体制下,各级政府实体(中央政府、各级地方政府及管理机构)之间都有自己的预算,根据宪法和法律条文予以实施。但是,中央政府预算和次级政府预算之间具有很紧密的联系,在这种情况下,各级政府支出的第一步就是要明确政府间的职能,保证预算过程中的职责有着清晰界定,并在各级政府间建立稳定、透明的关系。

中国政府教育财政管理可以分为几个阶段:中央统一财政与分级管理(1949—1979年);地方负责分级管理(1980—1992年);以乡(镇)为主,分级管理(1993—1999年);地方负责,以县为主(2000—2005年);经费省级统筹,管理以县为主(2006—2009年);以及从 2010 年开始,教育财政体制管理改革进入新阶段。随着中国各项体制改革的深入,政府教育支出体制改革将面临着许多机遇,同时也给政府教育支出体制改革提出了许多新的要求,因此需要从多方面的视角加以审视:一是依据法律来调整教育政策目标;二是公共财政改革给教育财政体制改革带来了契机;三是 WTO 对中国教育财政体制改革的新要求;四是西部大开发战略为教育财政带来新的制度安排。

练习与思考

1. 西方发达国家教育财政管理体制大致可分为哪几类?
2. 政府间博弈中教育财政支出的效率损失有哪些方面?
3. 目前中国教育财政管理体制存在的主要问题是什么?

小组讨论

西方发达国家教育财政管理体制是否适合中国的国情?讨论中国采用西方发达国家教育财政管理体制时需要注意的问题。

辅助阅读资料

[1]〔印度〕桑贾伊·普拉丹：《公共支出分析的基本方法》，蒋洪等译，中国财政经济出版社 2000 年版。

[2]〔英〕C. V. 布朗等：《公共部门经济学》（第四版），张馨主译，中国人民大学出版社 2000 年版。

[3] 姚海鑫：《经济政策的博弈论分析》，经济管理出版社 2001 年版。

[4] 孙国英、许正中、王铮：《教育财政：制度创新与发展趋势》，社会科学文献出版社 2002 年版。

[5] 张学敏、兰正彦："'后 4%时代'我国的公共教育财政制度研究"，《国家教育行政学院学报》，2014（4）：19—26。

第八章 教育财政与非政府教育投入及其政策分析

知识要求

通过本章的学习，掌握教育经费的筹措及其问题；高等教育收费的决定、机制及经济学分析；以及不同主体对教育投入的问题与政策分析。

技能要求

通过本章的学习，能够掌握：
- 按政府与非政府来划分教育投入主体。
- 高等教育收费的经济学分析。
- 不同主体投资办学的政策分析。

当人们对教育的效果感到不满意时，总是会提及教育经费的投入不足及其中的某些原因。然而，从国际上的比较来看，即使是在全社会教育资金投入充足的情况下，教育活动的结果也同样不能令人满意。20世纪80年代以来，世界各国政府的教育经费负担都在不同程度上转移到学生家庭和其他非政府主体，随之产生高等教育公共资金比例逐年缩减，加之教育财政管理体制的传统方法并不能为所有儿童提供同等质量的基础教育，教育经费的筹措方式需要进行进一步的改革。因此，从教育资金投入和产出的角度来讲，我们不仅要考虑政府教育投入及其效率问题，而且还要将教育领域其他非政府主体对教育投入的有关问题与教育财政有关问题加以通盘考虑。

第一节 问题分析与本章重点

一、问题分析：教育经费筹措面临的困难

人类和社会的发展对教育及其经费的需求是多方面的。一方面，人口增长影响着在校教育适龄人数的增加，这种状况在发展中国家尤为明显，使其对教育经费投入增长的要求越来越强烈；而另一方面，可获得教育资源的有限性意味着许多国家教育经费受到经济增长和政府财力制约，并妨碍着教育事业的进一步发展。虽然世界各国采取了一些解决教育经费问题的手段，但是都不能从根本上解决上述矛盾，各种手段也都存在着许多问题。

（一）人口增长和教育发展

人口增长和教育的发展随之而来的是学生和教师人数的增长以及学习条件的改善，这是教育系统需要更多经费的重要原因。联合国经济和社会事务部最近的预测显示，预计到2100年，全球人口将从目前（2015年）的73亿人增至112亿人（见表8.1.1）。

表8.1.1 世界主要地区人口预测表　　　　　（单位：百万）

主要地区	人口数量			
	2015年	2030年	2050年	2100年
非洲	1186	1679	2478	4387
亚洲	4393	4923	5267	4889
欧洲	738	734	707	646
拉丁美洲	634	721	784	721
北美洲	359	396	433	500
大洋洲	39	47	57	71
全球	7349	8501	9725	11213

从图8.1.1中看出，当发达国家和发展中国家的人口增长率在一段时期均呈下降趋势时，发达国家和地区的下降相对更加迅速。根据该项预测，发达国家的人口增长率在2025

年后将变为负数，发展中国家的人口增长率将由目前的 1.88%降到 2020—2025 年的 1.17%。同时数据来源的预测指出，人口急剧增长的非洲、亚洲和中南美洲各国的儿童和年轻人占比依然很高，因此这些国家的保健卫生、教育和劳动环境改善很重要。

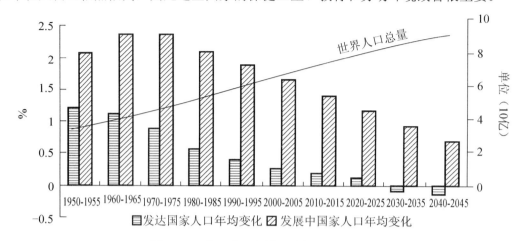

图 8.1.1　世界人口规模及增长趋势预测图

资料来源：根据 United Nation, *World Economic and Social Survey*, New York: 1995; United Nations, Department of Economic and Social Affairs, Population Division. *World Population Prospects: The 2015 Revision*, New York:2015 有关数据整理而得。

人口规模趋势对于教育系统吸纳能力的影响更多地体现在在校生数量增长方面。如 2004—2013 年世界各国高等学校在校生总数从 5860 万增长到近 1.8 亿[①]，但值得注意的是，虽然全世界三级教育在校生人口绝对数量在增长，却在近年呈现出不同的变化特点。图 8.1.2 显示 2001—2013 年世界各地的三级教育在校生人数的年均增长情况。可以看出，

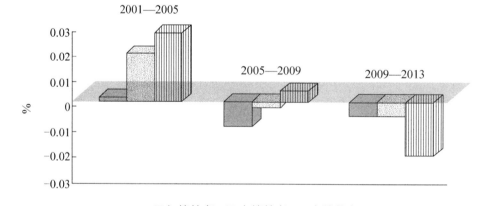

图 8.1.2　三级教育在校生人数年均增长率图

资料来源：UNESCO, 2015, http://data.uis.unesco.org。

---

① UNESCO, UIS. Statistic, [EB/OL],2015, http://data.uis.unesco.org.

2001—2005 年在校生人数增长最快的是高等教育；而 2005—2009 年三级教育在校生人数的增长率开始下降，其中，初等教育在校生人数呈现较大的负增长；2009—2013 年这种负增长幅度变大，其中，高等教育在校生人口的负增长幅度达到了 0.021%。

（二）经济和政府财力制约

在世界经济不景气时期，经济和政府财力制约着教育系统获得公共资源的能力。在人口增长稳定或呈现负增长、在校生规模已经广泛扩大的发达国家，教育财政问题并不一定以同一形式出现，而在发展中国家面对的问题则基本相似，即可观的人口增长和在校生人数的扩大。

尽管在整体上，教育领域尤其是初等和基础教育，会受到保护以免遭教育财政结构和计划调整的强烈的负面影响，但在预算相对紧缩的背景中，教育部门必须和其他依赖财政支出的政府部门（如公共卫生和社会安全部门）来共同竞争有限的公共资源。

公共教育经费占国民生产总值份额逐年增加的事实并不必然意味着整个教育领域经费支出数额的增加，例如，在经济衰退时期，尽管教育经费占国民生产总值的比重保持稳定或有所增长，但民间教育投资动力不足，实际教育总经费可能并不会增加，甚至有可能减少。例如美国，教育经费占国民生产总值的比例从 2008 年的 3.17% 上升到 2009 年的 3.84%，但实际经费总数只是由 5492 亿美元增长到 5530 亿美元，只增加了 38 亿美元的教育经费，如果考虑通货膨胀率，教育经费甚至有可能是减少的。[①] 因此，如果不考虑这些因素，政府教育经费占国民生产总值比例的指标可能引起误解。

在比较世界不同国家和地区教育经费时，学前、初等和中等教育的生均教育财政经费的变化趋势也是有用的指标。脱离纯粹的教育财政支付能力来看，生均经费的减少，或与招生人数相比的增长缓慢，在实践中意味着招聘的教师人数更少，教师实际工资降低，以及动机削弱；还有可能意味着要削减定期重复的其他非工资性支出，如教科书、学校建设或维修，所有这些会使教师和学生教和学的条件恶化。

（三）一般性解决方案及存在的问题

为了缓解教育经费存在的困难，世界各国都试图寻找一些符合本国国情的办法，如通过修改提供教育服务的规定、改进系统的行政管理水平、合理收费等，以更好地利用现有资源，或者依靠新的教育经费来源。因此，各国除了增加公共教育经费之外，必须更加注重有效利用全社会资源，取得更多成果，以降低单位成本，改善系统管理。

1. 降低教育成本

为降低教育成本和节约教育经费，尤其是在初等以下的教育阶段，可采取如下方式：一是通过增加每个班级的学生数量；二是通过利用双重或三重学习方向制度，或在小学教育阶段实行复式班，即教师负责两到三组学生，以减少教师数量；三是使用新的、较为便宜的教学技术，如高等教育中的远程教育可用于初等教育；四是通过安排助教或自愿服务者上课的方式，这样可以降低教师的工资成本；五是制定教育规模经济政策，尤

---

① The World Bank, http://www.data.worldbank.org.

其是在人口密度很低的地区，避免学校规模过小的情况。这些降低教育成本的方法的使用需要考虑的最大问题是：成本的降低给学生学习效果带来的影响，使得这些方案的计划和实施面临着很大困难。

2. 提高经费使用效益

提高效益意味着减少成本和更多的教育产出。一方面可以采取减少留级、辍学以及减少所需学校场地的数量的方式。另一方面，通过建立一套完整的法规体系，清楚地界定有关职责，监督教育经费的来源和支出，并且分散管理权限、改进管理服务来改进整个教育管理系统的经费使用效益。提高经费使用效益使教育投资更为有效，但也可能导致学生数量增加从而需要更多的经费。

3. 非政府方式筹资

除了政府教育经费之外，能用于教育的主要经费主要由学生个人（或家庭）、地方社区、企业提供或学校自筹来提供。个人对教育经费的贡献形式可以是学费、杂费或其他，但必须谨慎地规划这些收费项目，因为它能影响到受教育的机会和起点公平。地方社区都能够通过建造学校、为教师提供住房、有时是提高教师工资等方式进行投资。在有些国家，城市和乡村的社区为了保证本区内有一所学校，甚至已经包揽了教师的全部工资。此外，上述方法也适用于企业和其他私立部门，但它们的参与可能更多地集中在职业教育或高等教育领域。上述非政府方式筹措教育经费不仅存在着非政府对教育经费的承受能力和愿意承受多少的问题，更重要的是涉及政府与非政府教育经费的提供的合理界限，亦即政府应该提供多少教育经费才能促进教育的公平。

4. 国际援助

在教育经费极度困难、国家资源不能用来投资教育领域的国家，必须依赖国外援助。此类投资要求协调来自各种渠道的国际援助，并保障这类投资被用于国家教育发展。但国际援助并非是无条件的，在接受国际援助的同时，多少会附有一些针对被援助国的援助条件。

（四）各国针对长时期教育经费筹措问题的思考

教育经费面临人口增长压力和经济与政府财力困难的事实，使人们不得不在教育的需求与供给之间做出调整。教育需求与人口的增长有关，而教育的供给与可利用的资源密切相关，有时还与教育的公平和系统质量有关。因此，制定教育及相关政策的公共权力部门应该有一个合理的教育投入的选择，使之能够面对各种压力，并力求能够指导国家教育体制的发展。

1. 教育投入的长期性

教育是经济和社会的双重投资。一个国家经济发展需要更好的劳动力和资本，因此需要劳动力具有一定的技术，更有创造性和适应性。教育投资不是单纯的社会项目投资，教育的目的是培养人们成为公民，使知识和文化传给下一代人，并发展他们的潜能。但是教育投资具有长期效果，并不会立竿见影。教育投入不足将影响若干年甚至几十年后的劳动力市场结构以及社会、经济的发展。

世界经济的周期变动对于政府财力、民间教育投资和消费都有着很大影响。但教育是经济和社会长期发展的前提，在经济危机、衰退或机构调整时期应该保护教育的稳定投入，保持教育长期发展的机遇。否则，重建衰败的教育体系需要许多的时间和相当的努力，所以在危机衰退或机构调整时期应保持教育经费的实际投入。但反过来讲，也只有稳定的经济增长才可能为教育系统的发展提供经费，因为稳定、健康的经济才更容易为教育提供与经济发展相适应的经费。

2. 各国的国情

对如何投资教育领域的问题，不可能只有一种政治上的解决方案，也没有单一的解决方法。由于各国国情不同，经济发展水平不同，教育系统情况不同，各国教育投入的答案也不可能千篇一律。对不同层次的教育可能有不同的解决方法。依赖非政府教育经费可以在职业教育和高等教育领域得到证明。选择学费和学生贷款提供教育经费的方式，虽然有助于解决一国教育财政的困难，但也必须依据国家背景和具体情况而有所不同。此外，政府在提供教育经费时，必须给公共行政以优先权。例如，一国经济是否应该将经济和社会发展、公共安全放在首位是不用讨论的问题，但涉及教育方面的政府经费，公共投入则首先必须集中在基础教育的规模和质量上；对纯教育（教学）的投入应该优先于对学生生活的投入等。

3. 改善教师工作条件

西方教育经济学家早在 20 世纪中叶就开始研究教育投入与产出质量之间的关系，研究表明，在学生背景大致相同的条件下，教师薪金与学生成绩关系密切。教育主要在教室里，在教师和学生之间进行。教育的效率首先与教师的动机和质量有关，也与能获得的教材有关。为确保教育投资的成效，必须给教师更为合理的工资、合适的工作条件和社会的尊重。

4. 教育投入负担转嫁

教育信贷在一些情况下是发展投资和避免教育系统衰败的途径，因为教育是一项长期的经济投资，从逻辑上可以考虑用长期的内部或外部贷款来进行投资，因而把一部分目前的投资转嫁给可以受益的下一代。这种借贷就是发行债务投资教育。对于一些发展中国家来说，借贷可能违反试图降低外债的政策。但无论如何，如果债务不过量，或者如果教育系统衰败的危险巨大，教育信贷可以使一些国家维持教育现状或扩大教育投入。

上述问题的分析是针对一定时期内，世界各国教育经费筹措面临的困难而总结出来的。第一，在教育人口扩张、教育财政危机来临的时候，教育经费的筹措不能够仅依靠政府方式来解决，应该多渠道、多主体筹集教育经费和资源；第二，教育经费来源的多元化并不一定能够有效解决教育经费使用的效率及公平问题，这就需要对政府与非政府之间经费提供的比例关系进行研究和分析；第三，教育投入具有长期性，在此过程中，教育经费的筹集与使用还要兼顾教育系统的其他方面因素的影响。基于上述认识，本章将对教育财政与非政府教育经费的来源的政策进行更为具体的分析，这将涉及教育收费政策及非政府主体投资办学问题的研究。

二、教育经费来源主体的划分与本章讨论重点

教育涉及政府与非政府领域，利用政府手段干预教育是通过政府行为运作的一种机制，而教育领域的市场参与则是通过市场行为运作的一种机制。倘若还存在"第三部门"的话[①]，教育也将涉及这一领域，因为大多数国家的教育领域中还有公益性的社团组织及教会等机构的参与。从这一角度来讲，教育完全称得上是以一种混合机制存在的混合产品。不过，本章是建立在经济学假设前提下的研究，由于涉及教育投资主体的多元化和复杂化等问题，有必要在区别政府和非政府部门的前提下，对教育投入的不同主体进行划分，以便突出重点研究范围。

（一）教育经费来源主体的简要划分

教育经费来源十分广泛，一般不能简单归结为政府拨款和个人教育支出两类，它还包含企业办学经费、社会对教育的捐助、为教育发行债券收入、校办产业收入及学校为社会提供服务而获得的收入等多主体的教育投入。

图 8.1.3 是教育经费投入主体划分的基本框架。由于各国的国家性质和办学实际情况有所不同，对非政府办学的性质和分类也有所不同。如在中国，将非政府办学称为"社会力量办学""民办学校（教育）"等；而西方一些国家则称之为"私立学校"等。因此，为了便于分析，将教育经费投入主体划分为政府、社会及个人三个主体进行分析。其中政府教育经费是指教育财政投入；社会负担教育经费的主体中，主要包括教育的捐集资办学和投资办学；而个人负担的教育经费主要是学费和杂费，这是教育经费补偿的一部分，与主动投入办学有所区别，因此单独归为一类。

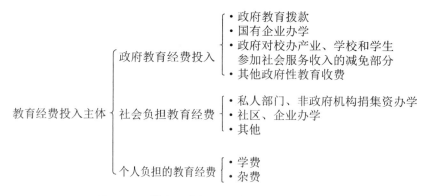

图 8.1.3　教育经费投入主体划分基本框架图

[①] 近年来，经济学研究领域出现了"第三部门"的分类，即认为除了政府、市场之外，还存在着独立于政府和市场之外的第三部门，通常指社会团体、公益机构及宗教部门等。

（二）讨论的重点及范围说明

通过上述分类可以看出，教育经费的主要来源有三：一是政府的教育财政经费投入；二是非政府主体投入办学所提供的经费；三是学生个人负担的教育经费。根据这种划分，可以考虑从两个方面着手对不同主体的教育经费投入的问题加以分析：

首先，由于学生提供的教育经费表现在学校的教育收费（学费和杂费）之中，因此可对教育收费问题及其政策进行研究；其次，非政府教育经费投入主要反映在其投资办学这一部分，由于它涉及的教育层面广，而且在基本理论方面争议很多，如非政府主体办学的提法、性质等都不能够统一，因此将这一部分也单独进行研究。

从理论上讲，在市场经济条件下，具有纯公共属性的教育产品应该由政府提供；对于纯私人性质的教育产品则应该由市场提供；而混合型教育产品则由市场和政府共同提供。基于这种认识，还需要确定这一研究的基本范围。因此有三点需要加以说明：

第一，义务教育收费不在本章讨论之列。因为在一些发达国家、福利国家及社会主义国家（如古巴、朝鲜），纯公共性质的教育产品（如义务教育）完全是由政府资助，学校一般不收取任何费用（包括学费和杂费），不存在个人对该教育领域经费的投入问题。[①]但是其他一些国家也存在少量收费及以各种名目收费的现象，如义务教育中的杂费（如学校增加教室空调使用时间而收费）等。这是各国根据自身经济发展及教育财政投入的不同情况，允许少量收费（主要是杂费）的存在，主要用于对学校教育成本的补偿，这在义务教育全成本中所占比例很小，因此，该领域不列入本章教育收费分析和研究之列。

第二，只对"高等"教育收费政策进行讨论。这是因为非义务教育领域中的中等教育、职业教育、各种特殊教育等的教育收益的性质大体相同，可以将它们看作非义务教育之外的一种专业教育，这类收费政策的原理与政策制定的分析和研究方法也大致相同。

第三，对非政府主体教育经费投入进行研究也将涉及义务教育领域。这是因为，在经济社会的各个领域，严格意义上的纯公共产品是不存在的，教育领域更是如此。虽然义务教育被认为是公共产品，但实际上也不能算作纯粹的公共产品，因为法定义务教育虽然不存在排他性，但它的边际成本仍然远大于零，因此多数国家在这一领域也十分有必要考虑私人机制（或市场机制）的作用。事实上，世界各国的义务教育中也有极小部分私立学校存在，本章第三节对此将进一步做出阐述。

第二节 高等教育收费的决定、机制与经济学分析

20世纪90年代以后，国际高等教育财政的一个重要趋势是让学生及其家庭分担教育成本，以私人资源支持高等教育发展的成本负担问题。实行教育成本回收，把公共资源重新配置在较低层次上，则社会各阶层学生能够分享的公共教育资源的份额就会有相

[①] 当然学生因上学所投入的生活费、交通费及文具费等与教育有关的费用则由自己负责。

当程度的提高。且收费的高等教育较之免费的高等教育反而在投资效率与促进高等教育机会均等方面有更积极的意义。

对高等（专业）教育经费进行研究，是建立在经济学的基本假设前提之下的。就像 Arrow 所假设的，"如果高等学校的学生是利益获得者，那么就像对待其他商业活动一样对待高等教育"。[①] 他设想可以抽掉对大学教育的所有公共资助而让它私营化地供给，大学将收取费用以回收成本。这样，一所有良好声望而且有大量需求的大学甚至可以获得利润。当对一所大学的求大于供时，它可以提升其价格以求得平衡。但需要强调的是，建立在这种前提条件下的分析是一种使问题得到简化的抽象，所得的结论未必与现实的教育投入政策完全一致，只是力求运用这些方法对教育投入的分析和研究乃至相关政策的制定有所帮助，缓解因"教育投入不足"所致的一些矛盾。

一、教育收费政策的决定

各国教育领域都有政府与市场的成分，一些公共教育领域（如义务教育）的市场参与却容易造成市场的失灵。但是，政府与市场参与一种教育领域（或产品）的各自份额究竟是怎样的比例却始终难以得到量化。这样，教育的市场参与的一些最常见的问题就摆在我们面前：首先，除了极少数研究认为高等教育的社会收益率较之于私人收益率更高之外，人力资本理论、收入分配理论及发展经济学理论都认为，基础教育对社会的外部影响大于高等教育；其次，学生家庭有可能过多地提供了教育经费，因此，教育社会成本（价格）被低估；再次，教育资源的政府提供往往容易造成教育的机会不公平；最后，教育领域的市场合作机制难以形成，尤其是教育的信贷市场不完善，使得贫困学生难以获得教育贷款，加之教育全成本造成的"高昂"学费，使得贫困家庭及个人不愿意进行高等教育投资。

在这种情况下，教育产品的公共属性由此得到了基本的划分：义务教育之类的纯公共产品应该由政府提供；其余的混合性质教育产品由政府和市场提供，而具有纯私人属性的教育产品则由纯市场方式进行运作。因此，高等教育（或专业、技术教育）学校市场可通过图 8.2.1 来进行分析。

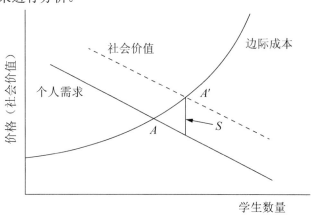

图 8.2.1　教育收费的决定图

[①] K. J. Arrow, Higher Education as a Filter, *Journal of Public Economics*, 1973(3):193—216.

在没有政府干预的情况下，学生人数是 A 点，当没有强制的教育公共预算约束时，政府部门可能有两种选择进行干预，一是通过行政调控以至于私人市场能被引导到最佳状态或直接提供教育服务；二是由政府直接提供部分教育服务。

只有当市场教育资源提供不足、管理不善及市场对政府调控政策执行不力时，政府才会对教育市场进行干预。其中，最直接的办法就是对教育提供资助（见图 8.2.1）政府提供的资助为 S，这种资助将提高教育的社会价值（收益），使学生数量达到 A'。除非教育的外部性较大时或教育需求没有弹性，即需求曲线非常陡峭时，人们不顾对教育需求的价格高低而购买教育产品，这时，教育的价值会远远大于教育的社会价值，这意味着人们可能以私人方式进行教育投资。换言之，在这样一种不可能的情况下，教育的价格将受到严重的扭曲。当然，这种情况是不可能发生的，这就意味着教育应该有政府的强制参与。教育应该免费提供，这似乎才符合教育的公平原则。

但是潜在的问题是人们有可能对教育的价值判断有所低估，那么政府就应该适当干预，并洞察教育的收益问题：当人们获得必需的教育之后，再获得"专业"教育时，是否能够提高贫困家庭未来的个人收益？

在接受该类"专业"教育后，如果能提高个人收益，那么，政府强制教育或提供免费教育就不合适，学校就应该针对该类教育收费，以补偿教育的成本。因此，政府提供教育的目的是使人们接受教育能够改善整个社会的福利（社会收益），而政府提供教育的均衡点就是政府提供的教育超过了人们能够充分受益或政府强制入学的必要这一点，即上图的 A 点。如果超出这一均衡点的教育量（如图中的 A'），学生就必须付费来购买，这时政府的责任则是提供一些额外的资助。

二、高等教育收费的行为和机制分析

（一）主要行为者

高等教育的收费涉及政府、学校及学生等不同行为者。他们之间的相互作用决定了高等教育收费的运行情况。一般地，政府是高等教育部分经费的提供者，政府可根据教育需求制定各种政策，对教育收费的政策进行调控，因此政府是教育收费行为的主导者。学校只是被动地接受政府对教育经费的资助，并根据学校、专业的市场需求情况及政府的教育收费价格指导向学生收取学费。学生所交学费的来源可能有两种：一是学生的学费来源于学生家庭；二是对于已经取得收入的学生，其学费可能是由自己负担，也可能有家庭或者其他方面的资助。在市场经济体制下，政府、学校和学生的行为对教育收费行为产生了很大的影响并共同构成了高等教育收费机制的基础。

（二）行为分析

教育收费中的政府行为主要是一种间接的行为。大多数情况下主要通过政策的指导对教育收费进行调控。对政府的这种行为产生影响的因素主要有两个方面，一是教育财政对高等教育成本负担的状况，政府对学校成本负担多、比重大，则学费收取比重越小；反之，如果教育财政经费困难，则向学生收取的学费比例相对高一些；二是政府教育主管部门对教育供求的市场判断能力,它直接关系着学校收费是否合理、学生的承受能力如何,以及教育资源配置的公平和效率等问题。

学校的行为在自由市场条件下显得较为复杂,它既要接受政府对教育收费的价格指导,也要根据不同专业的需求情况进行价格制定和选择:对于需求较大的专业,学校收费较高;而对于需求不足的专业,学校则采取较低的学费标准,有时还承诺对学生入学后进行补助(如提供助学金等)。

在教育收费行为中,学生个人的行为是被动的,如果学生交不起学费或者通过各种方式得不到学费的资助则不能入学。

(三)机制分析

在市场经济环境中,学生和高等(专业)学校共同构成了"教育市场",学校是教育产品的提供方,而学生则是教育产品的需求方。学校在办学过程中,必须根据市场的需求及其价格信号来做出判断,从而保证其制定的"价格政策"得以落实。

理论上讲,由于高等(专业)教育不但具有社会效益,同时也使学生提高了未来的个人收益,因此政府和学生个人将根据成本分担原则对该类教育进行投资。政府投资体现在教育财政支出之中,而个人投资则是学杂费。政府投资是由于其资助的学生毕业后将会给社会带来好处;学生交纳学费则是因为高等教育(专业)会为学生将来带来额外的个人利益。这也是符合市场法则的一种行为关系。

根据上述分析,学生在进入高等(专业)学校选择专业时,就会根据"个人收益"做出自己的判断,然后根据自身经济条件做出选择,以求在获得教育后能够取得预期的收益。学校则根据市场需求适时调整专业设置、招生计划和教学计划,从而周而复始地形成一种无须政府干预而自发实行的教育产品"买卖"(收费)的市场机制。

三、高等教育收费决定的经济学分析

教育收费的标准是由政府决定还是由市场来决定,关键是看哪一种决定使社会收益最大,损失最少。分析这个标准制定的过程时要用到两个工具,既学生剩余和学校剩余。①

(一)学生剩余

我们可能有这种感受,就是当自己十分想接受某种教育时,即使这种教育的学费很高,也毫不犹豫地掏钱去"购买"。学生剩余就是学生为接受一定教育所愿意支付的学费和实际负担的学费之差,用公式表示为:

学生剩余=学生愿意支付的学费-实际支付的学费

学生剩余之所以存在,是因为不同时期学生对教育的感受不同。根据边际效用递减规律,随着教育量的增加,教育的边际效用却在减少。学生按他对教育效用的评价来决

---

① 崔卫国在其《教育的经济学分析》一书中,提出了学生剩余和学校剩余两个概念,对本部分的分析具有直接参考作用,参见:崔卫国:《教育的经济学分析》,经济科学出版社2003年版。

定愿意支付多少学费,所以愿意付出的学费也就降低。但市场的实际学费并不必然等于他愿意支付的学费,于是便产生了学生剩余的概念。

如图 8.2.2 所示,横轴 OQ 表示教育数量,OP 纵轴表示学费价格,AD 代表向右下方倾斜的需求曲线,表明接受教育量少时,学生愿意支付较高的学费,而随着教育数量的增加,愿意支付的学费越来越低。学生对每一单位教育所愿意支付的学费是不同的,当他接受 OM 教育时,愿意支付的学费是 $OMBA$ 的面积,但实际上他只需要支付 $OMBN$ 这个矩形面积的学费就可以了。于是他愿意支付的学费减去他实际支付的学费,即 $OMBA-OMBN=NBA$(图中阴影部分),就是学生剩余。由此可见,学生剩余可以表示为需求曲线与学费水平之间的面积,它说明了学生从教育市场上得到的收益和福利。

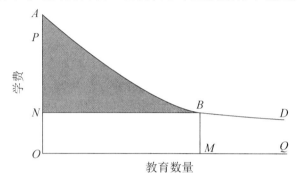

图 8.2.2　学生剩余示意图

（二）学校剩余

与学生剩余相类似的另一个概念是学校剩余。一些学校以正好等于学费的成本培养学生,但是另一些学校的成本可能低于学费,即使学费下降,它们仍愿意继续培养学生。因此,这些学校从培养这些学生中享受到一种剩余,它是学校收到的学费与支付的成本之间的差额。用图 8.2.3 来表示,学校剩余是位于供给曲线上方直至学费的区域。学校剩余如图 8.2.3 所示

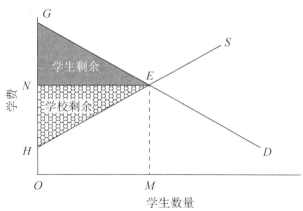

图 8.2.3　学生剩余和学校剩余示意图

在图 8.2.3 中,D 和 S 分别表示教育的需求曲线和供给曲线,它们相交于点 E,决定

了均衡学费为 ON，均衡学生数量为 OM，则 $\triangle NEG$ 为学生剩余，$\triangle NEH$ 为学校剩余。由于可以用学生剩余测度学生的总净收益，同时可以用学校剩余测度学校的净收益，这样，我们就可以通过计算学生剩余和学校剩余的变化，来测度政府干预给学生和学校带来的损失或收益。

（三）高等教育收费的损益分析

政府为了保障学生或学校的利益，对学费实行控制，规定了低于或高于均衡的学费标准。在这种情况下，学生剩余和学校剩余会发生什么变化呢？

在学费标准低于均衡学费的情况下，学生剩余和学校剩余如图8.2.4所示。

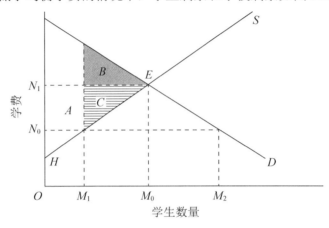

图 8.2.4　低学费的福利损失图

图 8.2.4 中，均衡学费为 ON_1，均衡学生数量为 OM_0。由于政府将学费定为 ON_0，低于均衡学费 ON_1，是希望上学的人数由 OM_0 增加到 OM_2，但学校只能接受 OM_1 的学生数量，造成 M_1M_2 供给不足。那些学习好、能够上学的学生现在支付的学费降低，获得的剩余增加为矩形 A。然而还有一些学生因教育供给不足不能上学，他们的剩余损失为三角形 B。因此，学生剩余的净变化为 $A-B$。因为，矩形区域 A 大于三角形区域 B，所以，学生剩余的净变化为正。

类似地，学校由于只能收取较低的学费，它们失去了矩形 A 代表的学校剩余。但是，因供给不足，学生数量减少到 OM_1，导致学校剩余的额外损失为三角形区域 C。因此，学校剩余的总变化为 $-A-C$。显然学费低标准控制使学校遭受损失。

那么，低学费给学校带来的损失是否可以被学生的得益抵消呢？如图 8.2.4 所示，学生剩余的变化为 $A-B$，学校剩余的变化为 $-A-C$，那么，剩余的总变化为 $(A-B)+(-A-C)=-B-C$，即由于政府规定的学费标准低于市场形成的均衡学费水平，使得学校剩余的损失超过了学生剩余的增加，造成总剩余的净损失，称之为"无谓的损失"。这也是学费控制造成的资源配置的低效率。

那么，是不是政府从保护学生利益的立场转向保护学校利益的立场，规定较高的学费标准，情况会好一些呢？回答也是否定的。

图 8.2.5 中可以看出，ON_0 是均衡学费，ON_1 是政府规定的较高学费，所以遭受的剩

余损失为矩形 A。一些学生由于学费高上不起学,退学的损失为三角形 B,因此,学生剩余总的变化为 $-A-B$。显然高学费政策使学生的境况恶化。

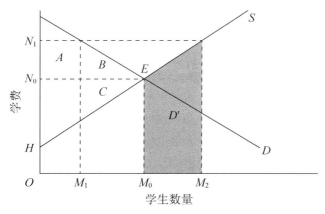

图 8.2.5　高学费的福利损失图

那么学校情况如何呢?由于学费提高,学校剩余增加为矩形 A(表示由学生交给学校的学费)。但是由于学费提高,学生数量减少,从 OM_0 减为 OM_1,导致剩余损失为三角形 C。另外,还要考虑学校扩大教学规模 M_0M_2 的成本。因为,M_0M_2 为教育过剩的部分,成本无法补偿,其大小如梯形面积 D'。这样,学校剩余的变化为 $A-C-D$。如果梯形足够大,政府规定的较高学费甚至会导致学校剩余的净损失。

如果从学生和学校两方面来综合考虑,剩余损失就更大了,为 $(-A-B)+(A-C-D)=-B-C-D$。因此,教育市场的学费标准应该由市场供求通过竞争自发形成,政府干预很难达到均衡,必然会造成各种无谓的福利和效率损失。

不过仅就学费高低做出利弊判断来选择,学费宁可低一些,因为高一些的剩余损失为 $-B-C-D'$,低一些的损失为 $-B-C$,高学费比低学费多损失一个 D'。

四、结论和需要进一步研究的问题

现实社会是一种市场与政府结合的混合经济社会。对于教育这种公共事业领域来说,教育财政没有必要也不可能提供一切教育产品,一些种类的教育产品应该有市场机制的参与。政府在一定的财力水平下,应该重点保证适龄儿童获得平等受教育的机会。而对高等教育来说,政府的作用不仅仅是要保证接受高等教育机会的公平,更重要的是要注重教育资源配置的效率问题。对于高等(专业)教育领域的收费政策旨在调节教育产品宏观上和微观上(专业调节)的需求,这不仅给学生提供公平的享受高等教育的权利,而且使得全社会的教育资源得到最充分的利用。

在对高等教育收费进行研究的同时,我们还应该注意到在职培训(包括成人教育)是一个不同于普通大学教育或专业教育的领域。首先,对于接受教育者来说,其教育经费来源主要有两种:第一种是个人出资参加在职教育;第二种是由政府提供的公职教育或由企业和企业及个人共同提供教育经费进行培训。其次,从教育成本的提供方面来看,在职教育的成本提供主要有政府提供方式、企业提供方式、政府企业共同提供等。再次,虽然在职教育属于高等教育或专业技术教育，但由于这种教育的目的、筹资方式、教学方式等与普通的高等教育不尽相同，所造成的教育成本也各有差异，这就有必要对在职教育的教育收费政策进行进一步分析和研究。

第三节　不同主体投资办学的问题与政策研究

在许多情况下，政府制定的教育投入政策是以理念和愿望为依据，而不是以经验性的利益实现为基础的。市场主体投资办学的倡导者甚至在如何最大程度地实现其"市场份额"的问题上也表现出了不同的观点和认识。

一、历史背景及演变趋势

在历史上，几乎所有的学校教育都是私有的。"那种认为政府应该对公民教育负有责任的观点，直到19世纪才开始在欧洲出现，在20世纪的早期及中期才在世界的多数地方被广泛地接受。而在此之前，几乎所有的学校教育都是由教会和其他宗教团体，或者是由条件充裕的家庭雇用单个家庭教师来进行的。"[1]

20世纪40年代以来，随着社会和经济的发展，政府逐渐承担了公共教育领域的责任，但是私立教育也以不同的形式在其他教育领域重新兴起，并在20世纪80年代迈进成熟期，逐渐与公立教育齐头并进。同时，在各国公立教育中，市场主体投资办学的趋势也初见端倪，并且有所发展。即使在公立教育体系中，也都或多或少地存在着私立学校。这在很大程度上暗藏着这样的意义，即非政府主体投资办学不仅发生在市场领域，而且还发生在政府参与的公共教育领域。

当今世界各国政府和非政府主体投资办学呈现如下趋势：

（一）不同教育阶段办学的趋势不同

1. 义务教育阶段

近五十年以来，世界各国都在普及义务教育。教育财政的投入不断加大，公立学校在整个义务教育办学体系中占有绝对优势，以政府为主体提供义务教育成为世界各国的主流。

2. 高等教育阶段

近二三十年来，一些国家高等教育领域的私立学校数量和规模有了明显发展。高等教育中私立大学是相当重要的组成部分，如2011年部分私立大学学生数占大学生总数比重为：以色列为85%、日本为77.5%、韩国为80.7%、法国为20.8%[2]。私立高等学校迅速发展的原因包括：第一，高等教育需求增加，政府投入高等院校的愿望和能力相对减

---

[1] E. Jimenez, M. E. Lockheed, *Public and Private Secondary Education in Developing Countries: A Comparative Study*, World Bank Publications, 1995.

[2] OECD, http://www.oecd.org/。

弱；第二，社会对教育的需求日益多样化，市场营利性投资主体试图满足公立高等院校未能满足的学生需求；第三，一些非政府机构和团体出于一些目的，或者为谋取利润而乐于提供高等教育；第四，出于宏观经济政策和教育政策目标的考虑，政府将主要的财力用于经济发展或者用于教育领域的素质教育部分等。

（二）各主体办学类型和标准多样化

主要有四种类型：一是精英型学校，负责全部的办学费用，拥有较好的教学设备，其学生主要来自中上阶层的家庭。二是标准学校，由政府、宗教或非营利团体举办的学校，在教学质量上有一定保证。三是二次选择型学校，主要是满足社会上过量的教育需求，可分为两种类型，即公立的和私立的选择型学校。公立的选择型学校主要面向需要重读的学生，而私立的选择型学校则招收那些在公立学校中教育质量无法得到保障的学生。通常这类学校的生源不好，教育质量也不高。四是辅导型学校，是为那些也在其他学校上学的学生提供额外学习的学校，大部分是私立的。

（三）投资办学的比例均与各国国情相适应

20世纪的后二十年里，世界各国和地区的各种形式投资办学都在招生数量、办学数量、投资结构等方面与政府投资办学保持了一种较为稳定的比例关系，这种比例与各国（或地区）的经济发展状况没有直接关系，而是更多地受制于国家的文化传统（尤其是宗教环境）、教育政策和社会的教育需求。

（四）各主体参与办学的经费来源模式和产权模式多样化

在各主体参与办学中，由谁主管学校？由谁投入教育经费？或者由谁来参与学校的"经营"？这些问题在当今世界各国办学主体多元化的潮流中显得格外重要。这些变化趋势主要有：

1. 公立学校运行模式的转移

有意将现有的公立学校的所有权（或控制权）转到私人的手中，这或许是教育"私有化"最显著的一种模式。由非营利性向商业性运作的转移，虽然这一变化方式比较罕见，但是这种变动相当激烈。

2. 政府对私立学校的资金投入和支持

统计资料显示，一些OECD国家的私立学校的经费来源于政府补贴的比例很高，例如在2005年德国为54.5%，比利时为48.8%，日本为51.0%，英国为28.6%等。[1] 此外，一些国家还以其他方式来支持私立学校，如试行教育券制度，即家长得到政府提供的教育券之后，可以自由地决定是否将他们的孩子送到私立学校去，政府也可以向他们提供专项资金，支付部分或全部学生的学费。

---

[1] 丁秀棠："私立教育中的政府资助比较研究——以OECD国家为例"，《北京教育科学研究院2008年度学术年会论文集》，2009:351—373。

3. 公立学校的私人投入（或控制）有所发展

学校名义上依旧属于政府所有，但其中非政府性投入和控制的比例却在提高。一些国家的政府经历了严重的财政危机，为了渡过这种危机，家长和社区不得不给他们的学校增加经费资助。在另一些国家中，政府的财政状况一直保持良好，但是出于理念或者其他的原因，政府要求校长们应当对市场表现更为敏感一些。

（五）私立教育内部出现不平衡发展态势

受经济发展水平和社会发展的影响，国外学前教育阶段私立教育机构的发展因地而异。基础教育阶段私立学校所占的比例也不相同，有的国家出现上升趋势，有的呈现下降趋势。而大学阶段的私立学校普遍呈现上升趋势，特别是在发展中国家，已从精英教育走向大众教育。

二、"教育市场机制"与各国对私立学校的策略选择

包括教育领域在内的经济和社会的各个领域都或多或少地有市场成分的参与。在市场经济条件下，市场机制运作已被普遍地推崇为是一种提高效率、适应多元文化的要求、促使各种机构更好地对其"顾客"尽职尽责以及减少政府支出的机制。

尽管在许多国家采取了不同的举措，进行了不同程度的"教育市场化改革"，但改革的核心却是一致的，即在教育领域中引入市场的竞争机制，支持私立学校与公立学校以及私立学校之间的竞争。教育的市场化改革曾经引发了激烈的争议，其焦点则基本是在教育经济理论与国家公共管理的层面上。如对学校和教育这样的公共服务部门可否引入私人经营？政府教育投入是否具有必要性？教育市场能否盈利？以及对提高学生成绩是否有利等。经过多年的探讨和实践，世界上大多数国家（除了朝鲜、巴西等少数社会主义国家）的教育领域都在不同程度上引进了市场机制，形成了教育市场化、教育投资主体多元化的潮流。

可以想象，学校之间没有竞争，各种教育资源就得不到优化配置，从而使得许多学校教育质量低下，教育供给单一，无法满足人们越来越多样化的教育需求。"教育系统就像是一个竞争市场，在那里，个体'企业家'将会争着以最低费用提供最佳服务。这些企业家会积极聘请最好的教师，在学校的课程表上开列出顾客所要求的特殊教育，并加速实现更有效的教学改革。每个家庭都可以根据自己分配收入用途方面的特殊偏好，选择最适合的学校送子女就读"。① 教育市场化改革正是为了把竞争机制引入整个学校系统，促使各个学校提高质量，提供多元化的教育供给，给家长提供选择。

教育领域市场主体参与办学的形式是多种多样的，它不仅体现在学校产权的形式上，而且还体现在教育经费来源之中。无论这些形式多么复杂，都有一个特别值得关注的问题，即政府如何看待教育领域的非政府形式的资源配置？宏观教育发展政策应该如何对非政府主体教育投入进行调控？为此，本章在这里引入"教育私有化"的概念来进行分析并归纳出各国（地区）政府相应的策略。

---

① 〔法〕亨利·帕热，《美国新自由主义经济学》，李燕生等译，北京大学出版社1985年版。

"表面上看,私有化是指一个过程,而不是一种状态。它是从较低程度的公有制、投资或控制向较高程度的私有制、投资或控制过渡的过程。"[①]因此教育私有化可以理解为:在教育投资领域中,政府投资于教育与非政府投资于教育的比重关系的变化过程和方向,即教育领域的非政府投入是变化的,而且非政府投入和占有的比重逐渐增加。

教育私有化是一个较为模糊的概念,但是它有利于对非政府形式的教育投入做出清晰的认识。关于这一点,可针对"民办教育""私立学校"或"社会力量办学"等名词进行理解。因为"民办教育""私立学校"或"社会力量办学"的提法不足以说清楚投资参与办学和直接投资办学之间的界限。而教育"私有化"则可以从变化的三个范畴加以说明:所有权、投资权和控制权。其中一个范畴的改变并不一定要求其余两个范畴的改变;而且这些变化的确有可能会同时向相反的方向发展。比如,在教育领域,非政府性投资的增加并不一定要求转变学校的所有制形式,也不一定非要给予非政府性投资者比先前更多的控制权。同样,给予非政府性投资者更大的控制权也不需要所有权和投资权二者的任何变化。

政府对非政府主体投资办学进行干预主要是出于对私立学校教育质量的考虑。首先,一些企业和个人所创办的私立学校只是为了满足人们的不同需求而开办的,而不是为了解决其教育的过度需求的问题。[②]其次,不同类型的私立学校需要有符合自己情况的理想政策,而不幸的是,这些私立学校容易受到质量效果的影响(尤其是那些二次选择型学校),这使它们招生困难。最后,政府之所以做出向它们提供资助的决定,主要是因它们渴望提高教育质量,减少政府教育资源分配中的不平等现象。

各国或地区的政府对于高质量的私立学校的态度不尽相同,这就是私立学校教育不仅能够继续存在下来,而且还在不断扩大和增多的原因。总的来说各国政府采取的策略有如下几种:

(一)政府对私立学校的经费投入和支持

在政府资助私立学校方面,各国也有一些差别,根据埃丝特丽·詹姆斯的调查、分析和归纳,大致有以下四种情况:一是无常规资助,即只偶尔提供资助。这类国家包括阿尔及利亚、布隆迪、希腊、意大利、马达加斯加、马里、尼日利亚、瑞典、坦桑尼亚等。二是间接资助,主要方式包括提供税收优惠(减少进口税、减轻对个人收税等)和低息贷款,向学生提供贷款和奖学金。这类国家包括1970年前的日本、约旦、韩国、危地马拉、墨西哥等。三是部分资助,即提供课本、食物及仪器设备,为每所学校派1—2名教师,资助教师进修,提供小额资助,提供租金便宜的校舍或提供公用设备。这类国家包括玻利维亚、巴西、巴基斯坦等。四是大部分资助(占私立学校全部经费的75%—95%),即负责支持所有教师工资,并根据情况资助其他项开支,提供部分资产。这类国家包括比利时、丹麦、德国、法国、英国的义务资助学校、智利的代课学校、多哥、莱索托等。

---

① M. Bray, *The Costs and Financing of Education: Trends and Policy Implications*, France Pergamon Press, 1998.
② K. B. Smith, K. J. Meier, *The Case Against School Choice: Politics, Markets, and Fools*, New York: Sharpe, 1995.

政府实行对私立学校的资金投入和补助可能会产生两种后果，一种可能加强了政府对私立学校的控制，并能有效地将这些学校纳入公立教育体系之中；而另一种可能是政府对私立学校的经费投入和支持并没有扩大自身的控制权。目前，政府对私立学校的经费投入和支持的流行做法是实行教育券制度，即家庭可以用政府提供的教育资金来支付私立学校的学费，如智利、荷兰及哥伦比亚等国就采用了这一模式。这一制度的运行的另一种解释是：政府提供教育资金让孩子有权选择进入任何一所公立学校或私立学校以接受免费的教育，或者接受政府的教育补助。

（二）非政府主体对公立学校投入的策略

一些国家的公立学校已经接受了非政府机构的投资和管理，一种方式是允许私人部门投资公立学校，并参与校务管理。或者在不投资的情况下，政府赋予社区、团体和个人参与学校的管理或控制的权利。在澳大利亚、新西兰、英国和美国的部分地区就做了此方面的尝试和改革。[①]另一种方式则是私人部门"另立门户"投资办学，只是不改变学校的主要名称，设立分校或专业性学校。这种方式在中国的高等教育领域十分普遍，由于近二十年来中国对高等教育需求的增长，政府对各级教育的财政支出政策的调整，高等教育经费短缺等因素的影响，政府逐渐提倡非政府主体参与公立高等教育系统办学，一些"私立"大学（学院）则以分校（分院）的名称为条件，引进市场资金投入办学。

（三）公立学校所有权的转移

经济体制改革的国家教育系统也面临着产权制度的改革，这在世界各国教育领域中还不多见。人们仍然期望政府在教育领域中起主导作用，认为学校一般应与企业股权重组及产权转让等有所区别。尽管如此，这种现象依然存在。例如，1987年新加坡政府就开始进行了相关的改革：一些得到当时政府资助的（公立）学校已经允许转为私立，但仍接受政府的资助。作为私立学校，它们可以向政府索要政府可提供的最大数目的教育经费。此外，波兰、匈牙利等国由于原有制度解体，所采用的模式在某些方面是相似的，因为两个国家的政府也都开始了部分非国有化的改革进程。

（四）政府干预教育领域的私有化程度

与学校所有权转移的做法相比，政府通过干预教育领域的公私比例，调整两者之间的平衡状态实现整个教育系统的私有化的做法要更为普遍。这种做法最有效的手段是采用教育市场的"准入制度"：一是限制或放宽非政府投入主体进入教育领域的"资格"。例如政府规定只有非营利性组织如教会和社区，或者一些参与教育投入但不以营利为目的的其他组织等才能被允许建立私立学校。二是限制投入教育领域的基本范围。一般地，非政府主体参与义务教育领域的份额较小，但相对地有很大比例存在于高等（职业教育）领域。三是对私立学校实行监督管理。不仅仅对这些学校的教育质量进行评估，而且还

---

① T. Bush, M. Coleman, Glover Derek, *Managing Autonomous Schools: The Grant-maintained Experience*, Paul Chapman, 1993.

对它们的财务状况进行监控。对监管不合格的私立学校，政府可实行接管，或直接并入公立学校。

三、非政府主体参与教育投入面临的问题

教育领域由不同主体共同参与所面临的问题也许比其他领域更为复杂，这首先是因为教育领域是一种"准市场"，在这个市场中又根据教育产品不同的公共属性进行了分类，且各种教育产品又不能完全排除该领域的私有成分的存在。其次，教育又是一种公益事业，学校通常被当作"不以追求利润为目的"的企业来看待。

（一）教育机会提供与质量的差异

非政府主体参与办学不仅增加了私立学校的数量，而且扩充了一些"混合型产权体制"的学校。在许多情况下，这会使学校的总数得到扩展，增加学生受教育的选择，推动了学校类型的多样化发展。但是非政府主体办学未必能够取得与公立学校同样的教育质量。例如在公立学校和私立学校之间，同类型的精英型学校和二次选择型学校之中，私立学校的教学质量（学生成绩）明显较差；私立学校之间的教育质量（学生成绩）也存在着两极分化。不仅如此，由于非政府办学主体在经费上的差异，私立学校的办学条件也表现出两极分化的状态。一方面，一些私立学校由于办学资金充裕，学校规模大、设施好，其条件甚至超过了公立学校；另一方面，一些私立学校由于经费不足，常常需要社区、家庭、企业甚至政府提供教育经费作为支持。

当一些学校的性质由公立转为私立时，政策制定者们必须密切关注它给学生带来的影响，这些学生不仅包括当前的在校学生，还包括将来会由于学费、有宗派倾向或其他原因而被迫失学的那些孩子们。这就要求我们要对学校的计划进行仔细考虑，而且不仅要对可供选择的学校的地理位置提出质疑，还要对这些选择的正确与否提出质疑。

（二）教育机会的不平等

非政府主体参与办学虽然可以提供更多的受教育机会，扩大学生教育的选择，但是"教育市场"毕竟没有"看不见的手"进行干预的一些基本的前提条件；而政府也没有一套行之有效的调节"教育市场"平等的手段，因此在这种现状下教育领域依然存在机会不平等问题，甚至有进一步恶化的趋势。

首先，社会收入和分配不公的现象依然在很大范围、很大程度上存在，尽管学生有更多的选择权力，但是这些选择往往受到自身的或家庭的经济条件的限制。也许对于许多学生和家庭来说，支付能力才是他们主要的选择依据。

其次，不同教育质量的私立学校存在经济地位的不平等。一些学生没有经济能力支付私立精英型学校的学费，而只能在普通的标准学校或者二次选择型学校就读，但这种同档次的学费支付能力使得这些学生与其他贫困群体相比，保持着一种较优越的社会经济地位。

最后，公立学校并不一定比私立学校更为平等。公立学校并不一定将教育收费看作"教育地位"的象征，他们往往通过提高自身的教育质量来提高"社会地位"，而那些高

收入的人往往追求具有良好教育质量的公立学校。这样造成了学校的"拥挤",加上教育领域腐败、寻租、暗箱操作等现象存在,使得许多本应该就读公立学校的学生因学校设置的种种条件而被拒之门外。

(三)私立学校教育支出是否产生更高的效率

理论上讲,私立学校因为经济独立,会有更强烈的成本意识和更高的效率意识。教育领域引进市场机制会使教育资源得到更为有效的配置,私立学校教育经费支出比公立学校的效率更高。但一些研究认为,对此还需要进行认真研究和评估才能下结论。

A. R. Riddell 指出,在一些国家不存在关于私立学校在教育支出的效率方面优于公立学校的绝对结论。[1] 还有的研究结果表明[2],私立学校只会加重国家的财政负担,减少公立学校的经费,使教育工作的效率下降。很多小型的私立学校出现,从规模效益的角度看是不经济的。

从事实上看,私立学校的存在,绝大多数是小规模的。有的国家的小规模的私立学校按学生人数从政府处领取教育经费,这样就使公立学校原有的总经费反而减少了。此外,出于竞争环境的影响,私立学校为了得到社会的认同将会比公立学校更有社会责任感。关于这一点,在初等教育阶段的私立精英学校中责任尤为突出,这些学校的顾客通常都受过良好的教育,都能用清晰的言语表达其思想感情。当私立学校从公立学校中吸引走了一批学生以后,公立学校教育设施的利用率降低了,其规模效益也会随之降低。

(四)资源配置公平和效率的均衡

从国家教育政策意图来看,教育领域引进"竞争机制"的主要目的不仅是为了提供更多的受教育机会,而且也要顾及教育这种稀缺资源在全社会的公平分配。由于对公平的判断是主观的,资源配置也不可能达到一种最优状态,那么,教育资源配置的公平和效率要达到均衡则更是难上加难。

首先,从理论上讲,义务教育被视为一种公共产品,是否应该全部由政府来提供呢?目前只有少数社会主义国家(如朝鲜)的态度是坚定的,认为教育由私人机制来提供所产生的教育不公平是绝对的和不可消除的。然而在向市场化转型的社会主义国家,如中国,为了追求教育资源配置的效率,"政府对义务教育领域的贵族学校的增加和内涵也采取了含糊的态度"[3]。

其次,有的研究认为[4],要达到教育的公平与效率均衡,学生对学校和专业的多样性选择必不可少。但是在实践之中遇到的主要问题是,政府愿意在多大程度上容忍或支持这种多样性。"在历史上各个发展阶段,私立学校都曾被禁止过,比如刚果民主共和国、

---

[1] A. R. Riddell, The Evidence on Public/Private Educational Trade-offs in Developing Countries, *International Journal of Educational Development*, 1993, 13(4): 373—386.
[2] 海边:"瑞典九十年代私立教育政策的论战与实施",《民办教育动态》,1997(1)。
[3] 马克·贝磊:《教育全成本核算》,胡文斌译,北京师范大学出版社2000年版。
[4] 胡卫:《民办教育的发展与规范》,教育科学出版社2008年版。

巴基斯坦、斯里兰卡以及大多数的社会主义国家。现在，许多国家对多样性有更强的承受力，但是这种承受并不普遍"①。

最后，非政府办学光有学校的数量是不够的，还需要有质量的保证。这意味着私立学校必须有较高的社会责任感，才能达到教育的公平与效率的"均衡"。然而一些国家的私立学校，并不是都对学生、家长和社区负责，它们只是注重学校的生源及自身的生存。在高等（职业）教育领域，由于这些私立学校"生来"就受到了"质量歧视"，绝大多数家庭还是愿意将子女送入国立高等教育学校学习，因此，这些"歧视"是造成一些私立高等（职业）学校生源质量不高的直接原因，从而影响了它们提高教育质量的基础条件。

（五）对非营利性投资办学的质疑

在大多数国家，一般都是公立学校、非营利性私立学校和营利性私立学校并存。私立学校按照营利和非营利划分为两类，不同性质的学校其宗旨、管理模式、收入分配、活动领域等有所不同。不同国家私立学校的构成比例、法律地位、政府补贴及税收政策等也各不相同。它们同时也承认，私立学校也是按照公益"企业"的方式来运作的，私立学校区别于企业的根本不同点在于它是通过培养人来服务于社会，而不是追求营利的最大化。

非营利性质的私立学校与营利性质的私立学校的差别，虽然在组织宗旨、组织利润分配及组织的资产转变形式上有所界定，但从经费来源上看，前者的教育经费在很大程度上依赖着政府补贴、捐赠、会费及学杂费等形式；而后者教育经费的来源主要是向学生收费。然而，非营利的私立学校的营利性往往没有准确的尺度来衡量，但有两点是可以肯定的：一是资本投资的本质就是追求投资回报（利润），非政府教育投入也是本着对资本回报或者非资本回报为追求目的的；二是教育领域竞争机制的存在，使得一部分非政府主体参与办学的机制具有比公立学校更高的"成本有效性"。②因此，打着非营利性学校"旗号"的私立学校是否比其他公立的和私立的学校在资本使用效率和办学质量方面更为有效？相比之下，政府的教育支出是否具有更高的机会成本？这些都是理论界值得进一步研究的问题。

四、结论及政策含义

不同主体投资参与办学可以被视为一种缓解教育财政预算压力的办法。它不仅能够为社会提供多元性和公众性的教育选择，还为教育领域引进了市场竞争的效率机制，因而被广泛地推崇。

以上分析告诉我们，教育领域中的政府与非政府主体参与办学的问题要比我们想象的复杂得多，不仅存在着效率与质量之间、公平和机会选择之间、教育财政压力与政府对学校控制权之间的矛盾关系，而且它也带来了一些无法预期的后果。这种复杂性以及

---

① UNESCO, Learning: The Treasure Within, Report to UNESCO of the International Commission on Education for the Twenty-first Century. Paris: UNESCO PUBLISHING, 1996, http://www.unesco.org/education/pdf/15_62.pdf.

② 同上。

与各国政府所面对的国情极不相同的现实合在一起，也会产生一些问题，使我们不可能找到符合各国共同发展的一致性政策。尽管如此，我们还是能够通过分析指出不同主体投资办学的利与弊，能为政府决策提供一些符合自身国情的建议。同时，本章仅从教育领域政府与非政府教育投入方面进行了分析，所得的结论也与此相关。

（一）理顺政府与非政府主体投资办学之间的关系

理顺政府主体与非政府主体的办学关系及其促进两者的公平竞争与互利合作是公共政策应关注的重要问题。公立学校和私立学校都是健全的教育体系的重要组成部分，两者所承担的社会责任有所不同，不可相互替代或有所偏废。虽然私立学校提供了多样的教育选择机会，市场竞争可以促进学校提高办学效率和增强特色，但不能解决所有问题，特别是教育机会的公平问题，促进非政府主体办学不等于要削弱公办教育。更不能认为教育领域的"私有化"是改革整个教育体系的唯一解决办法。

就整个教育体系而言，政府投资公办教育的主导地位不能动摇。虽然学校的教育经费来源渠道的界限可以不受到限制，但不能因此而影响公办学校提供公共性教育服务的性质。在存在双元教育市场的条件下，学生在公立和私立学校之间进行选择的余地很大，私立学校应该受到相关法律的制约，同时也可以得到各级政府的各种资助。公共政策应在充分考虑到私立学校与公立学校各自承担的社会职能的前提下，促进两者的健康发展、公平竞争与互利合作。

（二）不同教育阶段的投资定位

关于非政府主体参与办学政策，政府应根据不同的教育阶段合理布局，使各种性质的私立学校的数量、规模和社会对教育的需求相适应。义务教育和非义务教育、学历教育和非学历教育、私立教育和其他公立教育的定位应该是不一样的。目前，世界各国通行的义务教育制度，实际上是把义务教育作为一种纯公益事业，基本上由政府负责。

因此，在市场经济十分发达的发达国家，如果其税收制度和公共财政体制十分健全，政府仍然可以举办大量不同教育层次的公立教育，以福利或社会公益事业的方式进行社会财富的再分配。而在发展中国家，政府有责任逐步加大对义务教育阶段的投入。并且应当讲究资源配置的"公平"和"均等"，办好每一所学校，面向每一位学生，而不应在师资、校舍、设备、教育目标、教育内容、评价标准、收费等方面存在大的差异。在保证适龄儿童、少年都能进入公办义务教育学校学习的前提下，可允许设立少量私立的精英型学校，在这个范围提供择校机会。义务教育阶段的私立教育是一种选择教育，只能是对公共教育的有益补充。至于非义务教育阶段，各国可根据教育发展实际情况，制定非政府性教育投资的政策。

（三）加强教育质量认证和评估

近年来，世界各国的非政府主体投资办学的速度较快，所办的学校在质量和条件上也是良莠不齐的。因此需要加强对教育质量的认证和评估，这不仅符合对教育选择的公平要求，同时也为非政府主体投资办学提供了良好的环境。

认证是在学校、社会和公众之间沟通信息，提供有说服力的质量证明。信任、信誉和信心是认证的现代含义的基本内核。信任包括了学校之间的彼此信任和公众对学校质量的信任；信誉指一所学校的社会声誉及其影响力，它的建立必须依靠质量标准和其实现程度。所以，认证意味着认证中的学校就是质量改进中的学校。

对学校的定期和总体的评估是一种管理手段，其内容主要包括对私立学校执行教育法规的检查、对其教学水平、教育质量、学术影响、设施档次等进行评比与考察，甚至在地区和全国排列名次。这类评估可以由国家主管部门、教育主管部门成立的专业委员会操办，也可以由专门的考试机构进行，还有的是由民间有信誉的基金会进行等。教育评估的多元化及非官方性，使得评估的客观性、准确性和可信度大大增强了。这将从多方面促进私立学校教育质量的提高，从而有利于非政府教育投资与政府的管理。

（四）严格对公私性质学校转化的管理

目前来看，学校性质之间的转换中，私立学校向公立学校转变的例子还很少见。而原来由政府投资的公立学校向私立学校体系转化涉及一种私有化的形式，就是将公立学校的产权移交给教会或其他非政府机构进行管理。这样往往能够提高学校的管理水平，提高资金使用的效率。这将涉及所有权、投资权和控制权形式的多样性，也会在确定私有化过程的出发点上造成很大困难。因此政府决策部门应该督促这些学校首先要服从于政府的宏观管理，由政府决定学校性质的转化与否；其次，政府要对它们进行严格的产权界定，区分产权与管理权之间的关系，以免给政府原有的教育投入资本带来损害；最后，如前所述，对私立学校接受大量的非政府性资助的问题要进行效率评估，如果绩效不佳，政府则要考虑是否还要参与这些产权移交学校的管理，或者是否对私立学校进行教育经费的政府投入。

第四节 教育投入在中国：现状、问题与政策建议

教育经费短缺是一个全世界共同关注的问题，但由于各国之间的具体国情不同，因此不同主体对教育的投入状况和存在的问题也不尽相同。中国是一个人口众多的发展中国家，教育经费十分困难，是真正的"穷国办大教育"。教育经费短缺严重困扰着我国教育事业的发展，如何增加并合理地安排教育投入，逐步摆脱教育经费严重短缺的困境，是一个值得思考的问题。本节将主要从政府、个人及非政府性质教育主体对教育的投入三个方面加以分析。

一、教育投入的发展与现状

改革开放以来，中国的教育事业得到迅速发展。近十五年是教育发展最快的时期之一，不仅教育改革与发展快，而且经费增长也快，初步形成了以政府投入为主、多渠道筹措教育经费的格局。

（一）以政府为主体的教育投入

国家教育财政支出逐年增长。近十年来，国家财政性教育经费已翻了五番：其中，2005 年国家财政性教育经费为 5161.08 亿元，2014 年国家财政性教育经费为 26420.58 亿元，年均增长率达到 19.89%；2014 年财政预算内教育拨款合计 22576.01 亿元，是 2005 年的 4.84 倍，年均增长率 19.15%。这十年期间，国家在重视发展经济和改善财政状况的同时，努力加大教育投入，使得财政性教育经费占 GDP 的比例实现逐年递增，并于 2012 年实现国家财政性教育经费占 GDP 的 4.28%，实现了持续了二十年的"追 4"行动。随后 2014 年国家财政性教育经费占 GDP 的比重虽较 2013 年略有下降，但仍占到了 GDP 的 4.15%。① 总体来说，教育经费的增长还是快速、稳定的。具体来讲，以政府为主体的教育投入呈现出如下趋势：

1. 政府加大了对义务教育的投入

为了完成普及九年义务教育的目标并提高基础教育的质量，政府财政拨款进一步向基础教育倾斜，并将义务教育列为投资重点。为了确保城乡义务教育的经费，经过各级政府和有关部门的共同努力，中国义务教育经费投入总量有了较大的增加。据统计，2013 年，我国各级各类教育经费总投入 30365 亿元，其中义务教育投入 13204 亿元，占总数的 43.48%，与 2003 年的 3850.7 亿元相比，增长了 242.9%。国家财政性教育经费对义务教育的投入为 12617 亿元，占国家财政性经费总投入的 51.52%。其中，2013 年全国小学、初中生均预算内事业费支出与 2003 年相比，均有较大幅度的增长，小学、初中生均预算内事业费支出为 6901.77 元、9258.37 元，分别是 2003 年的 7.9 倍和 19.6 倍。②

2. 教育财政资金向贫困地区和西部地区倾斜

为了配合西部大开发，政府对教育发展方面的专项资金和相应政策向西部进行倾斜。仅以"两免一补"政策为例，2001 年，国家开始实行对中西部地区以及家庭经济困难学生进行资助，具体的做法包括：由中央财政负责提供免费教科书，地方财政负责免杂费和补助寄宿生生活费，即"两免一补"。2005 年，中央和地方财政安排"两免一补"资金 70 多亿元，共资助中西部贫困家庭学生 3400 万人。2006 年又从西部地区开始全部免除农村义务教育阶段学生的学杂费，享受免学杂费政策的学生达到 4880 万人。2007 年，全国农村义务教育阶段家庭经济困难学生均享受到了"两免一补"政策。2008 年，西部地区"两基"（基本普及九年义务教育和基本扫除青壮年文盲）人口覆盖率接近 100%，基本普及了九年义务教育。③

---

① 李惠民：《2015 中国劳动统计年鉴》，中国统计出版社 2015 年版。
② 根据《中国教育经费统计年鉴》（2004—2014）有关数据整理而得。
③ 陈伟光：《2009 中国教育经费统计年鉴》，中国统计出版社 2009 年版。

3. 加大力度，确保农村教师工资的支付

2000年，国务院决定将教师工资发放纳入公务员工资保障体系，统一组织实施；2001年，国务院又颁布了《关于基础教育改革与发展的决定》，提出了解决拖欠教师工资问题的"治本之策"。为此，中央财政从2001年起，每年安排教师工资转移支付资金50亿元，用于支持中西部困难地区建立教师工资保障机制，一些地方的省级财政也相应安排了配套资金。随着中央和地方财政转移支付资金的落实，以及各级政府部门不断加强监管，近年来，农村中小学拖欠教师工资的势头开始得到遏制。

4. 增加对困难学生的补助

通过教育部、财政部等部委和各地政府的共同努力，目前我国已建立了完整的、覆盖从学前至研究生阶段的资助政策体系，以国家奖助学金、国家助学贷款、学费补偿贷款代偿、勤工助学、校内奖助学金、困难补助、伙食补贴、学费减免等多种方式并举，同时实施家庭经济困难新生入学"绿色通道"。2015年12月9日，教育部发布的《〈国家中长期教育改革和发展规划纲要（2010—2020年）〉中期评估学生资助中期评估报告》显示，2010—2014年全国学生资助资金共计5564亿元，其中2014年为1421亿元，比2009年翻了一番。从受资助学生看，2010—2014年全国累计资助学生4.1亿人次，其中2014年为8544万人次，比2009年增长30%以上。学生资助经费投入和受资助学生人数均大幅增长，基本保障了"不让一个学生因家庭经济困难而失学"，我国教育公平迈出重大步伐。[①]

（二）对高中及职业教育逐步重视

中共十八届五中全会审议通过的《中共中央关于制定国民经济和社会发展第十三个五年规划的建议》指出，今后我国会继续推动义务教育均衡发展，普及高中阶段教育，逐步分类推进中等职业教育免除学杂费，率先从建档立卡的家庭经济困难学生开始实施普通高中免除学杂费，实现家庭经济困难学生资助全覆盖。同时，为了引导教育资源与社会需求相适应，解决近几年大学生就业问题，国家加大了对职业教育的投入力度。2005—2013年，职业教育国家财政性经费达1.23万亿元。2013年，职业教育经费总投入约为3450亿元，比2005年的939亿元增长了近3倍，年均增长率达18%；国家财政性教育经费中职业教育所占份额逐步提高，2013年为10.36%，比2005年提高2.11个百分点，总体上呈现逐年上升态势。此外，职业教育生均公共财政预算经费大幅度增长，中部和西部地区均增长了3倍以上。[②]

（三）多元化的教育经费格局

新中国成立以来，我国一直实行政府包办教育，不仅包基建、教职工的人头经费、

---

① 教育部：《〈国家中长期教育改革和发展规划纲要（2010—2020年）〉中期评估学生资助中期评估报告》，中国法制出版社2010年版。

② 于弘文：《2014中国劳动统计年鉴》，中国统计出版社2014年版。

事业费,而且包学生的开支;不仅包基础教育,而且包高等教育,这在世界上也是罕见的。20世纪80年代后期,这种状况开始改变,政府提出要建立以财政拨款为主,财、税、费、产、社、基等多渠道筹措教育经费的体制。随着高等院校的不断扩招和国家政策的大力扶持,经过二十多年的探索,以财政为主、多渠道筹措教育经费的格局已开始形成。目前,我国高校经费主要以国家、社会和个人为分担主体。其中,国家分担主要以"国家财政性教育经费"和除"学杂费"以外的"事业收入"投入的方式进行分担;社会分担主要包括"民办教育中的举办者投入"和"社会捐赠"等方式;个人分担主要是受教育者个人所交纳的"学杂费"。这几项收入之和占据了我国高等教育经费总收入的90%以上,其相应统计数据较好地代表了国家、社会、个人对高等教育经费的分担比率。①

二、多主体教育投入面临困境

要快速地发展教育,必须大幅度增加教育经费的投入。世界各国,尤其是发达国家办教育的成功经验我们应该借鉴,即在大力增加财政性教育经费投入的同时,调动各种主体投资教育的积极性,多渠道筹措教育经费。中国在这方面虽然迈出了可喜的一步,却遇到了不少困难,面临着困境。

(一) 教育财政投入面临困境

1. 教育财政投入不足

无论教育的个人收益率和社会收益率如何,国家才是教育的最大受益者。一般来说,公共教育经费占国民生产总值比重的大小,既可以反映政府对教育的"努力程度",又能较准确地反映出教育在国家发展中的战略地位。就世界范围而言,公共教育经费占国内生产总值的比重,2012年世界平均水平为6.3%左右,加拿大、智利、冰岛、以色列等国远远超过平均水平。②我国公共教育经费占国内生产总值的比重,虽然已经突破了4%,但还远远低于世界平均水平,距离发达国家特别是欧美国家还有很大差距。同时,中国历年来负担了高等教育的大部分成本,这种态势在短时间内不能够迅速转变,这使得用于基础教育的资金更加短缺。主要表现在以下几个方面:

一是教育经费压力大。1986年政府开始实行征收教育费附加的办法,这在基础教育资金筹措方面做出了一定贡献。但是2000年,我国逐步实行了减轻农民负担的"税费"改革,取消了农村教育费附加和教育集资。这样一来,农村的义务教育投入主要靠各级地方政府的财政拨款,在经济欠发达地区,农村教育经费短缺的矛盾尤为突出。

---

① 根据《中国教育经费统计年鉴》(2002—2012)有关数据整理而得。因统计口径不同,2001—2004年的国家教育经费分担=预算内拨款+教育附加拨款+基建拨款+校办产业和社会服务收入用于教育的经费+除学杂费以外的事业收入;2001—2006年中的"民办学校中举办者投入"项无统计数据。

② 根据UNESCO, UIS Statistic, [EB/OL],2015, http://data.uis.unesco.org 和 OECD. *Education at a Glance 2015*, OECD Publishing, 2015 有关数据整理而得。

二是教育财政投入不平衡。主要表现在两个方面：一是区域之间差异较大。2011年，北京生均教育经费从小学到高中，分别为当年最低的甘肃省的 4.45 倍、5.87 倍和 5.47 倍（北京生均教育经费/甘肃省生均教育经费）；2013 年北京生均教育经费从小学到高中，分别为当年最低的甘肃省的 3.52 倍、4.69 倍和 5.87 倍。[①]二是城乡之间办学条件差异明显。不少地区农村的办学条件还很落后，如农村地区面临校舍面积太小、设施设备和图书陈旧、信息化装备差、生活设施短缺等问题。

三是学前教育、外来务工人员子女就学、民办教育等问题逐步突出。当前，我国城镇幼儿园 80%以上达到三星级，而农村仅 20%的幼儿园能达到三星级，而且新办的幼儿园中公办的比例不足 30%。同时，随着外来务工人员的高增长，外来务工人员子女入学人数连续增加，城市基础教育均衡发展的推进、教育质量的提升和优质教育资源的扩张也受到不同程度的影响。教育财政投入对民办教育发展扶持的缺失和相关政策扶持力度不大也导致民办教育继续"走弱"。

四是拖欠教师工资问题仍未完全解决。从 2001 年开始，教师的工资由县统一发放，使得长时间、大面积拖欠教师工资的势头得到遏制。但是，由于地区间、城乡间、机关与学校间存在较大的差距，局部地区特别是中西部贫困地区，拖欠教师工资的现象仍然存在。

2. 个人对教育经费的负担问题

（1）学费给个人造成了沉重负担

近十年来，我国经济一直保持着较快的增长势头，并在 2007 年达到顶峰，GDP 增幅达到了 14.16%，2008 年后，虽然增幅有所下降，但仍保持在 7%以上。伴随着经济的增长，物价水平也在不断上升，特别是高等教育的学杂费，增长最为迅速。高等教育经费中学杂费绝对值上涨明显，这其中有高等教育规模不断扩大的重要贡献，也有近些年物价不断上涨的原因。高校扩招以来，在校生人数大幅度增加，2005 年普通高校在校学生人数为 1659.6 万人，2014 年为 2732.5 万人，十年间在校大学生人数年平均增长 5.7%[②]。2005—2011 年，学杂费收入占高等学校事业费收入的比率一直维持在 75%以上，2009 年甚至达到了 76.5%，同时，与 2005 年相比，学杂费涨了 2.22 倍。学杂费收入一直是高等教育事业收费的主要来源。[③]再从家庭收入情况来看，以国家统计局公布的数据为准，2014 年，我国城镇职工年均收入为 28843.85 元，农村居民年均纯收入 10488.88 元，其中还有大部分农村家庭人均年纯收入不到这一水平。[④]其实农民收入有水分，而高校收费却没有水分，从这层意义上讲，高校提价幅度明显高

[①] 盛来运：《2014 中国统计年鉴》，中国统计出版社 2014 年版。
[②] 同上。
[③] 根据《中国教育经费统计年鉴》（2002－2012）有关数据整理而得。
[④] 同注①。

于大部分家庭的经济增长幅度。同时,沉重的生活费用等负担也成为拦在学生家长面前的一道"门槛"。

(2)收入分配不平等给贫困学生学费负担造成压力

根据国家统计局所公布的 2005—2014 年中国居民收入基尼系数,数值多在 0.47—0.49 之间,且显示基尼系数在 2008 年达到顶峰 0.491。近几年逐步下行,2012 年为 0.474,2013 年为 0.473,2014 年为 0.469,2015 年为 0.462,继续呈现下行趋势,但仍高于国际警戒线 0.40。[①]这从一个侧面说明居民收入差距还比较大,对教育资源供给提出了非均衡的需求,一方面部分学生家庭的教育支付能力越来越高,同时也要求政府提供更多、质量更高的教育资源;而另一方面,低收入群体和贫困家庭的相对生活水平下降,没有足够的经济能力支付学费,同样制约了整体上的个人对教育经费的投入水平。

3. 非政府主体的投入形式不当,效果不佳

主要表现在两个方面:一是社会集资、捐资自愿者不多。近年来,城市和农村的一些学校依靠集资、捐资办学的经费增加较多,但绝大部分并非是自愿缴纳,而是靠政府出面保证其合法化,极少数地方甚至是强行摊派,这引起了社会的广泛关注。二是非政府性质主体投资办学体制不规范。社会团体和公民个人办学近些年越来越普遍,人们俗称这类学校为:民办学校、私立学校、贵族学校。这些学校来得快,上得猛,办学者、管理者及学生家长均缺乏经验,起初热了一阵,现在似乎降温了,有的学校开始为生源和经费发愁。由于国家各项政策不完善、办学水平不高、民办大学大都颁发非正规文凭等原因,民办学校的发展受到种种限制,遇到诸多困难。

三、简要结论和政策建议

从总体上看,中国教育经费目前仍然不能满足日益增长的教育需求。教育投入的三大主体对教育经费的来源虽然起了决定性的作用,但从实际情况来看,受到中国国情及各种其他因素的影响,各主体对教育投入在资金的贡献度上各有差别,投入效率和结构也不能令人满意。虽然近年来教育财政经费支出增长,但是国家财政对教育的支出占 GDP 的比例一直处于欠发达国家的水平,教育经费投入不足仍然是制约国家教育发展的"瓶颈"。这就要求从继续增加政府教育投入、拓宽教育经费来源渠道、鼓励和支持非政府主体投入办学三大方面着手来进一步加大教育投入,从而促进全社会教育资源进行效率的和公平的配置。因此,本章提出的政策建议如下:

1. 加大教育财政资金投入,优化投入结构,提高资金使用效率

(1)继续加大教育财政的投入,优化结构

加大对学前教育办学的投入力度,统筹城乡基础教育发展。强化政府发展学前教育

---

① 盛来运:《2014 中国统计年鉴》,中国统计出版社 2014 年版。

的责任，高标准普及学前3年教育。要将学前教育经费列入财政预算并逐年提高，新增教育经费向学前教育倾斜。建立公办、集体办幼儿园生均公用经费财政拨款制度，并根据财力情况，逐步提高标准。由于学前教育和基础教育的城乡差距表现在教育硬件设施、师资力量等方面，因此在加大学前教育和基础教育财政投入比例的同时，要加大对农村和经济相对薄弱地区学前教育和基础教育基础设施的投入力度。

（2）建立接收外来务工随迁子女接受义务教育财政奖励补贴制度

扩大免费教育的受惠范围，增加免费项目。同时加大对民办教育的扶持力度。设立民办教育发展专项资金，扶持民办教育健康发展，研究建立政府向基础教育阶段民办学校购买服务的经费投入制度。加大对职业教育发展的支持力度，大力改善职业教育办学条件，建立中等职业教育生均公用经费保障和增长的长效机制，确保中等职业教育生均公用经费标准不低于普通高中，加快推进中等职业学生免费教育。

（3）加大对健全学生资助体系的落实力度

逐步完善家庭经济困难学生资助体系，进一步拓宽资助范围、提高资助标准，切实减轻人民群众教育负担，保障公民平等享有受教育的权利。

（4）提高中小学教师工资和津补贴，建立以中央和省级地方财政为主体的教师工薪发放制度

切实提高中小学教师工资，尤其是津补贴标准和项目，增加农村任教津贴、班主任津贴和交通补贴的发放额度；确立以中央和省级地方财政为主体的教师工薪发放制度，将我国原有"以县为主"的教师工薪投入管理模式转变为以中央和省级政府为主的投入管理模式，将教师工薪纳入到中央和省级地方财政列支、发放与管理之内。

（5）扩大教育开放，促进教育国际化发展

加大教育对外开放的资金支持力度，鼓励有特色和优势的院校与国际优质教育机构合作办学，建立长期、稳定、有实质性合作项目的校际合作关系。

2. 拓宽经费来源渠道，多方筹集财政性教育经费

《国家中长期教育改革和发展规划纲要（2010—2020年）》指出：非义务教育实行以政府投入为主、受教育者合理分担、其他多种渠道筹措经费的投入机制。但是当前我国高校的经费投入，学生的负担过于沉重，因此，多渠道地筹集财政教育经费成为必然。

（1）完善教育财政转移支付政策

上级政府对下级政府的教育转移支付一般包含在一般性转移支付中，但这种教育转移支付对缩小各地区间公共教育服务水平的差距基本起不了什么作用。专项教育财政转移支付，如贫困地区义务教育工程专项资金以及义务教育危房改造项目专款，因为支出数量偏小，且多为临时性的项目不能解决学校经常性经费不足的问题，只能应对一些紧急情况。因此，要确定各级政府的教育财政责任，加大教育财政转移支付力度。实施教

育财政逐级转移支付的核心,是根据各级教育的经费需求和各级政府的财政能力来确定各级财政的支付额。

(2) 调整地方教育附加征收范围和标准

统一内外资企业和个人地方教育附加,地方教育附加按内外资企业和个人实际缴纳的增值税、消费税、营业税税额的2%征收。

(3) 从土地出让收益中按比例计提教育资金

从每年以招标、拍卖、挂牌或者协议等方式出让国家土地使用权取得的土地出让收入中,按照扣除征地和拆迁补偿、土地开发等支出后余额10%的比例,计提教育资金。

(4) 不断完善社会捐赠教育的激励政策

鼓励企业、社会团体、家庭和公民个人更多地投资教育,扩大社会资源进入教育途径。

(5) 可发行教育彩票为高等教育筹集资金

多年来,我国一直是把教育尤其是高等教育作为"福利型"教育来办,国家财政背着沉重的经济包袱。对此,我国可以借鉴国外的做法,即发行教育彩票。经过福利彩票和体育彩票的成功发行后,我国已具备了发行教育彩票的条件,而且购买彩票者,80%以上是城镇人群,这就可以把城镇中部分闲散资金通过彩票形式聚集起来,用于教育投资,于国于民于校都有利。

3. 优化制度,创造条件,鼓励非政府主体投资办学

在政府办学的同时,鼓励具备条件的非政府主体如企业、社会团体及公民个人投资办学。这不仅需要在一个合理的制度环境下正确引导,也需要政府各方面的支持,同时政府还要加强对它们的管理和调控。

首先,要尽快对有关非政府主体性质的学校的概念、性质及管理模式通过教育立法予以确认:一是要对非政府主体投入办学的概念进行立法的确认,包括对"社会力量办学""民办学校"及"私立学校"等概念性质进行界定;二是对非政府办学领域的营利性质的学校和非营利性质的学校进行严格的划分,以此来决定政府对它们的政策优惠;三是对于"公私混合"型学校的产权转让、管理模式进行确认,以防止国有产流失,真正做到各负其责。

其次,在大力提倡捐资集资办学的同时,政府可以考虑减少投资新建各级次公办学校数量,鼓励非政府主体投资办学,将它们当成整个教育事业的一部分并提供一定的经费支持。这样可减轻教育财政支出的压力,合理配置教育资源,为学生提供更多的教育机会。

最后,加强对非政府主体性质学校的评估管理是维护"教育市场"秩序、保证"教育产品质量"的重要手段,这将改善教育投资环境,增强各主体投资教育的信心。主要包括政府教育主管部门(或非官方的评估、监督机构)对这类学校执行教育法规的检查,并对其教学水平、教育质量、学术影响、设施档次等进行评比与考查。

本章提要

人口增长和可获得教育资源的有限性意味着许多国家教育经费受到经济增长和政府财力制约，并妨碍着教育事业的进一步发展。世界各国都试图寻找一些符合本国国情的办法，如通过修改提供教育服务的规定、改进教育系统的行政管理水平、合理收费等，以更好地利用现有资源，或者依靠新的教育经费来源来发展教育。

教育涉及政府与非政府领域，利用政府手段干预教育是通过政府行为运作的一种机制，而教育领域的市场参与则是通过市场行为运作的一种机制。教育经费投入主体可划分为政府、社会及个人三个主体进行分析。其中政府教育经费指的是教育财政投入；社会负担教育经费的主体中，主要包括教育的捐、集资办学和投资办学；而个人负担的教育经费主要是学费和杂费，这是教育经费补偿的一部分，与主动投入办学有所区别，因此可单独归为一类。

对高等教育来说，政府的作用不仅仅是要保证接受高等教育机会的公平，更重要的是要注重教育资源配置的效率问题。高等（专业）教育领域的收费政策旨在调节教育产品的宏观上和微观上（专业调节）的需求，这不仅给学生提供公平地享受高等教育的权利，而且使得全社会的教育资源得到最佳的利用。我们还应注意到在职培训（包括成人教育）是一个不同于普通大学教育或专业教育的领域。首先，对于接受教育者来说，其教育经费来源主要有三：第一种是个人出资参加在职教育；第二种是由政府提供的公职教育；第三种是由企业或企业及个人共同提供教育经费进行培训。其次，从教育成本的提供方面来看，在职教育的成本提供主要有政府提供、企业提供、政府企业共同提供等。最后，虽然在职教育属于高等教育或专业技术教育，但由于这种教育的目的、筹资方式、教学方式等与普通的高等教育不尽相同，所造成的教育成本也各有差异，这就有必要对在职教育的教育收费政策进行进一步分析。

 ## 练习与思考

1. 教育经费所面临的问题有哪些？
2. 非政府教育投入主体有哪些？
3. 你对目前中国教育投入的政策建议是什么？

 ## 小组讨论

在中国，不同主体投资办学的现状、问题与解决方案是什么？讨论如何建立以政府为主导的多元教育资助体系。

辅助阅读资料

[1] 崔卫国：《教育的经济学分析》，经济科学出版社 2003 年版。

[2] 周海涛、钟秉林：《中国民办教育发展报告 2014》，北京师范大学出版社 2016 年版。

[3] 范先佐：《教育经济学》，中国人民大学出版社 2014 年版。

[4] 黄维、易世超、陈静："中国学生贷款补贴的效率评估"，《复旦教育论坛》，2015（1）：82—87。

[5] 叶忠、陈辉："家庭教育投入对教育改革与发展支持的调查分析"，《教育与经济》，2014（4）：28—35。

主要参考文献

[1]　R. Barro, Government Spending in a Simple Model of Endogenous Growth, *Journal of Political Economy*, 1990(5):68—88.

[2]　R. Barro, Xavier Sala-i-Martin, Public Finance in Models of Economic Growth, *Review of Economic Studies*，1992(59):645—661.

[3]　S. Devarajan, V. Swaroop, H. F. Zou, The Composition of Public Expenditure and Economic Growth, Cema Working Papers,1996(2):313—344.

[4]　H. Davoodi，H. F. Zou, Fiscal Decentralization and Economic Growth：A Cross-country Study, *Journal of Urban Economics,*1998(43)：244—257.

[5]　S. I. Hossain, Making Education in China Equitable and Efficient, Policy Research Working Paper, No. 1814, Washington, DC: World Bank, 1997.

[6]　L. Russo，Estimating Floating Voters: A Comparison Between the Ecological Inference and the Survey Methods, *Quality & Quantity*, 2014(3): 1667—1683.

[7]　T. Zhang, H. F. Zou, Fiscal Decentralization, Public Spending, and Economic Growth in China, *Journal of Public Economics*, 1998(2):221—240.

[8]　〔美〕飞利浦·阿吉翁、〔美〕彼得·霍依特：《内生增长理论》，陶然等译，北京大学出版社2004年版。

[9]　〔英〕亚当·斯密：《国富论》，杨敬年译，陕西人民出版社2006年版。

[10]　崔卫国：《教育的经济学分析》，经济科学出版社2003年版。

[11]　廖楚晖："我国人力资本和物质资本的结构现状及政府教育投入"，《中国社会科学》，2006（1）：23—33。

[12]　廖楚晖：《经济学方法论：公共经济学的应用》，中国财政经济出版社2016年版。

[13]　卢锋："中国农民工工资走势：1979—2010"，《中国社会科学》，2012（7）：47—67+204。

[14]　于凌云："教育投入比与地方经济增长差异"，《经济研究》，2008（10）：131—143。

[15]　于凌云：《养老保险、教育投资与增长：OLG 模型理论优化及实证研究》，中国财政经济出版社2012年版。

[16]　吴俊培：《公共经济学》，武汉大学出版社2009年版。

教师反馈及教辅申请表

　　北京大学出版社以"教材优先、学术为本、创建一流"为目标，主要为广大高等院校师生服务。为更有针对性地为广大教师服务，提升教学质量，在您确认将本书作为指定教材后，请您填好以下表格并经系主任签字盖章后寄回，我们将免费向您提供相应教辅资料。

书号/书名/作者	
您的姓名	
校/院/系	
您所讲授的课程名称	
每学期学生人数	＿＿＿＿人　　＿＿＿年级　　学时　＿＿＿
您准备何时用此书授课	
您的联系地址	
邮政编码	联系电话（必填）
E-mail（必填）	
您对本书的建议：	系主任签字 盖章

我们的联系方式：

北京大学出版社经济与管理图书事业部
北京市海淀区成府路 205 号，100871
联 系 人： 徐 冰
电　　话： 010-62767312 / 62757146
传　　真： 010-62556201
电子邮件： xubingjn@yahoo.com.cn　　em@pup.cn
网　　址： http://www.pup.cn